G. W. F. Hegel: Vorlesungen über die Ästhetik

Klassiker Auslegen

Herausgegeben von
Otfried Höffe

Band 40

G. W. F. Hegel: Vorlesungen über die Ästhetik

Herausgegeben von
Birgit Sandkaulen

DE GRUYTER

ISBN 978-3-05-004471-2
e-ISBN (PDF) 978-3-05-008761-0
e-ISBN (EPUB) 978-3-11-038018-7
ISSN 2192-4554

Library of Congress Control Number: 2018945659

Bibliografische Information der Deutschen Nationalbibliothek
Die Deutsche Nationalbibliothek verzeichnet diese Publikation in der Deutschen Nationalbibliografie; detaillierte bibliografische Daten sind im Internet über http://dnb.dnb.de abrufbar.

© 2018 Walter de Gruyter GmbH, Berlin/Boston
Umschlagabbildung: G.W.F. Hegel, Philosoph / ullstein bild
Druck und Bindung: CPI books GmbH, Leck

www.degruyter.com

Inhalt

Vorwort —— VII

Zitierweise und Siglen —— IX

Birgit Sandkaulen
1   Einleitung: Über das Projekt einer Philosophie der Kunst —— 1

Gunnar Hindrichs
2   Hegels Begründung der philosophischen Ästhetik —— 23

Martin Seel
3   Das Naturschöne und das Kunstschöne —— 37

Allen Speight
4   The Symbolic Form of Art —— 73

Ulrich Seeberg
5   Die klassische Kunstform —— 99

Walter Jaeschke
6   Die romantische Kunstform —— 125

Stephen Houlgate
7   Architecture —— 151

Bernadette Collenberg-Plotnikov
8   Skulptur —— 169

Robert Pippin
9   Painting —— 189

Jürgen Stolzenberg
10   Musik —— 207

Niklas Hebing
11   Poesie —— 227

Auswahlbibliographie —— 257

Personenregister —— 271

Hinweise zu den Autoren —— 275

Vorwort

Hegels Ästhetik gehört zu den wichtigsten und wirkungsmächtigsten modernen Beiträgen zur Ästhetik und Philosophie der Kunst. Der Anstrengung einer „Aktualisierung" bedurfte dieser Teil des Hegelschen Werks bis heute nie. Von der systematischen Klärung der Idee und Realisierung des Schönen über die geschichtliche Unterscheidung der symbolischen, klassischen und romantischen Kunstform bis hin zur Erörterung der einzelnen Künste (Architektur, Skulptur, Malerei, Musik, Poesie) werden alle relevanten Aspekte entfaltet und miteinander vernetzt. Eindrucksvoll ist nicht nur Hegels plastischer Zugriff auf die Fülle konkreten Materials. Bedeutsam ist vor allem sein kulturphilosophischer Ansatz, der die Kunst auf dem Rang des absoluten Geistes als zentrales Medium menschlicher Selbstverständigung begreift. Die vieldiskutierte These vom Vergangenheitscharakter der Kunst – dem sogen. „Ende der Kunst" in der Moderne – hängt damit direkt zusammen.

Ein „Werk" im strengen Sinne hat Hegel zum Komplex der Ästhetik allerdings nicht vorgelegt. Von ersten Ansätzen in der *Phänomenologie des Geistes* und den knappen Ausführungen in der *Enzyklopädie der philosophischen Wissenschaften* abgesehen hat Hegel in vier Berliner Kollegien (1820/21, 1823, 1826, 1828/29) ausschließlich Vorlesungen zur Ästhetik resp. Philosophie der Kunst gehalten. Auf der Basis von kompilierten Nachschriften zu diesen Kollegien, aber auch unter Verwendung von Manuskripten Hegels, die seinerzeit noch zur Verfügung standen, seither jedoch verschollen sind, hat sein Schüler Heinrich Gustav Hotho für die Freundesvereinsausgabe 1835 und in zweiter Auflage 1842 das dreibändige Werk der *Vorlesungen über die Ästhetik* erstellt.

Nach dieser zum Klassiker gewordenen Edition wird Hegels Ästhetik im vorliegenden Kommentarband in elf Originalbeiträgen erstmals umfassend erschlossen. Die Besonderheit des Bandes besteht dabei darin, die jüngere Publikations- und Forschungstätigkeit zu berücksichtigen, deren Interesse vermehrt den Kollegnachschriften gilt. So war allen Kommentatoren die Aufgabe gestellt, die jeweiligen Kapitel der Hotho-Edition mit einschlägigen Passagen der Nachschriften, insbes. mit der Nachschrift Hothos von 1823 und dem letzten dreiteiligen Kolleg in der Nachschrift Heimanns von 1828/29, abzugleichen. Die Form dieses Abgleichs der Quellen blieb den Autoren nach ihrer Sichtung und Einschätzung des konkreten Materials frei überlassen – ebenso der interpretatorische Zugriff, der bewusst nicht vorab verabredet und homogenisiert worden ist. Der Band möchte keine abschließende Darstellung geben, sondern Perspektiven aufzeigen und zu weiteren Diskussionen anregen.

Dem Herausgeber der Reihe *Klassiker Auslegen*, Otfried Höffe, danke ich für seine Initiative, Hegels *Vorlesungen über die Ästhetik* in die Reihe aufzunehmen, und für die Unterstützung des beschriebenen Konzepts, das im Interesse der Sache großzügiger – und aufwendiger – mit dem Format des „Werks" umzugehen hatte. Bei allen Autorinnen und Autoren bedanke ich mich für ihre konstruktive Umsetzung des vereinbarten Verfahrens. Niklas Hebing und Walter Jaeschke gilt mein besonderer Dank, dass die Transkription der Heimann-Nachschrift des Kollegs von 1828/29 im Vorgriff auf die kritische Edition in Hegels „Gesammelten Werken" allen Beiträgern des Bandes bereitgestellt werden konnte. Schließlich ist Daniel Elon, Markus Gante und Tilman Schmidt für ihre redaktionelle Mitarbeit zu danken, Markus Gante außerdem für die Erstellung der Bibliographie.

Berlin, im April 2017   Birgit Sandkaulen

Zitierweise und Siglen

Hegels *Vorlesungen über die Ästhetik* werden unter Einbeziehung von Nachschriften der Kollegien 1820/21, 1823, 1826 und 1828/29 nach der folgenden Ausgabe mit Angabe der Bandnummer und Seitenzahl unter der Sigle VÄ zitiert:
Vorlesungen über die Ästhetik, hg. v. H. G. Hotho (= Werke in zwanzig Bänden, hg. v. E. Moldenhauer u. K. M. Michel, Bde. 13–15). Frankfurt a.M. 1970.

Die Transkription der Heimann-Nachschrift des Kollegs von 1828/29 wird nach der Originalpaginierung der Handschrift zitiert. Der Zitatabgleich bei Erscheinen der kritischen Edition in GW ist damit sichergestellt.

Zitate aus der *Enzyklopädie der philosophischen Wissenschaften* werden mit Angabe des Paragraphen (und ggf. mit Verweis auf den mündlichen Zusatz („Zus.") nach der Ausgabe TWA) ausgewiesen. Weitere Schriften Hegels (vgl. das Siglenverzeichnis) werden nach den Ausgaben GW bzw. TWA unter Angabe von Bandnummer und Seitenzahl zitiert.

Siglen

Textausgabe und Nachschriften der Ästhetik

As   Nachschrift Ascheberg [1820/21]. In: Vorlesungen über die Philosophie der Kunst. Nachschriften zu den Kollegien der Jahre 1820/21 und 1823 (= Gesammelte Werke, Bd. 28,1), hg. v. N. Hebing. Hamburg 2015.

Hm   Nachschrift Heimann: Die Ästhetik nach Hegels Vortrag geschrieben von Heimann. Im Wintersemester 1828/29. Transkription v. N. Hebing. Hegel-Archiv 2015.

Ho   Nachschrift Hotho [1823]. In: Vorlesungen über die Philosophie der Kunst. Nachschriften zu den Kollegien der Jahre 1820/21 und 1823 (= Gesammelte Werke, Bd. 28,1), hg. v. N. Hebing. Hamburg 2015.

Ke   Philosophie der Kunst oder Ästhetik. Nach Hegel. Im Sommer 1826. Mitschrift F. C. H. V. v. Kehler, hg. v. A. Gethmann-Siefert u. B. Collenberg-Plotnikov. München 2004.

Kr   Nachschrift Kromayr [1823]. In: Vorlesungen über die Philosophie der Kunst. Nachschriften zu den Kollegien der Jahre 1820/21 und 1823. Variantenapparat (= Gesammelte Werke, Bd. 28,1), hg. v. N. Hebing. Hamburg 2015.

VÄ 1–3   Vorlesungen über die Ästhetik, hg. v. H. G. Hotho (= Werke in zwanzig Bänden, hg. v. E. Moldenhauer u. K. M. Michel, Bde. 13–15). Frankfurt a.M. 1970.

vdP   Philosophie der Kunst. Vorlesung von 1826 [Mitschrift P. v. der Pfordten], hg. v. A. Gethmann-Siefert, J.-I. Kwon u. K. Berr. Frankfurt a.M. 2005.

Weitere Ausgaben und Texte Hegels

Enz   Enzyklopädie der philosophischen Wissenschaften (= Werke in zwanzig Bänden, hg. v. E. Moldenhauer u. K. M. Michel, Bde. 8–10).

	Enzyklopädie der philosophischen Wissenschaften im Grundrisse (1830) (= Gesammelte Werke, Bd. 20, hg. v. W. Bonsiepen u. H. C. Lucas).
GW	Gesammelte Werke, in Verbindung mit der deutschen Forschungsgemeinschaft hg. v. der Nordrhein-Westfälischen Akademie der Wissenschaften und der Künste. Hamburg 1968 ff.
GW 2	Frühe Schriften. Teil II, hg. v. W. Jaeschke.
GW 4	Jenaer kritische Schriften, hg. v. H. Buchner u. O. Pöggeler.
GW 9	Phänomenologie des Geistes, hg. v. W. Bonsiepen u. R. Heede.
GW 12	Wissenschaft der Logik. Zweiter Band. Die subjektive Logik, hg. v. F. Hogemann u. W. Jaeschke.
GW 14,1	Grundlinien der Philosophie des Rechts, hg. v. K. Grotsch u. E. Weisser-Lohmann.
GW 18	Vorlesungsmanuskripte II (1816–1831), hg. v. W. Jaeschke.
GW 21	Wissenschaft der Logik. Erster Band. Die Lehre vom Sein (1832), hg. v. F. Hogemann u. W. Jaeschke.
GW 26,2	Vorlesungen über die Philosophie des Rechts II. Nachschriften zu den Kollegien 1821/22 und 1822/23, hg. v. K. Grotsch.
GW 26,3	Vorlesungen über die Philosophie des Rechts III. Nachschriften zu den Kollegien von 1824/25 und 1831, hg. v. K. Grotsch.
TWA	Werke in zwanzig Bänden, hg. v. E. Moldenhauer u. K. M. Michel. Frankfurt a.M. 1970 ff.
TWA 3	Phänomenologie des Geistes.
TWA 7	Grundlinien der Philosophie des Rechts.
TWA 12	Vorlesungen über die Philosophie der Geschichte.

Birgit Sandkaulen
1 Einleitung: Über das Projekt einer Philosophie der Kunst

1.1 Das Einleitungsparadox: Eine methodische Orientierung vorab

Üblicherweise steht dem Kommentarteil eines Klassiker-Auslegen-Bandes eine Einleitung voran, die über das zu kommentierende Werk eine Art Überblick gibt. Im vorliegenden Fall ist das nicht nötig – nicht weil eine solche Einleitung entbehrlich wäre, sondern weil sie hier mit dem Text gleich mitgeliefert wird. Die Einleitung in Hegels *Vorlesungen über die Ästhetik* gleicht einer musikalischen Ouvertüre. Alle im folgenden durchzuspielenden Motive klingen an, und lässt man sich darauf nicht flüchtig, sondern ernsthaft ein, ist man aufs Beste für die Auseinandersetzung mit dem anschließenden Durchgang präpariert. Das Lob für diese Komposition gebührt Hotho. Hothos Notiz, dass es sich bei seiner Edition von Hegels Ästhetikvorlesungen „nicht etwa darum [handelte], ein von Hegel selber ausgearbeitetes Manuscript, oder irgend ein als treu beglaubigtes nachgeschriebenes Heft mit einigen Styl-Veränderungen abdrucken zu lassen, sondern die verschiedenartigsten oft widerstrebenden Materialien zu einem wo möglich abgerundeten Ganzen mit größter Vorsicht und Scheu der Nachbesserung zu verschmelzen" (Hotho 1842, IX), trifft auf die Einleitung exemplarisch zu.

Im Abgleich der Vorlesungsnachschriften wird das ganz deutlich. Was Hegel seinen Hörern einleitend mitteilt, wechselt von Kolleg zu Kolleg mit anderen Akzenten, Anordnungen und sogar neu hinzukommenden (dann auch wieder verschwindenden) Aspekten, wobei der Zustand des Vorlesungsmaterials den Eindruck erweckt, dass Hegel bis zuletzt nach der Bestform einer Einleitung wirklich noch sucht. „Wie gehen wir daran, eine Philosophie des Schönen einzuleiten?" (vdP, 51) Mit einer Unsicherheit über sein Projekt hat diese Suchbewegung offensichtlich nichts zu tun. Hier geht es vielmehr um die spezifische Textform „Einleitung", der Hegel seit seiner ersten Publikation der *Differenzschrift* eine ganz eigentümliche Aufmerksamkeit schenkt (Sandkaulen 2017). Einleitungen und Vorreden sind bei Hegel wichtige, methodisch eigens ausgewiesene Texte, und daher wundert es nicht, dass sich die Reflexion auf die Einleitung auch durch alle überlieferten Nachschriften der Ästhetik zieht mit dem Signal, dass Einleitungen umso dringender sind, je weniger sie direkt zur Sache führen können. Dieses für Hegels Gesamtwerk so typische Einleitungsparadox hat Hotho kongenial erfasst. In einer bewundernswerten Kompilation vorliegender Notate macht er das Problem nicht nur völlig transparent (VÄ 1, 40–43; vgl. Ho, 219, 224f.; vdP, 51f.; Ke, 2ff.; Hm, 5f.). Mit seiner Organisation des sperrigen Einleitungsmaterials realisiert Hotho die Logik des Einleitungsparadoxes auch praktisch, einschließlich mehrfacher plausibler Verschiebungen zwischen den Einleitungsteilen und dem Auftakt der Sache selbst.

Das fragliche Problem ist höchst interessant. Das Einleitungsparadox steht und fällt mit dem wissenschaftlichen oder, was in Hegels Augen dasselbe ist, systematischen Anspruch seiner Philosophie. Unter wissenschaftlichem Aspekt verlangt jede Aussage nach ihrer hinreichenden Begründung, die sie rückwärts und vorwärts in einen lückenlosen Zusammenhang mit weiteren Aussagen stellt, was konsequent zu Ende gedacht zu Hegels holistischem Ansatz führt. Im Zusammenschluss einer durchgehenden Entwicklung aller Bestimmungen auseinander hängt alles mit allem zusammen – das Modell dafür ist ein „in sich zurückkehrender Kreis" (VÄ 1, 43; vgl. Enz, § 17). Realisiert wird dieser Kreis im parallel zu den Ästhetikvorlesungen entstehenden Großprojekt der *Enzyklopädie der philosophischen Wissenschaften*, die auch die Kunst in sich enthält. Das im Einleitungsparadox reflektierte Problem entsteht nun dann, wenn ein Teilbereich des Ganzen, in diesem Fall die Kunst, aus dem Ganzen herausgenommen wird, um ihn insbesondere, nicht zuletzt ausführlich zu erörtern. Dann ist der wissenschaftliche Zusammenhang von allem mit allem gleichsam verloren. Ohne Rückbindung und Herleitung der Aussagen im Gang des Systems muss man jetzt einen unmittelbaren Anfang machen und den „Begriff der Kunst sozusagen *lemmatisch*", als etwas Gegebenes hilfsweise aufnehmen (VÄ 1, 42; vgl. Hm, 6).

Genau hier macht Hegel die Aufgabe der Einleitung methodisch fest. Über das Phänomen Kunst existieren die verschiedensten Überzeugungen, und bei diesen sei es gewöhnlichen sei es philosophisch bereits elaborierteren Überzeugungen muss die Einleitung ansetzen – nicht um sich in beliebigen Meinungen herumzutreiben, sondern um in der Auseinandersetzung mit vorhandenen Ansichten sukzessive diejenigen Aspekte herauszustellen, die zu einem qualifizierten Begriff der Kunst gehören und den Weg zu seiner wissenschaftlichen, mit dem allgemeinen Teil beginnenden Erörterung bahnen. Hegels technischer Ausdruck dafür ist der konstruktive Umgang mit „Vorstellungen" (VÄ 1, 43). Der Modus der Vorstellung ist ungenügend. Jedoch gibt es keinen anderen Weg, als in der Diskussion verbreiteter Vorstellungen, der vorausgesetzten Bekanntschaft mit der Materie, zu ihrer systematischen Erkenntnis vorzudringen (vgl. die generelle Parallele in Enz, § 1, sowie früher in der *Phänomenologie des Geistes* GW 9, 26f.). Damit wird das Projekt einer Philosophie der Kunst von Anfang an kontextualisiert. Eine Philosophie der Kunst, die im Nullpunkt einer tabula rasa ansetzen würde, wäre in Hegels Augen eine komplette Fiktion.

1.2 Kunst und Wissenschaft: Diskussionen über ein strittiges Verhältnis

Umso interessanter ist, mit welcher Einschätzung aus dem Bereich der Vorstellung die Einleitung beginnt, nachdem zunächst in aller Kürze Gegenstand und Titel des Projekts geklärt worden sind. Den Titel „Ästhetik" kann man Hegel zufolge verwenden, weil er sich seit Baumgartens Begründung einer neuen Disziplin dieses Namens eingebürgert hat. Da aber die Assoziation einer „Wissenschaft des Sinnes, des *Empfindens*" im affekttheoretischen Umgang mit Kunst in die Irre führt, ist der „eigentliche Ausdruck [...] für unsere Wissenschaft [...] ‚Philosophie der Kunst' und bestimmter ‚*Philosophie der schönen Kunst*'" (VÄ 1, 13). Mit dem bestimmten Zusatz *schöne* Kunst ist die Grenze gegenüber den *technischen* Künsten und Kunstfertigkeiten gezogen; auch dann, wenn im Weiteren nur von „Kunst" die Rede ist, ist immer die „schöne Kunst" im Unterschied etwa zur „Uhrmacherkunst" gemeint. Das entspricht unserem heutigen Sprachgebrauch, zu dessen Herausbildung Hegels Ästhetik wesentlich beigetragen hat. Was aber macht die „schöne Kunst" schön? Anstatt sich dieser Frage direkt zuzuwenden, kommt zuerst ein ganz anderer Diskurs in Gang, der nicht dieses oder jenes Detail, sondern das ganze Unternehmen in Zweifel zieht. Das beginnt mit der Kritik am Ausschluss des Naturschönen und setzt sich fort in dem fundamentalen Einwand, ob eine Philosophie der Kunst überhaupt möglich und durchführbar ist. Auf Anhieb spricht alles gegen diesen Plan. Philosophie und Kunst haben nichts miteinander gemein, es handelt sich um zwei völlig verschiedene Welten. Das Ausmaß der Differenz wird von Hegel sehr genau beschrieben, wobei er gegenüber dem Versuch einer Ermäßigung des Konflikts darauf insistiert, dass es nicht um irgendwelche „philosophische Reflexionen" über Kunst, sondern um „*eigentlich* wissenschaftliche Betrachtung" geht (VÄ 1, 18; vgl. Ho, 221). Genau formuliert lautet also die zentrale und ganz grundsätzliche Frage: Gibt es eine philosophische Wissenschaft der Kunst? Lassen sich die Einwände gegen ein solches Unternehmen erfolgreich widerlegen und mit welchen Konsequenzen für die Auffassung sowohl der Kunst als auch der Philosophie ist im Erfolgsfall zu rechnen?

Zum Gewicht dieser Fragen passt, dass man die bedeutendsten Auskünfte über Hegels Ästhetik gleich eingangs der Einleitung findet. Gewiss haben sie hier nur Thesencharakter – die Ausführung ist dem großen Vorlesungsgang überlassen. Aber die Gelegenheit ist günstig und unbedingt zu nutzen: An keiner anderen Stelle seines Werks, und natürlich schon gar nicht in der *Enzyklopädie*, wo der Status der Philosophie der Kunst ja intern als ausgewiesen gilt, geht Hegel so grundlegend auf die Probleme und Motive seiner Ästhetik ein. Deshalb konzentriere ich mich vor allem auf das Eröffnungskapitel „Widerlegung einiger Einwürfe gegen die Philosophie der Kunst" inklusive der Frage des Naturschönen und der „Wissenschaftlichen Behandlungsarten des Schönen und der Kunst" (VÄ 1, 13–40). Auf das Kapitel „Gewöhnliche Vorstellungen von der Kunst" (VÄ 1, 44–82), mit dessen in der Hauptsache aus dem Kolleg 1823 stammenden Material die späteren Vorlesungen besonders chaotisch verfahren, werde ich jeweils an geeigneter Stelle verweisen. Im zweiten Schritt geht es um Hegels Darstellung der Vorgängerpositionen (VÄ 1, 83–99). Der letzte Schritt gilt dem programmatischen Überblick über die Durchführung des Projekts (VÄ 1, 100–124).

1.2.1 Geist und Natur: Der Primat des Kunstschönen vor dem Naturschönen

Mit dem „Ausdruck" Philosophie der schönen Kunst „schließen wir sogleich das *Naturschöne* aus": Das stellt das erste Problem dar, das diskutiert und ausgeräumt werden muss (VÄ 1, 13; vgl. Ke, 1f.; Hm, 1). Der Ausschluss erscheint als eine „willkürliche Bestimmung", die sich kontraintuitiv darüber hinwegsetzt, dass wir im „gewöhnlichen Leben [...] von *schöner* Farbe, einem *schönen* Himmel, *schönem* Strome, ohnehin von *schönen* Blumen, *schönen* Tieren und noch mehr von *schönen* Menschen" sprechen (VÄ 1, 13f.). Das wird von Hegel allerdings auch nicht bestritten, so wie die Begrenzung der Ästhetik auf das Schöne der Kunst generell nicht bedeutet, das Naturschöne zu ignorieren oder gar zu behaupten, dass es so etwas gar nicht gibt. In der Hotho-Edition wird ihm später ein langes Kapitel gewidmet, in dem einschlägige Äußerungen der Nachschriften verarbeitet sind. Worum geht es aber dann?

Aus dem Kolleg 1828/29 stammt ein Argument, das den Willkürverdacht aus wissenschaftstheoretischer Perspektive entschärfen soll. Nicht zufällig hat bisher noch niemand eine systematische Darstellung schöner Natur unternommen – es fehlt das bestimmte Kriterium für eine solche Klassifizierung (VÄ 1, 15; vgl. Hm, 1). Auf Anhieb leuchtet das ein, aber weit trägt das Argument nicht, wie sich alsbald zeigt: Als Produkt freier Phantasie scheint sich das Kunstschöne erst recht wissenschaftlicher Bearbeitung zu widersetzen, während der Bezug auf die Natur immerhin das wissenschaftlich einschlägige Moment der Notwendigkeit verbürgt (VÄ 1, 19; vgl. Hm, 1). Das entscheidende Argument ist darum ein anderes. Dem Willkürverdacht stellt dieses Argument aus dem Kolleg 1826 den Appell an eine normative Dimension entgegen, die uns unseren *ästhetischen Naturalismus* bewusst machen und ihm entgegenwirken soll. Das Kunstschöne steht „*höher*" als die Natur: „Denn die Kunstschönheit ist die *aus dem Geiste geborene und wiedergeborene* Schönheit, und um soviel der Geist und seine Produktionen höher steht als die Natur und ihre Erscheinungen, um soviel auch ist das Kunstschöne höher als die Schönheit der Natur." (VÄ 1, 14; vgl. Ke, 1)

Dass das Kunstwerk „Produkt menschlicher Tätigkeit" ist, ist eine der „gewöhnlichen Vorstellungen von der Kunst", die später noch einmal eigens erörtert wird. Allerdings geht gerade auch sie gewöhnlich mit der Meinung des Vorrangs der Natur einher: Anders als die Natur ist das Kunstwerk kein lebendiges, sondern ein totes fühlloses Gebilde (VÄ 1, 48). Um die Behauptung des Vorrangs des Kunstschönen zu rechtfertigen, genügt der Hinweis auf sein „künstliches" Erzeugtsein demnach nicht. Notwendig ist vielmehr, auf die ganz basale Frage des Verhältnisses von Natur und Geist zurückzugehen. Im Bezug auf die Natur ist Geist das Andere der Natur. Mit dieser dialektischen Bestimmung setzt Hegels Philosophie des Geistes im Übergang aus der Naturphilosophie ein (Enz, § 381), und diese komplexe Bestimmung zeichnet dann auch der Kunst ihre Position vor. Wollten wir im Ernst behaupten, dass der Natur der Vorrang vor dem Geist gebührt, würden wir nichts Geringeres als die *Freiheit* preisgeben. Selbst der schlechteste Einfall ist einem Naturprodukt vorzuziehen, weil er „Geistigkeit und Freiheit", den Ausbruch aus dem Naturzwang bezeugt (VÄ 1, 14).

Mit dem Primat des Kunstschönen vor dem Naturschönen tritt so von Anfang an das geistesphilosophische Profil von Hegels Ästhetik hervor (Jaeschke 2014). Als Werk des Geistes konstituiert Kunst einen Bereich eigenen, „schön" genannten Rechts, der sich, und genau darauf kommt es im Folgenden an, der ganzen Bandbreite des Natürlichen und Sinnlichen in *interner Gestaltung* öffnet. Dem entspricht, dass die Hierarchie von Natur und Geist nicht als quantitative oder relative Aufstufung, sondern aus der Perspektive einer qualitativen *Umkehrung* zu verstehen ist: „der Geist erst ist das *Wahrhaftige*, alles in sich Befassende, so daß alles Schöne nur wahrhaft schön ist als dieses Höheren teilhaftig und durch dasselbe erzeugt". In diesem Sinne wird das Naturschöne nicht verdrängt. Als „Reflex" des Geistes ist es aber keine genuine als vielmehr eine kulturell vermittelte Größe (VÄ 1, 14f.; vgl. vdP, 51; Ke, 2). Mit den Augen des Geistes angesehen, erscheint Natur als schön und das gemalte Bild einer Landschaft nimmt einen höheren Rang als die natürliche Landschaft ein, weil es das Schöne der Landschaft sehen lässt (VÄ 1, 49).

Vor diesem Hintergrund distanziert sich Hegel nicht allein von der Genieästhetik, soweit sie eine im Künstler unbewusst wirkende Macht der Natur behauptet (VÄ 1, 45 ff., 363 ff.). Vor allem ist ihm an der radikalen Emanzipation der Kunst von der von der Antike bis ins 18. Jahrhundert geltenden ästhetischen Vorschrift der Nachahmung der Natur gelegen (VÄ 1, 64–70). In der Kritik der Nachahmungsnorm ist Hegels Ästhetik ein durch und durch *modernes Projekt*. Interessanterweise wird er damit die These verbinden, dass sich nur so verstehen lässt, was Kunst zu allen Zeiten gewesen ist.

1.2.2 Freie Kunst und neue Wissenschaft

Zunächst kommen jetzt aber die entscheidenden Einwände gegen das ganze Unternehmen ins Spiel: Mit dem nunmehr begründeten Fokus auf dem Kunstschönen ist nichts gewonnen, weil zweifelhaft ist, ob sich Kunst überhaupt „einer wissenschaftlichen Behandlung *würdig* zeige" und ob sie ein „*angemessener* Gegenstand" wissenschaftlicher Betrachtung sei (VÄ 1, 16, 18). Dass das Moment der Wissenschaft ernst zu nehmen ist, wurde bereits gesagt. Andernfalls würde das von Hegel erörterte Problem gar nicht auftreten. Zu beachten ist darum umso mehr, dass die Einwände und ihre Widerlegung im Folgenden nicht nur der Seite der Kunst gelten. Das Kapitel ist deshalb so besonders interessant, weil auch in Frage steht, ob Wissenschaft das geeignete Medium ist, sich mit Kunst zu befassen. Jedes Mal stehen zwei Faktoren in der Diskussion.

Wie sehen die Einwände aus? Erstens ist Wissenschaft mit ernsthaften Dingen befasst, während Kunst der Unterhaltung und Entspannung dient und sich, selbst wenn sie hier und da auch ernstere moralische Zwecke verfolgt, jedenfalls im Medium der „Täuschung" bewegt: „Denn das Schöne hat sein Leben in dem *Scheine.*" (VÄ 1, 17) Zweitens kommt es in der Wissenschaft auf den abstrakten, streng notwendigen Gedanken an, während Kunst sich zwanglos an Sinnlichkeit, Einbildungskraft und Phantasie adressiert. Ob man für die Seite der Kunst oder für die der Wissenschaft votiert – es handelt sich um zwei völlig verschiedene Formate. Zurecht hält Hegel diese Einwürfe für verbreitete Einschätzungen, die nicht zuletzt in der französischen Literatur ein Echo gefunden haben (VÄ 1, 19). In Sachen des Schönen und des Geschmacks hat man hier vom „je ne sais quoi" gesprochen: vom unbestimmbaren „gewissen Etwas" des ästhetischen Gegenstands, der sich begrifflicher Festlegung entzieht (vgl. Baeumler 1923). Auch Kant ist noch überzeugt, dass es eine „Wissenschaft des Schönen" nicht gibt, was Hegel zweifellos vor Augen steht, wenngleich er es nicht erwähnt (Kant 2006, § 44). Und vielleicht ertappt man sich auch selbst dabei, mit dem ein oder anderen Argument der Unverträglichkeit von Kunst und Wissenschaft zu sympathisieren. Das wäre nicht trivial, sondern die Standardoption, die Hegel in einer Art Überkreuzstrategie konterkariert. Im ersten Fall wird ein *verkürztes Kunstverständnis* kritisiert (1), im zweiten Fall (das merkt man bereits in der Art der Präsentation der Einwände) ist ein *unzureichendes Konzept von Wissenschaft* im Visier (2).

(1) Im ersten Fall gibt Hegel ohne weiteres zu, dass Kunst der Unterhaltung und dekorativen Zwecken dienen kann. Dann handelt es sich um einen *instrumentellen Kunstbegriff.* Einen instrumentellen Wissenschaftsbegriff, nach dem Wissenschaft für „endliche Zwecke und zufällige Mittel" eingesetzt wird, gibt es im Übrigen auch (VÄ 1, 20). Dieser instrumentellen Orientierung stellt Hegel emphatisch die *„freie"* Kunst" entgegen (VÄ 1, 20; Ho, 222). Diese freie Kunst mit

den ernsthaften Anliegen philosophischer Wissenschaft zu kontrastieren, hat keinen Sinn, weil sie selbst die allerwichtigsten menschlichen Anliegen vertritt: „In dieser ihrer Freiheit nun ist die schöne Kunst erst wahrhafte Kunst und löst dann erst ihre *höchste* Aufgabe, wenn sie sich in den gemeinschaftlichen Kreis mit der Religion und Philosophie gestellt hat und nur eine Art und Weise ist, das *Göttliche*, die tiefsten Interessen des Menschen, die umfassendsten Wahrheiten des Geistes zum Bewußtsein zu bringen und auszusprechen. In Kunstwerken haben die Völker ihre gehaltreichsten inneren Anschauungen und Vorstellungen niedergelegt, und für das Verständnis der Weisheit und Religion macht die schöne Kunst oftmals, und bei manchen Völkern sie allein, den Schlüssel aus." (VÄ 1, 20 f.; vgl. Ho, 222)

Mit einem Ruck, so fühlt es sich an, hebt Hegel die Kunst aus den Milieus ihrer Instrumentalisierung heraus auf das mit Religion und Philosophie gemeinsam geteilte Niveau des *absoluten Geistes*, der deshalb so heißt, weil es auf diesem Niveau um die symbolischen Formen seiner kulturellen *Selbstrepräsentation* geht. Als Anderes der Natur zielt Geist in allem, was er tut, auf Selbstverständigung, darauf, sich das, was er ist, zu Bewusstsein zu bringen. Die Medien, in denen dieses Motiv der Selbstverständigung sich selbst zum Thema wird und die, wie sich noch zeigen wird, einem globalen soziokulturellen Prozess längs durch die Geschichte eingeschrieben sind, sind Kunst, Religion und Philosophie. Welches „das *Bedürfnis* des Menschen sei, Kunstwerke zu produzieren", fragt Hegel an späterer Stelle, um im genannten Sinn einer kulturanthropologischen Konstante höchst plastisch zu antworten, dass der Mensch, „was er ist und was überhaupt ist, aus sich selbst *für sich* macht. Die Naturdinge sind nur *unmittelbar* und *einmal*, doch der Mensch als Geist *verdoppelt* sich, indem er zunächst wie die Naturdinge *ist*, sodann aber ebensosehr *für sich* ist, sich anschaut, sich vorstellt, denkt und nur durch dies tätige Fürsichsein Geist ist." (VÄ 1, 50 f.; vgl. Ho, 229) Kunstwerke im emphatischen Sinn der freien Kunst sind Medien solcher – in diesem Fall anschaulicher – Verdopplung. In der Produktion und Erfahrung von Kunst treten menschliche Kulturen sich selbst symbolisch gegenüber und verstehen so, wer sie sind und was sie in höchstem Maße interessiert. Je älter die Kultur, desto mehr ist ihre Weltanschauung sogar ausschließlich in Form der Kunst entwickelt und sedimentiert.

Im Zusammenhang der These von der Vergangenheit der Kunst ist auf diesen entscheidenden Zug in Hegels Kunstbegriff zurückzukommen: *Freie Kunst* ist auf der einen Seite wie gesehen das Gegenstück zu *instrumenteller* Kunst. Ein instrumenteller Gebrauch der Kunst liegt nicht nur im Fall der Unterhaltung, sondern auch, das ist wichtig, im Fall moralischer Indienstnahme vor. Die Belastung der Kunst mit dem Zweck moralischer Belehrung und Besserung lehnt Hegel ausdrücklich ab (VÄ 1, 75–82). Jedoch bedeutet die Ablehnung instrumenteller

Relationen zugunsten des Selbstzwecks der Kunst auf der anderen Seite eben nicht, dass freie Kunst von jeder Bindung frei ist. Im Gegenteil: In ihrer Bestimmung, Ausdruck der jeweils geltenden Auffassung der Wahrheit – des Absoluten – zu sein, ist sie in Gehalt und Form absolut gebunden und also keine *autonome* Kunst im modernen Sinne. Das ist Hegel sehr klar und das ist von seiner Analyse auch aktuell zu lernen. Wir neigen dazu, freie und autonome Kunst zu verwechseln, indem wir die von Hegel „frei" genannte Kunst mit heteronomer Kunst identifizieren und nach diesem Missverständnis die ästhetische Heteronomie moralischer Projektionen dann gar nicht mehr durchschauen.

Dass aber freie Kunst – im Unterschied zu Religion und Philosophie – „das Höchste sinnlich darstellt" (VÄ 1, 21), leitet über zum nicht weniger wichtigen Punkt, der Hegels bedingungsloser Aufwertung des Scheins gilt. Aus dem Votum für die Relevanz der Kunst gemäß der Unterscheidung zwischen instrumenteller und freier Kunst folgt mithin nicht, das Kunstschöne dem inkriminierten Element des Scheins zu entziehen, sondern umgekehrt die Inkriminierung des Scheins als Täuschung zu entlarven. Schein verstellt die Wahrheit nicht, sondern bringt sie zum Vorschein. Nach einer der sicher bekanntesten Formulierungen der Einleitung in Hothos Ästhetik-Edition, die sich aber beinahe wörtlich auch in Nachschriften findet, ist „der *Schein* selbst [...] dem *Wesen* wesentlich, die Wahrheit wäre nicht, wenn sie nicht schiene und erschiene, wenn sie nicht *für* Eines wäre, *für* sich selbst sowohl als auch für den Geist überhaupt" (VÄ 1, 21; vgl. Ho, 220; Ke, 37).

Das gilt generell, insofern könnte allenfalls die besondere Art ästhetischen Scheins Kritik verdienen, aber auch das ist nicht der Fall. Der Vorzug ästhetischen Scheins besteht im Gegenteil genau darin, eine höhere Wirklichkeit zur Darstellung zu bringen (VÄ 1, 22 f.). Kunst lenkt den Blick auf das Wesentliche, weil der Schein der Kunst „durch sich hindurchdeutet und auf ein Geistiges, welches durch ihn soll zur Vorstellung kommen, aus sich hinweist, dahingegen die unmittelbare Erscheinung sich selbst nicht als täuschend gibt" – die „harte Rinde der Natur und gewöhnlichen Welt machen es dem Geiste saurer, zur Idee durchzudringen, als die Werke der Kunst" (VÄ 1, 23). Indem der Schein der Kunst, und darin besteht seine ästhetische Eigenart, sich selbst als Schein reflektiert, macht er sich transparent auf das, was er zur Erscheinung bringt.

In diesem Kontext schließt sich Hegels Projekt am meisten dem einer *Ästhetik* im Wortsinn auf. Zwar lehnt Hegel die Fokussierung auf Empfindungsreaktionen ab, als sei Kunst dazu da, gewisse Gefühle wie Furcht und Mitleid auszulösen (womit er Baumgarten als dem Begründer und Namengeber der Ästhetik allerdings Unrecht tut, der mit seiner „Wissenschaft der sinnlichen Erkenntnis" theoretisch und praktisch vielmehr zum „schönen Denken" beitragen wollte (Baumgarten 1988, § 1)). In seiner Abwehr einer Ästhetik der Affekte ist Hegel jedoch klar, dass es das Phänomen Kunst in allen seinen Aspekten nicht ohne den Aspekt der Sinnlichkeit gibt (VÄ 1, 52–64). Dabei kommt es auf das Besondere des sinnlichen Kunstwerks an. Ebenso wenig wie wir Kunstwerke in physischer Begierde verzehren wollen, sind sie Dinge in der Welt wie andere Gegenstände. Vielmehr ist das Sinnliche in der Kunst „zum Scheine erhoben, und die Kunst steht in der Mitte zwischen dem Sinnlichen als solchem und dem reinen Gedanken". „Es ist der reine sinnliche Schein und in näherer Form die Gestalt." (Ho, 235; vgl. VÄ 1, 60) Im Kapitel über den „Begriff des Schönen überhaupt" wird dieser Punkt aufgenommen und als ästhetischer Zusammenhang des Scheins mit dem Schönen vertieft: „Das *Schöne* bestimmt sich dadurch als das sinnliche *Scheinen* der Idee." (VÄ 1, 151; vgl. Hindrichs 2015, Hilmer 1997)

(2) Die Widerlegung des ersten Einwands schlägt auf die Widerlegung des zweiten Einwands durch. Standen sich im zweiten Fall die Willkür der Phantasie seitens der Kunst und die „schattenhafte Abstraktion" seitens der Wissenschaft (VÄ 1, 19) entgegen, so zeigt sich jetzt, wie eben schon angedeutet, dass „die Aufgabe, die höchsten Interessen des Geistes zum Bewußtsein zu bringen", der Kunst inhaltlich und formal „bestimmte Haltpunkte" setzt (VÄ 1, 28). Von blanker künstlerischer Willkür kann in der freien Kunst keine Rede sein. Vor allem aber ist hier das *unzureichende Konzept von Wissenschaft* zu korrigieren. Wäre Wissenschaft tatsächlich nichts weiter als der Rückzug aus phänomenaler Fülle in den abstrakten Begriff, so fiele der Einwand der Unangemessenheit jetzt ganz auf sie zurück, und nicht etwa auf das inzwischen auf das höchste Selbstverständigungsniveau des Geistes beförderte Kunstschöne. Hegel plädiert hingegen für eine neue, andere Wissenschaft.

Diese Wissenschaft muss in der Lage sein, das Kunstschöne in seiner Relevanz und in seiner Eigenlogik sinnlichen Scheinens zu erfassen und nicht begreifend zu zerstören. In äußerst verdichteter Form teilt der Text hierzu den Kern spekulativen Denkens mit. Die „Macht des denkenden Geistes" liegt darin, „*nicht etwa nur sich selbst* in seiner eigentümlichen Form als Denken zu fassen, sondern ebensosehr sich in seiner *Entäußerung* zur Empfindung und Sinnlichkeit wiederzuerkennen, sich in seinem Anderen zu begreifen, indem er das Entfremdete zu Gedanken verwandelt und so zu sich zurückführt. Und der denkende Geist wird sich in dieser Beschäftigung mit dem Anderen seiner selbst nicht etwa ungetreu, so daß er sich darin vergäße und aufgäbe, noch ist er so ohnmächtig, das von ihm Unterschiedene nicht erfassen zu können, sondern er begreift sich und sein Gegenteil" (VÄ 1, 28; vgl. vdP, 54; Ke, 7). Die angebliche Unverträglichkeit von Wissenschaft und Kunst hebt Hegel von beiden Seiten her auf: Kunst ist wie die Wissenschaft ein Ausdruck des Geistes, auf dem höchsten Niveau kultureller Selbstreflexion teilt sie mit der philosophischen Wissenschaft ein und dasselbe Gebiet. Einsichtig ist das allerdings nur einer solchen Wissenschaft, die aus dem abstrakten Begriff heraustreten und sich auf die Darstellungsform der Kunst einlassen kann. Eine erfolgreiche Philosophie der Kunst, so kann man dies auch formulieren, die die kulturelle Bedeutung von Kunst anzuerkennen und differenziert aufzuzeigen vermag, muss über ein deutlich erweitertes Konzept von Rationalität verfügen.

1.2.3 Weder Empirismus noch Platonismus

Das anschließende Kapitel über „Wissenschaftliche Behandlungsarten des Schönen und der Kunst", das sich insbesondere auf Ausführungen aus dem letzten Kolleg stützt (vgl. Hm, 3 ff.), nimmt diese Überlegung direkt auf und bekräftigt damit das wissenschaftstheoretische Interesse der Einleitung, das auch und zumal in der Ästhetik ganz unerlässlich ist. Ästhetik hat es mit dem Schönen zu tun, aber daraus zu schließen, sie sei ein theoretisches Leichtgewicht, ist bis heute falsch. Gegenstand der Diskussion im genannten Kapitel sind solche Positionen, die anders als die eben dargestellten Einwände eine Wissenschaft des Schönen für möglich halten und selbst betreiben, auf eine Art und Weise allerdings, die Hegel für ungenügend hält. Zwei Richtungen stehen sich diametral entgegen: Empirismus und Platonismus.

Im ersten Fall liefert das empirische Material den Ausgangspunkt: sei es für die Expertise der „Kunstgelehrsamkeit", sei es für die Ausbildung spezieller Theorien im Verfahren „formeller Verallgemeinerung" (VÄ 1, 30 f.). Die Aristotelische *Poetik*, die *Ars Poetica* von Horaz oder Longins Schrift über das Erhabene gehören hierher. Aus jüngerer Zeit nennt Hegel Texte des 18. Jahrhunderts (Home, Batteux, Ramler), aus seiner Gegenwart widmet er Goethe, Hirt und Meyer vergleichsweise breiten Raum. Mit Ausnahme von Aristoteles, dessen Tragödientheorie Hegel zufolge nach wie vor wichtig ist, erscheinen die kunsttheoretischen Bemühungen der anderen als „antiquiert" (VÄ 1, 38). Allein die Kennerschaft in Sachen Kunst, ohne den pseudotheoretischen Anspruch einer formellen Kunstwissenschaft, behält ihren Wert, als eine Quelle wichtiger Informationen, von denen auch die Philosophie der Kunst in ihrem ambitionierten Zugriff auf die Fülle konkreten Materials profitieren kann (VÄ 1, 38).

Natürlich tritt Hegel nicht selbst als „Kunstgelehrter" auf, aber für die Durchführung seines Konzepts der Ästhetik sind ausgreifende Kenntnisse über Epochen, Kulturen, die Diversität der Künste und über einzelne Werke unverzichtbar. Bei jeder Lektüre der Ästhetikvorlesungen wird das konkret bestätigt. Dementsprechend weist Hegel die andere Richtung noch entschiedener zurück, die sich ganz der „theoretischen Reflexion" verschreibt und von der *„Idee des Schönen"* unter Absehung einzelner Phänomene spricht. „Nicht schöne Menschen und gute, sondern die Gattung des Schönen und Wahren und Guten ist dann aufzufassen." (Hm, 5; vgl. VÄ 1, 39) Hegel wendet sich mit dieser Kritik an einer „abstrakte[n] Metaphysik" (Hm, 5; vgl. VÄ 1, 39) ausdrücklich gegen Platon. Zwar kommt es darauf an, die Philosophie der Kunst in der „Idee des Schönen" (und nicht empiristisch oder naturalistisch) zu begründen, insofern stellt die Orientierung an Platon die Grundlage dar. Jedoch müssen wir die Idee des Schönen „tiefer und konkreter fassen, denn die Inhaltslosigkeit, welche der Platonischen Idee anklebt, befriedigt die reicheren philosophischen Bedürfnisse unseres heutigen Geistes nicht mehr" (VÄ 1, 39; vgl. Hm, 5). Ein analoges Argument findet sich in Hegels Rechtsphilosophie, wonach Platon das „Prinzip der selbständigen Besonderheit" aus seinem Staat ausgeschlossen hat (GW 14,1, § 185). Was es heißen könnte, an Hegels Ästhetik den Vorwurf eines „Ästhetischen Platonismus" zu adressieren, ist angesichts solcher Zeugnisse in der Tat ganz unverständlich (Gethmann-Siefert 2005, 47), und das gilt auch, wenn man den positiven Bezug auf Platon einbezieht. Mit Platon auf die Idee zu setzen (Ke, 6), bedeutet nicht, seinen Ansatz im Ganzen einfach zu übernehmen (vgl. auch VÄ 1, 191).

Bezogen auf den Gegensatz von Empirismus und Platonismus muss daher der adäquate Begriff des Schönen „die Mitte sein, beide ohne ihre Einseitigkeit vereinigen, mit bestimtheit die metaphysische Idee verbinden". „Der *Konkrete begriff* [Herv. v. Verf.] führt allein auf wahre Prinzipien." (Hm, 5; vgl. VÄ 1, 39 f.) Ob diese Grundlegung einer neuen Wissenschaft der Kunst in jeder Hinsicht überzeugend ist, ist damit nicht schon entschieden. Sehr deutlich ist aber Hegels Intention, eine Philosophie der Kunst zu entwerfen, die sich ohne Einbuße an theoretischer Begründung und Analyse auf die konkrete Fülle der Kunstphänomene einlassen, das Wahre mit dem Schönen verbinden und die Leistung freier Kunst uneingeschränkt anerkennen kann. Und wenn man bedenkt, dass Hegel sich von jeher für das Kunstschöne (zunächst in Form der griechischen „Kunstreligion") interessiert, könnte in die Ausbildung der spezifischen Rationalitätsform des spekulativen Begriffs auch von vornherein das Interesse miteingegangen sein, das Spezifikum der Kunst im Denken darstellbar zu machen. Mit einer Ästhetisierung des Denkens selbst soll das aber aus Hegels Sicht keinesfalls verwechselt werden. Die „Kunst als die absolute Weise anzunehmen", wird explizit als „Verwirrung" kritisiert (Ho, 223).

1.2.4 Die Vergangenheit der Kunst

Die zuletzt zitierte Bemerkung steht im Zusammenhang mit der wohl berühmtesten These der Hegelschen Ästhetik, wonach „die Kunst nach der Seite ihrer höchsten Bestimmung für uns ein Vergangenes" ist (VÄ 1, 25). Von dieser These ist in der Literatur zumeist als vom „Ende der Kunst" die Rede – diese Wendung findet sich aber weder in der Hotho-Edition noch in den Nachschriften. Das durch das angebliche Ende der Kunst nahegelegte Missverständnis, Hegel würde absurderweise behaupten, es gebe in der Gegenwart faktisch keine Kunst mehr, niemanden, der Kunst produziert, und niemanden, der sie rezipiert, braucht man also gar nicht ernsthaft zu diskutieren. „Man kann wohl hoffen, daß die Kunst immer mehr steigen und sich vollenden werde", heißt es wörtlich, aber, und dieser Punkt ist entscheidend, „ihre Form hat aufgehört, das höchste Bedürfnis des Geistes zu sein" (VÄ 1, 142; vgl. Hm, 15). Jenseits eines vermeintlichen Endes der Kunst ist diese These Hegels immer noch provozierend genug – die über die „Vorstellung" eingeführte Frage nach dem Verhältnis von Kunst und Wissenschaft kehrt hier als Hegels *eigene* Frage wieder.

Für sein Ästhetik-Konzept ist die Vergangenheitsthese zentral, ab dem Kolleg von 1823 findet sie sich durchgehend (vgl. Ho, 223 f.; Ke, 7 f.; vdP, 54; Hm, 14 f.), die Hotho-Edition bildet die Formulierungen der Nachschriften nahezu buchstabengetreu ab. Umso auffälliger ist, dass die These im Kontrast zu den Diskussionen, die sie bis heute ausgelöst hat, von Hegel selbst in der Einleitung vergleichsweise kurz und unaufgeregt behandelt wird. De facto handelt es sich um einen Einschub im vorhin dargestellten Argumentationsgang, der der emphatischen Aufwertung der Kunst galt: „Wenn wir nun aber der Kunst einerseits diese hohe Stellung geben, so ist andererseits ebensosehr daran zu erinnern, daß die Kunst dennoch weder dem Inhalte noch der Form nach die höchste und absolute Weise sei, dem Geiste seine wahrhaften Interessen zum Bewußtsein zu bringen. Denn eben ihrer Form wegen ist die Kunst auch auf einen bestimmten Inhalt beschränkt. Nur ein gewisser Kreis und Stufe der Wahrheit ist fähig, im Elemente des Kunstwerks dargestellt zu werden" (VÄ 1, 23). Hätte Kunst mit der Darstellung der Wahrheit nichts zu tun, wäre die Frage nach ihrer aktuellen Bedeutung überflüssig. Umgekehrt gilt: Gerade weil Hegel der Kunst im Element sinnlichen Scheinens ihre Relevanz auf dem höchsten Niveau des absoluten Geistes bescheinigt, muss sie den Vergleich mit anderen Medien kultureller Selbstverständigung hinnehmen, die Hegel zufolge sowohl historisch als auch systematisch auf einem fortgeschritteneren Stand agieren. „Der Gedanke und die Reflexion hat die schöne Kunst überflügelt." (VÄ 1, 24) In dieser Diagnose ist ein religionsphilosophisches und ein rationalitätstheoretisches Argument zu unterscheiden.

Das religionsphilosophische Argument, das im Kolleg 1826 übrigens fehlt, ist subtiler, als es auf Anhieb scheint. Auf Anhieb scheint es eine strikte Trennlinie zwischen Kunst und Religion zu geben, die historisch mit dem Aufkommen der christlichen Religion verknüpft ist. Tatsächlich ist Hegel überzeugt, dass mit der christlichen Religion eine „tiefere Fassung der Wahrheit" zum Zuge kommt, „in welcher sie nicht mehr dem Sinnlichen so verwandt und freundlich ist, um von diesem Material in angemessener Weise aufgenommen und ausgedrückt werden zu können" (VÄ 1, 23 f.). Demgegenüber verkörpert die antike griechische Kunst genau die Auffassung von Wahrheit, die sich in der skulpturalen Gestalt der Götter vollkommen adäquat anschaulich darstellen lässt. Diese vollkommene Entsprechung von Inhalt und Form wird Hegel als das Strukturmerkmal der *klassischen Kunstform* herausstellen und mit dem perfekt realisierten Ideal des Schönen identifizieren (vgl. den folgenden Abschnitt 1.4).

Jedoch gilt es diese Analyse zu vertiefen. Die Trennung von Kunst und Religion ist in gewisser Weise künstlich, weil sich Hegels emphatischer Begriff der „freien Kunst" ohne die „Religion" genannte Verständigung der Menschen über ihre „wahrhaften Interessen" per se nicht denken lässt (vgl. Enz, § 554, wo die Sphäre des absoluten Geistes insgesamt als „Religion" bezeichnet wird). Auch die griechische Kunst stellt eine Form der Religion dar. Das bedeutet weiter, dass Hegel völlig zu Recht auch der christlichen Religion eine Affinität zur Kunst zuschreibt – und erst mit dieser sogenannten *romantischen Kunstform* wird die Vergangenheitsthese akut: „Die schönen Tage der griechischen Kunst wie die goldene Zeit des späteren Mittelalters sind vorüber." (VÄ 1, 24) Es ist klar, was gemeint ist: Natürlich hat sich die christliche Religion von der griechischen Götterwelt distanziert, aber unleugbar liefert sie in Gestalt der katholischen Religion auch ihrerseits so viel sinnlich darstellbaren Stoff, dass insbesondere die Malerei voller Licht und Farbe davon profitiert: „Die Malerei vornehmlich im 15 und 16 Jahrhundert hat deßhalb diese höhe erreicht wie die Kunst zu Perikles Zeit." (Hm, 15) Explizit wird im Kolleg 1828/29 dann auch gesagt, wo der entscheidende Bruch liegt: „Die Reformation führte zur Vorstelung des Innern des Gemüths zurük, und hat sich vom Sinnlichen abgewendet, dem Elemente der Kunst. Dieses ist also nach der Kunst." (Hm, 15; vgl. VÄ 1, 142) Der protestantische Bildersturm – die Konsequenz der Verinnerlichung und Subjektivierung der Wahrheit – hat die Kunst in die Vergangenheit gerückt, unter der Ägide der protestantischen Religion bestimmt dieser Vorgang auch die Gegenwart. Hegels Einstellung dazu ist offenkundig ambivalent. Wenn er sagt: „es hilft nichts, unser Knie beugen wir doch nicht mehr" (VÄ 1, 142), klingt es wie die Abkehr von einem religiösen Fetischismus, einem unter aufgeklärten Bedingungen inakzeptablen Bilderdienst. Aber ein Bedauern über den Verlust einer Weltanschauung, die in sinnlicher Darstellung wunderbar zuhause und befriedigt ist, schwingt unverkennbar gleichfalls mit. In jedem Fall ist der kulturelle Wandel laut Hegel ein irreversibles Faktum.

Das gilt auch für das zweite Argument der gegenwärtigen „Vernunftbildung" oder „Reflexionsbildung", das auf den Rationalisierungsprozess der Moderne und sein „Bedürfnis" verweist, „allgemeine Gesichtspunkte festzuhalten und danach das Besondere zu regeln, so daß allgemeine Formen, Gesetze, Pflichten, Rechte,

Maximen als Bestimmungsgründe gelten und das hauptsächlich Regierende sind" (VÄ 1, 24f.). Diese Einstellung der Gegenwart ist, so Hegel, „der Kunst nicht günstig", weil es in der Kunst eben nicht um allgemeine gesetzliche Regelungen, sondern um die konkrete sinnliche Erscheinung in ihrer Lebendigkeit geht (VÄ 1, 24f.). Hier muss man allerdings aufpassen. Denn die Formulierungen – besonders auch die des Kollegs 1826, das auf „Reflexion, Abstraktion, abstrakte allgemeine Vorstellungen" abhebt (Ke, 8) – klingen so, als hätte man es mit einer Variante des eingangs aufgenommenen Einwands zu tun, dass Kunst und Wissenschaft fremd füreinander sind, nur mit dem Unterschied, dass diese Fremdheit jetzt den Preis der Vergangenheit der Kunst kostet. Das Problem wird nicht explizit geklärt. Auch das Verhältnis zwischen dem behaupteten Rationalisierungsprozess der Moderne und der Geschichte der Religion bleibt zumindest an dieser Stelle offen. Im Abgleich der Nachschriften kann man aber wohl sagen, dass Hotho in seiner Edition das Äußerste getan hat, um das mit der Vergangenheitsthese verknüpfte „Bedürfnis" nach einer *„Wissenschaft* der Kunst" (VÄ 1, 25f.) vor dem Eindruck zu bewahren, als wolle oder könne diese Wissenschaft ihrerseits den Standards abstrakter Rationalität folgen. Das ergäbe keinen Sinn, weil es die Verteidigung des Projekts gegenüber verbreiteten Einwürfen unterminieren würde. Im Interesse dieser Verteidigung ist es deshalb naheliegend, Hegels Ästhetik ihrerseits als einen *kritischen Beitrag* zur „Reflexionsbildung" der Gegenwart zu verstehen.

Wenn man diesen Punkt berücksichtigt, schärft sich die Vergangenheitsthese in mehrfacher Hinsicht. Erstens wird klar, warum es aus Hegels Sicht kein Widerspruch ist, das Projekt einer Philosophie der Kunst zu verteidigen und zugleich den Vergangenheitscharakter der Kunst zu behaupten. Die von Hegel intendierte Wissenschaft verhält sich – entgegen mancher Unterstellung – nicht feindlich zur Kunst, als ginge es darum, sie durch den Begriff zu verdrängen, sondern sie will in der „denkenden Betrachtung" der Kunst (VÄ 1, 26) deren kulturelle Leistung sowohl würdigen als auch für die Wissenschaft retten. Anders wäre die Aufstufung von Kunst, Religion und Philosophie gar nicht möglich. Damit geht aber zweitens ein nach Hegels Überzeugung wesentlicher Transformationsprozess einher. Es ist ein Unterschied, in einem ästhetisch geprägten Weltbild unmittelbar zu leben und alle substantiellen Verständigungsressourcen daraus zu gewinnen, oder sich deutlich zu machen, dass Kunst eine solche Wahrheitsfunktion hat, womit unausweichlich reflexive Distanz einhergeht. Deshalb ist es, wie früher zitiert, eine „Verwirrung", die ästhetische Dimension rationalitätskritisch zu verabsolutieren. Wer eine solche „Verwirrung" begeht, sagt Hegel an dieser Stelle nicht, aber das ist nicht erheblich.

Denn der Sache nach kann man diese Kritik drittens auf das um 1800 sich manifestierende Phänomen einer umfassenden Ästhetisierung des Denkens zurückbeziehen, gipfelnd in der Vorstellung einer „neuen Mythologie". Das in Hegels Handschrift überlieferte sogenannte „Älteste Systemprogramm des deutschen Idealismus" spricht in dieser Hinsicht Bände. Im Zentrum steht der damals mit Schelling und Hölderlin geteilte Gedanke einer intellektuellen und politischen Befreiung, die in der Erneuerung der griechischen schönen Polis durch eine „neue Mythologie" zustande kommen soll. Als verbindendes Moment von „Wahrheit" und „Güte" und von Vernunft und Sinnlichkeit regiert die Schönheit (GW 2, 616 f.). Damit ist das Konzept einer kulturell bedeutsamen Kunst umrissen, an dem auch der Berliner Hegel festhält, während er sich von der Ambition auf eine „neue Mythologie" radikal distanziert. Eine *neue* Mythologie – nach Hegels Berliner Diagnose wäre das so etwas wie eine anachronistische „Wiederverzauberung": entweder eine künstliche Imitation griechischer Klassik, ein *Klassizismus* also, den man ganz zu Unrecht Hegels eigener Position vielfach unterstellt; oder der restaurative Versuch einer Rekatholisierung des Lebens, den es ja tatsächlich unter den Intellektuellen gegeben hat, den Hegel jedoch ablehnt (VÄ 2, 236), um seinen rationalitätskritischen Ansatz in einer *wissenschaftlichen Würdigung und Vergegenwärtigung der Kunst* auszutragen. Was daraus viertens schließlich für die Kunst der Gegenwart folgt, ist in der Einleitung kein Thema, aber die Richtung zeichnet sich ab, was am „Ende der romantischen Kunstform" (VÄ 2, 231) zu erwarten sein wird: die Transformation der *freien* Kunst in *autonome* Kunst unter gänzlicher oder zumindest partialer Entlastung von substantiellen Verpflichtungen auf Wahrheit und Repräsentanz einer ganzen Kultur. Das kann man bedauern oder als endgültige Befreiung der Kunst begrüßen – für eine Interpretation moderner Verhältnisse bietet Hegels Analyse denkbar große Spielräume.

1.3 Von der Moral zur Kunst: Eine kurze Geschichte der Ästhetik von Kant bis Schlegel

Den folgenden Abschnitt überschreibt Hotho mit dem Zwischentitel „Historische Deduktion des wahren Begriffs der Kunst" vielleicht etwas zu bombastisch. Denn auffällig ist, dass Hegel in den Ästhetikvorlesungen zwar in vielfacher Hinsicht geschichtlich argumentiert, aber für eine genealogische Diskussion im Binnenraum philosophischer Ästhetik wenig, zumindest kein konstitutives Interesse zeigt. Vermutlich blockiert durch den ungünstigen Ruf der „Wolffschen Schule" findet eine gründliche Aufarbeitung Baumgartens gar nicht statt, stets beginnt die Reihe mit Kant wie im Kolleg 1821, das Kant und einige nachkantische Positionen eingangs knapp erwähnt. Erst 1826 kommt Hegel darauf ausführlicher zurück, aber im letzten Kolleg ist der Eintrag „Geschichtliches" dann schon wieder verschwunden. Kant bleibt ein Bezugspunkt, die Nachfolger werden in den Allgemeinen Teil verschoben, hier aber nur noch gestreift. Jedoch kann man sich vor dem zuletzt erörterten Hintergrund gut verdeutlichen, dass beides in einem sinnvollen und überdies interessanten Zusammenhang steht: sowohl Hegels sichtlich fehlender Eifer, seine Ästhetik im zeitgenössischen Diskurs auszuweisen, als auch Hothos herausgehobene Markierung des „Standpunkts", auf dem der „wahre Begriff der Kunst" begründet worden sei (VÄ 1, 83; vgl. Ke, 16).

Denn selbstverständlich, um mit Hothos Markierung zu beginnen, ist Hegels Projekt dem vorhin erwähnten Ästhetisierungsschub um 1800 verpflichtet. Das Besondere dieses Schubs besteht darin, die *Ausdifferenzierung* einer eigenständigen Reflexion auf das Schöne und die Kunst mit *integrativen* Motiven und Erwartungen zu verbinden. Nicht ein ausgeschnittener Spezialbereich, sondern das ganze Leben soll vom Schönen her neu verstanden werden. Theorie und Praxis, Natur und Freiheit, Vernunft und Sinnlichkeit, Allgemeines und Besonderes und was der Gegensätze mehr sind – das große Attraktionspotential des neuen ästhetischen Blicks gilt deren *Versöhnung*. „Versöhnung" ist darum auch das Zauberwort, das im Kolleg 1826, auf dessen Material sich Hotho im Wesentlichen stützt, den Übergang vom „moralischen Standpunkt" zum „Standpunkt der Kunst" bahnt und sogleich mit einer differenzierten Einschätzung Kants verknüpft wird (Ke, 12 ff.; vgl. VÄ 1, 79 ff.).

Bemerkenswert ist dieser Übergang deshalb, weil Hegel, über die bereits erwähnte Kritik an einer moralischen Instrumentalisierung der Kunst hinausgehend, den „Standpunkt der Moral" als solchen vehement attackiert, der „in seiner Tiefe gefaßt [...] der Standpunkt des nicht aufgelösten Widerspruchs überhaupt" ist (Ke, 16). Die dichotomische Ordnung der Moral – der „Widerspruch des Geistes und des Fleisches" (Ke, 15) – wird nicht nur als Ursache aller eben genannten Gegensätze identifiziert. In der Beschreibung der Dualismen zeichnet sich längst auch ab, was dann explizit ausgesprochen wird: die These nämlich, dass der „Standpunkt der Moralität [...] in der Kantischen Philosophie als das Höchste hervorgetrieben worden" ist (Ke, 16; vgl. VÄ 1, 84). Als Hauptvertreter dualistischen Denkens ist Kant exemplarischer Teil der Problemlage, um deren Überwindung es im Namen der Kunst geht: „über diesen Standpunkt ist zu setzen der des sich auflösenden, sich versöhnenden Gegensatzes; und das ist hier die Behauptung, daß der Endzweck der Kunst sei, den absoluten Endzweck darzustellen" (Ke, 16). Die Versuche, die Kant selbst in der *Kritik der Urteilskraft* im Interesse der Versöhnung angestrengt hat, sind „als Ausgangspunkt für das wahre Begreifen des Kunstschönen" zu würdigen, „doch konnte dieses Begreifen sich nur durch die Überwindung der kantischen Mängel als das höhere Erfassen der wahren Einheit von Notwendigkeit und Freiheit, Besonderem und Allgemeinem, Sinnlichem und Vernünftigem geltend machen" (VÄ 1, 89).

Es ist ganz klar, dass Hegels Auszeichnung freier Kunst dem „interesselosen Wohlgefallen" am Schönen bei Kant enorm viel verdankt, aber klar ist auch, dass eine Philosophie der Kunst, die auf nichts Geringeres als eine umfassende Kulturtheorie zielt, es unmöglich bei einer transzendentalen Theorie ästhetischen Urteilens bewenden lassen kann (VÄ 1, 89). Der Impuls, in eine objektive Theorie des Schönen vorzustoßen, stammt von *Schiller*. Und ganz ohne Zweifel stellen Schillers ästhetische Schriften – *Anmut und Würde* und die *Briefe über die ästhetische Erziehung des Menschen* werden ausdrücklich genannt – die Hauptinspirationsquellen für Hegel dar. Ganz abgesehen davon, dass die Aufwertung und Umdeutung des schönen Scheins direkt auf Schiller zurückgeht, bezieht Hegel von Schiller sowohl die Kritik des mit Kants Philosophie identifizierten moralischen Standpunkts und die damit einhergehende dualistische Diagnose der Moderne als auch deren Überwindung im Konzept des Schönen, dessen politisches Profil Hegel besonders interessiert (VÄ 1, 90 f.; vgl. Sandkaulen 2005).

Ab diesem Punkt jedoch beginnt sich die Darstellung gleichsam zu drehen. Nur ganz knapp wird Schelling erwähnt, der zuerst mit einer Wissenschaft der Kunst hervorgetreten sei (VÄ 1, 91). Den größten Raum hingegen nimmt die kritische Abrechnung mit Friedrich Schlegel ein, dessen Konzept der *Ironie* Hegel als eine von Fichtes Ich ausgehende „Eitelkeit alles Substantiellen" verwirft und die Ironie dabei explizit vom *Komischen* unterscheidet (Ke, 21 ff.; vgl. VÄ 1, 96 f.). Wenn man bedenkt, dass das Komische am Ende der romantischen Kunstform eine wichtige Rolle spielen wird, tritt umso schärfer hervor, dass Hegel sich hier in der Einleitung von der nachkantischen Formation der Ästhetik – und seiner eigenen Zeitgenossenschaft in dieser Formationsphase – regelrecht trennt. Der Gedanke der Mythologie und „neuen Mythologie" wird weder als Beitrag Schellings (Schelling 1859 a, 629; Schelling 1859 b, §§ 38–61) noch Schlegels (Schlegel 2007) überhaupt auch nur genannt. Das frühromantische Konzept der Ironie hingegen wird (fälschlicherweise) so dargestellt, als bestünde sein Motiv in der subjektivistischen Zersetzung aller substantieller Interessen, während Hegels Philosophie der Kunst für die Anerkennung und Rettung dieser Interessen eintritt – und deren ästhetische Einlösung zugleich in die Vergangenheit verweist. Man sieht, wie stark und provozierend der Eingriff Hegels in die Aufstellung der Ästhetik um 1800 wirklich ist. Die für Hegel sonst typische Genealogie fortschreitender Aufhebung in der Zielbestimmung seines eigenen Entwurfs lässt sich auf dem Feld der Ästhetik nicht erzählen.

1.4 Programmatischer Überblick: Das Schöne, die Kunstformen und die Künste

Der abschließende Überblick über die Durchführung des Projekts bietet eine hilfreiche Orientierung, die adressiert an die „Vorstellung" (VÄ 1, 100) den Argumentationsgang und Mitvollzug der kommenden Ausführungen natürlich keinesfalls ersetzt. Aber auch in dieser Form des Überblicks zeichnet sich die strukturelle Komplexität von Hegels Ästhetik ab, deren Grundlagen die Einleitung bis zu diesem Punkt entwickelt hat. Es gibt ein Spannungsverhältnis zwischen Kunst und Wissenschaft und zwischen der geschichtlichen und aktuellen Geltung von Kunst, das in beiden Fällen mit dem sinnlichen Charakter von Kunst im Kontrast zu Formen der Reflexion zu tun hat. Dies führt dazu, dass sich Hegels Philosophie der Kunst auf höchst interessante Weise nicht nur wie eben gesehen im Fall der Geschichte der Ästhetik, sondern generell dem sonst von Hegel praktizierten teleologischen Denkmuster entzieht. Stattdessen wirken Zentrierung und Finalisierung ganz eigentümlich zusammen.

Den Rahmen dafür bildet ausgehend von der früher aufgestellten These, dass der Zweck der Kunst die „sinnliche Darstellung des Absoluten" ist (VÄ 1, 100), die Entfaltung des Kunstschönen in drei Teilen, womit Hothos Edition die Einteilung des letzten nunmehr dreigliedrigen Kollegs übernimmt. Der allgemeine Teil erörtert die *Idee des Schönen*, der besondere Teil zeigt die Entwicklung des Kunstschönen in der *symbolischen, klassischen und romantischen Kunstform* auf, der individuelle Teil ist dem *System der einzelnen Künste* aus *Architektur, Skulptur, Malerei, Musik und Poesie* gewidmet, in denen das Kunstschöne als je konkretes Werk Gestalt gewinnt (VÄ 1, 104). Nach dem bisher Gesagten ist klar, dass eben darin Hegels wissenschaftliche Ambition besteht: Zwischen all diesen Bestimmungen gilt es einen *intrinsischen Zusammenhang* aufzuweisen, der, begründet in der Idee des Schönen und nicht in empirischer Aufzählung und Klassifizierung, die Welt der schönen Kunst hinreichend differenziert darstellen und dabei die Konvergenz typologischer und geschichtlicher Formen bis hinunter auf die Ebene des einzelnen „real existierenden" Kunstwerks als überzeugende Manifestation menschlicher Selbstverständigung aufschließen kann. Drei Momente dieses Zusammenhangs sind im Folgenden hervorzuheben.

Das erste Moment betrifft die Idee des Schönen. Vom Schönen der Kunst war fortwährend bereits die Rede, aber erst jetzt wird zur weiteren Klärung in Sichtweite gebracht, was das Schöne ist. Hegel bestimmt es als vollständige Vermittlung oder Durchdringung von zwei Seiten – von geistigem Inhalt und sinnlicher Form, der Idee und ihrer Darstellung. Schön ist also nicht allein eine bestimmte, etwa harmonische oder regelmäßige Verfassung der Form, aber auch nicht die äußerliche, formelle Verknüpfung irgendeiner Idee mit irgendeiner entsprechenden Gestalt, sondern die ins Werk gesetzte Passung einer Idee, die in sich auf Darstellung dringt, mit der ihr angemessenen Gestalt, die sie konkret zur Erscheinung bringt und nichts sonst zu ihrem Zweck hat (VÄ 1, 100 ff.). Damit schließt sich das schöne Gebilde intentional gleichsam in sich zusammen und grenzt sich aus der Welt empirischer Fakten als Gebilde eigenen Rechts ab. Warum es Hegel zufolge nicht möglich ist, sozusagen „geradeaus" vom Naturschönen zu sprechen, folgt daraus.

Wichtig ist zweitens, dass diese ideale Bestimmung des Kunstschönen die drei Kunstformen übergreift. Das „ganze Schöne" „zersetzt" sich in „seine besonderen Bestimmungen", die „nichts sind als die verschiedenen Verhältnisse von Inhalt und Gestalt" (VÄ 1, 107, 124). Das ist in zweierlei Hinsicht bedeutsam. Einerseits ergibt sich die *Zentrierung* der Hegelschen Ästhetik daraus, dass die klassische Kunstform die *perfekte Verwirklichung* der Idee des Schönen ist: Die Idee als das „konkret Geistige" und ihr natürlicher Ausdruck stimmen hier vollkommen überein, die Idee ist genau von der Art, dass sie sich restlos sinnlich darstellen lässt – in der Gestalt des menschlichen Körpers zeigt sich die „vollkommene Adäquation der Idee und ihrer Gestalt" (Ke, 28; vgl. VÄ 1, 109 f.). Andererseits verhalten sich die symbolische und romantische Kunstform dazu nicht wie externe Bestimmungen. Auch sie stellen Realisierungen des Schönen dar – in Gestalt des Erhabenen im Fall der symbolischen Kunstform und in Gestalt des „Unschöne[n]" im Fall der romantischen Kunstform, was damit zusammenhängt, dass die Idee im ersten Fall noch unbestimmt ist und nach ihrem Ausdruck erst noch sucht, im zweiten Fall hingegen in sich so komplex geworden ist, dass es für diese „freie konkrete Geistigkeit" keinen direkten sinnlichen Ausdruck mehr geben kann. Die Passung von Inhalt und Form besteht hier darin, dass das Äußere als „zufällig, willkührlich, abentheuerlich" preisgegeben wird (Hm, 17; vgl. VÄ 1, 107 ff.; 1, 111 ff.; vgl. Collenberg-Plotnikov 2005).

Aber damit nicht genug: symbolische, klassische und romantische Kunstform stellen nicht allein jeweilige Varianten des idealen Kunstschönen dar, die sich geschichtlich in der archaischen und orientalischen Welt, der Welt der griechischen Antike und der christlichen Welt bis hin zur Moderne manifestieren. Im Interesse zunehmender Vergewisserung und Aneignung komplexer Subjektivitätsverhältnisse präsentiert Hegel die Abfolge der Kunstformen darüber hinaus auch als *Steigerung*. Die Zentrierung der Ästhetik in der klassischen Kunstform wird in diesem Sinne aufgebrochen: Die perfekte Schönheit ist in ihrer Perfektion auch mangelhaft, weil sie nur zeigen kann, was sich buchstäblich, nämlich in der Skulptur, in Marmor meißeln lässt. Im Vergleich dazu ist die romantische Schönheit nicht klassisch schön, dafür aber offen für den Zuwachs an innerlicher Subjektivität und ihrer äußerlich gebrochenen Darstellung. Gemessen an der perfekten Entsprechung von Idee und Form im Klassischen besteht darin zugleich wiederum der Mangel des Romantischen – die Finalisierung hebt die klassische Zentrierung nicht einfach auf. „In dieser Weise ist die romantische Kunst das Hinausgehen der Kunst über sich selbst, doch innerhalb ihres eigenen Gebiets und in Form der Kunst selbst." (VÄ 1, 113; vgl. Ho, 249; Hm, 17)

Drittens schließlich bildet sich diese Struktur auch im System der Künste ab. Den Kunstformen entsprechen typologisch jeweilige Leitkünste – die Architektur der Symbolik, die Skulptur der Klassik sowie Malerei, Musik und Poesie der Romantik. Das damit zugleich einhergehende Konzept der Steigerung bis hin zur Poesie als der vollkommensten aller Künste zeigt sich hier in einer zunehmenden Sublimierung des Materials. Vom schweren Stein bis hin zum Sprachzeichen hebt die an Sinnlichkeit konstitutiv gebundene Kunst ihr sinnliches Medium im Medium der Sinnlichkeit auf. Dem Entwurf eines Gesamtkunstwerks gleich hat Hegel diesen Ansatz seiner Ästhetik wunderschön (weil plastisch und nicht abstrakt) im Kolleg 1823 formuliert: „Wollen wir dieses dasein nun concreter betrachten, so verwirklicht sich uns der Begriff der Kunst zu einer in sich gegliederten Kunstwelt; eine Welt von Gestalten steigt vor uns auf; Tempel umgeben uns und wölben über uns ihre Kuppel, Götter blicken uns in seliger Ruhe an, von starrem Marmor gefesselt, oder als bunte, farbige Schattenwelt, oder der Gott tönt uns seine Nähe in's Herz, die wir ahnend empfinden, oder er steigt zu uns nieder, und offenbart sich, indem er sich selber in Worten verkündet. denn den Anfang ihres daseins beginnt diese Götterwelt im äußerlichen grob Materiellen, und bildet sich fort zu einem geistigen und geistigeren dasein. Und so haben wir denn Stufen der Vergeistigung des Inhalts sowohl als des Materials, und den Schluß macht die geistigste Form des Stoffs sowohl als seiner darstellung." (Ho, 251)

Genau an diesem Punkt jedoch zieht Hegel abschließend die äußerste Konsequenz: „In dieser höchsten Stufe aber steigt die Kunst über sich selbst hinaus, und wird zur Prosa, zum Gedanken." (Ho, 255; vgl. VÄ 1, 123) Welcher Überstieg über die Kunst hinaus ist hier gemeint? Ist es die Prosa autonomer Kunst, die mit dem Bezug auf die Götterwelt auch das substantielle Potential der freien Kunst und folglich auch die intrinsische Passung von Sinn und Sinnlichkeit eingebüßt hat? Oder ist es die Prosa der rationalistischen Moderne, die unter abstrakten Gesetzen denkt und lebt und die Poesie sinnlicher Konkretion ganz hinter sich gelassen hat? Oder ist die reflektierte Form religiöser Innerlichkeit gemeint, die über den wie immer sublimierten Ausdruck sinnlicher Anschauung hinausgewachsen ist? Oder ist die Prosa des Gedankens die Prosa genau derjenigen Wissenschaft, die sich der Kunst denkend zuwendet, um ihre ungeheure Wucht erinnernd zu vergegenwärtigen? Alles ist möglich, nur dass der Kontrast von „Poesie" und „Prosa" dann je etwas anderes bedeutete. Dass sich Hegels Interesse an der Kunst in einem zumindest in der Ästhetik offensichtlich nicht völlig geklärten Verständnis von Rationalität spiegelt, tut der Sache keinen Abbruch. Es gibt im Gegenteil über die Spielräume seiner Epistemologie viel zu denken.

Literatur

Baeumler, A. 1923. *Das Irrationalitätsproblem in der Ästhetik und Logik des 18. Jahrhunderts bis zur Kritik der Urteilskraft*. Halle / Saale.
Baumgarten, A. G. 1988. *Theoretische Ästhetik*, übersetzt und hg. v. H. R. Schweizer. Hamburg.
Collenberg-Plotnikov, B. 2005. „Die Funktion der Schönheit in Hegels Bestimmung der Malerei. Zum Stellenwert eines Grundbegriffs der Hegelschen Ästhetik". In: *Die geschichtliche Bedeutung der Kunst und die Bestimmung der Künste*, hg. v. A. Gethmann-Siefert, L. de Vos u. B. Collenberg-Plotnikov, 245–267. München.
Gethmann-Siefert, A. 2005. *Einführung in Hegels Ästhetik*. München.
Hilmer, B. 1997. *Scheinen des Begriffs. Hegels Logik der Kunst*. Hamburg.
Hindrichs, G. 2014. „Der Schein ist dem Wesen wesentlich". In: *Vom Ende her gedacht. Hegels Ästhetik zwischen Kunst und Religion*, hg. v. T. Braune-Krickau, T. Erne u. K. Scholl, 68–98. Freiburg / München.
Hotho, H. G. 1842. *Georg Wilhelm Hegel's Vorlesungen über die Aesthetik. Vorrede zur ersten Auflage (1835)*, VIII–XVI. Berlin.
Jaeschke, W. 2014. „Die gedoppelte Schönheit. Idee des Schönen oder Selbstbewusstsein des Geistes?" In: *Gebrochene Schönheit. Hegels Ästhetik – Kontexte und Rezeptionen*, hg. v. A. Arndt, G. Kruck u. J. Zovko, 17–29. Berlin.
Kant, I. 2006. *Kritik der Urteilskraft*, hg. v. H. F. Klemme. Hamburg.
Sandkaulen, B. 2005. „Schönheit und Freiheit. Schillers politische Philosophie". In: *Schiller im Gespräch der Wissenschaften*, hg. v. K. Manger und G. Willems, 37–55. Heidelberg.
Sandkaulen, B. 2017. „Hegel's first System Program and the Task of Philosophy". In: *The Oxford Handbook of Hegel*, hg. v. D. Moyar, 3–30. Oxford.
Schelling, F. W. J. 1859 a. „System des transzendentalen Idealismus". In: *Sämmtliche Werke*, hg. v. K. F. A. Schelling, Bd. III, 329–634. Stuttgart / Augsburg.
Schelling, F. W. J. 1859 b. „Philosophie der Kunst". In: *Sämmtliche Werke*, Bd. V, 353–737. Stuttgart / Augsburg.
Schlegel, F. 2007. „Rede über die Mythologie". In: *Schriften zur Kritischen Philosophie 1795–1805*, hg. v. A. Arndt, 96–103. Hamburg.

Gunnar Hindrichs
2 Hegels Begründung der philosophischen Ästhetik

2.1 Die Aufgaben der Abschnitte

In den Abschnitten „Stellung der Kunst im Verhältnis zur endlichen Wirklichkeit und zur Religion und Philosophie" und „Begriff des Schönen überhaupt" legt Hegel die Anfangsgründe seiner philosophischen Ästhetik dar. Die Nachschriften von 1820/21, 1823 und 1828/29 erfassen die Argumente nur unklar und setzen sie zudem teilweise in die Einleitung (As, 10 ff.; Ho, 234 ff.; Hm, 10 ff.). Demgegenüber macht Hothos Edition ihre systematische Funktion deutlich. Die vorangegangene lange Einleitung hatte das Recht auf eine Philosophie der Kunst einerseits gegen gängige Vorbehalte verteidigt (VÄ 1, 13–29), anderseits aus dem Bestand verbreiteter Vorstellungen und bereits geleisteter Konzeptionen herausgearbeitet (VÄ 1, 29–99). Damit ist das Feld für die konstruktive Eigenentwicklung einer philosophischen „Wissenschaft des Schönen" (VÄ 1, 127) bereitet worden. Sie kann nun beginnen. Jene relativ kurzen Abschnitte erörtern den argumentativen Ausgangspunkt dieser Eigenentwicklung.

Hierbei übernehmen sie jeweils eine spezifische Aufgabe. Wie die Überschrift des ersten Abschnittes zeigt, wird der Ausgangspunkt einer Wissenschaft vom Schönen durch ein doppeltes Verhältnis angegeben: auf der einen Seite verhält sich die Kunst zur endlichen Wirklichkeit, auf der anderen Seite verhält sie sich zur Religion und Philosophie, die es mit dem Unendlichen zu tun haben. Das macht ihre Stellung aus. Entsprechend gewinnt das Gebiet der Untersuchung seine Kontur als Zwischenraum zwischen dem Endlichen und dem Unendlichen. Mit dieser Kontur wird die Anspruchsbestimmtheit der philosophischen Ästhetik angezeigt. Sie lautet: eine Wissenschaft vom Schönen besitzt Geltung für einen Bereich, der sich in der methodischen Ordnung der Wissensgebiete als der Grenzort zwischen Endlichkeit (Kontingenz) und Unendlichkeit (Absolutheit) anzeigen lässt. Diese Bestimmtheit ihres Anspruchs bildet den ersten Anfangsgrund der philosophischen Ästhetik.

Um ihm gerecht werden zu können, muss die Wissenschaft vom Schönen sodann einen Vorbegriff davon angeben, unter welchen Bedingungen ihr Anspruch sich erfüllen lässt. Das erfolgt in dem zweiten Abschnitt. Dort wird der „Begriff vom Schönen überhaupt" eingeführt. Wie sich zeigen wird, nimmt dieser Begriff nichts anderes als die strukturelle Artikulation des Bereiches zwischen Kontingenz und Absolutheit vor. Anders gesagt: er führt die Grundstruktur des oben benannten Wissensgebietes aus und schließt dadurch die Wissenschaft, die unter seiner Vorschrift arbeitet, mit diesem Wissensgebiet zusammen. Entsprechend bildet er den zweiten Anfangsgrund der Wissenschaft vom Schönen. Denn nur wenn man von einem Begriff ausgeht, der den Grenzort zwischen Endlichkeit und Unendlichkeit strukturell erschließt, wird es möglich, dem Anspruch auf Geltung für diesen Grenzort gerecht zu werden. Hiermit ist die Erfüllungsbestimmtheit der philosophischen Ästhetik angezeigt. Sie lautet: eine Wissenschaft vom Schönen steht unter der Vorschrift der strukturellen Artikulation des Grenzortes von dem Absoluten und dem Kontingenten, die der Begriff des Schönen vornimmt.

Auf diese Weise erörtern die beiden Abschnitte die Anfangsgründe der philosophischen Ästhetik unter den wissenschaftslogischen Gesichtspunkten ihrer Anspruchsbestimmtheit und ihrer Erfüllungsbestimmtheit. Ergibt sich die Anspruchsbestimmtheit aus der methodischen Ordnung der Wissensgebiete in der Schrittfolge vom Kontingenten zum Absoluten, so folgt die Erfüllungsbestimmtheit aus der Artikulation des Schönen als der Grundstruktur des Untersuchungsgebietes. Hierbei darf nicht vergessen werden, dass Hegels Wissenschaftsmodell Anfangsgründen eine immer nur vorläufige Geltung zuschreibt. Sie sind keine Axiome. Vielmehr werden sie – wie die *Wissenschaft der Logik* ausführt (vgl. GW 12, 11 f.) – erst im gelingenden Vollzug der Wissenschaft insgesamt beglaubigt. Dennoch geben Anfangsgründe die Schritte an, die als erstes zu gehen sind, wenn man sich auf den Weg zur Vollendung der Wissenschaft machen will, von der sie beglaubigt werden. In diesem Sinn eröffnen sie den notwendigen Eingang.

2.2 Das Argument vom Endlichen

Nach dem Titel des ersten Abschnittes bezieht sich die Anspruchsbestimmtheit der philosophischen Ästhetik auf das Gebiet zwischen Kontingenz und Absolutheit. Zu ihren Gunsten entwickelt Hegel zwei Argumente. In den Vorlesungen laufen sie oft ineinander. Um sich hier nicht verwirren zu lassen, sind die begrifflichen Hintergründe zu berücksichtigen, die Hegel zumal in der *Phänomenologie des Geistes*, der *Wissenschaft der Logik* und der *Enzyklopädie der philosophischen Wissenschaften* ausgeführt hat. Dann lassen sich die Argumente in ihrer Ausrichtung klar unterscheiden. Das erste Argument verfährt vom Unendlichen aus: es gewinnt das Gebiet der Kunst aus der Eigendifferentiation des absoluten Geistes (VÄ 1, 128 ff.). Das zweite Argument verfährt hingegen vom Endlichen aus: es führt das Gebiet der Kunst als Resultat der Entäußerung des endlichen Geistes ein (VÄ 1, 134 ff.). Da das Argument vom Endlichen an vertrauten Tatbeständen unserer Kontingenz ansetzt, ist es zugänglicher als das erste Argument, das mit dem sperrigen Konzept des absoluten Geistes arbeitet. Seine Grundstruktur soll daher zunächst dargestellt werden.

Der Gedankengang beruht auf dem folgenden Sachverhalt. In den Situationen des Erkennens und des Handelns richtet sich unser Geist auf etwas, was sich als der Gegenstand des Erkennens oder des Handelns identifizieren lässt. Man kann diese Struktur die Intentionalität des Geistes nennen. Ihr zufolge stellt der Geist das Glied eines Verhältnisses dar: er bildet das Subjekt, das sich auf ein Objekt des Erkennens oder des Handelns bezieht. Nun sind die Glieder eines Verhältnisses endlich, sofern sie voneinander abgegrenzte Glieder darstellen. Denn so unendlich komplex ein abgegrenztes Glied in sich auch sein mag, so wenig umfasst es die anderen Glieder, von denen seine Grenze es trennt. In diesem Fall stehen die Beziehungsglieder in einem äußerlichen Verhältnis. Die Intentionalität des Geistes bildet ein solches äußerliches Verhältnis. Weil der Gegenstand des Erkennens oder des Handelns dem Subjekt gegenübersteht, sind beide voneinander abgegrenzt, und erst der Akt, in dem das Subjekt sich auf das Objekt richtet, setzt sie in eine Beziehung. Folglich ist der Geist, der sich auf einen theoretischen oder praktischen Gegenstand richtet, endlich. Die Äußerlichkeit des Subjekt-Objekt-Verhältnisses gerät indessen ins Wanken, wenn man berücksichtigt, dass das Subjekt seine Bestimmtheit nur im Bezug auf das Objekt seines Erkennens oder Handelns erhält. Das lässt sich gut am Fall des handelnden Subjekts einsehen. Dessen inhaltliche Bestimmtheit wäre eine Beschreibung, unter der es handelt, zum Beispiel „Tochter", „Freundin", „Lieferantin" oder anderes. In solchen Beschreibungen verdichten sich Handlungszusammenhänge. Handlungen aber sind durch ihre Ziele bestimmt, und Handlungsziele sind das, worauf das handelnde Subjekt sich richtet. Darum ist die Beschreibung, unter denen das Subjekt handelt, mit den Zielen, auf die es sich richtet, verflochten. Das bedeutet: der Gegenstand der Handlung geht in die Bestimmtheit des Subjektes der Handlung ein. Entsprechend verwandelt sich das auswendige Verhältnis zwischen Handlungssubjekt und Handlungsobjekt (externe Relation) in ein inwendiges Verhältnis (interne Relation).

In der *Phänomenologie des Geistes* hat Hegel den Begriff für diese Verwandlung entwickelt: „Entäußerung" (GW 9, 431 ff.; Lukács 1967, 656 ff.). Sich entäußern bedeutet, dass das Subjekt seine Begrenzung überschreiten und in die objektive Welt eingehen muss, um sich dadurch umgekehrt die Welt anzueignen. Nur in diesem Vorgang gewinnt es seinen Inhalt. Am Beispiel gesprochen: ein Subjekt handelt genau dadurch als Freundin, dass es Handlungsziele verwirklicht, die in einer objektiven Praxis der Freundschaft ihren Sinn besitzen, und es macht auf diesem Weg die objektive Praxis der Freundschaft zu der seinen, in der es sich selber als Subjekt wiederzuerkennen vermag. Solche Entäußerung des Subjekts überschreitet die Struktur der Intentionalität. Hier richtet sich nicht ein Subjekt von außen auf ein Objekt – vielmehr wird das eine zu dem, was es ist, nur indem es sich an das andere übergibt und umgekehrt das andere für sich gewinnt. Ersichtlich gerät in diesem Zug die Endlichkeit des Geistes ins Wanken. Die endlichen Glieder verlassen ihre Ordnungsstellen, die ihnen in der externen Relation von Subjekt und Objekt zugewiesen werden, und fließen ineinander. Dadurch wird die vormalige Abfolge endlicher Ordnungsstellen zu einem unendlichen Prozess des sich-aneinander-Bestimmens. Dessen Gesamtheit erzeugt erst die inhaltliche Bestimmtheit seiner Größen. Auf diese Weise überführt sich der endliche Geist in den unendlichen Geist: indem es sich seiner selbst entäußert, geht das Kontingente in das Absolute ein.

Der umrissenen Grundstruktur bedient sich Hegel, um das Gebiet der Kunst einzuführen. Er legt dar: Das „Wissen und Wollen des Menschen erhalten nun in der Tat eine Befriedigung in der Welt und lösen den Gegensatz von Subjektivem und Objektivem, von innerer Freiheit und äußerlicher Notwendigkeit in freier Weise auf. Der Inhalt aber dieser Freiheit und Befriedigung bleibt dennoch *beschränkt*, und so behält auch die Freiheit und das Sichselbstgenügen eine Seite der *Endlichkeit*. [...] Was der in dieser Beziehung von allen Seiten her in Endlichkeit verstrickte Mensch sucht, ist die Region einer höheren, substantielleren Wahrheit, in welcher alle Gegensätze und Widersprüche des Endlichen ihre letzte Lösung und die Freiheit ihre volle Befriedigung finden können." (VÄ 1, 136f.; vgl. auch Hm, 21 ff.)

Hier wird die inhaltliche Bestimmtheit des sich entäußernden Subjekts unter den Gesichtspunkt der Freiheit gebracht. Freiheit bedeutet bei Hegel: Selbstbestimmung (vgl. GW 14,1, 27 ff.). Selbstbestimmung besteht wiederum dann, wenn ein Subjekt seine inhaltliche Bestimmtheit nicht von anderwärts erfährt. Das ist nur insofern möglich, als es nicht mehr in einem äußeren Verhältnis steht, innerhalb dessen es seine Bestimmtheit erlangt. Nun erfolgt die Überwindung äußerer Verhältnisse durch die Entäußerung des Subjektes, mit deren Hilfe es seine externen Relationen in interne Relationen verwandelt. Entsprechend erlangt ein Subjekt seine Selbstbestimmung – Freiheit – dadurch, dass es seine Endlichkeit durch seine Entäußerung übersteigt. Die Region dieses Überstiegs ist der absolute Geist.

In ihr hat die Kunst ihren Ort. Denn in der Kunst ist der Inhalt mit seiner äußeren Erscheinung versöhnt. Ein Kunstwerk zeichnet sich dadurch aus, dass alle Momente seiner Erscheinung die Darstellung seines Gehaltes vornehmen: der Sinn eines jeden Momentes besteht einzig in seiner Funktion des Gehaltsausdrucks (vgl. VÄ 1, 132). Eben dadurch verwirklicht die Kunst die Struktur des absoluten Geistes. Wenn der Gehalt eines Kunstwerkes dessen subjektive Seite bildet und die Erscheinung die objektive Seite, dann befinden sich Subjekt und Objekt in einer internen Relation: was ein Subjekt auszudrücken sucht, verschlingt sich mit der objektiven Gestalt, in der es ausgedrückt wird, und das Objekt steht dem Subjekt nicht mehr gegenüber. Eben dieses Ineinanderübergehen aber ist das Ergebnis der Entäußerung. Sie findet daher in der Kunst ihren ersten Abschluss. Das heißt: im Kunstwerk hat sich der endliche Geist in eine Gestalt des unendlichen Geistes überführt.

2.3 Das Argument vom Unendlichen

Hegels zweites Argument wählt den komplementären Weg. Es beginnt mit dem Konzept des absoluten Geistes. Um es zu verstehen, ist dessen Grundbestimmung aus der *Enzyklopädie* heranzuziehen. Sie besagt: der absolute Geist ist die Selbstbeziehung, die ihre eigene Realität entscheidet (vgl. Enz, §§ 377 ff.). Als solche sich selbst verwirklichende Selbstbeziehung gehört der Geist nicht in die Region des Endlichen, sondern bildet den „unendliche[n] [...] Geist" (VÄ 1, 128).

Diese Grundbestimmung des absoluten Geistes denkt den Anspruch der Selbstbeziehung zu Ende. In einer Selbstbeziehung bezieht sich etwas nur auf sich. Entsprechend wird es in der Selbstbeziehung durch nichts anderes bestimmt als durch sich selber: die Selbstbeziehung verwirklicht die Selbstbestimmung. Wenn diese Selbstbestimmung nun so beschaffen ist, dass die Wirklichkeit dessen, was sich in ihr bestimmt, noch durch einen zusätzlichen Faktor entschieden werden muss, zum Beispiel durch den Abgleich des sich selbst Bestimmenden mit gewissen Daten der Erfahrung, dann bedarf das sich selbst Bestimmende noch einer Fremdbestimmung, um sich zu realisieren. Die Selbstbestimmung zu Ende denken bedeutet deshalb: diese letzte Fremdbestimmung auszuschalten. Hier realisiert sich das sich selbst Bestimmende in seiner Selbstbestimmung. Es unterliegt keinen anderen Bedingungen mehr als den Eigenbedingungen seiner Selbstbestimmung und ist folglich ein Unbedingtes. Damit sind zwei Sachverhalte verbunden. Erstens läuft die Selbstbeziehung auf Freiheit hinaus; denn wie erwähnt sind für Hegel Selbstbestimmung und Freiheit dasselbe. „Das *Wesen* des Geistes ist deswegen formell die *Freiheit*." (Enz, § 382) Zweitens läuft die Selbstbeziehung auf Absolutheit hinaus; denn das, was sich ausschließlich auf sich selber bezieht, ist von allen anderen Bestimmungsfaktoren losgelöst (*absolutum*). „*Das Absolute ist der Geist:* diß ist die höchste Definition des Absoluten." (Enz, § 384)

Mit seiner Grundbestimmung sind indessen zwei Probleme verbunden. Das erste Problem besteht in der drohenden Unbestimmtheit des absoluten Geistes. Alle Bestimmtheit muss sich von anderer Bestimmtheit unterscheiden lassen. Mit den Worten einer berühmten Formel Spinozas gesprochen, die Hegel ausdrücklich bejaht: „Bestimmung ist Verneinung" (Spinoza 1925, 240: *determinatio negatio est*; GW 21, 104: *omnis determinatio est negatio*; zum Zusammenhang vgl. Melamed 2012). Die Selbstbeziehung des Geistes scheint diese Verneinung gerade nicht zuzulassen. In ihr sind die Glieder der Beziehung nicht voneinander unterschieden, sondern identisch. Die Selbstbeziehung des Geistes scheint daher für seine Bestimmtheit nicht auszureichen. Aber seine Grundbestimmung besagt, dass der Geist nichts anderes als Selbstbeziehung ist. Woher die Unterschiede stammen, deren der Geist bedarf, wird daher unbegreiflich.

Das zweite Problem besteht in der drohenden Verendlichung des Unendlichen. Bereits in der Schrift über *Glauben und Wissen* hatte Hegel – in scharfer Auseinandersetzung mit Jacobi – betont, dass das Unendliche nicht als Gegensatz zum Endlichen gesetzt werden darf (GW 4, 354 ff. und 413 f.). Denn wenn das Unendliche sich in einem Gegensatz zum Endlichen befindet, dann bildet es selber das endliche Glied eines Verhältnisses. Ein dem Endlichen entgegengesetztes Unendliches liefe darum auf ein verendlichtes Unendliches hinaus: eine *contradictio in adiecto*. Daher muss der stimmige Begriff vom Unendlichen es vermeiden, das Unendliche in einen Gegensatz zum Endlichen zu stellen. Das könnte er, indem er es als die Integration des Endlichen versteht. Aber wie soll eine Integration des Endlichen ins Unendliche gedacht werden, wenn die Bestimmtheit des absoluten Geistes in einer vollständigen Selbstbeziehung besteht, die seine Beziehung auf Endliches gerade auszuschließen scheint?

Hegels Lösung beider Probleme erfolgt dadurch, die Unterschiede, die einerseits die Bestimmtheit des Geistes eintragen und andererseits die zu integrierenden Endlichkeiten ausmachen, als Artikulationen seiner Selbstbeziehung zu deuten. Diese Lösung besagt: voneinander unterschiedene Endlichkeiten sind nichts anderes als Selbstunterscheidungen des Geistes. Ihr zufolge besitzt der absolute Geist die Struktur einer Selbstbeziehung, die Unterschiede erzeugt. Ersichtlich dürfen diese Unterschiede ausschließlich innere Unterschiede des Geistes darstellen; sonst stünde er in einer übergreifenden Unterscheidung, die seine Absolutheit verletzte. Und ebenso ersichtlich müssen sich die Unterschiede stets von neuem in die Identität des Geistes integrieren lassen; sonst zerfiele seine Selbstbeziehung in die Beziehung unterschiedener Größen. Beide Forderungen werden dadurch erfüllt, dass die Selbstbestimmung des absoluten Geistes sich als Selbstdifferentiation vollzieht. Da dessen Bestimmtheit in der zu Ende gedachten und somit vollendeten Selbstbeziehung besteht, bedeutet diese Selbstdifferentiation genauer die Differentiation der Selbstbeziehung in die Sequenz ihrer Vollendung. Das heißt: Geist bestimmt sich selbst, indem er die Stufen seiner Selbstbestimmung in methodischer Ordnung – in der Ordnung „Schritt für Schritt" – bestimmt. Seine vollendete Selbstbeziehung erweist sich dann gegenläufig als die Integration der Schrittfolge.

In diesem Rahmen kann Hegel auch die Kunst als ein Erzeugnis der Selbstdifferentiation des Geistes erklären. Die Kunst ist eine Gestalt des differenzierten absoluten Geistes. Da dessen Differentiation die Sequenz der Selbstbeziehung erzeugt, lässt sich die Stelle, die die Kunst in der Schrittfolge der Selbstbeziehung einnimmt, als eine bestimmte Stufe auf dem Weg zu deren Vollendung angeben. Demnach muss man diesen Weg rückwärts gehen, um den Ort der Kunst in methodischer Ordnung angeben zu können. Hierzu ist von der vollendeten Selbstbeziehung auszugehen. Wie gesehen, besteht sie in einer Identität von Subjekt und Objekt, die keiner weiteren Bedingung mehr unterliegt. Da das Subjekt in seiner zugespitzten Innerlichkeit als Denken und das Objekt in seiner zugespitzten Äußerlichkeit als dessen Gegenstand verstanden werden kann, läuft das auf die Identität von Denken und Gegenstand hinaus: auf den wahren Gedanken. Nun erfolgt für Hegel die Artikulation wahrer Gedanken in der Philosophie (vgl. VÄ 1, 143 f.; Enz, §§ 572 ff.). Demnach wird die vollendete Selbstbeziehung von ihr verwirklicht. Die Philosophie ist die Vollendungsform des absoluten Geistes.

Um von ihr aus einen Schritt rückwärts zu gehen, ist die Subjekt-Objekt-Identität in die am geringfügigsten abgeschwächte Form zu bringen. Das erfolgt, indem man den wahren Gedanken als die Identität von Subjekt und Objekt erkennt, ihn aber auf seine Gedankenhaftigkeit festlegt. Hier wird die Subjekt-Objekt-Identität aus der Perspektive des Subjektes dargestellt: der wahre Gedanke wird zu einer subjektiven Vorstellung. Eine solche Verinnerlichung der Wahrheit erfolgt in der Religion (vgl. VÄ 1, 142 f.; Enz, §§ 564 ff.). Denn die Religion macht den wahren Gedanken zu einer Angelegenheit des Gemüts und seiner Andacht. Immerhin hat sie den Gedanken bereits als das Medium seiner Darstellung erfasst. Der ihr vorangehende Schritt hingegen stellt die Identität von Subjekt und Objekt aus der Perspektive des Objektes dar. Hier gewinnt sie die Form des in einer objektiven Gestalt verkörperten Gedankens. Das erfolgt in der Kunst (vgl. VÄ 1, 140 f.). Denn die Gestalt des Kunstwerkes bringt dessen Gehalt zur Darstellung. Der im Kunstwerk verkörperte Gedanke ist darum wahr: objektiv dargestellt. Zugleich ist er statt als Gedanke als Objekt verwirklicht. Entsprechend wird die Identität von Subjekt und Objekt in einer sinnlichen Anschauung der künstlerischen Gestalt erfasst. So vermag das Kunstwerk die Innerlichkeit des Subjektes noch nicht zu erreichen, wie es die Religion vermag, und schon gar nicht überwindet es alle einseitigen Perspektiven auf die Subjekt-Objekt-Identität, wie es die Philosophie tut. Nichtsdestoweniger bleibt das Werk eine Darstellung dieser Identität. Die Kunst bildet darum den untersten Schritt in der Sequenz der vollendeten Selbstbeziehung. Da deren Perspektiven mit dem Wechsel von der subjektiven Vorstellung zur objektiven Gestalt erschöpft sind, gehört der Schritt, der der Kunst vorangeht, bereits zum Bereich der unvollendeten Selbstbeziehung, die zusätzlicher Bedingungen bedarf, um sich zu realisieren. Er gehört zum Bereich des Kontingenten.

Mit dieser Erklärung befreit Hegel die Kunst aus allen Funktionen im Rahmen des endlichen, kontingenten Geistes. Die Selbstdifferentiation des absoluten Geistes bestimmt ihren Ort als dessen erste Stufe. Kunst gehört daher zum Unbedingten. Von gesellschaftlichen Aufgaben, die im Hegelschen Konzept zum objektiven Geist gehören (Enz, §§ 483 ff.), und anthropologischen sowie psychologischen Aufgaben, die zum subjektiven Geist gehören (Enz, §§ 387 ff.), ist sie ebenso frei wie von Aufgaben biologischen Zuschnitts, die innerhalb der Natur ihren Sinn finden (Enz, §§ 350 ff.). Solche Aufgaben gehören in den Kreis gesellschaftlicher, psychologischer, anthropologischer und natürlicher Sachverhalte, der die endliche Wirklichkeit ausmacht. Kunst hingegen hat ihre Erklärung als eine Gestalt des Absoluten gefunden. Genauer gesagt bildet sie die Gestalt, die an der Grenze des absoluten Geistes zur Endlichkeit steht. Denn als Darstellung der vollendeten Selbstbeziehung aus der Perspektive des Objektes hat sie es – anders als die Religion und die Philosophie – nicht mit der Unendlichkeit des subjektiven Denkens zu tun, sondern mit einem endlichen Gegenstand, dem Kunstwerk, dessen Struktur eine unendliche Selbstbeziehung bildet. Somit hat die Selbstdifferentiation des absoluten Geistes den Ort der Kunst als den Grenzort vom Unendlichen zum Endlichen erzeugt.

2.4 Die Wahrheit des Scheins

Die beiden Argumente haben die Region eingeführt, für die Hegels philosophische Ästhetik Geltung beansprucht. Die Möglichkeit, diesen Anspruch zu erfüllen, hängt nun davon ab, ob die philosophische Ästhetik unter einem Konzept steht, das ihr diese Region grundsätzlich erschließt. Dieses Konzept ist der „Begriff des Schönen überhaupt" (VÄ 1, 145). Er beglaubigt die philosophische Ästhetik als Wissenschaft von der beanspruchten Geltungsregion. Hierfür muss sich der Begriff des Schönen so aus der Grundbestimmtheit des wissenschaftlichen Denkens ableiten lassen, dass er es für das Gebiet des absoluten Geistes an der Grenze zur Kontingenz spezifiziert. Es ist daher zunächst jene Grundbestimmtheit zu umreißen, um sodann ihre Spezifikation zu erörtern.

Alle Wissenschaft sucht wahre Einsichten zu formulieren. Entsprechend hat ihre Grundbestimmtheit es mit der Darstellung von Wahrheit zu tun. Wahrheit wiederum bedeutet für Hegel – im Anschluss an eine alte Formel – die Übereinstimmung von Sache und Denken (*adaequatio rei et intellectus*; vgl. GW 12, 26 f.). Bereits erwähnt wurde, dass diese Übereinstimmung für Hegel auf die Identität von Subjekt (Denken) und Objekt (Sache) hinausläuft und dass die Identität von

Subjekt und Objekt das Kennzeichen des absoluten Geistes bildet. Entsprechend ist der absolute Geist selber die Wahrheit. Wahr sind demnach nicht einzelne Sätze, in denen die Übereinstimmung von Sache und Denken erlangt würde; wahr ist vielmehr erst der Gesamtzusammenhang eines Denkens, das in vollendeter Selbstbeziehung alle Sachbestimmtheit integriert hat. Doch der absolute Geist ist nicht nur die Wahrheit. Er ist auch deren Darstellung. Denn als vollendete Selbstbeziehung hat er alle Beziehung auf etwas anderes in sich integriert, so dass seine Übereinstimmung von Sache und Denken keine Darstellung durch etwas anderes erlaubt. Als vollendete Selbstbeziehung beinhaltet sie ihre Selbstdarstellung. Hieraus ergibt sich, dass der absolute Geist gleichermaßen Inhalt und Darstellung der Wahrheit ist. Folglich lautet auch die Grundbestimmtheit der Wissenschaft auf ihn (vgl. Enz, § 574). Wissenschaftliches Denken verfolgt die Selbstdarstellung des absoluten Geistes.

Demgemäß ist die Darstellung des absoluten Geistes selber als absoluter Geist bestimmt: die Darstellung der Wahrheit erfolgt durch die Wahrheit. Spinoza hatte ähnlich gesprochen: das Wahre ist das Zeichen seiner selbst (*verum est index sui*; vgl. Spinoza 1925, 320). Solche Sätze bleiben indessen leer, solange sie die in ihnen behauptete Verknüpfung der Wahrheit und ihrer Darstellung nicht artikulieren können. Hierfür ist ein eigener Begriff nötig. Anders als Spinoza entwickelt Hegel diesen Begriff. Er heißt: „die absolute Idee" (GW 12, 236 ff.). Unter ihr ist der „Abschlußgedanke" (Henrich 1988, 95 ff.) zu verstehen, der die Gehalte des Wissens in methodischer Ordnung so zum System des Wissens integriert, dass die im System durchgeführte Verknüpfung von Wahrheit und Darstellung der Wahrheit ihre Anzeige erfährt. Anders gesagt: die absolute Idee ist die integrale Darstellung des Wahren und seiner Darstellung. Daher drückt sie die Grundbestimmtheit des wissenschaftlichen Denkens aus. Die Wissenschaft, die sich in der Verknüpfung der Wahrheit und ihrer Darstellung vollendet, arbeitet unter der Maßgabe der absoluten Idee. Sie führt den Abschlussgedanken einer sich selbst darstellenden Alleinheit durch.

Ersichtlich lässt sich die Verfassung der absoluten Idee nicht in einer Menge von Sätzen angeben. Vielmehr muss man ihre Verknüpfungsleistung im Zug der methodischen Ordnung des Wissens nachvollziehen, um ihre integrale Bestimmtheit verstehen zu können. Das stellt die Auslegung von Hegels Denken vor große Schwierigkeiten: erst nach der Rekonstruktion des Gesamtzusammenhanges kann ein Urteil über den Anspruch und die Erfüllung des Programms gefällt werden. Aber mit dem Stichwort „Integration von Wahrheit und ihrer Darstellung" ist zumindest der generische Sinn der absoluten Idee formulierbar. Daher kann Hegel die Ableitung des Begriffs vom Schönen aus ihm vornehmen (vgl. VÄ 1, 148 ff.). Das Ergebnis seiner Ableitung lautet: das Schöne ist „das sinnliche *Scheinen* der Idee" (VÄ 1, 151). In den Nachschriften findet sich diese Wendung nicht. Einige Deutungen haben daraus auf eine Zweitrangigkeit des Sinnlichen geschlossen. Doch die Sache wird sehr wohl in den Nachschriften zur Geltung gebracht: auch ihnen zufolge scheint die Wahrheit im Modus der Sinnlichkeit (vgl. As, 24f.; Ho, 235f.; Hm 19ff.). Ich halte daher – anders als die wichtige Untersuchung von Brigitte Hilmer (Hilmer 1997, 274ff.) – den Schein, von dem Hegel hier spricht, für den Schein, der die sinnliche Erscheinung notwendig einschließt. Im Blick auf Hegels Logik bedeutet das, dass der künstlerische Schein den Schein bildet, den die Logik der Reflexion untersucht (Hindrichs 2014), und nicht den Schein, der in der Begriffslogik zum Thema wird. Zwar vollzieht die Struktur des Kunstwerkes eine vollständige Vermittlung und stellt insofern die Struktur des Hegelschen Begriffes dar. Aber das Kunstwerk als Einzelheit steht den anderen Einzelheiten gegenüber und ist insofern im Rahmen von Reflexionsverhältnissen zu verstehen.

In der Formulierung „das Schöne ist das sinnliche Scheinen der Idee" wird die Grundbestimmung des wissenschaftlichen Denkens – die Idee als integraler Abschlussgedanke der Wissenschaft – mittels eines besonderen Kennzeichens – sinnliches Scheinen – zu dem Konzept spezifiziert, das die philosophische Ästhetik anleitet. Das sinnliche Scheinen der Idee bedeutet: die integrale Darstellung des Wahren und seiner Darstellung macht sich im Medium des Scheins geltend. Demnach vermag eine Form des Scheins die Integration zu verwirklichen, deren Erkenntnis das Ziel aller Wissenschaft bildet. Die philosophische Ästhetik beschäftigt sich mit dieser Form. Entsprechend verfolgt sie das Ziel aller Wissenschaft auf unverwechselbare Weise. Um ihre Stoßrichtung zu verstehen, ist der dreifache Sinn des Scheins zu vergegenwärtigen. Schein heißt erstens Anschein, zweitens Erscheinung, drittens Glanz. Schein ist Anschein, insofern er gegenüber der Welt der Tatsachen einen Eigensinn besitzt; er ist Erscheinung, insofern er etwas zur Anwesenheit bringt; er ist Glanz, insofern in ihm etwas sich zeigt. Das lässt sich zu dem Sachverhalt verbinden, dass etwas in einer Erscheinung glänzt, die sich von der Welt der Tatsachen eigensinnig abgrenzt. Aus diesem Sachverhalt erhellt die Struktur des Schönen. Wenn Hegel das Schöne als das sinnliche Scheinen der Idee begreift, dann begreift er es als eine aller Faktizität gegenüber eigensinnige Erscheinung (Fiktion), in der sich Wahrheit in Verknüpfung mit ihrer Darstellung zeigt. Das bedeutet: das Schöne ist die fiktionale Identität von Denken und Sache, die zudem die Darstellung dieser Identität zur Erscheinung bringt.

Dieser Begriff vom Schönen setzt mehrere Eigenarten der Kunst voraus. Erstens anerkennt er die künstlerische Form als einen entscheidenden Faktor des Schönen. Weil jedes Kunstwerk eine Eigenform besitzt, trennt es sich von der Verfassung außerkünstlerischer Fakten. So markiert seine fiktionale Form den Eigensinn des Schönen gegenüber der Welt der Tatsachen, die umgekehrt das

Schöne als Illusion versteht. Die geläufige Behauptung, Hegel vertrete statt einer „Formalästhetik" eine „Gehaltsästhetik", verfehlt diese Bedeutung der Form. Zweitens bekräftigt Hegels Begriff die Stimmigkeit eines jeden Kunstwerkes. Weil im Kunstwerk Gehalt und Gestalt übereinstimmen – das Gedicht ist ein Einheitsgebilde aus Gedanke und Laut, das Bild ein Einheitsgebilde aus Gedanke und gestalteter Fläche, usw. –, verwirklicht es die Übereinstimmung von Denken und Sache. Diese Auffassung darf nicht mit Klassizismus verwechselt werden. Künstlerische Stimmigkeit weisen sowohl kohärente als auch zerrissene, fragmentarische Kunstformen auf. Deren Zerrissenheit stimmt, sofern ihre Formen ihren Gehalten entsprechen. Erst wenn diese Entsprechung zerfällt, zerfällt auch die Stimmigkeit der Kunst. Das zeigt Hegels Kritik der romantischen Ironie (vgl. VÄ 1, 93 ff.). Sie richtet sich nicht gegen deren fragmentierende Verfahren als solche, sondern gegen die Veräußerlichung ihres Gehaltes. Die Stimmigkeit der Kunst besteht folglich statt in einer Harmonie des Gebildes in seiner Stimmigkeit von Sinn und Form. Durch sie setzt die schöne Kunst die Übereinstimmung von Gedanke und Sache: Wahrheit ins Werk. Drittens unterstreicht Hegels Begriff vom Schönen die Funktion der künstlerischen Darstellung. Ihm zufolge bringt die Kunst ja die Wahrheit so zur Erscheinung, dass sie auch deren Darstellung zur Erscheinung bringt. Entsprechend versteht er das Kunstwerk als etwas, das den Modus der Darstellung eigens betont. Ein solches Verständnis akzentuiert die Gemachtheit der Kunst. Indem ein Kunstwerk sich als Summe von Kunstgriffen geltend macht, verweist es darauf, dass die ins Werk gesetzte Wahrheit stets dargestellte Wahrheit ist. So macht die schöne Kunst den Gesichtspunkt der Darstellung ausdrücklich. Eben das greift der Begriff des Schönen auf, wenn er in dessen Schein die integrale Darstellung von Wahrheit und ihrer Darstellung erkennt.

Nach alledem ist der schöne Schein nicht einfach Schein, sondern dargestellte Wahrheit. Mit dem Begriff des Schönen wird darum die Grundbestimmtheit des wissenschaftlichen Denkens für das Gebiet des absoluten Geistes an der Grenze zur Kontingenz spezifiziert. Er stellt die philosophische Ästhetik unter die Vorschrift des sinnlichen Scheinens der Idee. Das bedeutet: alles, was sie untersucht, hat sie als einen Faktor dieses Scheinens zu untersuchen. Das klingt sehr abstrakt, hat aber die ungeheure Arbeit am Material, die Hegels Vorlesungen über die Ästhetik auszeichnen, zur Folge. Indem sie diese Arbeit durchführt, begreift sie ihre Untersuchungsgegenstände als Erscheinungen, die sich in ihrem Eigensinn von der Welt der endlichen Fakten so abheben, dass sich in ihnen der absolute Geist zeigt. Das heißt: indem das wissenschaftliche Denken sich mit der Wahrheit des Scheins beschäftigt, beschäftigt es sich mit dem Unendlichen an der Grenze zum Endlichen.

2.5 Die Freiheit der Kunst

In Hegels Begriff des Schönen laufen mehrere Linien zusammen. Eine erste Linie bringt die Verbindung von Geist und Schönheit ein. Sie entspringt einer von Winckelmann angeregten Deutung der griechischen Antike. Schon der junge Hegel hatte das Griechentum vom „Geist der Schönheit" bestimmt gesehen (Legros 1985). Die *Phänomenologie des Geistes* bezeichnet diesen Geist der Griechen als Kunstreligion (vgl. GW 9, 376 ff.). Hiermit ist die Verbindung von Schönheit und absolutem Geist hergestellt. Zwar muss man aus der Religion im engeren Sinn noch zur Philosophie übergehen, um das Unbedingte unverkürzt zu erfassen; aber in einem allgemeineren Sinn verwirklicht die Religion den absoluten Geist (vgl. Enz, § 554), und die Philosophie, die Religion im engeren Sinn und die Kunst vollziehen gemeinsam einen „im Dienste der Wahrheit fortdauernde[n] Gottesdienst" (VÄ 1, 139). Das betrifft zumal den Glanz des schönen Scheins. In der Kunstreligion erglänzt die Herrlichkeit des Göttlichen. Sofern der absolute Geist in der Schönheit seinen Ausdruck findet, ist auch die Kunst selber, unabhängig von engeren religiösen Ansprüchen, als Glanz der Herrlichkeit des Absoluten zu verstehen.

In dieser Auffassung kommt ein platonisches Erbe zur Sprache. Platon hatte das Schöne als das „Hervorleuchtendste" begriffen (*Phaidros* 250 d 7), in dem die Ideen erglänzen. Deshalb reißt das Schöne die Menschen hin und weg: weg aus ihrer Endlichkeit, hin zur wahren Einsicht. Das platonische Erbe macht zugleich die Einschränkung der ersten Linie deutlich: sie verbindet den schönen Glanz nicht mit dem eigensinnigen Anschein. Stattdessen steht der Anschein im Gegensatz zur Wahrheit; deshalb müssen die Dichter, die diesen Anschein erzeugen, aus dem guten Gemeinwesen verbannt werden (*Politeia* 595 a 5 ff.). Gegen die Herabsetzung des Anscheins kommt eine zweite Linie ins Spiel. Sie stammt aus Schillers Bekräftigung eines Eigenreiches des Scheins. In den *Briefen über die ästhetische Erziehung des Menschen* argumentiert Schiller, dass der schöne Schein eine Zwangslage überwindet (Schiller 1962, 401 ff.). Einerseits weiß sich der Mensch durch Naturgesetze fremdbestimmt, anderseits muss er sich nach Sittengesetzen selbstbestimmen. Aus dieser Zwangslage gelangt man nur dann heraus, wenn sowohl das Sein (Naturgesetze) als auch das Sollen (Sittengesetze) außer Kraft gesetzt werden. Das erfolgt im Reich des schönen Scheins. Dessen Stimmigkeit von Gehalt und Gestalt stellt der physischen Beschaffenheit kein abstraktes Sollen mehr gegenüber, so dass die Selbstbestimmung in die Natur selber eingeht. „Schönheit ist Freiheit in der Erscheinung" (Schiller 1963, 83). All das geschieht aber nur im Schein. Denn die Fakten bleiben der Fremdbestimmung durch Naturgesetze unterworfen, und die sittliche Selbstbestimmung wirft ihnen ihr „Du sollst!" unversöhnt entgegen. So besitzt das Reich des Scheins seinen Eigensinn gegen das Reich der Tatsachen und das Reich der Normen. Mit diesem Eigensinn lässt sich die Konzeption vom schönen Glanz des absoluten Geistes engführen. Sie gehört zu einer – modernen – Ausdifferenzierung des Menschseins: die Herrlichkeit des Unbedingten erglänzt im Eigensinn des Anscheins gegenüber physischen Zwängen und sittlichen Forderungen.

Ihre begriffliche Artikulation erhält diese Verbindung durch die dritte Linie. Sie steuert den entscheidenden Rahmen für Hegels Konzept bei: Kants Ideal des Schönen. Bereits in der Einleitung der Vorlesungen hatte Hegel die ausgezeichnete Bedeutung von Kants Ästhetik für sein eigenes Vorhaben angezeigt: „So sieht Kant denn auch das *Kunst*schöne als eine Zusammenstimmung an, in welcher das Besondere selber dem Begriffe gemäß ist." Das Besondere wird im Kunstschönen „so mit dem Allgemeinen verbunden, daß es sich demselben innerlich und an und für sich adäquat zeigt. Dadurch ist im Kunstschönen der Gedanke verkörpert und die Materie von ihm nicht äußerlich bestimmt, sondern existiert selber frei" (VÄ 1, 88).

Diese Position nennt Hegel „den Ausgangspunkt für das wahre Begreifen des Kunstschönen" (VÄ 1, 89; vgl. As, 28 ff.; Hm, 16 ff.). Der Grund ist ersichtlich: sie formuliert die Übereinstimmung von Denken und Sache, auf die Hegel abzielt. Noch einen weiteren entscheidenden Begriff übernimmt Hegel von Kant: den Begriff des Ideals. Für Kant ist das Ideal des Schönen das Leitbild ästhetischer Urteile. Er schreibt: „*Idee* bedeutet eigentlich einen Vernunftbegriff und *Ideal* die Vorstellung eines einzelnen als einer Idee adäquaten Wesens." (Kant 1908, 232) Eine Vereinzelung eines begrifflichen Maximums zu der Vorstellung eines ihm entsprechenden Wesens ist das, wonach man ästhetische Gegenstände beurteilt. Denn wenn das Kunstschöne den Gedanken verkörpert, dann kann das begriffliche Maximum, das seinen obersten Maßstab bildet, ebenfalls nur ein verkörpertes, vereinzeltes Maximum sein. Bei allen Unterschieden bleibt Hegel diesem Grundkonzept treu. Auch für ihn ist die sinnlich scheinende Idee das Ideal des Schönen (VÄ 1, 145; 203 ff.). Die Idee muss sich hier in einer besonderen Erscheinung vereinzeln. Einzig die Kantische Auffassung, dass die Zusammenstimmung von Materie und Gedanken nur im Modus der reflektierenden Urteilskraft erfolgt und dass das Ideal der Einbildungskraft vorbehalten bleibt, will Hegels eigenes Projekt überwinden. Es fügt sie in die umrissene Konzeption der Übereinstimmung von Denken und Sache ein. Mit ihr soll Kants Ästhetik aus der Schwebe der Reflexion in die Entschiedenheit der Wahrheit überführt werden.

Als Ideal verwirklicht die Idee des Schönen den Glanz des Absoluten und den Eigensinn des Anscheins. Sie ist Glanz, weil sie das Unendliche im Endlichen vereinzelt; sie ist Anschein, weil die Gedanken und Materie versöhnende Einzelheit nur in ihrem Eigensinn gegenüber den Fakten und den Normen begreifbar ist.

Dadurch führt sie die Freiheit in der Erscheinung durch. In der Behauptung solcher Freiheit vollendet sich Hegels Begründung der philosophischen Ästhetik. Weil sie es mit dem im schönen Schein vereinzelten Absoluten zu tun hat, hat sie es mit der vollendeten Selbstbestimmung, mithin der Freiheit zu tun. „Deshalb ist die Betrachtung des Schönen liberaler Art", schließt Hegel (VÄ 1, 155), und weiter: „Durch diese Freiheit und Unendlichkeit, welche der Begriff des Schönen wie die schöne Objektivität und deren subjektive Betrachtung in sich trägt, ist das Gebiet des Schönen der Relativität endlicher Verhältnisse entrissen" (VÄ 1, 157; vgl. As, 27 f.; Hm, 21 ff.). Vor diesem Hintergrund sind alle Versuche, das Schöne aus natürlichen Fakten oder gesellschaftlicher Praxis zu erklären, Angriffe auf seine Freiheit.

Literatur

Henrich, D. 1988. „Grund und Gang spekulativen Denkens". In: *Metaphysik nach Kant? Internationaler Hegel-Kongreß Stuttgart 1987*, hg. v. D. Henrich u. R.-P. Horstmann, 83–120. Stuttgart.

Hilmer, B. 1997. *Scheinen des Begriffs. Hegels Logik der Kunst*. Hamburg.

Hindrichs, G. 2014. „Der Schein ist dem Wesen wesentlich". In: *Vom Ende her gedacht. Hegels Ästhetik zwischen Kunst und Religion*, hg. v. T. Braune-Krickau, T. Erne u. K. Scholl, 68–98. Freiburg / München.

Kant, I. 1908. „Kritik der Urteilskraft". In: *Kants gesammelte Schriften*, hg. v. der königlich preußischen Akademie der Wissenschaften, Bd 5. Berlin.

Legros, R. 1985. „Hegel et l'esprit de beauté". *Revue de Philosophie ancienne* 3,2: 3–83.

Lukács, G. 1967. *Der junge Hegel. Über die Beziehungen von Dialektik und Ökonomie* (= Werke 8). Neuwied.

Melamed, Y. 2012. „,Omnis determinatio est negatio'. Determination, Negation, and Self-Negation in Spinoza, Kant, and Hegel". In: *Spinoza and German Idealism*, hg. v. ders. u. E. Förster, 175–196. Cambridge.

Schiller, F. 1962. *Philosophische Schriften I* (= Nationalausgabe 20). Weimar.

Schiller, F. 1963. *Philosophische Schriften II* (= Nationalausgabe 21). Weimar.

Spinoza, B. 1925. *Epistulae* (= Opera IV). Heidelberg.

Martin Seel
3 Das Naturschöne und das Kunstschöne

3.1 Einleitung

„Durch diesen Ausdruck nun schließen wir sogleich das *Naturschöne* aus" – so heißt es auf der allerersten Seite von Hegels Vorlesungen über die Ästhetik (VÄ 1, 13). Der „Ausdruck", der diesen Ausschluss markiert, ist derjenige einer „Philosophie der schönen Kunst". In einer knappen Durchsicht der zu seiner Zeit gebräuchlichen Verwendungsweisen des Namens einer „Ästhetik" macht Hegel geltend, dass eine wissenschaftliche Behandlung des Schönen nur in Form einer Theorie der Kunst möglich ist. Der sich an diese Feststellung anschließende Satz über das Naturschöne zieht daraus eine zugespitzte Konsequenz. Entsprechende Äußerungen finden sich auch in einigen der Nachschriften der Vorlesungen (vdP, 51; Ke, 1; Hm, 1). Ein Verständnis dieses Satzes eröffnet einen Einblick in die Anlage der Hegelschen Ästhetik.

„Ausgeschlossen" nämlich bleibt das Naturschöne aus Hegels Behandlung keineswegs. Immer wieder kommt es zur Sprache. Zum einen lässt der zitierte Satz keinen Zweifel daran, dass das Naturschöne eine unter anderen Formen des Schönen ist. Zum anderen wird in Hegels Darlegung deutlich, dass sich die Stellung des Kunstschönen nur im Kontrast zu der des Naturschönen entwickeln lässt. Nach Hegels Ansicht jedoch ist das Naturschöne keiner *eigenständigen* wissenschaftlichen Behandlung fähig oder „würdig" (VÄ 1, 16, 20). Diese Einschätzung wird in der „Einleitung" an verschiedenen Stellen vorgreifend begründet. Das Hauptargument lautet, dass die „vergänglich[en]", „schwindend[en]" und „veränderlich[en]" Erscheinungen des Naturschönen (VÄ 1, 49) nicht wie das Kunstschöne *„aus dem Geiste geborene"* sind (VÄ 1, 14) und daher keine Objekte des Verstehens sind. „Wir fühlen uns bei der Naturschönheit zu sehr im *Unbestimmten*, ohne *Kriterium* zu sein" (VÄ 1, 15), weil ihr weder ein spezifischer Gehalt noch ein kommunikativer Status zukommt. „Das Kunstwerk aber ist nicht so unbefangen für sich, sondern es ist wesentlich eine Frage, eine Anrede an die widerklingende Brust, ein Ruf an die Gemüter und Geister." (VÄ 1, 102)

Für Hegel folgt daraus, dass nur das Kunstschöne in einem anspruchsvollen Sinn theoriefähig ist. Aufgabe einer Philosophie der Kunst ist eine Untersuchung der Arten des Gehalts, die Objekten der Kunst eingegeben sind. Weil die Kunst eine paradigmatische Gestalt des Geistes ist, stellt sie den vorrangigen Gegenstand einer philosophischen Ästhetik dar. Diese *methodische* Begründung der philosophischen Prominenz der Kunst gegenüber dem Naturschönen enthält zugleich eine *normative* Festlegung. Denn wie Hegel nicht müde wird zu betonen, steht alles Geistige – und stehen erst recht dessen Reflexionsformen Kunst, Religion und Philosophie – „höher" als alles bloß Natürliche, „das diesen Durchgang durch den Geist nicht gemacht hat" (VÄ 1, 49, vgl. 14 f.).

Hegels Weichenstellung darf jedoch nicht über die zentrale Rolle hinwegtäuschen, die eine Erörterung des Verhältnisses von Kunst und Natur in seiner Ästhetik einnimmt. Diese Rolle betrifft nicht allein seine kritische Auseinandersetzung mit dem Topos einer „Nachahmung der Natur", die ein Herzstück seiner Kunsttheorie bildet. Sie betrifft auch das Naturschöne selbst. Verglichen mit dem Kunstschönen, heißt es zwar in der „Einleitung", „erscheint das Naturschöne nur als ein Reflex des dem Geiste angehörigen Schönen, als eine unvollkommene, unvollständige Weise, eine Weise, die ihrer *Substanz* nach im Geiste selber enthalten ist" (VÄ 1, 15; vgl. Ke, 2). Damit aber erkennt Hegel an, dass die Attraktionen des Naturschönen ein essentiell *kulturelles* Verhältnis darstellen. Denn der „Reflex", von dem er hier spricht, ist selbst eine geistige Handlung. Durch ihn verhalten sich Menschen zu ihrer natürlichen Lebensumgebung und eignen sie sich auf eine spezifische Weise an. Alles Schöne, von dem Hegel spricht, ist stets Schönes „für uns", die wir hierfür empfänglich sein können. Das Naturschöne macht dabei keine Ausnahme. Von Hegels eigenen Prämissen her ist es deshalb konsequent, dass er das Kunstschöne in allen überlieferten Vorlesungen mit dem Naturschönen kontrastiert. So wie er die Darbietungsleistung der Künste immer wieder der anders gelagerten Bewegung des philosophischen Gedankens gegenüber stellt, so stellt er sie den Erscheinungsformen des Naturschönen gegenüber. Beides ist für seine Theorie der Kunst und ihre Stellung innerhalb der Geschichte und Kultur menschlicher Gesellschaften gleichermaßen konstitutiv. Nicht nur in seiner Erörterung des Verhältnisses der Kunstepochen und Kunstformen, auch bereits in der systematischen Analyse der „Idee" des Schönen verfährt Hegel komparativ. Deshalb bleibt das aus dem *Zentrum* seiner Theorie „Ausgeschlossene" – die Ästhetik der Natur – in ihren Gang notwendigerweise eingeschlossen.

3.2 Das Naturschöne

Hierin liegt der sachliche Grund für Gustav Hothos Entscheidung, seiner Edition der Hegelschen Vorlesungen ein eigenes Kapitel über das Naturschöne einzufügen. Eine derart von der vorrangigen Erörterung des Kunstschönen abgegrenzte Passage gibt es in keiner der überlieferten Mitschriften. Mehr noch als bei anderen Teilen der *Vorlesungen* handelt es sich bei diesem Kapitel um ein von Hotho arrangiertes Artefakt (Hilmer 1997, 18; Gethmann-Siefert 2005, 17–28). Es stützt sich aber nachweislich auf viele der komparativen Überlegungen, die Hegel in den

Vorlesungen der 1820er Jahre immer wieder zum Verhältnis von Kunst und Natur angestellt hat (As, 35–37; Ho, 238–285; vdP, 60, 71–77; Ke, 8f., 21f., 24–27, 34–43). Insofern spricht vieles dafür, dass der Text der Hotho-Edition auch hier dem Geist der Ausführungen Hegels entspricht.

In der Forschungsliteratur ist immer wieder gerätselt worden, welche Funktion dem Kapitel über das Naturschöne innerhalb des ersten Teils der *Vorlesungen* zukommt (z. B. Bungay 1984, 13–19; Gadamer 1986, 213; Hilmer 1997, 79–86; Berr 2009). Schon in der „Einleitung" aber gibt Hegel einen aufschlussreichen Hinweis. Der gängigen Vorstellung, die Natur sei das Werk Gottes, die Kunst jedoch lediglich Menschenwerk, hält er entgegen, „daß Gott mehr Ehre von dem habe, was der Geist macht, als von den Erzeugnissen und Gebilden der Natur" (VÄ 1, 49; vgl. Enz, § 248). Auch in Hothos Nachschrift äußert sich Hegel kritisch zu der Auffassung, „daß das Kunstproduct als Menschenwerk dem Naturproduct nachstehe" (Ho, 228). Allerdings konzediert er diesem Vorurteil ein Wahrheitsmoment: „Freilich hat das Kunstwerk kein Gefühl in sich, ist nicht das durch und durch belebte, sondern ist nur oberflächlich; das Naturwerk aber ist ein insichselbst Lebendiges." (Ho, 228) Drastischer noch räumt er ein, dass „als ding das Kunstwerk freilich kein Belebtes ist, und indem es so kein äusserlich Lebendiges ist, ist das Lebendige höher als das Tote" (Ho, 228). Er fährt jedoch fort: „Aber nach dieser Seite des dingssein ist es kein Kunstwerk, sondern ist es nur als Geistiges, als die Taufe des Geists erhalten habend." (Ho, 228) Folglich habe das Kunstwerk „gar nicht den Zwek, natürlich lebendig zu sein" (Ho, 233; vgl. As, 6; vdP, 60). *Lebendig* zu sein aber hat das Kunstwerk nach Hegel durchaus. In der Kunst jedoch manifestiert sich eine andere, in einem eminenten Sinn geistige und darum in seinen Augen – weitaus – höhere Lebendigkeit (Hilmer 1997, 86; Gethmann-Siefert 2005, 91f., 237–249; Rutter 2010, 82–100; Bertram 2014, 70–78).

Der vorbereitenden Entfaltung dieses Leitgedankens ist das Kapitel über das Naturschöne gewidmet. Dessen Eigenart wird auch hier keineswegs isoliert behandelt, sondern stets im Vorgriff auf den Status des Kunstschönen sowie mit gelegentlichen Seitenblicken auf das Verfahren verschiedener Künste. Wie in der *Phänomenologie des Geistes* wird eine prospektive mit einer retrospektiven Darstellung verknüpft. Im Gang der Analyse ist die Perspektive des erst noch zu erreichenden höheren Standpunkts des „wahrhaft" Schönen stets präsent. „Unser eigentlicher Gegenstand ist die Kunstschönheit als die der Idee des Schönen allein gemäße Realität." (VÄ 1, 190) Das Naturschöne wird als ein Vorhof des Kernbereichs einer philosophischen Ästhetik behandelt. „Wir müssen deshalb unsere Frage so stellen: warum ist die Natur notwendig unvollkommen in ihrer Schönheit, und woran tritt diese Unvollkommenheit heraus? Erst dann wird sich uns die Notwendigkeit und das Wesen des Ideals näher ergeben." (VÄ 1, 190)

3.2.1 Vorstufen des Kunstschönen

Das Kapitel beginnt mit einem knappen Resümee der vorausgegangenen Überlegung. Hegel erinnert an die Idee des Schönen als einer Form der „Einheit des Begriffs mit seiner Realität", in der diese Einheit „unmittelbar in sinnlichem und realem Scheinen da ist" (VÄ 1, 157). Schön ist, worin der konstitutive Zusammenhang eines Wirklichkeitsbereichs nicht in der begrifflichen Erkenntnis, sondern im Medium sinnlichen Erscheinens deutlich wird. Die elementarste dieser Wirklichkeiten ist die Natur, weswegen Hegel sagt: „Das nächste Dasein nun der Idee ist die *Natur* und die erste Schönheit die *Naturschönheit*." (VÄ 1, 157)

Unter der Überschrift „Die Idee als Leben" unterscheidet Hegel drei Dimensionen naturhafter Gegebenheiten, getreu der Devise: „Die Natur ist als ein *System von Stufen* zu betrachten" (Enz, § 249). Gemessen an dem Kriterium innerer Differenziertheit stehen diese Stufen in einem hierarchischen Verhältnis zueinander. Unter dem Stichwort „sinnliche Materialität" (VÄ 1, 157) ist zunächst nur eine primitive „Einheit unterschiedener Bestimmtheiten" (VÄ 1, 147) gegeben. Die Qualitäten, die z. B. „ein Metall" (VÄ 1, 158) wie das schon zuvor angeführte Gold aufweist, enthält es in „ungetrennter Einheit" (VÄ 1, 148). Den Bestandteilen, die es ausmachen, kommt keine Selbständigkeit zu. Dies ist erst auf der zweiten Stufe der Fall. Hegels Beispiel ist das Sonnensystem. Die Himmelskörper, die zu ihm gehören, bilden eine „Einheit" aus, die ihre selbständigen Teile „aufeinander bezieht und sie zusammenhält" (VÄ 1, 158). Im Vorgriff auf die nächste Stufe spricht Hegel metaphorisch von der Sonne als der „Seele" dieses Zusammenhalts (VÄ 1, 159). „Hier erst zeigt sich die wahre Natur der Objektivität" (VÄ 1, 158) – und zwar dadurch, dass sich die Momente, die zusammen eine Einheit bilden, gleichwohl in ihrem „Auseinander", also ihrer relativen Selbständigkeit zeigen. Ebenfalls metaphorisch spricht Hegel davon, dass die Partien natürlicher Gegebenheiten auf dieser Stufe nicht mehr bloß „Teile", sondern „Glieder" eines in sich differenzierten Ganzen sind (VÄ 1, 160). In einem buchstäblichen Sinn aber trifft dies erst auf die „*dritte* Weise der Naturerscheinung" zu (VÄ 1, 160): dort, wo nicht länger von der anorganischen, sondern von der organischen Natur die Rede ist – und also vom Leben.

Wer von der Natur spricht, muss nicht zuletzt vom Leben – und wiederum: von Stufen des Lebens – sprechen. Nicht umsonst ist der Lebensbegriff eine zentrale Kategorie in Hegels Philosophie (Menke 2007; Pinkard 2012; Khurana 2013; Khurana 2017, Kap. III-IV). Erst mit der Unterscheidung von Leib und Seele und der Frage nach ihrer Einheit ist für Hegel ein anspruchsvoller Begriff der Natur erreicht, der es erlaubt, auch ihre vergleichsweise „niederen" Stufen zu erfassen. Deswegen kann er sagen: „Dieser Einheit wegen ist das Leben gerade eine erste Naturerscheinung der Idee." (VÄ 1, 160 f.) Die zuvor behandelten Dimensionen der Natur können *noch nicht* als Manifestationen geistiger Prozesse aufgefasst werden und sind daher als Minusformen des naturhaft Wirklichen zu verstehen. „Denn erst das Lebendige ist Idee und erst die Idee das Wahre." (VÄ 1, 161f.) Später ergänzt Hegel: „Für die natürlichen Dinge aber, wie Steine, Pflanzen usf., kann der Ausdruck Seele [...] nur uneigentlich gebraucht werden." (VÄ 1, 204) Jetzt aber, wenn es um tierische Lebensformen einschließlich der menschlichen geht, gewinnt der Begriff der Seele einen buchstäblichen Sinn, da „das Leben nur als die Einheit der Seele und ihres Leibes zu erkennen" ist (VÄ 1, 161).

Nach Hegels der Aristotelischen Seelenlehre verpflichteter Auffassung sind auch Tiere Subjekte ihres Lebens (Pinkard 2012, Kap. 1; Ranchio 2016, 206–217). Sie verhalten sich zu ihrer Umwelt und zu sich selbst, besitzen Intentionalität und führen ein zweckgerichtetes Leben, auch wenn das Tier im Unterschied zum Menschen „seine Zwecke noch nicht als Zwecke" weiß (Enz, § 360 Zus.). Deshalb sieht Hegel bereits die tierischen Lebensformen von einem elementaren „Idealismus der Lebendigkeit" (VÄ 1, 163; vgl. Ho, 261) gekennzeichnet, da hier alle Glieder des Organismus „in die Idealität ihrer Belebung zurückgenommen" werden (VÄ 1, 163; vgl. Ho, 261) und im Dienst der Selbstbewegung und Selbsterhaltung der Individuen stehen. Dabei tut sich die Seele – das innere Prinzip des Organismus – „als die Macht gegen die selbständige Besonderung der Glieder kund" (VÄ 1, 164). Dieses Sichkundtun des „Inneren" im „Äußeren" ist in Hegels anti-dualistischer Ontologie der springende Punkt aller höheren Lebensformen. Die Selbständigkeit der Teile ihrer Organismen wird durch die Selbststeuerung ihres Leibes „negiert"; zugleich manifestiert sich die Ausrichtung des tierischen Lebensvollzugs als Selbstäußerung des Leibes durch Laut und Bewegung. Die *Einheit* des Lebens kann nur aus der *Differenz* von physischer und mentaler Bewegtheit verstanden werden. Deshalb sagt Hegel: „[...] die Kraft des Lebens und mehr noch die Macht des Geistes besteht eben darin, den Widerspruch in sich zu setzen, zu ertragen und zu überwinden. Dieses Setzen und Auflösen des Widerspruchs von ideeller Einheit und realem Außereinander der Glieder macht den steten Prozeß des Lebens aus, und das Leben ist nur als *Prozeß*." (VÄ 1, 162) In der durch diese Prozessualität des Lebensvollzugs ermöglichten „freien Selbstbewegung" und den mit ihr verbundenen „Tätigkeiten" kommt der „Begriff der Lebendigkeit an beseelten Individuen zur Erscheinung" (VÄ 1, 165f.). Dieses Erscheinen ist es, was alle höheren Lebensformen „*objektiv*" (VÄ 1, 166) ausmacht; es ist konstitutiv für die Wirklichkeit ihres Daseins. „Erscheinen" ist somit für Hegel eine Grundkategorie des Lebendigen, und zwar zunächst unabhängig von der Rolle, die ihr in der philosophischen Ästhetik zukommt (Enz, §§ 351 Zus., 358 Zus.).

Dass hier ein Übergang nötig ist, hebt die Überschrift des folgenden Abschnitts hervor: „Die natürliche Lebendigkeit als schöne". Schön, sagt Hegel jetzt, sind Phänomene der Natur, wenn die zuvor beschriebene Einheit des Lebendigen an ihren Gestalten für das menschliche Vernehmen unmittelbar anschaulich wird. Das Naturschöne ist „weder schön *für sich* selber, noch *aus sich* selbst als schön und der schönen Erscheinung wegen *produziert*. Die Naturschönheit ist nur schön für anderes, d. h. *für uns*, für das die Schönheit auffassende *Bewußtsein*." (VÄ 1, 167; vgl. vdP, 76) Sie besteht nur dort, wo sie von menschlichen Subjekten wahrgenommen werden kann; ihr Gegebensein ist abhängig von dem Vermögen, in Phänomenen der Natur ein Aufscheinen der Prozessualität des Lebendigen zu gewärtigen. Dies ist überall dort der Fall, wo sich Organismen im „Scheinen der einzelnen Gestalt in ihrer Ruhe wie in ihrer Bewegung" als „beseelt kundtun" (VÄ 1, 168). Dann werden ihre Lebensäußerungen als „Ausdruck" eines inneren „Zusammenhang[s]" sinnfällig (VÄ 1, 170).

Auf dieses Sichdarbieten kommt es an. Das bloße *Bestehen* einer individuellen Einheit des Lebendigen macht seine Schönheit alleine nicht aus. Diese Einheit kann objektiv gegeben sein, ohne deshalb als schön gefallen zu können. Erst daraus, *wie* sich diese Einheit an Exemplaren vor allem des tierischen Lebens zeigt, ergibt sich ihre ästhetische Qualität für die menschliche Anschauung. Welche Gestaltungen der Natur jeweils als schön erfahren werden, hängt dabei immer auch von eingespielten „Gewohnheit[en]" ihrer Wahrnehmung ab (VÄ 1, 171, 176) – davon, ob die Formen des Natürlichen dem sinnlichen Vernehmen als ein „einiges Ganzes" (VÄ 1, 187) fasslich werden. Neben bestimmten Arten von Fischen (VÄ 1, 171) nennt Hegel auch „Krokodile, Kröten", „viele Insektenarten" und „das Schnabeltier" (VÄ 1, 176) als Beispiele von Tieren, die „häßlich" (VÄ 1, 171, 175) anmuten, weil sie die Erwartung eines wohlproportionierten und darin sichtbar beseelten Organismus nicht erfüllen (vgl. As, 35; Ho, 266). Diese Beobachtungen unterstreichen nochmals, dass das Naturschöne für Hegel ein durch und durch *kulturelles* Phänomen darstellt. Zwar treten in seiner *Bewertung* kultur*relative* Differenzen auf. Relativ ist dabei jedoch lediglich, *welche* Phänomene der Natur Angehörigen unterschiedlicher Kulturen in besonderer Weise als belebt erscheinen, nicht hingegen, *dass* vieles in der Natur seinen menschlichen Betrachtern ein solches Gesicht zeigt. Für Hegel *enthält* die natürliche Welt aus den zuvor entwickelten Gründen ein echtes Potential des Schönseins. Dass dieses allein „für uns" gegeben ist, tut seiner Objektivität keinerlei Abbruch. Es ist alles andere als eine bloße Projektion des Geistes.

Um dies zu verdeutlichen, unterscheidet Hegel den paradigmatischen Fall ästhetischer Naturwahrnehmung von dem abkünftigen Modus einer lediglich „schönen Betrachtung" derselben. Dieser liegt vor, wenn beispielsweise Löwen oder Adler als Embleme der „Stärke" gedeutet werden (VÄ 1, 172; vgl. Ho, 267). Gegenüber solchen „geistreichen", zugleich aber willkürlichen Zuschreibungen, die eine abstrahierende Leistung des Denkens sind, verbleibt die ästhetische

Wahrnehmung natürlicher Gegebenheiten in der Sphäre sinnlichen Vernehmens. Es genügt hier, „daß der Gegenstand für den *Sinn* überhaupt vorhanden sei, und als die echte Betrachtungsweise des Schönen in der Natur erhalten wir dadurch eine *sinnvolle* Anschauung der Naturgebilde" (VÄ 1, 173). In dieser Art der Anschauung werden Gestalten der Natur intuitiv in ihrer inneren Differenziertheit und Einheit aufgefasst. Was in dieser Begegnung mit Naturschönheiten für den Sinn und die Sinne menschlicher Subjekte aufscheint, verharrt jedoch notwendigerweise in einem Zustand der bloßen „Ahnung" ihrer „in sich vernünftige[n] Gliederung" (VÄ 1, 173f.; vgl. Enz II, 12 Zus.) Bei einer bloßen „Ahnung" der inneren Belebtheit ihrer Objekte bleibt die Wahrnehmung ästhetischer Natur stehen, weil sich die formenden Kräfte des Daseins natürlicher Gestalten in ihrer äußeren Erscheinung *nicht hinreichend* artikuliert finden. Was sie zusammenhält oder antreibt, kommt lediglich „*unbestimmt* und *abstrakt*" zum Ausdruck (VÄ 1, 174). Ihre „innere Einheit *bleibt innerlich*, sie tritt für die Anschauung nicht in konkret ideeller Form heraus" (VÄ 1, 174). Auch bei den höheren tierischen Lebensformen tritt die „Seele" der Organismen nur „getrübt" hervor; ihrer Erscheinung mangelt es an „gehaltvoller Erfüllung" (VÄ 1, 178).

In ihren Grundzügen ist damit Hegels Theorie des Naturschönen entwickelt. Unter dem Titel „Die Schönheit der abstrakten Form" ergänzt Hegel die bisherige Untersuchung durch eine Betrachtung formaler und materialer Qualitäten (vor allem) natürlicher Gebilde. Zunächst werden vier Arten der äußeren Anordnung natürlicher Gestalten unterschieden. Ihre einfachste ist die „Regelmäßigkeit", bei der sich bestimmte Elemente kontinuierlich wiederholen. Ein spezieller Fall sind Regelmäßigkeiten in Form der „Symmetrie", weil hier eine „gleichmäßige Verbindung [...] gegeneinander ungleiche[r] Bestimmtheiten" zustande kommt (VÄ 1, 181). Eine zusätzliche „Befriedigung" verschafft die Wahrnehmung der „Gesetzmäßigkeit" gegebener Gestalten, deren Partien durch ein – wenn auch in der sinnlichen Anschauung „geheim" bleibendes – kausales Band miteinander verbunden sind (VÄ 1, 185). Das gewichtigste Kriterium einer schönen Form ist schließlich die „Harmonie" ihrer heterogenen Teile, durch die ihr innerer Zusammenhang sinnfällig wird. Damit ist ein formaler Begriff ästhetischer Stimmigkeit gewonnen, der jedoch nicht auf Schönheiten der Natur beschränkt ist und darum auch die für Hegel entscheidende Differenz zwischen diesen und dem Kunstschönen nicht zu markieren vermag. Anschließend (VÄ 1, 188ff.) wird die *„abstrakte Einheit des sinnlichen Stoffs"* behandelt, worunter Hegel „das Materielle, Sinnliche als solches" versteht, das durch seine „Reinheit" und „Einfachheit" eine besondere Schönheit gewinnt. Hegels Beispiele sind „[d]ie Reinheit des Himmels, die Klarheit der Luft, ein spiegelheller See, die Meeresglätte" sowie die Reinheit von Tönen und Farben. Hier geht es um Qualitäten von Zuständen und Stoffen, von deren Erscheinen eine besondere Attraktion ausgeht, weswegen sie auch für die künstlerische Darstellung von Interesse sind. Für sich genommen aber bleiben sie „unlebendig" (VÄ 1, 190) und sind daher keine zureichenden Bedingungen der Schönheit sowohl der Natur als auch der Kunst.

Im dritten Teil des Kapitels kommt Hegel auf „Die Mangelhaftigkeit des Naturschönen" zurück. Dabei geht es jedoch weniger um ein Resümee des soweit Ausgeführten als vielmehr um eine Vorbereitung der Analyse des Kunstschönen. Gefragt wird danach, worin sich das „vollkommene" Ideal des Schönen nicht allein vom Naturschönen, sondern von der Mangelhaftigkeit eines in „endlichen" Verstrickungen verharrenden Lebens unterscheidet.

Ausgangspunkt dieser Überlegung ist der Gedanke, dass die „Idee des Schönen in ihrem wirklichen Dasein wesentlich als konkrete Subjektivität und somit als Einzelheit aufzufassen" ist (VÄ 1, 191f.). Diese Idee ist letztlich nur in gelungenen Kunstwerken realisiert, die in ihrer Gestaltung auf je spezifische Weise der grundlegenden Verfassung menschlicher Bewusstheit und Freiheit Ausdruck verleihen. Wie voraussetzungsreich diese ideale Gestaltung jedoch ist, wird in den folgenden Passagen verdeutlicht. Denn Kunstwerke sind alles andere als irgendwelche „Einzelheiten". In Hegels Terminologie stellt die „Einzelheit" einen „Zusammenschluss" von Allgemeinem und Besonderem in begrifflich individuierten Gegenständen oder Gegenstandsbereichen dar; sie ist die Ausprägung einer „ideelle[n] Einheit" unterschiedlicher Bestimmungen (VÄ 1, 149). Das gilt für ein Stück Gold ebenso wie für ein pflanzliches, tierisches oder menschliches Lebewesen. Als beseelten Organismen ist bei den letzteren jedoch „eine *gedoppelte* Form der Einzelheit zu unterscheiden, die unmittelbare *natürliche* und die *geistige*" (VÄ 1, 192). Worauf es Hegel ankommt, ist jedoch der „Formunterschied" (VÄ 1, 192) der Exemplare ästhetischer Natur und ästhetischer Kunst. Er analysiert, auf welche Art und in welchem Maß sich geistige Lebendigkeit und Freiheit in der Körperlichkeit einerseits von Gestalten der Natur und andererseits von Gestaltungen der Kunst manifestieren. Bei allen Differenzen jedoch, die hier nochmals festgehalten werden, kommt es in diesem Vergleich zu einer dramatischen Parallelisierung der Beschränktheit tierischer *und menschlicher* Lebensvollzüge, die dazu dient, den Blick für die ausgezeichnete Stellung des Kunstschönen freizugeben.

Während „das Tier [...] *nur in sich* lebendig" ist (VÄ 1, 194), verfügt der menschliche Leib, dem Hegel vor allem in seiner Anthropologie große Aufmerksamkeit widmet (Enz, §§ 388–411), zwar über eine dem tierischen gegenüber weit überlegene Empfindlichkeit und Ausdrucksfähigkeit. Doch auch die menschlichen Individuen sind weit davon entfernt, ihrer Subjektivität am eigenen Leib Ausdruck geben zu können. In ihrer äußerlichen Existenz, so folgt hieraus, teilen Tiere und Menschen und selbst die „Organismen" des objektiven Geistes wie Staat und Familie den Mangel, ihr „Innerstes", das belebende Prinzip oder den Zweck ihres Bestehens, „nicht an jedem Teile offenbar" machen zu können (VÄ 1, 195). Die Institutionen des objektiven bleiben daher ebenso wie die Orientierungen des subjektiven Geistes innerhalb der Sphäre des praktischen Tätigseins wesentlich intransparent. Ihr „Einheitspunkt" kann nur „fragmentarisch" manifest werden (VÄ 1, 195).

Dies führt zu einer radikalen, die menschlichen wie die übrigen Tiere umfassenden Abhängigkeitsdiagnose. Alles Leben unterliegt vielerlei äußeren Bedingungen, von denen es sich in seinen vordringlichen Lebensvollzügen nicht befreien kann. Aus dieser Befangenheit gibt es innerhalb der „Prosa der Welt" (VÄ 1, 199, vgl. 197) keinen Ausweg. „Es ist das Bereich der Unfreiheit, in welcher das unmittelbare Einzelne lebt." (VÄ 1, 196) Handelnde blieben hier in „endliche" Zusammenhänge verstrickt, in einseitige und partikulare Einstellungen, Handlungen und Schicksale, in denen sie der Totalität ihrer Lebensverhältnisse nicht ansichtig werden können. In der „denkenden", also philosophischen Erkenntnis hingegen ist diese Totalität zugänglich (VÄ 1, 201). Sie vermag die Einheit der heterogenen Erscheinungsformen des Wirklichen im Medium des Begriffs zu erfassen und sich so des Zusammenhangs der Dimensionen natürlicher, sozialer und historischer Wirklichkeit zu vergewissern. Diese Perspektive einer reflexiven Selbstverständigung jedoch bleibt auch den menschlichen Akteuren innerhalb ihres alltäglichen Tuns und Lassens verwehrt.

Im Blick auf diese Lage kommt Hegel zu dem Befund: „Nach allen diesen Rücksichten hin gewährt das Individuum in dieser Sphäre nicht den Anblick der selbständigen und totalen Lebendigkeit und Freiheit, welche beim Begriffe der Schönheit zugrunde liegt." (VÄ 1, 198) In den Abhängigkeiten ihres Alltags können Personen ihre Unabhängigkeit weder in vollem Umfang zum Ausdruck bringen noch ihrer unverstellt gewahr werden. Sie sind daher „genötigt", „das Bedürfnis dieser Freiheit [...] auf einem anderen, höheren Boden zu realisieren [...]. Dieser Boden ist die Kunst und ihre Wirklichkeit das Ideal." (VÄ 1, 202) Allein auf diesem Boden, nicht aber an den Phänomenen des Naturschönen kann die Wirklichkeit des subjektiven wie objektiven Geistes unreduziert zur Erscheinung kommen. Nur die Kunst kann die menschliche Lebensform in ihren Vermittlungen so zur Darstellung bringen, dass ihre Eigenart im sinnlichen Mitvollzug offenbar werden kann. In dieser Funktion ist die schöne Kunst der schönen Natur überlegen. „Die Notwendigkeit des Kunstschönen leitet sich also aus den Mängeln der unmittelbaren Wirklichkeit her, und die Aufgabe desselben muß dahin festgesetzt werden, daß es den Beruf habe, die Erscheinung der Lebendigkeit und vornehmlich der geistigen Beseelung auch äußerlich in ihrer Freiheit darzustellen und das Äußerliche seinem Begriffe gemäß zu machen." (VÄ 1, 202) Allein das Kunstwerk, das – in buchstäblicher Bedeutung – überhaupt nicht lebendig ist, ist dasjenige Seiende, das – in metaphorischer Bedeutung – „an allen Punkten" (VÄ 1, 203) beseelt erscheint.

3.2.2 Eine Phänomenologie des Naturschönen

Zum Reiz von (Kompilationen von) Mitschriften – oder in späteren Zeiten: Mitschnitten – der Vorlesungen großer Denker gehört es, dass sich in ihnen gelegentlich Ausführungen, Zusätze, Nebenüberlegungen und Abschweifungen finden, die sich nicht immer auf den in ihren autorisierten Publikationen vorgezeichneten Bahnen bewegen. Dies ist auch in der Edition von Hegels Ästhetikvorlesungen immer wieder der Fall. In dem Kapitel über das Naturschöne entwickelt sein Vortrag im Vorbeigehen eine veritable Phänomenologie naturschöner Phänomene, die nicht in jeder Hinsicht mit der Hauptlinie seiner Ausführungen kompatibel ist.

Die drei Sphären des Natürlichen, denen unterschiedliche Arten des Schönen entsprechen, werden an einer Stelle so kommentiert: „Werden z. B. drei Naturreiche festgestellt, das Mineralreich, Pflanzenreich, Tierreich, so ahnen wir in dieser Stufenfolge eine innere Notwendigkeit begriffsgemäßer Gliederung" (VÄ 1, 173; vgl. Ho, 235; Hm, 21). Dies passt zwar zu der Aussage, dass „die Natur *überhaupt* [Hervorhebung M.S.] als sinnliche Darstellung des konkreten Begriffs und der Idee schön zu nennen" sei (VÄ 1, 174), scheint aber mit der These zu kollidieren, das *Leben* sei die „erste Naturerscheinung der Idee". Wenn „erst das Lebendige [...] Idee und erst die Idee das Wahre" ist (VÄ 1, 161f.), dürfte im „Mineralreich" kein Platz für das Schöne sein. Trotzdem spricht Hegel auch Stoffen der anorganischen Natur Schönheit zu. Unabhängig davon aber, ob sich diese Spannung immanent auflösen lässt, ist die terminologisch laxe Behandlung des Naturschönen in der Hotho-Edition in systematischer Hinsicht aufschlussreich. Denn bei genauer Betrachtung sind es gar nicht drei, sondern fünf Formen des Naturschönen, denen Hegel Beachtung schenkt.

Die erste betrifft die Schönheit der anorganischen Natur, wobei sich Hegel wiederum die metaphorische Rede von einem „in sich beseelten Zusammenhang" erlaubt (VÄ 1, 175). Diesen Gebilden wohnt „die Form [...] der Materie, als deren wahrhaftes Wesen und gestaltende Macht, unmittelbar ein. Dies gibt die allgemeine Bestimmung für die Schönheit auf dieser Stufe" (VÄ 1, 175). Um ein Beispiel ist Hegel nicht verlegen: „So verwundert uns z. B. der natürliche Kristall durch seine regelmäßige Gestalt, welche [...] durch innere eigentümliche Bestimmung und freie Kraft hervorgebracht ist" (VÄ 1, 175). Hegel schmuggelt an dieser Stelle den Freiheitsbegriff in einer uneigentlichen Bedeutung ein, um hervorzuheben, dass die Konfiguration von Kristallen aus einer nicht von Menschenhand geschaffenen Eigenbewegung hervorgegangen ist, die in ihrer Betrachtung „erahnt" werden kann.

Als Vorstufe des „wahrhaften Organismus" (Enz, § 349), wie er sich erst im „Tierreich" findet, wird das „Pflanzenreich" in Hegels Ästhetik eher stiefmütterlich behandelt. Im Vergleich mit Objekten aus dem „Mineralreich" aber zeichnen sich Pflanzen durch „Tätigkeiten" (VÄ 1, 193) der Auseinandersetzung mit ihrer Umwelt aus. Auch wenn ihnen – im Unterschied zum Tier – „das Selbstgefühl und die Seelenhaftigkeit" abgeht (VÄ 1, 193), so ist doch an ihnen ebenfalls „alles von innen heraus bestimmt" (As, 35; vgl. Enz, § 343). In ihrem „Charakter des steten Sich-über-sich-Hinaustreibens" führen sie den Prozess des Lebens in einem fortwährenden Werden und Vergehen vor Augen, worin die spezifische Schönheit ihrer Gestalten liegt (VÄ 1, 183; As, 35).

„Das tierische Leben" bildet für Hegel den „Gipfel der Naturschönheit" (VÄ 1, 177), da es zumal in seinen „höheren" Arten über weit anspruchsvollere Möglichkeiten der Selbstbewegung, Selbststeuerung und Selbsterhaltung verfügt. Tiere haben ein „praktische[s] Verhältnis" (VÄ 1, 184) zu ihrer Umwelt; in ihrem Weltbezug beziehen sie sich zugleich auf sich selbst (Enz, § 352 Zus.). Ähnlich den Menschen *führen* sie ihr Leben. Sie sind schön, soweit ihre gesunden Exemplare eine Vorstufe freier Lebensbewegung zum Ausdruck bringen.

In den Betrachtungen über Mensch und Tier kommt eine vierte Form des Naturschönen zur Sprache – die potentielle Schönheit des menschlichen Leibes. „Der Mensch ist Tier", hat Hegel bereits in der „Einleitung" konstatiert, „doch selbst in seinen tierischen Funktionen" unterscheidet er sich durch sein Selbstbewusstsein kategorial von den anderen Tieren (VÄ 1, 112). Die „Naturgestalt des menschlichen Körpers" ist daher zugleich eine „Naturgestalt des Geistes" (VÄ 1, 101, 110). Zwar kann diese besondere Geistigkeit des Menschen, wie der dritte Teil des Kapitels über das Naturschöne deutlich macht, an und in seiner leiblichen Existenz nicht vollständig zum Ausdruck kommen. Vor allem im Auge des Menschen aber, ergänzt Hegel am Beginn des folgenden Kapitels, wird seine geistige Lebendigkeit auf besondere Weise sichtbar, unterstützt durch „die leibliche Gestalt, die Miene des Gesichts, die Gebärde und Stellung" und zudem durch „die Handlungen und Begebnisse, Reden und Töne" (VÄ 1, 203). Obwohl Hegel hier bereits auf die „schöne Individualität" des Kunstwerks abzielt, macht seine Analogie zwischen der menschlichen Gestalt und derjenigen des Kunstwerks doch deutlich, dass der wohlgeformte menschliche Leib in seiner mit den Tieren geteilten „Doppelung" von Natürlichkeit und Geistigkeit ein weiterer – vierter – Fall des Naturschönen ist. In ihm kommt die Spannweite des Geistes *vergleichsweise* ungetrübt zum Vorschein.

Einen fünften Phänomenbereich ästhetischer Naturbetrachtung gibt es, der bei Hegel zwar immer wieder zur Sprache kommt, von ihm aber nicht im eigentlichen Sinn zum Naturschönen gezählt wird: den der Landschaft (VÄ 1, 49, 173 f., 221, 302). In Abgrenzung von der „lebendigen Naturschönheit" im Tierreich heißt es: „In einem anderen Sinne sprechen wir ferner von der Schönheit der Natur, wenn wir keine organisch lebendigen Gebilde vor uns haben, wie z. B. bei Anschauung einer Landschaft." (VÄ 1, 176) Die Mannigfaltigkeit der Gegebenheiten im landschaftlichen Raum sind jedoch nicht „durch den Begriff bestimmt" und bilden daher keine objektive Einheit, wie sie für die Idee des Naturschönen maßgeblich ist. Dennoch kann „innerhalb dieser Verschiedenheit eine gefällige oder imponierende äußere Zusammenstimmung" hervortreten, die „uns interessiert" (VÄ 1, 176). Diese Art des Naturschönen wird von Hegel wirkungsästhetisch interpretiert: Landschaften können „Stimmungen des Gemüts" erregen, durch die es zu einem Gefühl der Korrespondenz mit ihnen kommt. „Die Bedeutung gehört hier nicht mehr den Gegenständen als solchen an, sondern ist in der erweckten Gemütsstimmung zu suchen." (VÄ 1, 177) Am Beispiel der Landschaft interpretiert Hegel diese Art der ästhetischen Attraktion als einen Vorgang der Projektion: In ihrer Wahrnehmung übertragen die menschlichen Betrachter Anmutungsqualitäten auf Szenerien der Natur, die diesen selbst nicht innewohnen.

Das jedoch ist nicht das letzte Wort, das sich in dieser Sache bei Hegel findet. In dem Kapitel über die Malerei schickt Hegel, bevor er nach der Behandlung ihrer religiösen Ausprägungen auf die Landschaftsmalerei zu sprechen kommt, eine Reflexion über die „landschaftliche Natur" voraus (Seel 1996, 204–208). Diese ist der – nichtreligiösen – „Innigkeit" gewidmet, die das Subjekt im Raum einer (mehr oder weniger) natürlichen Landschaft erreichen kann. Diese Innigkeit „kann auch in dem ihr schlechthin Äußeren einen Anklang an das Gemüt finden und in der Objektivität als solcher Züge erkennen, die dem Geistigen verwandt sind" (VÄ 3, 60). „Züge", die „erkannt" werden, sind jedoch nicht länger Hervorbringungen einer Projektion. Landschaftliche Konstellationen, fährt Hegel fort, werden zwar in der ästhetischen Anschauung „bloß als Berge, Ströme, Sonnenschein wahrgenommen; aber *erstens* sind diese Gegenstände schon für sich von Interesse, insofern es die freie Lebendigkeit der Natur ist, die in ihnen erscheint und ein Zusammenstimmen mit dem Subjekt als selbst lebendigem bewirkt" (VÄ 3, 60). *Diese* Art der Wirkung aber hat durchaus etwas mit der *Verfassung* der betreffenden Umgebung zu tun. Denn die ästhetische Attraktion ergibt sich hier aus einem „Zusammenstimmen" des Subjekts mit einer anderen Art der Lebendigkeit als der seinigen. Erst recht unter dem nächsten Aspekt kann von der Bedeutungslosigkeit landschaftlicher Schönheit nicht länger die Rede sein. „[Z]*weitens* bringen die besonderen Situationen des Objektiven Stimmungen in das Gemüt herein, welche den Stimmungen der Natur entsprechen. In diese Lebendigkeit, in dieses Antönen an Seele und Gemüt kann der Mensch sich einleben und so auch in der Natur innig sein." (VÄ 3, 60; vgl. Ho, 476 f.) Was Hegel hier beschreibt, ist nicht ein *projektives*, sondern ein dezidiert *rezeptives* Verhalten: Das ästhetisch empfängliche Subjekt nimmt den – objektiven – Ausdruckscharakter betreffender Landschaften auf. In einer am eigenen Leib erfahrenen Korrespondenz zwischen seiner inneren Natur und dem „vergänglich[en]", „schwindend[en]" und „veränderlich[en]" (VÄ 1, 49) Geschehen der äußeren Natur begegnet es dabei „dem Anderen seiner selbst" (VÄ 1, 28) auf eine Weise, wie es angesichts *künstlerischer* Landschaftsdarbietungen nicht möglich ist.

Zwar ist diese vorwiegend korresponsive Bedeutsamkeit von Objekten und Szenen der Natur für menschliche Betrachter nur *eine* der Weisen, in der ihnen eine eigene Art der Schönheit zukommt. Diese kann sich ebenso in einem bloßen Verweilen bei der Varietät ihrer Gestalten und in einem imaginativen Spiel mit künstlerischen Darbietungen aller Art entfalten (Seel 1991, Kap. 1–3). In jeder dieser Dimensionen stellt das Naturschöne dem Subjekt die Gelegenheit der positiven Entfremdung von den eigenen Befangenheiten dar. Eine derartige Konsequenz jedoch konnte Hegel nicht ziehen, weil bei ihm die „freie" Schönheit auf ein „Scheinen der Idee" festgelegt ist. Insofern kollidiert seine Phänomenbeschreibung in der kurzen Digression innerhalb des Kapitels über die Malerei mit einem zentralen Aspekt seiner Theorie des Naturschönen. Wenn ästhetische Landschaft aber ein paradigmatisches – und vielleicht sogar *das* paradigmatische – Phänomen des Naturschönen ist (Seel 1991, Kap. 4; Seel 2014a), könnte von hier aus eine kritische Diskussion der Abwertung des Naturschönen gegenüber dem Kunstschönen bei Hegel beginnen.

Einwände gegen Hegels Behandlung des Naturschönen können sich trotzdem auf zentrale Einsichten seiner Ästhetik stützen. Denn es trifft zu, dass sich die Prozessualität ästhetischer Natur radikal von derjenigen der Kunst unterscheidet. Nur folgt daraus nicht, dass diese jener „überlegen" oder jene dieser gegenüber „mangelhaft" wäre. Auch hat Hegel recht damit, dass das Naturschöne einen „Reflex" des Geistes darstellt, da allein die Angehörigen der menschlichen Lebensform hierfür empfänglich sein können. Das pejorative „nur" jedoch, das er dieser Beobachtung voranstellt, ist von der Sache her entbehrlich. Systematisch gesehen, unterschätzt Hegel die Interferenzen zwischen den Arten der „Lebendigkeit" ästhetischer Natur und ästhetischer Kunst. Historisch gesehen, folgt er einem wirkungsmächtigen Impuls in Schellings *System des transzendentalen Idealismus*, demzufolge das, „was die Kunst in ihrer Vollkommenheit hervorbringt, Prinzip und Norm für die Beurteilung der Naturschönheit ist" (Schelling 2000, 293). In diesem Fahrwasser fällt Hegel hinter die in Kants *Kritik der Urteilskraft* (§§ 41–46) erreichte – und bis zu Adornos *Ästhetischer Theorie* (Adorno 1973, 97–122) weitgehend in Vergessenheit geratene – Position einer nicht hierarchischen Bestimmung des Verhältnisses von Kunst- und Naturschönem zurück (Seel 1991, 163–181).

3.3 Das Kunstschöne

In dem systematischen Hauptteil seiner *Vorlesungen* entwickelt Hegel eine Theorie der Verfahrensweise und Funktion der Kunst. Zugleich führt er aus, inwiefern die Kunst eine ebenso notwendige wie zentrale Form der Selbstbegegnung und Selbstreflexion innerhalb menschlicher Kulturen darstellt: „Es ist also das allgemeine Bedürfniß des Kunstwerks im Gedanken des Menschen zu suchen, indem das Kunstwerk eine Art und Weise ist dem Menschen was er ist, vor ihn zu bringen." (Ho, 229) Diesem Kapitel kommt eine besondere Stellung im Ganzen der *Vorlesungen* zu. Hegel entfaltet hier die aus seiner Sicht grundlegenden Begriffe einer Ästhetik der schönen Kunst, die er in den folgenden beiden Teilen hinsichtlich paradigmatischer Epochen ihrer historischen Entwicklung sowie des Verhältnisses einzelner Kunstgattungen weiter differenzieren wird. „Die Kunst", „das Kunstwerk" oder die „ideale Kunstgestalt" treten vorerst meist im Singular auf. Es werden Momente künstlerischer Darbietung hervorgehoben, denen in der Geschichte der Kunst und in den einzelnen Kunstgattungen in unterschiedlichen Kombinationen eine tragende Rolle zukommt. Dabei stehen in Hegels Durchsicht der konstitutiven Dimensionen „des" Kunstwerks jeweils unterschiedliche Künste und auch unterschiedliche Stadien ihrer Entwicklung Modell. Dies ist – weitgehend – nicht so zu verstehen, dass Hegel sich willkürlich mal an der einen, mal an der anderen Kunstart oder Kunstepoche orientiert. Es kommt ihm vielmehr darauf an, das Potential der Kunst in einer gleichsam stereoskopischen Untersuchung vorzustellen, um es auf dieser Basis anschließend in seinen divergenten Manifestationen spezifischer bestimmen zu können.

3.3.1 Das Ideal als solches

Den Auftakt des ersten Abschnitts bildet ein positives Resümee der Erörterung über den Mangel des Naturschönen. Der entscheidende „Formunterschied" zwischen schöner Natur und schöner Kunst wird auf den Punkt der „Forderung durchgängiger Beseelung" gebracht, die allein das künstlerische Gebilde erfüllen kann (VÄ 1, 204; vgl. vdP, 72). Hegel entwickelt seine Theorie der Kunst in einem durchweg normativen Gestus. Die Frage nach der optimalen Verfassung künstlerischer Gebilde gilt der Klärung, wie die Kunst ihre spezifische Funktion am besten erfüllen kann. „In der Kunst nun soll auf ihrer höheren Stufe der innere Gehalt des Geistes seine Außengestalt erhalten." (VÄ 1, 227) Damit verbunden ist der Anspruch, dass die „bestimmte geistige Grundbedeutung", die ein Kunstwerk zur Darbietung bringt, „vollständig durchgearbeitet" sei (VÄ 1, 228). Hier – und hier allein – können Grundverhältnisse und Grundverständnisse des Wirklichen ohne Einseitigkeit in sinnlicher Prägnanz vergegenwärtigt werden. Das Kunstwerk vollbringt eine „Zurückführung [...] des äußerlichen Daseins ins Geistige", jedoch ohne dabei „bis zum Extrem des *Gedankens*" fortzugehen (VÄ 1, 206 f.). Seine Darbietung operiert im Grenzgebiet oder zwischen Anschauung und Reflexion. Es lässt im Äußeren das Innere und das Innere im Äußeren erscheinen. „Das Schöne ist das Wahre in äußerlicher Existenz, in sinnlicher Vorstellung." (As, 24) Kunstwerke sind diejenigen Einzelheiten, die in ihrer Besonderheit einem Allgemeinen Ausdruck geben. „Das Ideal ist demnach die Wirklichkeit, zurückgenommen aus der Breite der Einzelheiten und Zufälligkeiten, insofern das Innere in dieser der Allgemeinheit entgegengehobenen Äußerlichkeit selbst als *lebendige Individualität* erscheint." (VÄ 1, 207)

Individuelle Darbietungen sind Kunstwerke, weil sie das, was sie zu verstehen geben, allein in der unverwechselbaren Konfiguration ihrer jeweiligen Form vorbringen – kraft der „Einigung von Bedeutung und individueller Gestaltung" (VÄ 1, 140). Auf eine ausgezeichnete Weise *lebendig* sind ihre Gestaltungen, weil sie ihren jeweiligen Gehalt in einem zugleich sinnlichen und sinnhaften Zusammenspiel ihrer Formelemente präsentieren. Durch diese Verfassung eröffnen sie ihrem Publikum die Möglichkeit einer Befreiung „von den Banden der Abhängigkeit äußerer Einflüsse und aller der Verkehrungen und Verzerrungen, welche mit der Endlichkeit der Erscheinung zusammenhängen" (VÄ 1, 207). Sie ermöglichen es ihren Betrachtern, Hörern oder Lesern, ihrer eigenen Lebendigkeit an der ihres artifiziellen Gegenübers inne zu werden, wie es nach Hegels Ansicht in der Gegenwart des Naturschönen gerade nicht – oder doch nur höchst eingeschränkt – möglich ist.

Da die Kunst aber in vielfacher Weise auf die „äußerliche" Wirklichkeit bezogen ist, „setzt das Ideal seinen Fuß" notwendigerweise „in die Sinnlichkeit und deren Naturgestalt hinein" (VÄ 1, 207). Jedoch erweitert Hegel von nun an den Begriff der Natur auf signifikante Weise, wie es sich bereits am Ende des vorigen Kapitels abgezeichnet hat. Als das, „was wir überhaupt Natur heißen" (VÄ 1, 212), firmiert in seiner Behandlung des Kunstschönen nun nicht mehr allein die „erste", sondern zugleich die „zweite Natur" sozialer und kultureller „Gewohnheiten" (vgl. Enz, § 410; Ranchio 2016; Khurana 2017, Kap. V.1): jene „Prosa" der Lebensverhältnisse, so wie sie in der Einstellung des pragmatischen Tätigseins vorherrscht. In einer Diskussion zeitgenössischer Positionen weist Hegel außerdem die Vorstellung zurück, die Kunst sei zu einer Nachahmung der Natur berufen. Weder im Sinn einer getreuen „Wiedergabe" noch einer emphatischen „Verherrlichung" kann die Natur als das Vorbild der künstlerischen Gestaltung gelten (vgl. VÄ 1, 212 ff.). Am Beispiel der niederländischen Genremalerei und Bildern von Murillo und Raffael, die banale Alltagsszenen zum Gegenstand haben, sowie im

Blick auf Werke, die sich „höhere[n], idealere[n] Stoffe[n]" zuwenden (VÄ 1, 225), argumentiert Hegel dafür, dass die vom Kunstwerk geleistete „bestimmte Verkörperung" eines geistigen Gehalts (VÄ 1, 217) stets mit einer Transformation des Natürlichen oder Prosaischen einhergeht. Trotz der in den *Vorlesungen* stets mitlaufenden Polemik gegen die „romantische Ironie" sieht Hegel in dieser Sache Anlass für eine – in seinem Werk gar nicht so seltene – positive Verwendung des Begriffs der Ironie: „Gegen die vorhandene prosaische Realität ist daher dieser durch den Geist produzierte Schein das Wunder der Idealität, ein Spott, wenn man will, und eine Ironie über das äußerliche natürliche Dasein." (VÄ 1, 215)

Die im Kunstwerk vollbrachte Transformation ist daher stets zugleich eine Transfiguration. Diese „reinigt" (vgl. VÄ 1, 206) die äußeren Gegebenheiten und *„erhebt"* (VÄ 1, 215) sie zu bedeutsamen Gestaltungen. Objekte der Kunst vollbringen eine Verwandlung bloßer Erscheinungen in eine im *Medium* des Erscheinens operierende *Darbietung* grundlegender Formen der Welterschließung. Um dieser „Wahrheit" willen darf sich die Kunst nicht mit lediglich abbildender „Richtigkeit" begnügen (VÄ 1, 205, vgl. 105). In den hierzu notwendigen Operationen der Stilisierung, Komposition und Transposition liegt das maßgebliche künstlerische Verfahren: „dies Aufnehmen in den Geist, dies Bilden und Gestalten von seiten des Geistes her heißt eben Idealisieren" (VÄ 1, 221). An dieser Definition wird deutlich, dass Hegel in seiner Philosophie der Kunst keineswegs eine einseitige „Inhaltsästhetik" vertritt. Sein Begriff des Ideals gibt im selben Atemzug eine Inhalts- wie eine Formbestimmung. Nur Objekte, die – in ihrer Formgebung – „vollständig durchgestaltet" sind, können ihm entsprechen. Darum ist die Tätigkeit des Künstlers „nicht mechanisch, auch nicht wißenschaftlich, hat es nicht mit reinen Gedanken oder abstracten zu thun, sondern das geistige und sinnliche Produciren muß in Einem gefasst sein" (Ho, 236). Form und Inhalt eines Werks müssen „als ineinander verwachsen erscheinen" (VÄ 1, 77).

3.3.2 Die Bestimmtheit des Ideals

Das Ideal als solches war, wie Hegel bemerkt, „relativ leicht zu fassen". Die größere Herausforderung bestehe darin, die „wirkliche Bestimmtheit" des Kunstwerks zu begreifen (VÄ 1, 229 f.). Dabei kommt es darauf an, dessen innerer Dynamik gerecht zu werden. Um dies zu erreichen, schlägt Hegel einen zweifachen großen Bogen, der weit über den systematischen Hauptteil der *Vorlesungen* hinaus reicht. Der eine führt vom Göttlichen zum Menschlichen, der andere von der „Ruhe" des Ideals zu seiner Prozessualität. Das Göttliche erweist sich in Hegels Analyse mehr und mehr als eine genuin menschliche Angelegenheit. Das Fürsichbestehen des Kunstwerks erweist sich immer stärker als ein Kraftfeld von

Kollisionen. Beides gehört für Hegel zusammen. Denn nur in dieser doppelten Bewegung kann das Kunstwerk die innere Lebendigkeit gewinnen, die es zu einem Wahrzeichen der Wirklichkeit menschlicher Freiheit macht.

„Die ideale Kunstgestalt steht wie ein seliger Gott vor uns da", hat es in der vorläufigen Charakterisierung der Verfassung des Kunstwerks geheißen (VÄ 1, 208). Dieses sei „sinnlich selig in sich" (VÄ 1, 207), worin sich die „Heiterkeit des Ideals" (VÄ 1, 209) manifestiere. Unter dem Titel der „Ruhe des Ideals" nimmt Hegel diese Stichworte im Geist Winckelmanns jetzt noch einmal auf. „Die höchste Reinheit des Idealen" sei dort erreicht, wo die Menschengestalt von Göttern, Heiligen oder Frommen – wie in der antiken Skulptur und der christlichen Malerei –, noch „nicht aus sich heraus in endliche Verhältnisse hineingezerrt" werde (VÄ 1, 232). In dem „Beruhen auf sich", in dem diese Figuren dargestellt werden, zeige sich „die Möglichkeit zu allem": das Potential „geistige[r] Freiheit" in einer von äußerlichen Abhängigkeiten und innerer Zerrissenheit bereinigten Form (VÄ 1, 232f.).

Von der *Aktualisierung* dieses Potentials jedoch sind Entzweiung, Widerspruch und Konflikt weder im Leben noch in der Kunst zu trennen. Darum macht Hegel deutlich, dass die „Reinheit" des Kunstwerks ein Extrem darstellt, das nicht zu seinem paradigmatischen Fall erhoben werden darf. Denn der künstlerischen „Phantasie" ist es gegeben, sich auf eine „Mannigfaltigkeit des Bestimmens" einzulassen, die das Potential eines seiner selbst bewussten und selbstbestimmten Lebens *inmitten* der Entzweiung endlicher Verhältnisse zum Vorschein bringt. „[H]ier erst beginnt das eigentliche Bereich der idealen Kunst" (VÄ 1, 231). Schon in der griechischen Kunst und ihrem Polytheismus werde das Göttliche „zerspaltet und zersplittert"; erst recht im Christentum erscheine Gott „als wirklicher Mensch in das Irdische und Weltliche unmittelbar verflochten". Darüber hinaus sei geistige Freiheit allein „im Sinn und Gemüt, Wollen und Vollbringen des Menschen gegenwärtig und wirksam" und könne nur dort zum Vorschein kommen. Das „Prinzip der Besonderheit", dem die künstlerische Darstellung unterliegt, verweist daher auf die „Partikularität der menschlichen Wirklichkeit". „[D]ies konkrete Leben bildet den lebendigen Stoff der Kunst, und das Ideal ist dessen Darstellung und Ausdruck" (VÄ 1, 231). Anders als die Philosophie kann und soll sich die Kunst nicht in der Sphäre des reinen Denkens aufhalten. „Der aber in Tätigkeit verleiblichte Geist, insoweit er nur immer an die Menschenbrust anklingt, gehört der Kunst." (VÄ 1, 231) Im Unterschied zur Erkenntnis der Idee kann sich das Ideal nur im Kontakt mit der Unreinheit der äußeren Wirklichkeit realisieren. An der Situiertheit des menschlichen Handelns bringt es konstitutive Formen eines freien Lebensvollzugs zur Anschauung.

3.3.2.1 Die Prozessualität des Kunstwerks

Diese Überlegung führt direkt zu Hegels zweitem Leitmotiv bei der Untersuchung der Struktur von Kunstwerken. „[S]o ist [...] mit der ins Dasein herausgekehrten Besonderheit zugleich das Prinzip der *Entwicklung* und damit in dem Verhältnis nach außen der Unterschied und Kampf der Gegensätze unmittelbar verbunden" (VÄ 1, 233). Angesprochen ist damit nicht allein die Darstellung innerer und äußerer Entwicklungen und Konflikte, sondern zugleich die innere Prozessualität des Kunstwerks selbst: „Dies führt uns zur näheren Betrachtung der in sich differenten, prozessierenden Bestimmtheit des Ideals, welche wir im allgemeinen als *Handlung* fassen können." (VÄ 1, 233)

„[H]immlische Seligkeit" und „tatlose Ruhe" (VÄ 1, 233) nämlich sind nicht das hauptsächliche Movens und Motiv der künstlerischen Darbietung. Diese muss vielmehr durch Phasen der „Einseitigkeit" und „Entzweiung" hindurchgehen. Sie muss sich „mitten in den Gegensatz des verworrenen Weltwesens hinein" begeben, „und vermag sich in dieser Zerspaltung nun auch dem Unglück und Unheil des Endlichen nicht mehr zu entziehen" (VÄ 1, 234). Denn „die Intensität und Tiefe der Subjektivität tut sich um so mehr hervor, je unendlicher und ungeheurer die Umstände auseinandergezogen und je zerreißender die Widersprüche sind, unter denen sie dennoch fest in sich selber zu bleiben hat" (VÄ 1, 234). Was es bedeutet, „sich im Negativen seiner zu erhalten" (VÄ 1, 234), das wird in den Künsten mit einer Eindringlichkeit vor Augen geführt, wie es ansonsten nicht zur Anschauung kommen kann. Der prozessierende Charakter des Kunstwerks ist eine direkte Konsequenz der Notwendigkeit, in seiner Präsentation auch der Negativität des Selbstseins und der Selbsterfahrung von Subjekten Ausdruck zu geben.

Obwohl Hegel diese Dynamik im Folgenden vorwiegend am Modell der „Poesie" und näher noch an dem der Epik und des Dramas mit ihrer narrativen Darstellung von Handlungskonflikten analysiert, ist seine Diagnose der Sache nach weder auf die darstellenden Künste noch auf die sogenannten Zeitkünste beschränkt. Das Prinzip der inneren Bewegtheit ist für ihn ein Grundgesetz der künstlerischen Gestaltung überhaupt. Unter dem Stichwort „*schöne[r]* Erhabenheit" (VÄ 2, 84) etwa wird Hegel in dem Kapitel über die klassische Kunstform auch in der antiken Skulptur einen inneren „Widerstreit" zwischen der Geistigkeit und Leiblichkeit der Götter ausmachen, der sie „gleichsam über ihre Seligkeit oder Leiblichkeit" trauern lässt (VÄ 2, 85f.). In dem Kapitel über die Architektur – um nur ein weiteres Beispiel zu nennen – kommt es zu einem spektakulären Vergleich zwischen der Rhythmik architektonischer und musikalischer Raumbildung, in der sich ihre je eigene Lebendigkeit entfaltet (VÄ 3, 138f.).

Nach der vorläufigen Exposition der inneren Dramatik der künstlerischen Darstellung geht Hegel der Frage nach, welcher „allgemeine Weltzustand" als

Schauplatz für die im Kunstwerk zu leistende „Durchdringung der Individualität und Allgemeinheit" besonders günstig ist (VÄ 1, 236 f.). Damit diese erreicht werden kann, sollen die in ihrem „*Charakter*" und „*Gemüt*" dargestellten Individuen im Kontext der „*Zufälligkeit*" ihrer Lebensbedingungen zugleich in ihrer „Selbständigkeit" sichtbar werden können (VÄ 1, 238). Nur in der ausgestalteten Partikularität ihres Daseins kann die Exemplarität ihres Tuns und Erleidens zur Anschauung kommen. Das „ideale Individuum", dessen Schicksal dargeboten wird, findet sich in eine Wirklichkeit hineingestellt, in der es in seinem persönlichen Tätigsein die objektive soziale und historische Ordnung verkörpert. Es gehört einer Welt an, in der „die Individualität sich selbst das Gesetz ist, ohne einem für sich bestehenden Gesetz, Urteil und Gericht unterworfen zu sein" (VÄ 1, 244). Dieses Subjekt wird von den antiken Heroengestalten exemplifiziert. Diese sind in einem starken Sinn für ihr Tun verantwortlich, weil sie die Bedingungen ihres Lebens weitgehend selbst in der Hand haben.

Hegel kontrastiert diese Stellung des „Heroen" ausführlich mit den „[g]egenwärtige[n] prosaische[n] Zuständen", in denen diese Einheit von subjektivem Tun und objektiver Sittlichkeit nicht länger besteht (VÄ 1, 239–243 u. 246–255). In der modernen Welt ist der Handlungsspielraum des Individuums durch die Ordnungen des Rechts, durch die Gesetze einer von Arbeitsteilung und weltweitem Handel geprägten Ökonomie, durch ein dichtes Geflecht staatlicher Institutionen einschließlich derjenigen der Religion und Wissenschaft vielfach eingeschränkt. An diese allgemeinen Strukturen, die nicht länger in seinem „Belieben" stehen, denen es „unterworfen" ist, kann das subjektive Handeln lediglich „anschließen", ohne sie in seinem Handeln repräsentieren zu können. Es ist eine „Scheidung der Allgemeinheiten des gesetzgebenden Verstandes von der unmittelbaren Lebendigkeit" eingetreten, weswegen „alles Substantielle und Wesentliche der Sittlichkeit und Gerechtigkeit" nicht länger in „Gefühl und Gesinnung" des Individuums seinen Ausdruck findet (VÄ 1, 239). Die „eigentliche Realität", so lässt sich Hegels Diagnose mit den berühmten Worten Brechts resümieren, „ist in die Funktionale gerutscht". „Der Einzelne ist jetzt nicht mehr der Träger und die ausschließliche Wirklichkeit dieser Mächte wie im Heroentum." (VÄ 1, 255) Aus diesem Grund erhebt Hegel Stoffe, die in einer derartigen mythischen Epoche angesiedelt sind, zu einem Modell künstlerischen Erzählens.

Die Auszeichnung der Heroenzeit als „vorzugsweise" (VÄ 1, 337) idealem historischem Schauplatz der Kunst jedoch bedeutet auch bei Hegel keineswegs, dass ihre Darstellungen ausschließlich auf diesem Boden operieren müssten. Schließlich finden sich unter den Beispielen, die Hegel positiv hervorhebt, Werke wie *Romeo und Julia* (z. B. VÄ 1, 280 f., 310 f., vgl. VÄ 2, 205), mit Einschränkungen auch *Don Carlos*, *Wallenstein*, *Götz von Berlichingen* (VÄ 1, 256 f.). Besonderes Lob wird unter anderem dem *Don Quijote* (VÄ 1, 257; VÄ 2, 217 f.) und vor allem Goethes epischem Gedicht *Hermann und Dorothea* (VÄ 1, 250 f., 339 ff.), einer gefährdeten Idylle vor dem Hintergrund der Umwälzungen der französischen Revolution, zuteil. Keines dieser Werke ist in der Heroenzeit angesiedelt. Sie alle stellen Individuen in Situationen hinein, in denen menschliche Grundkonflikte und Grundgefährdungen exponiert werden einschließlich der Tiefgründigkeit und Abgründigkeit dessen, was Stanley Cavell die „Unheimlichkeit des Gewöhnlichen" nennt (Cavell 2002; vgl. Seel 2014b). Auch und gerade in modernen Zeiten, darauf deuten diese Beispiele hin, finden sich Verhältnisse und Perioden der Erschütterung, in deren Umfeld Figuren entworfen werden können, die sich gelingend oder scheiternd in einer brüchigen sozialen und politischen Welt zu behaupten versuchen. So gelesen, ist Hegels Auszeichnung des idealen Weltzustands nicht auf eine bestimmte historische Epoche beschränkt. Sie hebt vielmehr eine Struktur hervor, an der er einen zentralen Gesichtspunkt künstlerischer Darbietungen verdeutlicht. Daher ist es keineswegs abwegig, dass späteren Lesern an dieser Stelle die Genres des Westerns (Bayertz 1981; Pinkard 2007, 20; Seel 2017, 89 f.) oder des Film Noir (Pippin 2012a, 1–25) in den Sinn gekommen sind. Auch wenn Hegel „Schillers und Goethes poetische[m] Jugendgeist" attestiert, dieser hätte die zu ihrer Zeit „verlorene Selbständigkeit der Gestalten" vergeblich wiederzugewinnen versucht (VÄ 1, 255 f.), so sind deren frühe Dramen doch auch für ihn Zeichen für das bleibende Bedürfnis nach einer künstlerischen Durchleuchtung von Grundspannungen personaler Autonomie. Dass Hegel diese Werke ebenso wie den *Werther* und die *Wahlverwandtschaften* (VÄ 1, 313 u. 384 f.) gering geschätzt hat, ganz zu schweigen von den Produktionen Kleists, E.T.A. Hoffmanns (VÄ 1, 289 u. 315) oder Jean Pauls (VÄ 1, 382), sollte nicht dazu verleiten, die Tragweite seiner Ästhetik zu unterschätzen. Die kunstkritischen Urteile philosophischer Autoren insbesondere zu Werken ihrer unmittelbaren Gegenwart sind nun einmal nicht immer auf der Höhe ihrer Theorie.

Für sich genommen freilich stellt der Weltzustand, in dem das Geschehen im Kunstwerk angesiedelt ist, ohnehin lediglich die *„Möglichkeit"* einer angemessenen Gestaltung bereit (VÄ 1, 258). In den „Mächte[n]", die ihn „regieren", „schlummert" vorerst noch „das Ungeheuer der Entzweiung", das die Handlung antreiben und einen Konflikt dieser Mächte hervorbringen wird (VÄ 1, 258). „Die Kunst in dieser Beziehung hat also nicht etwa nur einen *allgemeinen* Weltzustand zu schildern, sondern aus dieser unbestimmten Vorstellung zu den Bildern der *bestimmten* Charaktere und Handlungen fortzugehen." (VÄ 1, 258) Der nächste Schritt in Hegels Analyse betrifft deshalb die konkreten Situationen, die entworfen werden müssen, damit im Handeln der Charaktere ein *„wesentliche[r] Gehalt"* dargeboten werden kann (VÄ 1, 260). Dieser Gehalt betrifft das Walten „allgemeine[r] Mächte" (VÄ 1, 259), die dadurch anschauliche Gestalt gewinnen, dass sie im Handeln der Figuren in *„Kollision"* miteinander geraten (VÄ 1, 261). Erst

„eine Verletzung an und für sich berechtigter Interessen und Mächte" (VÄ 1, 278) bringt die Dynamik der künstlerischen Darbietung in Gang. Im Vorbeigehen stellt Hegel klar, dass „die Forderungen in dieser Beziehung" im Blick auf die unterschiedlichen Künste verschieden sind. „[D]ie Skulptur z. B. erweist sich in Rücksicht auf die innere Mannigfaltigkeit der Situationen beschränkt, Malerei und Musik schon weiter und freier, am unerschöpflichsten jedoch die Poesie" (VÄ 1, 261). Damit begründet Hegel seine methodische Orientierung an der letzteren, betont aber zugleich, dass dies unter dem Vorbehalt einer Betrachtung der unterschiedlichen Kunstgattungen steht.

In der Vergegenwärtigung „allgemeiner Mächte", wie sie in den jeweils dargestellten Situationen wirksam sind, liegt für Hegel ein zentrales, zugleich ihren Inhalt und ihre Form betreffendes Kriterium der Gelungenheit von Kunstwerken. Solchen Werken ist es gegeben, konstitutive Verhältnisse des subjektiven und objektiven Geistes zum Vorschein zu bringen. In *ihrer* Gestalt präsentieren sie *eine* Gestalt des Lebens. Ihre *individuelle* Form lässt *allgemeine* Formen menschlicher Praxis anschaulich werden. Damit dies gelingt, muss eine *doppelte* Individualisierung vollbracht werden: Damit allgemeine Verhältnisse *am* Handeln und Ergehen von Individuen hervortreten können, müssen diese *in* der besonderen Bewegtheit des Kunstwerks zur Darstellung kommen. Um welche Verhältnisse es sich dabei handelt, steht für Hegel außer Frage: „Dies sind die großen Motive der Kunst, die ewigen religiösen und sittlichen Verhältnisse: Familie, Vaterland, Staat, Kirche, Ruhm, Freundschaft, Stand, Würde, in der Welt des Romantischen besonders die Ehre und Liebe usf." (VÄ 1, 286) In den Nachschriften auch genannt werden „Eigenthum", „Pietät", „Reichthum" (Ho, 303), „Heldenmut" (Ke, 56) oder pauschal „Rechtliches" und „Sittliches" (Hm, 34). Wie diese summarischen Aufzählungen deutlich machen, bedeutet der Ausdruck „ewig" hier nicht, dass diese Motive eine Existenz außerhalb der Geschichte hätten, sondern vielmehr, dass es um Verhältnisse geht, die in höchst unterschiedlichen historischen Ausprägungen, Konstellationen und Entwicklungen für die menschliche Lebensform grundlegend und daher für die menschliche Selbstverständigung zentral sind. Es handelt sich um Belange, deren spannungsreiche Beziehungen das Publikum auch über die Zeiten hinweg etwas angehen. Je nachdem, ergänzt Hegel, ob es sich um Charaktertugenden oder um Strukturen des objektiven Geistes handelt, sind diese Mächte im „Grade ihrer Gültigkeit [...] verschieden, alle aber in sich selbst vernünftig" (VÄ 1, 286). Die Standpunkte, die im Kunstwerk miteinander kollidieren, heißt das, müssen ein partielles Recht auf ihrer Seite haben, damit der dargestellte *Konflikt* überhaupt von Interesse sein kann. Hegel stellt dabei die zusätzliche Forderung, das Kunstwerk solle im Ganzen seiner Darbietung nicht nur aufschlussreiche und bewegende Perspektiven, sondern eine unverzerrte, nicht länger einseitige Sichtweise auf die in ihm exponierten Situationen eröffnen – eine, die einen Blick auf ihren „wahren" Zusammenhang freigibt.

Diese Darstellungsweise kann sich jedoch nur im Durchgang durch die Negativität der entfalteten Zustände realisieren. Eine den „Stempel des Ideals" (VÄ 1, 286) tragende „Gestaltung können die allgemeinen Mächte in ihrem *Dasein* nur dadurch erhalten, daß sie in ihrer wesentlichen Unterscheidung und Bewegung überhaupt, und näher dadurch, daß sie in ihrem Gegensatze gegeneinander erscheinen" (VÄ 1, 259). „In diesem Sinne geht die eigentliche Aktion erst an, wenn der Gegensatz herausgetreten ist, den die Situation enthielt." (VÄ 1, 282) Ein Paradebeispiel für derartige Kollisionen ist für Hegel die *Antigone* des Sophokles: Die durch Kreon und Antigone verkörperten gleichermaßen berechtigten, für sich genommen aber einseitigen Interessen stoßen in einem tödlichen Konflikt aufeinander (VÄ 1, 287).

Hegel kommentiert diese konflikthafte Natur des Kunstwerks im Blick auf den zuvor skizzierten Begriff des Ideals. „Die Kollision stört diese Harmonie und setzt das in sich einige Ideal in Dissonanz und Gegensatz. Durch die Darstellung solcher Verletzung wird daher das Ideal selber verletzt" (VÄ 1, 267f.). Dieser Satz ist nicht im Sinn einer paradoxen Volte zu verstehen – eine rhetorische Figur, die Hegel einigermaßen fremd ist. Denn was im Kunstwerk durch die Entfaltung einer mehr oder weniger konfliktträchtigen Handlung (oder in den nicht-narrativen Künsten: durch eine mit anderen Mitteln erzeugte innere Spannung) notwendigerweise verletzt wird, ist die *Ruhe* des Ideals. Was hingegen keineswegs verletzt wird, ist das *Ideal*, verstanden als Präsentation der *Einheit* der in ihm kollidierenden Kräfte. Die Verletzung liegt im jeweils *Dargestellten*, nicht jedoch in der jeweiligen *Darstellung*, die den Widerstreit der in ihm wirkenden Faktoren allererst entfacht. Nur deswegen kann Hegel sagen: „Die Situation und ihr Konflikt sind das überhaupt Erregende" (VÄ 1, 285). Zugleich aber hält er daran fest, dass die Kunst „die Entzweiung und deren Kampf nur vorüberführt, damit sich aus ihr durch Lösung der Konflikte die Harmonie als Resultat ergebe" (VÄ 1, 268). Erst in diesem Prozess zeichnet sich die „volle Bestimmtheit und Bewegung" von Kunstwerken ab (VÄ 1, 282f.). Das Ideal muss „in sich bewegt sein" (VÄ 1, 316). In *seinem* Prozess muss es *einen* Prozess von exemplarischer Bedeutsamkeit vorführen. In dem idealtypischen Fall, den Hegel konstruiert, stehen sich hierbei „zwei aus ihrer Harmonie herausgerissene Interessen einander *kämpfend* entgegen und fordern in ihrem wechselseitigen Widerspruche notwendig eine *Auflösung*" (VÄ 1, 283). Wie das Beispiel der Tragödie aber zeigt, liegt diese zu erreichende „Auflösung" oder „Harmonie" wiederum nicht – jedenfalls nicht notwendigerweise – auf der Ebene der Handlung, sondern wird durch die Form der Darstellung geleistet. Daran wird noch einmal das außerordentlich starke Kriterium erkennbar, an dem Hegel das künstlerische Gelingen bemisst: Es muss

3 Das Naturschöne und das Kunstschöne — 59

in der Entzweiung die Versöhnbarkeit der in ihm entfesselten Gegensätze aufscheinen lassen.

Wie dies zu verstehen ist, wird in dem anschließenden Abschnitt über die „eigentliche Handlung" deutlich (VÄ 1, 283–306). Denn „die Handlung ist die klarste Enthüllung des Individuums" (VÄ 1, 285). In der Erläuterung dieses Gedankens kommt es zu einer entschiedenen Vermenschlichung der Sphäre jener allgemeinen Interessen, die in der Kunst verhandelt werden. „[D]as Handeln", heißt es lakonisch, „kommt dem Menschen zu" (VÄ 1, 292). Götterdarstellungen tun sich zwar leicht mit der Idealisierung, „[s]obald es jedoch an das konkrete Handeln gehen soll", erweisen sie sich als unzureichend. Zugleich wird die Darstellung menschlicher Selbständigkeit und Freiheit „gefährdet", sofern sie nicht darunter „leidet", wenn die Götter bei den Entscheidungen der Handelnden ihre Finger im Spiel haben (VÄ 1, 292f.). In dem Kapitel über die klassische Kunstform heißt es dazu: „Dem Anthropomorphismus der griechischen Götter fehlt [...] das wirkliche menschliche Dasein, das leibliche wie das geistige." (VÄ 2, 112) Die Konsequenz hieraus lautet: „Der Wahrheit nach sind die ewigen herrschenden Gewalten dem Selbst des Menschen immanent" (VÄ 1, 293). Für die künstlerische Darstellung bedeutet dies: „Der Inhalt der Götter [...] muß sich sogleich als das eigene Innere der Individuen erweisen" (VÄ 1, 295). Wie in dem Abschnitt über „Das Göttliche als Götterkreis" bereits angekündigt, relativiert Hegel das abstrakte Verfahren der Götterdarstellung zugunsten des Prinzips einer künstlerischen Versenkung in die Sphäre der menschlichen Welt. Die Götter und das Göttliche lösen sich in Grundkräfte des menschlichen Geistes auf. „Das macht überhaupt die Heiterkeit der Homerischen Götter und die Ironie in der Verehrung derselben aus, daß ihre Selbständigkeit und ihr Ernst sich ebensosehr wieder auflösen, insofern sie sich als die eigenen Mächte des menschlichen Gemüts dartun und dadurch den Menschen in ihnen bei sich selber sein lassen." (VÄ 1, 297) Schon in der „Einleitung" betont Hegel die Notwendigkeit dieser Transformation: „Die Kunst aber, insofern sie das Geistige in sinnlicher Weise zur Anschauung zu bringen hat, muß zu dieser Vermenschlichung fortgehen" (VÄ 1, 110). Ein „vollständige[s] Beispiel der Umwandlung solcher bloß äußerlichen Göttermaschinerie in Subjektives, in Freiheit und sittliche Schönheit" (VÄ 1, 297) findet Hegel in Goethes *Iphigenie auf Tauris* (VÄ 1, 297ff., vgl. 356), nennt aber auch „herrlichste Vorbilder" bei Shakespeare (VÄ 1, 300f.).

Dieser dezidierte Anthropozentrismus von Hegels Theorie der Kunst, der sich auch in den Nachschriften bestätigt findet (As, 47–52; Ho, 302–314; Ke, 55f.; vdP, 95–98; Hm, 34f.), kulminiert in seiner Theorie des „Pathos". Dieses wird definiert als „eine in sich selbst berechtigte Macht des Gemüts, ein wesentlicher Gehalt der Vernünftigkeit und des freien Willens" (VÄ 1, 301). Da die Götter kein Pathos haben (VÄ 1, 301), folgt: „Pathos müssen wir daher auf die Handlung des Menschen beschränken" (VÄ 1, 302). Die allgemeinen Mächte werden nun als das „bewegende *Pathos*" der menschlichen Individualität aufgefasst (VÄ 1, 306). Es bildet die in der leiblichen Existenz von Personen affektiv verankerten Beweggründe einer freien Lebensführung. Pathos in diesem Sinn bezeichnet ein habitualisiertes Bestimmtsein durch praktische Gründe, in dem das Potential der Selbstbestimmung liegt. Ein derartig – ohne „Beiklang des Tadelnswerten, Eigensinnigen usf." (VÄ 1, 301) – leidenschaftliches Involviertsein in die Welt der menschlichen Angelegenheiten ist das Wahrzeichen eines selbständigen und seiner selbst bewussten Handelns. In den allgemeinen Wahrheiten wissenschaftlicher Erkenntnis oder religiöser Lehren kann es nicht zum Ausdruck kommen (VÄ 1, 303 f.). Hierzu bedarf es der künstlerischen Ausgestaltung des Verhaltens bestimmter Charaktere in bestimmten Situationen. „Das Pathos nun bildet den eigentlichen Mittelpunkt, die echte Domäne der Kunst; die Darstellung derselben ist das hauptsächlich Wirksame im Kunstwerke wie im Zuschauer." (VÄ 1, 302; vgl. Ke, 56)

Auch dem so beschriebenen Pathos kommt eine doppelte Bedeutung zu. Es gehört sowohl den dargestellten Charakteren an als auch der Art ihrer Charakterisierung. „Die Hauptsache ist ein in sich bestimmtes wesentliches Pathos in einer reichen, vollen Brust, deren innere individuelle Welt das Pathos in der Weise durchdringt, daß diese Durchdringung und nicht nur das Pathos als solches zur Darstellung kommt." (VÄ 1, 316) Diese Durchdringung ist es, die durch die Form des Kunstwerks zu leisten ist. In diesem Begriff liegt ein Echo der zuvor erhobenen Forderung, das Kunstwerk müsse in allen seinen Hinsichten „durchgearbeitet" sein. Im Hinblick auf die Figurendarstellung bedeutet dies: Das Pathos der Figuren und dasjenige ihrer künstlerischen Präsentation sind zwei Seiten einer Medaille. Keine *Pathos*darstellung ohne das Pathos seiner *Darstellung*. Pathos gehört bei Hegel nicht allein dem Inhalt, sondern zugleich der Form des Kunstwerks an.

Hegels anschließende Ausführungen zum „Charakter", die damit schon berührt sind, bestätigen diesen Zusammenhang. „Die Götter werden zum menschlichen Pathos, und das Pathos in konkreter Tätigkeit ist der menschliche Charakter." (VÄ 1, 306) Hegels bevorzugtes Beispiel ist hier die Darstellung des Achilles in der *Ilias* als eines von widersprüchlichen, keineswegs ausschließlich edlen und durchaus eigensinnigen Impulsen angetriebenen Subjekts, die den Reichtum menschlicher Individualität vor Augen führe (VÄ 1, 308). Diese Beobachtungen führen zu der These, dass zum echten Pathos gerade die Inkonsequenz derer gehört, die sich von ihm leiten lassen. Die Kunst darf sich nicht davor scheuen, sie muss es vielmehr darauf anlegen, den Menschen in seinem Widerspruch auf ihre Bühnen zu stellen. Anlässlich des „genialen Humors" von Shakespeares „Rüpeln" tadelt Hegel die bornierte Ansicht, es solle immer nur eine

Seite eines Charakters „zur alleinigen Regel des ganzen Menschen" gestempelt werden. Demgegenüber hält er fest, dass eine solche Form der Darstellung dem Anspruch des Kunstschönen gerade nicht gerecht wird. „Was gegen solche Herrschaft einer Einseitigkeit streitet, kommt dem Verstande als bloße Inkonsequenz vor. Für die Vernünftigkeit des in sich Totalen und dadurch Lebendigen aber ist diese Inkonsequenz gerade das Konsequente und Rechte. Denn der Mensch ist dies: den Widerspruch des Vielen nicht nur in sich zu tragen, sondern zu ertragen und darin sich selbst gleich und getreu zu bleiben." (VÄ 1, 311)

Zwar reformuliert Hegel dieses dissonante Beisichsein sogleich wieder in der Sprache der Versöhnung: „Mit sich in Einheit zu sein, macht in der Kunst gerade das Unendliche und Göttliche der Individualität aus." (VÄ 1, 312) Aber der Begriff dieser Einheit, wie sie in der Kunst gestaltet wird, hat im Gang von der „tatlosen Ruhe" von Göttergestalten bis zu den Erschütterungen des dem Menschen vorbehaltenen Pathos eine erhebliche Veränderung erfahren. In der romantischen Kunst, so war schon am Beginn des Kapitels über das Kunstschöne zu lesen, „geht die Zerrissenheit und Dissonanz des Inneren weiter, wie in ihr überhaupt die dargestellten Gegensätze sich vertiefen" (VÄ 1, 209). Damit ist eine *systematische*, den *Begriff* der Kunst betreffende Bewegung markiert, der Hegel mit großer Konsequenz bis zu seiner Diagnose eines „Endes" *derjenigen* Art und Funktion der Kunst folgt, der seine *Vorlesungen* in der Hauptsache gewidmet sind. Mit einem Ende der *Kunst* aber hat dies nichts zu tun (vgl. Henrich 1966; Gadamer 1986; Houlgate 1997; Pinkard 2007, 18–23; Rutter 2010; Pippin 2012b, 58–77). Was Hegel im zweiten Teil seiner *Vorlesungen* als irreversible Dynamik der *historischen* Entwicklung der Kunst in Richtung einer „Auflösung der romantischen Kunstform" beschreibt, ist in der inneren Dynamik des *Ideals* längst angelegt. In dem „Hinausgehen [...] der Kunst über sich selber", das er der Kunst seiner Zeit attestiert, geschieht ein „Zurückgehen des Menschen in sich selbst, ein Hinabsteigen in seine eigene Brust, wodurch die Kunst alle feste Beschränkung auf einen bestimmten Kreis des Inhalts und der Auffassung von sich abstreift und zu ihrem neuen Heiligen den *Humanus* macht" (VÄ 2, 237; vgl. VÄ 2, 200–203, 212, 238f.).

Dieser „Heilige", wie Hegel mit unüberhörbarer Ironie sagt, ist jetzt vollends zum – unheiligen – Mittelpunkt der Kunst geworden. Mit der Verabschiedung der „Göttermaschinerie" und der These über das allein menschliche Pathos ist der „Humanus" schon in dem Kapitel über das Kunstschöne sukzessive ins Zentrum gerückt, auch wenn er hier noch als Verkörperung des Ideals vorgestellt wird. Das bedeutet: Hegel gelangt bereits in seinen Ausführungen über die Bestimmtheit des Ideals an eine Grenze seiner Theorie, die er schließlich sehenden Auges überschreitet. Es ist gerade die von ihm eindringlich analysierte Prozessualität des Kunstwerks, die letztlich über die von ihm zentral behandelten historischen Gestalten der Kunst hinausführt. Im Zuge seiner hellsichtigen Überlegungen zu der neuen Epoche der Kunst, die er anbrechen sieht, wird Hegel anerkennen, dass die neuere und neueste Kunstproduktion seiner Zeit nicht mehr auf sein idealistisches Kriterium ihres Gelingens festzulegen ist. Sobald „das Außergöttliche, das partikulär Menschliche zu seiner vollständigen Geltung gelangt" (VÄ 2, 200), ist der Weg von der *Odyssee* zum *Ulysses* schon vorgezeichnet.

3.3.2.2 Die äußere Bestimmtheit des Ideals

Unter dem Titel der „äußerlichen Bestimmtheit des Ideals" erörtert Hegel, wie die vielfältigen Lebenswirklichkeiten des Menschen in der transfigurativen Darstellungsweise der Kunst zur Erscheinung kommen, was dies für die formale und materiale Gestaltung künstlerischer Objekte bedeutet und schließlich, wie diese sich ihrem Publikum präsentieren. Diese „äußeren" Bezüge und Verhältnisse des Kunstwerks sind ihm jedoch alles andere als äußerlich. Sie sind vielmehr *konstitutive* Momente seiner Verfassung, mit deren Untersuchung Hegel seine Analyse der „Bestimmtheit des Ideals" in zentralen Hinsichten fortführt und differenziert.

„Zum wirklichen Dasein des Menschen gehört eine umgebende Welt" (VÄ 1, 317). Von dieser „äußere[n] Natur" (VÄ 1, 328), in der die Menschen zu Hause sind, ist dabei erneut in dem weiten Sinn die Rede, der „erste" und „zweite" Natur gleichermaßen umfasst. Klimatische und geographische Gegebenheiten sind in der künstlerischen Darstellung ebenso zu berücksichtigen wie kulturelle Praktiken jedweder Art mitsamt der rechtlichen, sozialen und politischen Ordnungen, die auf der jeweiligen historischen Stufe den Rahmen der individuellen Existenz bilden (VÄ 1, 317, 340 f.), wobei auch Details wie „Gewandung, Haarputz, Waffen, Sessel und dergleichen" (VÄ 1, 329) zu ihrem Recht kommen. Das „Substantielle" der menschlichen Lebensform nimmt in dieser „*Objektivität*" jeweiliger Lebensverhältnisse „eine mannigfach verschiedenartige Gestalt an, welche auch in die Zufälligkeit des Partikulären, Konventionellen und bloß für bestimmte Zeiten und Völker Geltenden eingeht" (VÄ 1, 341). Dieses weitläufige Eingebundensein des menschlichen Daseins vermag die Kunst als Schauplatz der Selbständigkeit handelnder Individuen zur Darstellung zu bringen. „Das echte Ideal [...] bleibt nicht beim Unbestimmten und bloß Innerlichen stehen, sondern muß in seiner Totalität auch bis zur bestimmten Anschaulichkeit des Äußeren nach allen Seiten hin herausgehen. Denn der Mensch, dieser volle Mittelpunkt des Ideals, *lebt*, er ist wesentlich jetzt und hier, Gegenwart, individuelle Unendlichkeit, und zum Leben gehört der Gegensatz einer umgebenden äußeren Natur überhaupt und damit ein Zusammenhang mit ihr und eine Tätigkeit in ihr." (VÄ 1, 318)

Mit dieser Wiederholung seines Leitmotivs erinnert Hegel noch einmal daran, dass das Kunstschöne den „Beruf habe, die Erscheinung der Lebendigkeit und vornehmlich der geistigen Beseelung auch äußerlich in ihrer Freiheit darzustellen und das Äußerliche seinem Begriffe gemäß zu machen" (VÄ 1, 202). Die Künste stellen den Menschen als dasjenige Lebewesen vor, das seine Lebensumgebung und seinen Lebensweg in tätiger Auseinandersetzung formt und allein dadurch die Form eines selbstbestimmten Lebens gewinnt und erhält. Was Hegel auch in diesem Zusammenhang (VÄ 1, 330, 332) als die im Ideal gestaltete „Harmonie" bezeichnet, ist daher keineswegs ein idyllisches Einssein des Individuums mit seiner Lebensumgebung, sondern das praktische, in seinem Erleben und Handeln sich manifestierende Bewusstsein, die eigene Freiheit gegenüber dem Widerstand äußerer Verhältnisse behaupten zu können.

Diese Erörterung verbindet Hegel mit Bemerkungen zu der „äußeren" Organisation des Kunstwerks selbst. Es folgt ein nochmaliger, nun kunsttheoretischer Kommentar zu den bereits anlässlich des Naturschönen durchgesehenen „abstrakten Formen", die die Gestalt auch von Objekten der Kunst bestimmen (VÄ 1, 319–325). Auch hier sind „Regelmäßigkeit", „Symmetrie" und „Harmonie" zunehmend komplexe Verfahren, eine formale Einheit der Darstellung zu erzeugen und dabei zugleich der „Einheit des Subjekts" (VÄ 1, 323 f.) Kontur zu geben, dessen Pathos zum Ausdruck kommen soll. Zu diesen formalen Komponenten der Prozessualität des Kunstwerks gehört nach Hegels Verständnis auch die „Materialität" der jeweiligen Objekte, deren unterschiedlichen Qualitäten er in der „Einteilung" des dritten Teils der *Vorlesungen* eine ausführlichere Betrachtung widmet (VÄ 2, 254–263). Vorerst aber geht es nur um das *„sinnliche Material* als solches, dessen die Kunst sich in ihren Darstellungen bedient" (VÄ 1, 325). Um die Verhältnisse der äußeren Welt einer angemessen stilisierten Gestaltung zuzuführen, „versetzt die Kunst diese an sich schon totale Erscheinung in ein bestimmtes *sinnliches* Material und schafft dadurch eine neue, auch dem Auge und Ohr sichtbare und vernehmbare Welt der Kunst" (VÄ 1, 319 f.). Dabei müsse besonderer Wert auf die „Reinheit" des jeweiligen künstlerischen Mediums gelegt werden. Hegels Beispiele sind die Reinheit der Farbe in der Malerei, des Klangs in der Musik und des Tons in der Poesie (VÄ 1, 325). Das künstlerische „Idealisieren" vollzieht sich wesentlich in der formellen und materiellen Organisation jeweiliger Werke, aber es hat damit keinesfalls sein Bewenden. Denn diese Verfahren allein erweisen sich „nicht als zureichend", um eine gehaltvolle „Durchdringung" des Äußeren und des Inneren und somit die *„geistige konkrete Individualität* des Ideals" zu erreichen (VÄ 1, 327).

Dem damit angesprochenen Darstellungsproblem einer künstlerischen Welterzeugung wendet sich Hegel anschließend zu. Seine zentrale Forderung lautet, dass im Kunstwerk stets ein „inneres Band" vernehmbar sein müsse,

„durch welches der Mensch mit seiner äußeren Umgebung verknüpft ist" (VÄ 1, 327). Das hierbei geltende „allgemeine Gesetz" sieht Hegel entsprechend in einem „Zusammenstimmen" eines objektiven Weltzustands mit dem Handeln und der Befindlichkeit der dargestellten Charaktere (VÄ 1, 327f.). In diesem Kontext erneuert er seine Kritik an der kunsttheoretischen Nachahmungslehre. Denn die innere Bestimmtheit eines Werks „darf in keiner Kunst [...] bis zur Prosa der wirklichen Natürlichkeit und deren unmittelbarer Nachbildung abirren [...]. Überhaupt darf sie sich nicht für sich verselbständigen, weil das Äußere hier nur im Zusammenhange des Innern soll zur Erscheinung gelangen." (VÄ 1, 330) Auch diese Verbindung hat einen doppelten Fokus. Sie betrifft zum einen – auf der Ebene des Dargestellten – das Verhältnis des subjektiven Tuns und Ergehens zu seiner äußeren Lebensumgebung. Sie betrifft zum anderen – auf der Ebene der Darstellung – die angemessene Durchdringung der jeweiligen Stoffe durch die Form ihrer Ausgestaltung. Diese beiden Aspekte sind im Kunstschönen aufs Engste miteinander verknüpft. Die Norm der „lebendige[n] Zusammenstimmung" (VÄ 1, 341) von sinnlichem und geistigem Erscheinen zielt darauf, den Menschen in seinem „Jetzt und Hier", in der Mitte seiner Weltbezüge und im Licht seiner Befähigungen vor Augen zu führen: Der Sinn der Kunst liegt in einer Vergegenwärtigung der Gegenwart der Freiheit.

Bevor Hegel auf den Künstler zu sprechen kommt, der diese Freiheit auf der Produktionsseite verkörpert, wendet er sich einer weiteren Dimension der *„Äußerlichkeit des idealen Kunstwerks"* zu: seinem Verhältnis zum Publikum. Der Status von Kunstwerken, so lautet sein Argument, kann nicht ohne einen Bezug auf die angemessene Art ihrer Aufnahme verstanden werden. Die Darbietungsart von Kunstwerken, die Hegel soweit analysiert hat, verweist aus sich heraus auf ihre besondere kommunikative Verfassung. Denn alles, was sie präsentieren, ist immer bereits auf die Situation ihrer potentiellen Rezeption bezogen. „[A]ls wirkliches, vereinzeltes Objekt" ist das Kunstwerk „nicht *für sich*, sondern *für uns*, für ein Publikum" und daher stets „ein Zwiegespräch mit jedem, welcher davorsteht" (VÄ 1, 341). Hierin liegt ein dritter Aspekt des zuvor behandelten „Zusammenstimmens": die „Forderung", dass das Kunstwerk „ebensosehr auch *mit uns* in Übereinstimmung trete" (VÄ 1, 342). Damit verbunden ist der Hinweis, dass das rezipierende Subjekt angesichts der „Objektivität eines Kunstwerks" die „falsche Forderung" aufgeben muss, „sich selbst mit seinen bloß subjektiven Partikularitäten und Eigenheiten vor sich haben zu wollen" (VÄ 1, 361). Der Dialog zwischen dem Werk und seinen Betrachtern, Hörern oder Lesern verlangt von diesen, sich auf die „Anrede" (VÄ 1, 102) ihres unbelebt-belebten Gegenübers einzulassen. Wie diese „Übereinstimmung" zwischen Werk und Publikum zu verstehen ist, erörtert Hegel schon hier vorwiegend mit Blick auf den Künstler, dem es aufgegeben ist, dergleichen zu ermöglichen. Die wichtigste Forderung an seine Adresse lautet, eine für das Publikum zugängliche Darbietung zu erzeugen (VÄ 1, 353, 355, 357, 361). Nicht ein Produkt des „Studium[s]" und der „Gelehrsamkeit" soll er herstellen, sondern eine Welt entwerfen, die „unmittelbar durch sich selber verständlich und genießbar" ist (VÄ 1, 353). Die Korrespondenzen *innerhalb* der künstlerischen Gestaltung, die bisher behandelt wurden, müssen so beschaffen sein, dass sich beim Publikum vielfältige Korrespondenzen *mit* seiner Lebenssituation einstellen können.

Dem damit verbundenen Formproblem widmet Hegel besondere Aufmerksamkeit. Es stellt sich angesichts einer potentiellen „Kollision [...] unterschiedener Zeiten": derjenigen, in denen die Handlung eines Werks angesiedelt, und derjenigen, in der es entstanden ist. Hegel wirft die Frage auf, „ob [...] der Künstler seine eigene Zeit vergessen" solle „oder ob er nicht nur berechtigt, sondern verpflichtet sei, nur *seine* Nation und Gegenwart überhaupt zu berücksichtigen" (VÄ 1, 343). Dieses Problem ergibt sich nicht allein dann, wenn die Stoffe künstlerischer Erzählungen einer historischen Vergangenheit entnommen sind, es stellt sich zudem durch das Altern der Kunstwerke selbst. Auch lange nach ihrem Entstehen können sie das Publikum erreichen, wenn es ihnen gelingt, „mit der Gegenwart des Lebens", auf das sie in späteren Zeiten treffen, einen „Zusammenhang" zu erhalten (VÄ 1, 352). Hegel argumentiert dafür, dass diese Zeitenkollision nicht nach der einen oder anderen Seite hin aufgelöst werden kann. Die „bloß historische Richtigkeit" (VÄ 1, 350) ist zum Erreichen einer bleibenden Korrespondenz zwischen Werk und Publikum ebenso wenig geeignet wie das bloß „subjektive Geltendmachen der eigenen Zeitbildung" (VÄ 1, 343). Wenn es dagegen zu einer Vermittlung beider Zeitdimensionen kommt, kann über Zeiten und Räume hinweg eine „wahre Aneignungsweise des Fremdartigen" (VÄ 1, 360) erreicht werden, wie sie Hegel in Goethes *West-östlichem Divan* vollbracht sieht (VÄ 1, 356).

Insbesondere im Blick auf die Aufführungspraxis im Theater (VÄ 1, 357 f.), aber auch mit Bezug auf die homerischen Epen (VÄ 1, 359 f.) gelangt Hegel zu der These, dass eine „Verletzung der sogenannten Natürlichkeit [...] ein für die Kunst *notwendiger Anachronismus*" ist (VÄ 1, 359). Die Erzeugung eines ansprechenden Pathos hat Vorrang vor der historischen Korrektheit. Für die Aufführungspraxis des Theaters ergibt sich daraus für Hegel „ein Recht, Umarbeitungen zu verlangen". „[D]as Kunstwerk hat auch eine zeitliche, sterbliche Seite, und diese ist es, mit welcher eine Änderung vorzunehmen ist. Denn das Schöne erscheint für andere, und diejenigen, für welche es zur Erscheinung gebracht wird, müssen in dieser äußeren Seite der Erscheinung zu Hause sein können." (VÄ 1, 358) Für alle Künste aber gilt, dass ihre kommunikative Macht der Objektivität ihres Gehalts entspringt. „Die wahre Objektivität enthüllt uns also das *Pathos*, den substantiellen Gehalt einer Situation und die reiche, mächtige Individualität, in welcher die substantiellen Momente des Geistes lebendig sind und zur Realität und Äußerung gebracht werden." (VÄ 1, 361) Zusammen mit dem Pathos seiner Darstellung trifft das im Kunstwerk dargestellte Pathos auf dasjenige seines Publikums: dieser Dreiklang macht seine Wirkung aus. Mit dem ihm eigenen Pathos sagt Hegel: „Dann spricht auch das Kunstwerk an unsere wahre Subjektivität und wird zu unserem Eigentum. Denn [...] die bleibende Grundlage ist das Menschliche des Geistes, welches das wahrhaft Bleibende und Mächtige überhaupt ist und seine Wirkung nicht verfehlen kann, da *diese* Objektivität auch den Gehalt und die Erfüllung unseres eigenen Innern ausmacht." (VÄ 1, 361)

In freier Übersetzung lässt sich die von Hegel beschriebene Struktur der künstlerischen Kommunikation so wiedergeben: Die Bewegung *des* Kunstwerks und diejenige *im* Kunstwerk initiieren eine mitvollziehende Bewegung des *Publikums*, das darin Dimensionen seiner eigenen Lebensbewegung erkennt. Diese Paraphrase gibt Raum für eine Aneignung der Analyse Hegels, die nicht auf seine Funktionsbestimmung der Kunst als Darstellung der Idee oder des Absoluten festgelegt ist. Eine solche Lesart erlaubt es zugleich, auf den Spuren von Hegels Überlegungen insbesondere zur „romantischen" und „nachromantischen" Kunst die in Kunstwerken herzustellende „Harmonie" nicht länger als *Versöhnbarkeit* der in ihnen entfachten Kräfte, sondern als *Stimmigkeit* ihrer Darbietung zu verstehen: in Form einer ins Werk gesetzten Bewegtheit, die es dem Publikum ermöglicht, sich mit Möglichkeiten *seines* Bewegtseins zu konfrontieren.

3.3.3 Die Produktivität des Künstlers

Da das Kunstwerk im Unterschied zum Naturschönen dem Geist entspringt, „bedarf es einer produzierenden subjektiven Tätigkeit, aus welcher es hervorgeht und als Produkt derselben für anderes, für die Anschauung und die Empfindung des Publikums ist" (VÄ 1, 362). Diese Eröffnung des dem Künstler gewidmeten Teils seiner Theorie des Ideals verbindet Hegel sogleich mit einer erheblichen Einschränkung. Die Produktion des Kunstwerks sei eigentlich „nur deshalb zu erwähnen, um von ihr zu sagen, daß sie aus dem Kreise philosophischer Betrachtung auszuschließen sei" (VÄ 1, 362). Auch diese neuerliche Ausschlussbehauptung ist mit Vorsicht zu genießen, denn Hegel geht ja ausdrücklich auf die Rolle des Künstlers ein. Wie in seiner Untersuchung des Naturschönen aber ist Hegel der Auffassung, dass eine Behandlung des Künstlers nicht zu den Kernaufgaben einer Philosophie der Kunst gehört. Aus deren *Zentrum* bleibt sie ausgeschlossen – und zwar aus zwei Gründen. Dieses Zentrum bildet die Form und den Gehalt des *Kunstwerks*, weswegen Hegel sagen kann, der Künstler sei „als Subjekt nur gleichsam die Form [...] für das Formieren des Inhaltes, der ihn ergriffen hat" (VÄ 1, 373). So wie die kommunikative Macht des Kunstwerks vom Potential seiner Darbietung her verstanden werden muss, so ist die schöpferische Kraft des Künstlers von diesem her zu verstehen. Außerdem, meint Hegel, ist die Produktivität des Künstlers zu unergründlich, als dass sich hierüber mehr als „nur wenige allgemeine Bestimmungen" (VÄ 1, 362) angeben ließen.

Diese aber haben es durchaus in sich. Die Kreativität des Künstlers liegt nach Hegel in der „schöpferischen Tätigkeit" seiner Phantasie (VÄ 1, 363, vgl. 229). Seine Erfindungen beruhen nicht auf bloßen Eingebungen, sondern in der Fähigkeit eines transformierenden Findens. „Der Mensch [...] als künstlerisch schaffend", hat es zuvor bereits geheißen, „ist eine ganze Welt von Inhalt, den er der Natur entwendet" (VÄ 1, 215). Diese Fähigkeit hat ihre Basis in einer reichen Lebenserfahrung und Weltkenntnis, verbunden mit einer „wache[n] Besonnenheit des Verstandes" sowie einer besonderen „Tiefe" und „Konzentration" des „Gemüts". Zwar ist dem Künstler die „Philosophie [...] nicht notwendig", aber doch ein klares Bewusstsein der Weite des Wirklichen und seiner individuellen Erscheinungsformen. „Ohne Besonnenheit, Sonderung, Unterscheidung vermag der Künstler keinen Gehalt, den er gestalten soll, zu beherrschen, und es ist töricht, zu glauben, der echte Künstler wisse nicht, was er tut." (VÄ 1, 365)

Vor diesem Hintergrund kommentiert Hegel die in seiner Epoche virulente Genieästhetik. Den Tenor dieses Kommentars hat schon die „Einleitung" vorgegeben. Dort konzediert Hegel, „daß die Phantasie von einer Seite her allerdings auf Naturgabe, Talent überhaupt beruhe", merkt jedoch kritisch an, dass „die Naturfähigkeit nicht das ganze Talent und Genie aus[füllt], da die Kunstproduktion ebenso geistiger, selbstbewußter Art ist" (VÄ 1, 63f.; vgl. Ho, 237). Auf derselben Linie bewegt sich Hegels Ausführung in dem Abschnitt über den Künstler. Dessen produktive Einbildungskraft hat eine ihm unverfügbare Naturseite, aber sie geht darin keineswegs auf, sondern verdankt sich zugleich einer geistigen Befähigung. Deshalb kann Hegel in seiner Definition des künstlerischen Genies auf den Begriff der Natur auch verzichten: „Das Genie ist die *allgemeine* Fähigkeit zur wahren Produktion des Kunstwerks sowie die Energie der Ausbildung und Betätigung derselben." (VÄ 1, 366) Doch setzt für Hegel nicht nur das Ideal „seinen Fuß in die Sinnlichkeit und deren Naturgestalt hinein" (VÄ 1, 207), sondern auch die Natur behält bei seiner Hervorbringung die Hand im Spiel. „[D]er echte Künstler hat den *natürlichen* Trieb und das unmittelbare Bedürfnis, alles, was er in seiner Empfindung und Vorstellung hat, sogleich zu gestalten. Diese Gestaltungsweise ist *seine* Art der Empfindung und Anschauung" (VÄ 1, 369). Beide Komponenten – den „angeborenen" Antrieb und die „ausgebildete" Kunstfertigkeit – bringt Hegel auf den Nenner der „wahre[n] Begeisterung" (VÄ 1, 371) des Künstlers für das jeweils zu Gestaltende.

Durch diese Art der inspirierten Verausgabung gelangt der Künstler zur „wahre[n] Objektivität" (VÄ 1, 375) der von ihm geschaffenen Werke. In ihrer Herstellung entäußert er sich auf eine Weise, die alles, was er intentional in es hineingelegt hat oder an Interpretationen nachreichen könnte, weit übersteigt. Deswegen liegt die Autorität des Künstlers für Hegel in der Autorität seiner Werke; seine Originalität ist „identisch" mit deren Originalität (VÄ 1, 376 u. 380). „Denn das Höchste und Vortrefflichste ist nicht etwa das Unaussprechbare, so daß der Dichter in sich noch von größerer Tiefe wäre, als das Werk dartut, sondern seine Werke sind das Beste des Künstlers und das Wahre: was er ist, das *ist* er, was aber nur im Innern bleibt, das *ist* er nicht." (VÄ 1, 375 f.)

Die Originalität des Künstlers unterscheidet Hegel von seiner „Manier" und seinem „Stil". In negativer Bedeutung wird die Manier als eine „zufällige Eigentümlichkeit der Ausführung" jeweiliger Werke beschrieben, bei der sich der Künstler „nur in seiner beschränkten Subjektivität als solcher gehenläßt" (VÄ 1, 377). Sein willkürliches Vorgehen zerstört in diesem Fall die erforderlichen Korrespondenzen zwischen dem Gehalt und der Gestalt seiner Werke. In positiver Bedeutung jedoch ist eine subjektive Handschrift dem künstlerischen Gelingen zumindest nicht „direkt entgegen", da sie einen „Spielraum" der Gestaltung eröffnet, die eine „unendliche Mannigfaltigkeit" von Variationen erlaubt. Gegenüber diesen Ambivalenzen der Manier fasst Hegel den künstlerischen „Stil" als die Fähigkeit und Fertigkeit von Künstlern, den Erfordernissen ihrer jeweiligen Produktion gerecht zu werden. (VÄ 1, 379 f.) Eine derartige Sicherheit in der gehaltreichen Behandlung des jeweiligen künstlerischen Mediums ist jedoch ihrerseits nur die Vorstufe der Originalität, die allein zu einer in vollem Umfang idealen Darbietung befähigt. „Die echte Originalität des Künstlers wie des Kunstwerks liegt nur darin, von der Vernünftigkeit des in sich selber wahren Gehalts beseelt zu sein." (VÄ 1, 385) Nur so kann der Künstler zum „lebendige[n] Durchgangspunkt für das in sich selber abgeschlossene Kunstwerk" werden (VÄ 1, 385).

Auf dieser letzten Seite des Kapitels über das Kunstschöne parallelisiert Hegel diese Disposition des Künstlers mit derjenigen zum produktiven Tätigsein überhaupt – sei es in der Kunst, in der Philosophie oder im sonstigen Handeln. „Denn in allem wahrhaftigen Dichten, Denken und Tun läßt die echte Freiheit das Substantielle als eine Macht in sich walten, welche zugleich so sehr die eigenste Macht des subjektiven Denkens und Wollens selber ist, daß in der vollendeten Versöhnung beider kein Zwiespalt mehr übrigzubleiben vermag." (VÄ 1, 385) Nicht allein, aber auch und gerade bei höchster künstlerischer Produktivität kommt es zu einer derartigen Konvergenz – dann, wenn allgemeinste Gründe zu den Beweggründen der je eigenen Tätigkeit werden; dann, wenn das produktive Subjekt *sich* daraufhin zu bestimmen vermag, sich von dem Geist des „an und für sich

Vernünftigen" bestimmen zu lassen. Die Konsequenz, die Hegel hieraus für die Gabe des Künstlers zieht, lautet: „Keine Manier zu haben war von jeher die einzig große Manier" (VÄ 1, 385; vgl. Ke, 65).

Dieser Aphorismus allerdings markiert erneut eine Grenze der Hegelschen Kunstphilosophie. Sie wird vom Autor auf den vorhergehenden Seiten ausdrücklich als eine solche gezogen. Dort weist Hegel darauf hin, dass es auf eine „Versöhnung" von Subjektivität und Objektivität in der Kunst seiner Zeit immer weniger ankommt. Denn statt der „wahren" Originalität hat unter anderem eine „Originalität des Witzes und Humors" überhand genommen, bei der der „Künstler von seiner eigenen Subjektivität aus[geht]" und „immer wieder zu derselben zurück[kehrt]", mit dem Effekt, dass „der Gegenstand und dies Subjektive auseinander" fallen (VÄ 1, 381). Als negatives Beispiel wird Jean Paul genannt (VÄ 1, 382; vgl. VÄ 2, 230; vdP, 109). Gewiss aber hat Hegel hierbei auch an Laurence Sternes Roman *Tristram Shandy* gedacht (zu dessen Bewunderern auch Kant gehörte). In Hegels Überlegungen zum „Ende der romantischen Kunstform" und der neuen Kunstepoche, die er entstehen sieht, wird Sterne dann ausdrücklich genannt. Dort wird ihm das Lob zuteil, im scheinbar Nebensächlichen „den höchsten Begriff von Tiefe" zu geben, da „in dem Vereinzelten als solchem" überall der „Lichtpunkt des Geistes" hervorgetrieben werde (VÄ 2, 231). In Hegels Kommentaren zu den aktuellen Entwicklungen seiner Zeit spielt die Norm einer im Kunstwerk zu erreichenden Harmonie gegensätzlicher Interessen und Perspektiven fast ausschließlich *im Kontrast* zu dem neuesten Zustand der Künste eine Rolle. Auch die Verachtung, mit der Hegel am Ende des ersten Teils der *Vorlesungen* einmal mehr Friedrich Schlegel und die romantische Ironie bedenkt, ist am Ende des zweiten Teils kaum noch präsent. In der Passage über den Künstler dagegen hält Hegel der romantischen Ironie vor, sie gebe sich einer Feier des Unaussprechlichen oder Unsagbaren hin, womit sie die spezifische Artikulationsleistung der Kunst verfehle (VÄ 1, 382f.). Im Licht der Suchbewegung jedoch, mit der Hegel seinen Durchgang durch die Epochen der Kunst abschließt, kann man auch hierin eine Stellungnahme sehen, bei der Hegel nicht hätte stehen bleiben müssen – und bei der die Philosophie der Kunst nicht stehengeblieben ist. In Adornos *Ästhetischer Theorie* beispielsweise findet sich eine Formel, mit der Hegel und Schlegel gleichsam auf *einen* Nenner gebracht werden: „Der Zweck der Kunst ist die Bestimmtheit des Unbestimmten." (Adorno 1973, 188; vgl. Pinkard 2010, 397–402) Die „Bestimmtheit" des Kunstwerks, wie sie im Zentrum von Hegels Theorie steht, wird von Adorno mit begrifflich nicht zureichend bestimmbaren Dimensionen des Wirklichen zusammengedacht, womit der Autor zugleich gegen das hierarchische Verhältnis von Philosophie und Kunst opponiert, das Hegel für seine Zeit glaubte konstatieren zu können.

Es sind diese Grenzen seiner Theorie, an denen die unverminderte Aktualität von Hegels *Vorlesungen* besonders deutlich wird. So wie Hegel in der Beschreibung der Lebendigkeit des Naturschönen an eine Grenze kommt und diese an einer Stelle fast überschreitet, so wie seine Theorie der Prozessualität des Kunstschönen schließlich über die für ihn zentralen Bestimmungen hinausreicht, so gelangt er auch in der Behandlung der Imagination des Künstlers an eine Demarkationslinie, vor der die Produktivität seiner Philosophie nicht stehen bleibt.

Literatur

Adorno, T. W. 1973. *Ästhetische Theorie*. Frankfurt a.M.
Bayertz, K. 1981. „Hegel und der wilde Westen". In: *Hegel – Perspektiven seiner Philosophie heute*, hg. v. B. Heidtmann, 138–141. Köln.
Berr, K. 2009. *Hegels Bestimmung des Naturschönen. Zur Betrachtung schöner Natur und Landschaft*. Saarbrücken.
Bertram, G. W. 2014. *Kunst als menschliche Praxis. Eine Ästhetik*. Berlin.
Bungay, S. 1984. *Beauty and Truth. A Study of Hegel's Aesthetics*. Oxford.
Cavell, S. 2002. *Die Unheimlichkeit des Gewöhnlichen*. Frankfurt a.M.
Gadamer, H.-G. 1986. „Die Stellung der Poesie im System der Hegelschen Ästhetik und die Frage des Vergangenheitscharakters der Kunst". In: *Welt und Wirkung von Hegels Ästhetik*, hg. v. A. Gethmann-Siefert u. O. Pöggeler, 213–223. Bonn.
Gethmann-Siefert, A. 2005. *Einführung in Hegels Ästhetik*. München.
Henrich, D. 1966. „Kunst und Kunstphilosophie der Gegenwart. Überlegungen mit Rücksicht auf Hegel". In: *Immanente Ästhetik – Ästhetische Reflexion. Poetik und Hermeneutik II*, hg. v. W. Iser, 11–32. München.
Hilmer, B. 1997. *Scheinen des Begriffs. Hegels Logik der Kunst*. Hamburg.
Houlgate, S. 1997. „Hegel and the ‚End' of Art". *The Owl of Minerva* 29,1: 1–21.
Khurana, T. 2013. „The Freedom of Life. An Introduction". In: *The Freedom of Life: Hegelian Perspectives*, hg. v. M. Haase u. T. Khurana, 11–30. Berlin.
Khurana, T. 2017. *Das Leben der Freiheit: Form und Wirklichkeit der Autonomie*. Berlin.
Menke, C. 2007. „Geist und Leben. Zu einer genealogischen Kritik der Phänomenologie". In: *Von der Logik zur Sprache*, hg. v. R. Bubner und G. Hindrichs, 321–348. Stuttgart.
Pinkard, T. 2007. „Symbolic, Classical and Romantic Art". In: *Hegel and the Arts*, hg. v. S. Houlgate, 3–28. Evanston.
Pinkard, T. 2010. „How to Move from Romanticism to Post-Romanticism: Schelling, Hegel, and Heine". In: *European Romantic Review* 3: 391–407.
Pinkard, T. 2012. *Hegel's Naturalism: Mind, Nature, and the Final Ends of Life*. New York.
Pippin, R. B. 2012a. *Fatalism in American Film Noir. Some Cinematic Philosophy*. Charlottesville / London.
Pippin, R. B. 2012b. *Kunst als Philosophie. Hegel und die moderne Bildkunst*. Berlin.
Ranchio, F. 2016. *Dimensionen der zweiten Natur. Hegels praktische Philosophie*. Hamburg.
Rutter, B. 2010. *Hegel and the Modern Arts*. Cambridge / New York.

Schelling, F.W.J. 2000. *System des transzendentalen Idealismus*. Hamburg.
Seel, M. 1991. *Eine Ästhetik der Natur*. Frankfurt a.M.
Seel, M. 1996. *Ethisch-ästhetische Studien*. Frankfurt a.M.
Seel, M. 2014a. „Dialoge zwischen Kunst und Natur im Zeichen ökologischer Krisen". In: Ders., *Aktive Passivität. Über den Spielraum des Denkens, Handelns und anderer Künste*, 223–239. Frankfurt a.M.
Seel, M. 2014b. „Aktive Passivität. Über die ästhetische Variante der Freiheit", In: Ders., *Aktive Passivität. Über den Spielraum des Denkens, Handelns und anderer Künste*, 240–265. Frankfurt a.M.
Seel, M. 2017. „Ethan Edwards und einige seiner Verwandten". In: Ders., *„Hollywood" ignorieren. Vom Kino*, 78–98. Frankfurt a.M.

Allen Speight
4 The Symbolic Form of Art

The section of Hegel's *Aesthetics* devoted to the symbolic art form may well be one of the least-appreciated discussions in his entire philosophy of art. Szondi thought of it as one of the "least inspired" parts of the *Aesthetics* (Szondi 1974, 390) and viewed Hegel's treatment of such topics as allegory and figurative speech "truly shallow" (Szondi 1974, 395). De Man said that Hegel's theory of the symbolic seemed "halfhearted" when compared to the work of contemporaries such as Friedrich Creuzer, Friedrich Schelling and Friedrich Schlegel (de Man 1982, 765). And, although the charges of readers like Szondi and de Man are directed particularly against Hegel's explicitly literary discussion of modes of figurative speech in the final sub-section of "The Symbolic Form of Art," the project of the earlier sub-sections to which they are attached – those tasked with construing a single mode of art that must stretch across the ancient religious and artistic cultures of Persia, India and Egypt – has not been without critics, either, in this case those who have charged Hegel with a certain Eurocentrism in his account of early civilizations.

While Hegel's account of "the symbolic" may have been given short shrift by various of his readers and critics, it is also true that little consideration has been devoted to what Hegel took to be the *philosophical stakes* at issue in the notion of symbolic art, or, for that matter, to the *philosophical dialogue* he actually did engage in with his contemporaries (even those, as de Man points out, whom he evidently despised, such as Schlegel). In fact, as will be argued here, Hegel's notion of symbolic art serves a number of key philosophical tasks that make it critical for an overall understanding of what Hegel means by art: the question of the *origin of art*; the question of art's relation to *religion* and the growing study of the history of religion and mythology; the relation of both art and religion to *philosophy* as a mode of absolute spirit; the role of the *unconscious* (or even instinctual) in art; and the question of Hegel's relation to *romantic and post-romantic* modes of art where something like the "rupture" of the symbolic reoccurs in a significant way. From this perspective, Hegel's somewhat truncated account of metaphor and literary tropes can be seen as part of a larger project that concerned him with the symbolic – one that it may be no stretch to argue, as some have (Donougho 1992), that the section as a whole offers a kind of test of the larger project of Hegel's philosophy of art, inasmuch as it must be seen as an attempt to discover meaning in appearance.

As to the connection to contemporaries like Schlegel and Creuzer, this section, along with Hegel's broader explorations of world religions in the lectures on philosophy of history and on religion, must be seen in light of the expansion of European horizons that occurred in the early 19th century, as a wealth of new information on ancient civilizations such as India, Persia and Egypt became available to scholars. And it must be placed, in a contemporary context, alongside efforts to understand Hegel's ultimate concern with all matters related to art, religion and human cultural expression – in particular, how these are reflective of the human need for freedom and the differing modes in which it has been achieved (successfully or unsuccessfully) throughout history.

In what follows in this commentary, I will briefly introduce (1) the notion of the symbolic and the reasons it came to have such prominence in Hegel's aesthetic philosophy as well as (2) its systematic importance, then turn to a discussion (3–5) of each of the main sections of the discussion of the symbolic as they appear in Hotho's edition: the "unconscious symbolism" present in ancient Persian, Indian and Egyptian religions; the poetry of pantheism and the sublime (where Hegel's attention is especially on Indian, Arabic and Hebrew sources); and finally what Hegel calls the "conscious" symbolism of the comparative art forms stretching from Aesop's fables to the formal modes of metaphor and simile.

4.1 What is symbolic art and how did it become such an important moment within Hegel's aesthetics?

It needs to be said at the outset that the concern with "symbol" in the sense Hegel develops in this section is something that emerged in his preparation for the *Lectures on Aesthetics*.

The evidence that we have of this development is striking: although the tripartite division of artistic forms (symbolic/classical/romantic) that is central to Hegel's lectures is already visible, for example, in the Jena *Phenomenology of Spirit*, the context of that development is different in key ways. Chapter VII of the *Phenomenology* traces the stages of a cultural development that will later be familiar to the *Lectures* – with a first part devoted to a beginning in Persia, India and Egypt; a second part featuring a transition to Greek art; and then a move past the Greek to the post-classical – but it does so in a fused context where the histories of art and religion are not yet disentangled (see Speight 2017a). And, perhaps most importantly for our purposes: while many facets of the *Phenomenology*'s descriptions of pre-Greek cultures will reappear in the *Lectures*, the terms "symbol" and "the symbolic" are not yet used in this context.

The reasons for this shift in Hegel's account of early art can be seen especially in the influence of a colleague of Hegel's during the brief Heidelberg years that separate Jena and Berlin. Friedrich Creuzer's *Symbolik und Mythologie der alten Völker, besonders der Griechen* had been published in a first edition between 1810 and 1812 and then in a second in 1819 just after Hegel had left Heidelberg (see Pöggeler 1971), although an earlier essay of his on related topics, "Idee und Probe alter Symbolik," had been published in 1806). Hegel made clear his debt to Creuzer in a letter: "Besonders [...] kam mir die Milderung ansprechend entgegen in Ansehung der Art und Weise des Gegensatzes von *bestimmtem Bewußtsein* eines Theorems, der herausgehobnen gewußten *Bedeutung* des Symbols und dem Gefühl der Sache, dem instinktartigen Produzieren, noch mehr notwendigen Treiben der Vernunft in den mythologischen symbolischen Religionen." (Hoffmeister 1953, 267; see Jamme 2013) It is striking that Creuzer's influence is also significant for others in this period, including Hegel's rival Friedrich Schlegel, who revised and edited his *Gespräch über die Poesie* (with its "Rede über die Mythologie") for the edition of his *Collected Works* that was published between 1822 and 1825, moving from a rather indiscriminate use of both "allegory" and "symbol" which had characterized the early (1800) edition of the work to a consistent replacement under Creuzer's influence of the first term with the second (the title of the "Rede" now becomes *Rede über die Mythologie und symbolische Anschauung*) (see Dieckmann 1959).

As Hegel says in the lectures, one of the things that Creuzer gets at is a "deeper and rational meaning to ancient myths," while acknowledging that the ancients may not have thought about them in exactly the way that we do. A hallmark of what Hegel takes from Creuzer's second edition (which is clearly what he read in preparation for the Berlin aesthetics lectures) is in fact a notion of the role of the *unconscious* in symbolic representation: "auf dieser Stufe [zeigt sich] die ganze Phantastik und Verwirrung, alle Gärung und wild umhertaumelnde Vermischung der symbolischen Kunst" (VÄ 1, 413 f.). In Indian and Egyptian art, each work is symbolic in expressing this "fermentation" (the notion of *Gärung* is also importantly a term for Hölderlin), which is "directed toward a not-yet-existent art form: everywhere something is sought that is not yet the free concept [...] something is sought that is still natural or is only intended as spiritual" (Ho, 338). A crucial point of agreement between Hegel and Creuzer seems to be that, even if ancient peoples were not aware of the symbolic content in their religious mythology, they nonetheless employed such images "because they were *still in a poetic condition*; they were habituated to becoming aware of what is inward in the mode of fantasy, not in the mode of thought" (VÄ 1, 404; see Ho, 334). As Hegel cites Creuzer, this does not mean that the symbolism of ancient religions is a (mere) *poetic fabrication* [keine Erdichtung] but rather something that is *"embedded or concealed"* [verhüllt] therein" (Ho, 334).

What does Hegel mean by "symbol" in the lectures? His definition is seemingly straightforward: "Symbol überhaupt ist eine für die Anschauung unmittelbar vorhandene oder gegebene äußerliche Existenz, welche jedoch nicht so, wie sie unmittelbar vorliegt, ihrer selbst wegen genommen, sondern in einem weiteren und allgemeineren Sinne verstanden werden soll." (VÄ 1, 394) This definition immediately sets up a distinction and relation between *Bedeutung* and *Ausdruck* (or *Gestalt*). It is clear that any understanding of Hegel's definition of symbol must derive *backwards* from his notion of classical or "true" art, which "consists precisely in the kinship, relation and concrete interpenetration of meaning and shape" [in der Beziehung, Verwandtschaft und dem konkreten Ineinander von Bedeutung und Gestalt] (VÄ 1, 395).

His critics are correct that Hegel does bring several diverse tasks to the *Aesthetics*' treatment of symbolic art: an account of pre-Greek forms of art (and their religious significance); an account of the role of pantheism and the notion of the sublime in religious art; and a discussion of various "comparative" rhetorical and literary tropes that have seemed to many like a sort of grab-bag at the end of the treatment of the symbolic. In his introduction, however, Hegel makes the important qualification that he is not interested in presenting an account of "different kinds of symbolic art" (VÄ 1, 412) but that the discussion of the symbolic presents "stages and modes of one and the same contradiction" – i.e., that between meaning and shape. If we have to seek out a particular way in which that contradiction could be summarized in the various modes of the symbolic, it is perhaps above all the notion of *Vorkunst*, or *Versuche der Kunst*, artistic products/processes in which there is an assumed separation between meaning (*Bedeutung*) and shape (*Gestalt*). Obviously this has a direct historical (or, more accurately, pre-historical) meaning in Hegel's account of the *origins* of art, which this section addresses in a more direct way than anything else in the aesthetics. Hegel's aesthetics is often known for its concern with the "end" of art, but – just as Schlegel and others in this period – Hegel is also interested in a serious revision of the account of art's origins, one that draws on new available sources for non-Western art and religion: Hegel talks about "the inner process of the origin of art [den inneren Entstehungsgang der *Kunst*] in so far as this can be derived from the Concept of the ideal in its development up to true art" (VÄ 1, 407) and it is in this section that he says as much as he does anywhere about how art *comes to be* (he otherwise devotes remarkably little of the *Aesthetics* to the question of the artistic process or the conditions for the emergence of art).

4 The Symbolic Form of Art — 77

Hegel's discussion of the symbolic is determined by two "Grenzgebiete" or boundary lines of its development. On the one hand, artistic content must be something that stands out distinctively from the larger cultural or religious whole from which it has emerged (this correlates, as we will see below, with what he calls a "standing back" from the immediate practical circumstances of life that also happens in the cognate experience of wonder); and on the other hand, the "truth" of the symbolic, that toward which it reaches – as Hegel puts it in the final part of the section: art where the "complete, reciprocal interpenetration" (VÄ 1, 539) of meaning and shape is either not yet possible or has broken away from the unity of "true" art found in the classical.

The key moment to be reached in the symbolic is the key concept that heralds the arrival of the classical artform: the understanding of the human being as the free subject. The "foremost shape for the symbol is the human figure," which "expresses nothing other than spirit itself": it "has no particular meaning but instead is what is *free of every specific symbolic meaning*" (Ho, 343 stress mine). Das "Subjekt ist das Bedeutende für sich selbst und das sich selbst Erklärende" (VÄ 1, 406; see VÄ 1, 313) – or, alternatively, as Hegel put it in the 1820 lectures, "die absolute Bedeutung ist aber das Selbstbewußtseyn, das Denken selbst" (As, 84). The goal of symbolic art in the end is the emergence of what *is* truly art and the human self-awareness that is implicit in and conditional for the creation and appreciation of it.

Likewise, the role of artistic activity itself can be seen in light of the end-goal of the classical artist, who is no longer engaged in the "dark" activity of "fermentation" but is instead "clear" about what he is doing: "der Künstler dieser freien Kunst ist ebenso der freie Künstler. Er weiß was er will, und kann was er will. Er weiß was er will, kann sich im substantiellen Inhalt nicht mehr unklar sein, ringt nicht nach dem absoluten Inhalt, ist nicht das Gährende, das den Sinn erst herausbringen soll. der freie Künstler ist bildend, der symbolische einbildend, der Inhalt ist fertig, braucht nicht danach zu ringen. der Künstler der symbolischen Kunst durchläuft alle Formen, ist nicht sich selbst begrenzend, der freie Künstler ist in sich beschlossen" (Ho, 370 ff.)

With this perspective on the symbolic in light of its ultimate goal for the artist and artistic activity in mind, it might be clearer what Hegel means when he says that "the symbol by its nature remains essentially ambiguous [*zweideutig*]" (VÄ 1, 397). Hegel makes two points about this ambiguity: on the one hand, there is a question about the meaning of something that might present itself as having many potential meanings (a lion can represent strength and many other attributes, for example; it's this ambiguity that is often exploited in the explicit forms of figurative language where both sides of a simile, for example, are named); on the other hand, there is the mystery that surrounds ancient modes of art for which we have no interpretive context or insight into the practice of its original creators – precisely the hieroglyphic form which Hegel likes to call the *Aufgaben*, the inherent "problems" in the enigmatic character of ancient art.

Symbolic art is, then, overall a mode characterized by an inadequate relation between form and content, and its telltale descriptors are what is not-yet art [Vorkunst], what is in-search-of art [Versuche der Kunst] or what is in that lively but unconscious activity that Hegel and Creuzer call "fermentation" [das Gären], involving an inherent ambiguity [Zweideutigkeit].

4.2 Systematic importance of the symbolic in Hegel's philosophy

The importance of the symbolic moment as a whole can be seen in a couple of key claims that Hegel advances, whose significance we will note over the course of the commentary: (i) the bearing this section has on the larger question of the relation among the three moments of absolute spirit (art, religion and philosophy); and (ii) more specifically, the relation between the detailed histories of art and religion, especially the distinctive relation to others pursuing the question of symbolic meaning in art and religious thought (Creuzer and Schlegel particularly, with Heyne and Schelling also in the background).

(i) The relation of art, religion and philosophy as modes of absolute spirit: The importance of Hegel's consideration of symbolic art in the development of aesthetics cannot be overstated. For, while many details about Hegel's aesthetics disappear in the elemental paragraphs of the final version of the *Encyclopedia*, it is clear that the need for an account of the relation of symbolic, classical and romantic forms of art – and also of their connection to the ultimate relation among the three moments of absolute spirit – remains at the very core of Hegel's thought on these topics. There are several ways in which the symbolic is key to Hegel's conception of absolute spirit, but one of the best is perhaps a consideration of his account of the *origin* of art, religion and philosophy.

Hegel makes use in this context of Aristotle's famous remark that if it is "owing to their wonder that men both now begin and at first began to philosophize," then "even the lover of myth is in a sense a lover of wisdom, for the myth is composed of wonders" (*Metaphysics* 982b). Aristotle's account is part of a longer story he is offering about the emergence of philosophy as a "free" pursuit – arising only when human beings already have certain necessities in hand and are therefore unmotivated by practical concerns. Hegel finds this attitude of wonder likewise reflective of what he considers a certain kind of spiritual free-

dom: "Die Verwunderung [...] kommt nur da zum Vorschein, wo der Mensch, losgerissen von dem unmittelbarsten, ersten Zusammenhange mit der Natur und von der nächsten, bloß praktischen Beziehung der Begierde, geistig zurücktritt von der Natur und seiner eigenen singulären Existenz und in den Dingen nun ein Allgemeines, Ansichseiendes und Bleibendes sucht und sieht. Dann erst fallen ihm die Naturgegenstände auf, sie sind ein Anderes, das doch für ihn sein soll und worin er sich selbst, Gedanken, Vernunft wiederzufinden strebt." (VÄ 1, 408)

The experience of wonder, Hegel says, is crucial for what he calls "the subjective aspect of the first origin of symbolic art" – what we might take to be the dispositional stance involved for those experiencing it – but Hegel goes on to talk about the "objective" side of artistic production of mythological symbols. Art did not come on the scene only when the human being "in den wirklich vorhandenen Gegenständen unmittelbar das Absolute erblickt und sich mit dieser Weise der Realität des Göttlichen begnügt, sondern wo das Bewußtsein das Erfassen des ihm Absoluten in Form des an sich selbst Äußerlichen sowie das *Objektive* dieser gemäßeren oder unangemesseneren Verknüpfung [von dem Geist und der Natur] *aus sich selber* hervorbringt" (VÄ 1, 410). Art is in fact a sort of middle stance, on his view: one that exists between an (initial, thoughtless) "purely spiritless immersion in nature" and a later (what Hegel likes to call "prosaic," as opposed to the speculatively-engaged "poetic") attitude of detachment that is "altogether freed" from nature as something external to it.

(ii) The relation between the histories of art and religion: there had been a fusion of these two in the *Phenomenology of Spirit*, and as Hegel now undertook distinct Berlin lecture series both on aesthetics and the philosophy of religion, each of which involved their own detailed historical elements, interesting connections and divergences now emerge. The close connection between art and religion is emphasized from the outset of the lectures ["wir haben es hier mit religiösen Ideen zu thun" (Hm, 44)], and particularly in Hegel's even more directive remark that "the first interpreter of religious ideas [...] is art alone." ["Die *erste* näher gestaltende Dolmetscherin aber der religiösen Vorstellungen ist allein die Kunst" (VÄ 1, 410).]

This latter remark is of course qualified in the sense that Hegel distinguishes between "die Symbole selbst" (or "die Religion als Umfang der im weiteren Sinne des Worts symbolischen oder sinnbildlichen Vorstellungen") and "das allein an ihnen [...], wonach sie der Kunst als solcher angehören" (VÄ 1, 407). And, as Stephen Houlgate points out, Hegel's more restricted account of the development within world art history leaves out discussions of art from several key civilizations that play significant roles in his philosophy of history and history of religion: Chinese and Buddhist art, for example (Houlgate 2016). As it turns out, the three stages Hegel takes up in the *Lectures on Aesthetics* are exactly those

which had appeared in the key transitions leading to Greek art in the original tripartite structure he sketched in the *Phenomenology of Spirit*, although he does expand the account in the lectures to include Hebrew and Islamic poetry, neither of which played an explicit role in the *Phenomenology*.

If we compare Hegel's account of the history of artistic and religious symbolism with those of his contemporaries like Schlegel and Creuzer, it is worth noticing that (unlike Creuzer) Hegel sharply separates Greek and earlier sources, and (as opposed to the Schlegels' focus on India) he finds a particularly important turning-point, as we will see below, in Egypt. The positive side of Hegel's appropriation of Creuzer is that Hegel construes him as studying mythology – as indeed Hegel would like to see his own approach portrayed – "guided by the presupposition that the myths and legendary tales took their origin in the human spirit [aus dem menschlichen Geiste]" (VÄ 1, 403). While some of Creuzer's mythological analysis may have involved the sort of interpretive overkill that allowed contemporaries to view him as essentially captive to a neo-Platonic approach, what is worth appreciating in Creuzer's approach is some notion of the *implicit* meaning in symbolic forms. The key difference in what Hegel takes himself to be doing: "Denn unser Bemühen geht nicht darauf, auszumitteln, inwiefern Kunstgestalten in diesem Sinne des Worts symbolisch oder allegorisch könnten gedeutet werden, sondern wir haben umgekehrt zu fragen, inwiefern das Symbolische selbst zur *Kunstform* zu rechnen sei." (VÄ 1, 405)

4.3 "Unconscious" symbolism and Hegel's account of the origin of art

The first section of Hegel's discussion of symbolic art concerns what he calls the "unconscious" symbolism in the development of pre-Greek civilizations. "In the symbolic lies the coming-to-be of art," Hegel says in the final iteration of this part of the lecture series (Hm, 44). Hegel's account of the development of the "unconscious" symbolism of early art has three main stages: in Hotho, these are called (a) the "immediate unity of meaning and shape (Persian Zoroastrianism); (b) "fantastic symbolism" (Hindu religion, where Hegel sees symbolic "fermentation" especially at work); and (c) "symbolism proper" [eigentliche Symbolik], a term that Hegel uses to describe Egyptian art and which he appears to have drawn from Creuzer). We will examine each of these moments in turn.

a) Immediate unity of meaning and shape (Persia and Zoroastrianism). Hegel emphasizes that the *immediate* unity at the start of unconscious symbolism is a unity that is not *produced by art* but instead *found* – without art's assistance – in

actual natural objects and human activities: "Die erste Voraussetzung deshalb für das Werden des Symbolischen ist eben jene nicht durch die Kunst hervorgebrachte, sondern ohne dieselbe in den wirklichen Naturgegenständen und menschlichen Tätigkeiten gefundene *unmittelbare* Einheit des Absoluten und der Existenz desselben in der erscheinenden Welt." (VÄ 1, 419)

Examples of such immediate unity can be found, Hegel thinks, in Lamaism and in the Catholic conception of transubstantiation, but the first substantive exploration of cultural and religious experience of the immediate unity of meaning and shape he undertakes here, as in the account of "Natural Religion" in Chapter VII of the *Phenomenology of Spirit*, is what he takes to be the "simple" accord given "light" in the binary religious thought of Zoroastrianism. Hegel emphasizes that this first stage of unconscious symbolism in Zoroastrianism is not yet symbolism in the proper sense: divine meaning is not something separate from light in its various natural manifestations but instead *is* light. "Die Religion Zoroasters nämlich sieht das *Licht* in seiner natürlichen Existenz, die Sonne, Gestirne, das Feuer in seinem Leuchten und Flammen als das Absolute an, ohne dies Göttliche für sich von dem Licht als einem bloßen Ausdruck und Abbilde oder Sinnbilde zu trennen. Das Göttliche, die Bedeutung, ist von seinem Dasein, den Lichtern, nicht geschieden." (VÄ 1, 420 f.).

Not light *as* symbol, but really light *itself* (and correspondingly dark itself as its opposing force, not the *symbol* of evil) is thus the hallmark of the Zoroastrian religious conception, Hegel thinks. This conception means that here there is neither symbol nor art, but that which is said to "build the road" toward both: the first level of unconscious symbolism rests on something that is "found" and not created by artistic effort itself – what is merely the *Grundlage* of symbolic representation in art (VÄ 1, 429), as Hegel puts it, not symbolic representation or artistic activity in a developed sense.

Interestingly, Hegel does see something within the Zoroastrian religious conception that he thinks counts in some regard as "poetic": human attitudes, situations and actions are not construed as having an "accidental and prosaic lack of significance," but are seen in accordance with their essential nature, in the light of the Absolute, which is light (VÄ 1, 428). However poetic this vision of things may be, Hegel (at least here) contrasts it with genuinely artistic contrual: "Die Poesie darin bleibt aber ganz im Allgemeinen stehen und bringt es nicht zur Kunst und zu Kunstwerken. Denn weder ist das Gute und Göttliche in sich bestimmt, noch die Gestalt und Form dieses Inhalts aus dem Geiste erzeugt; sondern, wie wir bereits sahen, das Vorhandene selbst, die Sonne, Gestirne, die wirklichen Gewächse, Tiere, Menschen, das existierende Feuer sind als die in ihrer *Unmittelbarkeit* schon gemäße Gestalt des Absoluten ergriffen. Die sinnliche Darstellung wird nicht, wie die Kunst es fordert, aus dem Geiste gebildet, geformt und erfunden, sondern unmittelbar in dem äußerlichen Dasein als der adäquate Ausdruck gefunden und ausgesprochen." (VÄ 1, 428)

b) Fantastic symbolism (India and Hinduism). If Zoroastrianism in Hegel's view was in some sense at the pre- or even non-symbolic level, Hinduism offers, he thinks, a richly "fantastic" [phantasievoll] and "fermenting" [gärend] activity of the imagination that starts to give rise to symbolism and religious art. Instead of the immediate fusion of meaning and external shape or existence that characterized Zoroastrianism, there is now a separation between the two that prompts the need for "healing" this breach: this desire for reconciling the separation, Hegel says, is what lies behind "the proper need for art" [das eigentliche Bedürfnis der Kunst] (VÄ 1, 430).

Yet although the conditions for artistic activity have developed in a way that allows the actual need for art to be *felt*, and the artistic *task* at hand is one that involves giving an imaginative shape for universal ideas to contemplation, Hegel cautions that we are not yet "standing on the ground of the strictly symbolic [auf dem Boden des eigentlich Symbolischen]" (VÄ 1, 430). Both the separation of meaning/shape and the sought-for reconciliation of the two sides are still of a "confused" kind: neither side has yet become a totality in which the features of the other sides are also represented. The products of art in this phase are characterized by "fermentational" imagination and involve a kind of "frenzy" [Taumel] between sensuous individual details and universal meanings. As such, they are to be seen as strictly transitional for the development of the symbolic form of art: "Gestaltungen einer gärenden Phantasie, welche in der Unruhe ihrer Phantasterei nur den Weg bezeichnet, der zu dem echten Mittelpunkte der symbolischen Kunst hinleiten kann" (VÄ 1, 430).

Hegel's account of Hindu art alternates between these two poles of abstract universalism and sensuously rich individuality. On the one hand, Hindu religion offers the conception of Brahma, a conception which Hegel stresses is not only entirely withdrawn from sense and observation but also "not even properly an object for thought," since thinking requires self-consciousness and the Hindu believer "knows no reconciliation and identity with Brahma in the sense of the human spirit's reaching *knowledge* of this unity" (VÄ 1, 433). On the other hand, Hegel says, Hinduism involves "wildeste Sinnlichkeit" (VÄ 1, 434), but in a way which falls short of actual symbolism, since sensual individuals are themselves considered divine (not *symbols* of the divine): "Für die indische Phantasie sind der Affe, die Kuh, der einzelne Brahmane usf. nicht ein verwandtes Symbol des Göttlichen, sondern sie sind als das Göttliche selber, als ein demselben adäquates Dasein betrachtet und dargestellt." (VÄ 1, 436)

A particular note of Hegel's treatment of Hinduism is his account of the poetic sublimity that can appear in its poetry when "the Absolute withdraws from the appearance and the appearance falls short of the content": "In diesem Zerfließen der Bestimmtheit und in der Verwirrung, welche dadurch hervorkommt, daß immer der höchste Gehalt in Dinge, Erscheinungen, Begebnisse und Taten hineingelegt wird, welche in ihrer Begrenztheit die Macht solchen Inhalts weder an und für sich in sich haben, noch auszudrücken fähig sind, kann man daher eher einen Anklang der *Erhabenheit* als das eigentlich Symbolische suchen. Im Erhabenen nämlich, wie wir es noch später werden kennenlernen, drückt die endliche Erscheinung das Absolute, das sie zur Anschauung bringen soll, nur so aus, daß an der Erscheinung selber heraustritt, sie könne den Inhalt nicht erreichen." (VÄ 1, 438f.) (We will discuss below Hegel's reasons for saving a proper discussion of the *sublimity* of Hindu poetry for the next major organizational section of his account of symbolic art.)

c) Symbolism proper (Egypt and the birth of genuinely symbolic art). Hegel reserves the term of "symbolism proper" (or alternately in some of the lecture versions "true symbolism") for Egyptian art. At the heart of Hegel's construal is his notion that there is an explicit engagement with the *symbolic as such* that characterizes the ancient Egyptians. Egypt, as he puts it, is the "land of the symbol" – and, closely allied with that is his notion that Egyptian hieroglyphics present a direct challenge to our rational modes of construing the meaning of lost ancient works of art, a challenge that explicitly raises for us the question of *interpretation:* "Ägypten ist das Land des Symbols, das sich die geistige Aufgabe der Selbstentzifferung des Geistes stellt, ohne zu der Entzifferung wirklich hinzugelangen. Die Aufgaben bleiben ungelöst, und die Lösung, die *wir* geben können, besteht deshalb auch nur darin, die Rätsel der ägyptischen Kunst und ihrer symbolischen Werke als diese von den Ägyptern selbst unentzifferte Aufgabe aufzufassen." (VÄ 1, 456f.)

Two particular requirements have to be fulfilled in order for there to be genuine symbolism in art – one concerning the freedom of the sensuous material and one concerning the presence of the negative element in the conception of the divine. With regard to the first, the meaning to which an artwork seeks to give shape must not only emerge distinctively from the first immediate unity (this had already happened in Hinduism), but it must also become explicitly *free* from the immediate sensuous shape: the sensuous or the natural must now be something that is superseded. Secondly, the *negative* has to be a factor in the divine in a new way: the divine must not simply remain something unaltered despite changes in form (again as in Hinduism) but the negative must be the "immanent determinate character" of the divine. It is thus not only the hieroglyph that is especially representative of Egypt but also, if one had to point to a single symbol of the entirety of Egyptian religion, the phoenix with its emphasis on death and the potential for rebirth.

For Hegel the essentially *symbolic* nature of Egyptian religion corresponds precisely to the emergence of *art* as an explicit mode of human understanding. The Egyptians were in this sense, he thought, essentially an *artistic people:* "Weil sich in dieser Weise hier der Geist noch in der Äußerlichkeit, aus der er dann wieder herausstrebt, sucht und sich nun in unermüdlicher Betriebsamkeit abarbeitet, um sich aus sich selber sein Wesen durch die Erscheinungen der Natur wie diese durch die Gestalt des Geistes für die *Anschauung* statt für den Gedanken zu produzieren, so sind die Ägypter unter den bisherigen Völkern das eigentliche Volk der *Kunst.*" (VÄ 1, 457)

But Egyptian art is (for all that) art still at an *instinctual* level: only with the classical Greeks does Hegel think the self-consciousness required for art in the genuine sense arrives on the scene. This is an element which Hegel stresses perhaps more in the *Phenomenology of Spirit* account of Egyptian art and religion, where he explicitly contrasts the more instinctual activity of the Egyptian *artisan* [der Werkmeister or even, more simply, der Arbeiter] with the conscious efforts of Greek *artists* [Künstler]. The artisan, as opposed to the artist, "produces itself as object but without having yet grasped the thought of itself"; its productions are thus equivalent, says Hegel, with "the building of honeycombs by bees" (TWA 3, 508 and Speight 2013).

The Hotho edition organizes Hegel's account of Egyptian art into three moments of importance for Hegel: (i) the Egyptians as the builders of the *pyramids* and the cult of the dead that lies behind these prodigious architectural achievements; Hegel regards the structure of the pryamids as "the simple prototype of the symbolical art itself" in that they have both an exterior and a hidden inner structure; (ii) a distinctive form of *animal worship* (in the use of animal masks, etc.) that moves Egyptian religion from a concern with the inorganic in the stone of the pyramids in the direction of a concern with organic life itself; and then finally (iii) what Hegel calls *vollständige Symbolik*, which he organizes around a "symbolic" construal of three moments: a description of the colossi of Memnon, the cult of Isis and Osiris and the "riddle" of the sphinx, the latter of which offers both a connection to one of the forms of figurative speech, but also, and perhaps more importantly (via the role of Oedipus as the solver of riddles), to classical Greek art itself.

It is worth looking at each of these elements of the final account of "complete symbolism" in some detail, since together they set up the transition to the classical realm of genuine art and reveal both the potential and the limitations of Egyptian art in Hegel's view. In his description of the statues of Memnon, Hegel emphasizes first the unlifelikeness of the representation (arms tight against the sides, feet firmly fixed) and then mentions a detail that Herodotus had related about them (one which had in fact also been reported by contemporary English and French visitors, whether accurately or not): that the statues had the curious property, when touched by light, of making a sound. While Hegel actually offers a potential scientific hypothesis about this peculiar feature (that the sound might somehow be caused by light's drying early-morning dew inside the stone), his interpretation – consistent with the approach he takes to his treatment of Egyptian art in general – is to construe it "as a symbol": these artworks, he suggests, require an external impetus in order to have a voice, unlike the internal animation that characterizes human freedom. "Das Innere [...] der menschlichen Gestalt ist in Ägypten noch stumm und in seiner Beseelung nur das natürliche Moment berücksichtigt." (VÄ 1, 462)

Similarly in the other two moments of complete symbolism, Hegel offers what he terms a "symbolic" reading of the artistic phenomena at hand. Osiris can be construed naturalistically, Hegel acknowledges (as a symbol of the Nile and returning life with seasonal floods), but, as with the Memnon colossi, Hegel suggests a line of interpretation according to which Osiris is best construed as a symbol of humanity itself in its freedom: "Umgekehrt aber bedeutet Osiris auch wieder das *Menschliche* selber; er wird als Begründer des Feldbaus, der Teilung der Äcker, des Eigentums, der Gesetze heiliggehalten, und seine Verehrung bezieht sich deshalb ebensosehr auf menschliche geistige Tätigkeiten, welche mit dem Sittlichen und Rechtlichen in der engsten Gemeinschaft stehen. Ebenso ist er der Richter der Toten und gewinnt dadurch eine von dem bloßen Naturleben sich ganz loslösende Bedeutung, in welcher das Symbolische aufzuhören anfängt, da hier das Innere und Geistige selber Inhalt der menschlichen Gestalt wird, die hiermit ihr eigenes Inneres darzustellen anfängt." (VÄ 1, 463)

Finally, the Sphinx and its connection to the transition which Oedipus as the solver of its riddle (and thus interpreter of myth) effects in the turn to classical Greek art. "Die Sphinx stellte die bekannte rätselhafte Frage: wer ist es, der morgens auf vier Beinen geht, mittags auf zweien und abends auf dreien? Ödipus fand das einfache Entzifferungswort, daß es der Mensch sei, und stürzte die Sphinx vom Felsen. Die Enträtselung des Symbols liegt in der anundfürsichseienden Bedeutung, dem Geist, wie die berühmte griechische Aufschrift dem Menschen zuruft: Erkenne dich selbst! Das Licht des Bewußtseins ist die Klarheit, welche ihren konkreten Inhalt hell durch die ihm selbst angehörige gemäße Gestalt hindurchscheinen läßt und in ihrem Dasein nur sich selber offenbar macht." (VÄ 1, 465 f.)

Hegel himself suggests that we must interpret this myth ourselves "symbolically." His interpretation of the riddle of the sphinx makes clear why it is the turning-point in some ways for his entire discussion of art: what Oedipus "discovers" – and presumably can only see as the herald of a classical perspective on art – is that if art as the sensual shape of internal meaning is not essentially *about* human freedom and subjectivity, then there is nothing we can call art in any sense. As in the *Phenomenology* account, there is significant ambiguity about exactly when the relevant transition occurs: while Hegel calls the symbolic realm in general the realm of *Vorkunst* or pre-art, when we reach the "actual symbolic" [die eigentliche Symbolik] moment of Egyptian art, the Egyptians are described as "the properly artistic people," as well [das eigentliche Volk der Kunst], a people that Hegel emphasizes is engaged in a wider set of human artistic activities such as building, agriculture and excavation. It is in fact just at this point that the symbolical form has already started to disappear, insofar as the inner and the spiritual becomes itself the content of the represented human form. Thus by the time we have reached what Hegel calls die eigentliche Symbolik, we are in a sense already in fact really at the threshold of the classical. It is Oedipus' role as interpretive artist that makes clear what has been reached in the transition from symbolic to classical art: now we are looking at content that is not just "found" [vorgefunden] by spirit but "produced" [hergestellt] by it through its activity. Or as Hegel puts it: "Erst hierdurch nämlich ist die Notwendigkeit vorhanden, dem Inneren aus der geistigen Tätigkeit eine nicht nur *vor*gefundene, sondern ebensosehr aus dem Geiste *er*fundene Erscheinung zu geben." (VÄ 1, 453)

The consideration of Egyptian art has made clear that Hegel saw here a key transition from the symbolic to the classical. But, as it turns out, this transition was one which actually proved for at least a couple of important reasons difficult for him to effect, and the differentiation in the organization of the lecture series is evidence to that difficulty, which we will explore in the following section.

4.4 Pantheism, sublimity and questions of transition within the symbolic artform

In the organizational structure of the Hotho edition, as well as of the 1823 and 1826 lectures, the discussion of the first chief section on "unconscious symbolism" – capped, as we have seen, by the experience of Egyptian art and the transitional figure of the riddle of the sphinx – is followed by the second of the three chief sections, devoted to the notion of poetic sublimity and the related consideration of the art of pantheism. Our commentary here follows this ordering, but the variation in Hegel's treatment of this section raises a number of organizational and philosophical questions which we should address.

What is interesting is that both the first and the last lecture series – the 1820/1 and the 1828/9 versions – each took a somewhat different tack to structuring the material on sublimity that appears here, and it is worth comparing them in some detail with the other series. In the 1820/1 and the 1828/9 version, what we have instead of the appearance of a discussion of poetic sublimity at this point in the development of symbolic forms is more of a direct transition from the end of Egyptian art to the figurative art forms and to the classical: in 1820/1 Hegel placed the discussion of sublimity (remarkably) at the beginning of the classical (the whole section on classical art in those initial Berlin lectures was divided between the treatment of "classical sublimity" and "classical beauty"); and in 1828/9 Hegel went a step further, placing the discussion of sublimity in a section *prior* to the material on Egyptian art, leaving the direct transition from Egypt to the figurative art forms and Greece in place.

What do these differences show about Hegel's view of the key transitional matters at issue in these sections? One might suggest that Hegel's developing aesthetics worked with at least two different narrative conceptions in this regard. On the first (which appears to have structured not only the 1820/1 and 1828/9 lectures but also Hegel's first attempt at this developmental story in the *Phenomenology of Spirit* religion chapter) what is stressed is a story about the growing artistic consciousness of symbolic activity as such: it draws a seemingly direct line from the "riddle" of the Sphinx to the "solution" to the problem of symbolic representation in art in the human form which Oedipus and Greek art make known. (The main differences between the *Phenomneology of Spirit* account and the 1820/1 and 1828/9 accounts on this view would be Hegel's brief excursus through the use of riddles and the other forms of figurative speech on their own terms – something which an explicit aesthetics would require, as opposed to the somewhat more concentrated task in the *Phenomenology*'s account of the development from "natural religion" to "art religion" – and also the apparent relative silence on Judaism, at least in name, in the *Phenomenology* treatment of religion (but see Jaeschke 1990, 198–204)). On the second narrative conception (which Hotho follows the 1823 and 1826 lectures in adopting), there is a quite different developmental motif at work: this one stresses what Hegel calls the "purifying" role of the experience of sublimity in Hebrew (and to some extent Indian) poetry as the overcoming of the symbolic altogether. On this second narrative, what is at issue is less the growing awareness of the function of symbols as such (and the anthropomorphic side of the human/divine fusion that appears in Greek art) so much as it is the awareness of the divine in a way that is free on its own terms.

It is interesting that something similar was going on in Hegel's contemporaneous decisions about how to handle related issues in the *Lectures on the Philosophy of Religion*. As the editors of those lectures have explained, Hegel revised a number of times the material on "determinate" religions that corresponds to these sections of the *Aesthetics* lectures (Hodgson et al. 1987, II, 88 f.). Most strikingly, the 1824 version of the *Religion* lectures featured a transition from Egyptian

religion (the "religion of enigma") via Judaism (the "religion of sublimity") to Greek religion (the "religion of beauty"), but in 1827 the order was reversed and Hegel now presented this as a transition from Egypt to Greece to Judaism. Although this was not Hegel's final ordering (as it turns out, the final 1831 *Religion* lectures were re-organized yet again), the editors have speculated quite reasonably that the significant 1827 revisions had to do with Hegel's attempt at a "monotheistic" defense on his part against current charges against him of pantheism and atheism (Hodgson et al. 1987, III, 67).

One might be tempted to view this tension as something of an "Athens vs Jerusalem" tension in Hegel's larger religious thought (or more accurately an "Alexandria and Athens vs Jserusalem" tension). As the editors of the *Philosophy of Religion* point out, what is at issue is certainly not a matter of the relative superiority of one religious view or the other, but instead a dialectical working-out of significantly different strands within the history (or histories) of religious thought. (On the difficulties inherent in the systematic side of this project and modes of interpretation, see especially Jaeschke 1984).

In the context of the *Aesthetics* lectures, however, there is also another and significant difference to be marked just in how Hegel treats the notion of the sublime, since this sub-section is – remarkably – the primary locus of the discussion of the sublime in most of the lectures ("Der Sitz der Erhabenheit liegt hierin" (Hm, 16)) and this very placement already heralds a shift on Hegel's part from the Kantian, Schillerian and romantic interests in this notion. In this context, a closer comparison of the two "outlier" series, the 1820/1 and 1828/9 versions, is revealing.

In the 1820/1 lectures, Hegel left sublimity out of the discussion of the symbolic entirely and instead placed the discussion of psalmic sublimity together with Islamic sublimity in the *classical* art form (an organizational structure that doesn't appear in either 1823 or 1828/9): in 1820/1, the classical art form contains a balanced discussion of both "classische Erhabenheit" together with "classische Schönheit." The 1820/1 lectures explained this inclusion as follows: "Die erste Anschauung [von dem absoluten Allgemeinen] ist wesentlich schon classisch zu nennen, denn in ihr liegt die Bestimmung, sich zu erheben zu der Einen reinen Substanz, von der alles ausgeht, und zu der alles zurückkehrt." (As, 85)

Although Hotho does not follow the organization of the 1820/1 lectures, his edition does offer an explanation of why, if "classical beauty must not be called 'sublime'" (VÄ 2, 83), one can nonetheless speak coherently of a certain "classically *beautiful* sublimity" in the "loftiness" [Hoheit] that the *spiritual* side of the representation of the Greek gods display – something at tension (as Hegel's famous discussion of mortality in Rauch's portrait of Goethe reminds) with the

bodily: "Dies macht für die Göttergestalten den Ausdruck der Hoheit, der klassisch *schönen* Erhabenheit notwendig. Ein ewiger Ernst, eine unwandelbare Ruhe thront auf der Stirn der Götter und ist ausgegossen über ihre ganze Gestalt. [...] In ihrer Schönheit erscheinen sie deshalb über die eigene Leiblichkeit erhoben, und es entsteht dadurch ein Widerstreit zwischen ihrer seligen Hoheit, die ein geistiges Insichsein, und ihrer Schönheit, die äußerlich und leiblich ist. Der Geist erscheint ganz in seine Außengestalt versenkt und doch zugleich aus ihr heraus nur in sich versunken. Es ist wie das Wandeln eines unsterblichen Gottes unter sterblichen Menschen." (VÄ 2, 84)

Despite his attempt to give a place to "classical sublimity," however, it is clear that Hegel struggled with competing narratives about the development of the symbolic and (perhaps always) with how to place the sublime within his system. Even in the context of the apparent balance he attempted in the initial presentation of "classische Erhabenheit" and "classische Schönheit" in 1820/1, it is nonetheless clear that Hegel still there holds the products of sublime art at a distance, emphasizing that the sublime often alternates precisely with the banal (or even the bizarre): "diese Kunstform heißt also symbolisch, wo Erhabenheit die Substanziellen sich gestaltet, wo alles bizarr, geschmacklos fortgeht, oder dem Seienden eine höhere Bedeutung giebt" (Hm 16; vgl. As, 18).

The real change in the 1828/9 approach – and what makes it not really a return to the 1820/1 approach but perhaps something that is a new development in its own right – is that Egyptian art (and not the sublime poetry of the psalms) is what now serves for Hegel already as a step away from the earliest phases of "unconscious symbolism" and toward the "conscious symbolism" of the figurative modes of speech: in the context of this last lecture series, Egyptian art is given the label *"more determinate symbol"* [vom bestimmteren Symbol] (Hm, 52) and the move from the sublimity of Hebrew poetry to Egyptian art is described as in fact a *"return* to the symbol," with Egyptian art now being characterized as symbolic "in seiner höchsten Form" (Hm, 52). In this later version, Hegel emphasizes the power of spirit *over* nature, in particular the death of the natural and the rise of the born-again phoenix. In both cases, Oedipus' interpretation of the Sphinx is still the key point of transition, but the emphasis is on the spiritual over against the natural. (As the last words of the Oedipus discussion in the 1828/9 lectures have it, before the introduction of the "lifeless" forms of comparison: "Aber gährend und ringend, dass das Geistige aus dem Thierischen sich heraushebe, dass nicht das Thier, Sonne noch weniger, denn diese ist nicht lebendig einmal, das Objektive, Wahre ist." (Hm, 55))

With the context of these larger changes in Hegel's lecture series in mind, if we now direct our focus to the version of the transition traced by Hotho and the 1823 lectures, the role of this second main section in terms of the dialectical structure of the whole is primarily to effect what Hegel calls a "purification" by detaching all possible sensual shapes from the inherent meaning available to art and religion. If the goal of the development of symbolic art is "unenigmatic clarity of Spirit," as Hegel puts it with a resonance of the Egyptian riddles he has just examined, this goal can only be reached if meaning "comes into consciousness on its own account, separated from the world of appearance" ["Die rätsellose Klarheit des aus sich selbst sich adäquat gestaltenden Geistes, welche das Ziel der symbolischen Kunst ist, kann nur dadurch erreicht werden, daß zunächst die Bedeutung für sich, abgetrennt von der gesamten erscheinenden Welt, ins Bewußtsein tritt." (VÄ 1, 466)].

From this perspective, sublimity thus represents the "first decisive purification [Reinigen] of the absolute [meaning]" in separating that meaning from the sensuous present; Hegel cites Kant's *Critique of the Power of Judgment* for defining sublimity as not contained in nature but in our minds insofar as we become conscious of our superiority to nature: "Das Erhabene überhaupt ist der Versuch, das Unendliche auszudrücken, ohne in dem Bereich der Erscheinungen einen Gegenstand zu finden, welcher sich für diese Darstellung passend erwiese. Das Unendliche, eben weil es aus dem gesamten Komplex der Gegenständlichkeit für sich als unsichtbare, gestaltlose Bedeutung herausgesetzt und innerlich gemacht wird, bleibt seiner Unendlichkeit nach unaussprechbar und über jeden Ausdruck durch Endliches erhaben." (VÄ 1, 467)

The section as a whole is organized around two perspectives determined by the relation between the divine and finite appearance: one with a "positive" character and one with a "negative." The positive side of this is taken up in the first section's focus on the "pantheism of art," which is only found in poetry. This section involves an exploration of moments within Indian poetry, but also what Hegel calls "Mahommedan" poetry and Christian mysticism. The second section explores the negative side of sublimity proper, which Hegel sees in Hebrew poetry, and in particular the Psalms. God as Creator or Lord of the world can only have a relation to a creature who is in servitude and such a creature is "only adequate to himself and his significance in the feeling and establishment of his own unworthiness" (VÄ 1, 416). Here we have in a proper sense *the* sacred art (by contrast, in symbolism, there was a sacredness of content): "Im Symbol war die *Gestalt* die Hauptsache. Sie sollte eine Bedeutung haben, ohne jedoch imstande zu sein, dieselbe vollkommen auszudrücken. Diesem Symbol und seinem undeutlichen Inhalt steht jetzt die *Bedeutung* als solche und deren klares Verständnis gegenüber, und das Kunstwerk wird nun der Erguß des reinen Wesens als des Bedeutens aller Dinge, des Wesens aber, das die Unangemessenheit der Gestalt und Bedeutung, die im Symbol *an sich* vorhanden war, als die im Weltlichen sich über alles Weltliche hinweghebende *Be-*

deutung Gottes selber setzt und deshalb in dem Kunstwerk, das nichts als diese an und für sich klare Bedeutung aussprechen soll, erhaben wird." (VÄ 1, 479f.)

4.5 Hegel's theory of "conscious" symbolic form: modes of figurative comparison

Whatever the transition issues that puzzled Hegel about the second main section, all of the lecture transcripts and Hotho's edition place the material of the third and final section at the end of the discussion of the symbolic. There are some slight variations in the ordering and treatment of this material, but it is clear that Hegel saw the philosophical concerns raised by the modes of figurative speech to be central to his notion of the culmination and self-transcendence of the symbolic as a form of art.

As mentioned earlier, it is this final section of Hegel's discussion of the symbolic that has come in for most direct criticism, and it does in some ways seem like a discussion that Hegel has had to shoe-horn into the *Aesthetics*. But he is clear about the systematic function of the section: it is not to provide some false unity of the preceding two discussions, but rather to explore artistic conceptions that fall short of the perspective that one has in treating "full works of art" and in part to show a development from "unconscious" to "conscious" within the smaller scale of the development of the symbolic that exemplifies the larger process of this development within the *Aesthetics* as a whole.

In this third section, Hegel says that what underlying unity there is must be one that stresses neither the side of meaning nor that of external shape – these two constantly opposed sides within the development of symbolic art – but now a "third thing," the power of the spectator or the artist to bring together in a relation two sides that are externally related but drawn together by the efforts of spectator or artist at comparison. By "conscious" symbolism in this sense, Hegel insists that meaning is "not only explicitly known but is *expressly* posited as different from the external way in which it is represented" ["nicht nur für sich gewußt, sondern *ausdrücklich* von der äußerlichen Weise, in welcher sie dargestellt wird, unterschieden gesetzt" (VÄ 1, 486)].

The difference between conscious symbolism and sublimity is thus that the relation between meaning and shape "becomes a more or less accidental concatenation [zufälliges Zusammenbringen] produced by the subjective activity of the poet, by the immersion of his spirit in an external existent, by his wit and his invention in general"; the poet can start from something perceived and imagine for it a spiritual meaning or he can start from an idea and represent it by an image. And, unlike unconscious symbolism, the poet now has an explicit role of making the conscious comparison; unlike sublimity, now the separation of meaning/shape is "expressly emphasized in the work of art itself" and "the sublime relation altogether disappears," for "what is taken as content is no longer the Absolute itself but only some determinate and restricted meaning" and the image is regarded as relatively adequate to the content (the only similarity to the sublime being that is is still *only* an image or similitude of the meaning) (VÄ 1, 486f.).

Although this third form has arisen dialectically both from the separation between meaning and reality seen in the sublime and from symbolism's phenomenon hinting [Hinweisen] at universal meaning, conscious symbolism is "nicht etwa eine höhere Kunstform, sondern vielmehr eine zwar klare, aber verflachte Auffassung, welche, in ihrem Inhalt begrenzt und in ihrer Form mehr oder weniger prosaisch, sich ebensosehr aus der geheimnisvoll gärenden Tiefe des eigentlichen Symbols als von dem Gipfel der Erhabenheit herab in das gewöhnliche Bewußtsein hinein verläuft" (VÄ 1, 488f.).

The organization of this final section in the Hotho edition is threefold: (a) comparisons that "begin with the concrete phenomenon": fable, parable, apologue, proverb, metamorphoses; (b) comparisons that "begin with meaning in the artist's mind": riddle, allegory, metaphor, image, simile ("this mode of representation cannot for the most part amount to independent works of art and must therefore content itself with annexing its forms, as purely incidental, to other artistic productions"); and (c) "by way of appendix": didactic and descriptive poetry (here "complete separation of the two sides whose unification and genuine mutual formation alone makes possible the production of genuine works of art"). All of these are modes of the art of speech; poetry alone can "express such a rendering of independence to both meaning and shape, while it is the task of the visual arts to exhibit in the outward shape as such its inner being" (VÄ 1, 490). We will briefly examine the modes of comparison that Hegel considers under each of these three main headings.

a) Comparisons originating from the external object (fable, parable, apologue, proverb, metamorphoses). The modes in this first section belong to *Vorkunst* or the symbolic form of art, Hegel says, "because they are generally imperfect [überhaupt unvollkommen] and therefore a mere search for true art [ein bloßes Suchen der wahren Kunst]; this search does contain the ingredients for a genuine mode of configuration, yet it views them only in their finitude, separation, and mere relation, and so it remains subordinate." Hegel thus does not discuss these modes "as if they belonged to poetry as their art distinct alike from the visual arts and from music, but only in the relation which they have to the general *forms* of art; their specific character can be elucidated only from this relation, and not from the essential nature of the proper species of *poetic* art, namely epic, lyric and dramatic" (VÄ 1, 491f.).

(1) Fable: Hegel sees in fable a finitude of consciousness and content; nature is here opposed to spirit, but these in a finite sense (so specific revelations in nature that are seen to have a bearing on the finite ends of human beings): "Hier ist es nicht mehr der göttliche Wille, der sich seiner Innerlichkeit nach dem Menschen durch Naturereignisse und deren religiöse Deutung offenbar macht, sondern ein ganz gewöhnlicher Verlauf natürlicher Vorfälle, aus dessen vereinzelter Darstellung sich in menschlich verständlicher Weise ein sittlicher Satz, eine Warnung, Lehre, Klugheitsregel abstrahieren läßt und der um dieser Reflexion willen vorgeführt und der Anschauung dargeboten wird." (VÄ 1, 494) Aesop's insights are to be distinguished from the "poetic" vision that sustained the Indian and Egyptian imaginations: his vision is prosaic, and this is in fact the locus of Bakhtin's favorite quotation from Hegel, that it's with the perspective of the slave that prose begins: "In dieser Beziehung sieht er [Aesop] zwar das Tierische und Natürliche überhaupt nicht, wie die Inder und Ägypter, als etwas für sich Hohes und Göttliches an, sondern betrachtet es mit prosaischen Augen als etwas, dessen Verhältnisse nur dienen, das menschliche Tun und Lassen vorstellig zu machen; dennoch aber sind seine Einfälle nur witzig, ohne Energie des Geistes oder Tiefe der Einsicht und substantiellen Anschauung, ohne Poesie und Philosophie. [...] Im Sklaven fängt die Prosa an, und so ist auch diese ganze Gattung prosaisch." (VÄ 1, 497)

(2) Parable, Proverb, Apologue: Like fable, parable takes up events drawn from the sphere of ordinary life but attributes to them a deeper and more general meaning; it is distinct from fable because it looks for such occurrences not in nature and the animal world but in human action; proverbs are *not* comparisons "where the universal meaning and the concrete phenomenon appear outside one another and contasted with one another" but where the former is "immediately expressed with the latter; the apologue (or moral fable) may be regarded as "a parable which does not use the individual case merely as a *simile* to illustrate a universal meaning but in this cloak itself brings out and expresses the univeral maxim (and this maxim is actualy contained in the individual case: in Goethe's narrative of "The Treasure Seeker" the conclusion "provides the lesson itself without any mere comparison: 'Work by day, guests at night, arduous weeks, joyful festivals, be thy future talisman.'") (One striking feature of this entire section is in fact how often lines of Goethe are cited here.)

(3) Metamorphoses: On the one hand the natural is not treated here purely externally and prosaicaly as a mere hill, spring, tree, etc, but there is given to it an import belonging to an action or event springing from the spirit. The rock is not just stone but Niobe who weeps for her children. On the other hand this

human deed is guilt of some sort and the metamorphosis into a purely natural phenomenon is to be taken as a "degradation of the spiritual" (VÄ 1, 505). In metamorphoses, something that would appear to be a natural existent (this stone) is not at all an item that can be understood in naturalistic terms (this stone is the result of Niobe's action). Hegel makes clear that this reversal of natural and spiritual in metamorphoses is in contrast with what we have seen in Egyptian symbolism. Here, in fact, we have the transition from symbolic mythology to what Hegel calls (at least here) "mythology strictly so-called" [das eigentliche Mythologische], in the sense in which artists like Homer or Herodotus first gave the Greeks their gods by extracting the "inner content of the natural phenomenon" and artistically individualizing it as a spiritualized: "nicht als Darlegung moralischer, physikalischer, theologischer oder spekulativer Lehren, sondern die Mythologie als solche, den Anfang geistiger Religion in menschlicher Gestaltung" (VÄ 1, 506).

b) Comparisons that "begin with meaning in the artist's mind". (1) Riddle: The treatment of riddle as its own rhetorical form here is distinguished from the sense of riddle that earlier emerged in Hegel's consideration of the "riddling" character of Egyptian art and religious language because here the inventor of the riddle knows the answer. Riddling involves the exercise of conscious wit, yet may be seen as a sort of self-destructive form of it, since guessing the riddle brings it to an end (Hegel cites here a remark attributed to Sancho Panza that he liked knowing the answer before he even heard the question.)

(2) Allegory: Allegory is a form that Hegel thinks in some ways is the opposite of the riddle in that it works not because of a semi-veiled meaning of the sort riddles employ but rather strives for a clarity on both sides of the comparison. Hegel does not have much patience with allegory, and casts it as a "cold and frosty" form of figurative speech. (Drawing on a view that stems ultimately from Goethe, Schiller and Schelling, Hegel contrasts allegorical personification with the concrete individualization he sees in the Greek gods.)

(3) Comparison Proper (or the "figurative in general"): Metaphor, Image, Simile. The three forms of comparison treated here, Hegel says, all combine the clarity of allegory with the pleasantry of the riddle (thereby presumably avoiding the disadvantages of those two forms – i.e., allegory's coldness and riddle's unclarity). Although Hegel's account of metaphor can hardly be called especially philosophically elaborate, he does note some important features: the linguistic origin in everyday speech (as the literal meaning of terms like *begreifen* come to take on conceptual importance) and the shift over time from "living" to "dead" metaphors: genuine metaphor is always an *interruption* of the course of ideas. Image, which lies midway between metaphor and simile, involves a concrete relation between two sides, not the universal/individual opposition of ear-

lier symbol (Hegel's examples here are drawn from Goethe and Schiller's *Xenien* and from the poetry of Hafiz). Although in simile, image and meaning are both explicitly separated with a connection only through an "as," there is (as with allegory) a corresponding flatness of expression, Hegel thinks, that should be avoided in good poetry.

c) Appendix (didactic poetry, descriptive poetry and the ancient epigram). All of the figures in this final section remain through the variants of the lecture series on Hegel's list to be discussed here, but Hegel does not always say that they form an "appendix." Nonetheless Hegel makes clear that the *very* end of the section of symbolic art is precisely the place for a consideration of these forms, as the *disappearance* of the symbolic is heralded by the approach of a mode of art where there is "complete, reciprocal interpenetration of meaning and expression" (VÄ 1, 539).

In didactic and descriptive poetry, there is an external and quite prosaic meaning that can be taken by the artist to be already present – either the Epicurean philosophy that Lucretius is trying to expound or the landscape that is being described – and the poet's task is to provide only a sort of "ornamentation" in the exposition. In both cases, the meaning is "cut and dried" and formal considerations have no bearing on the content: "what has become prosaic in itself is not to be reshaped poetically" (VÄ 1, 542). Hegel does not think that these are in fact "proper forms of art" (VÄ 1, 541).

While the discussion of descriptive and didactic poetry may fall within the category of an appendix, the case of the epigram actually seems different. Hegel's treatment of the ancient epigram both here at the end of the symbolic form of art and at the very beginning of his discussion of poetry reveals an importance for the epigram in a more organic transition to classical art. In both discussions of the ancient epigram, Hegel stresses a different connection between symbolic and classical artforms that the epigram affords.

On the objective side, Hegel makes clear that the ancient epigram does not split simply between a "topic" [Gegenstand] and what is said about it. Instead, he argues, "we have the thing itself [die Sache selber] in a double way": "Das ursprüngliche Wesen des Epigramms spricht schon der Name aus: es ist eine *Aufschrift*. Allerdings steht auch hier noch auf der einen Seite ein Gegenstand, und auf der anderen wird etwas über ihn gesagt; aber in den ältesten Epigrammen, deren schon Herodot einige aufbewahrt hat, erhalten wir nicht die Schilderung eines Objekts in Begleitung irgendeiner Empfindsamkeit, sondern wir haben die Sache selber in gedoppelter Weise: einmal die äußere Existenz und sodann deren Bedeutung und Erklärung, als Epigramm zu den schärfsten, treffendsten Zügen zusammengedrängt. Diesen ursprünglichen Charakter jedoch hat auch unter den Griechen das spätere Epigramm verloren und ist mehr und mehr

dazu fortgegangen, über einzelne Vorfälle, Kunstwerke, Individuen flüchtig hingeworfene geistreiche, witzige, anmutige, rührende Einfälle festzuhalten und aufzuschreiben, welche nicht so sehr den Gegenstand selbst als subjektive sinnvolle Beziehungen in Rücksicht auf denselben herausstellen." (VÄ 1, 544f.)

Remarkably, Hegel praises exactly this objective quality of the ancient epigram in his discussion of the beginning of *poetry* with a distich from Herodotus that commemorated the death of the Greeks who fell at Thermopylae ["Here four thousand from the Peloponnese fought against three myriads." (VÄ 3, 241)]. Although Hegel notices that the inscription is in the form of a distich, he does not say anything more (as we might expect him to) about distinctively stylistic considerations such as meter, euphony, rhyme or diction that would make it poetry. It is also not a contrast that insists on poetry as a distinctively figurative form of writing (unlike the preceding discussions of metaphor, comparison, etc.) (Speight 2017b). Hegel says that the inscription is something written "purely for the sake of relating it" – that is to say, not for instrumental or pragmatic reasons (the inscription is different from, say, a signpost showing one the road to Thermopylae). Hegel says further that the inscription "leaves the content [der Inhalt] in its simplicity but intentionally gives special form to its description"; he stresses that it has a dignity and a sphere of its own. Epigrams like this present us with a "totality complete in itself and therefore independent"; the "whole" that they articulate, as is the case with the battle of Thermopylae, "may be rich and may have a vast range of relations, individuals, actions, events, feelings, sorts of ideas, but poetry must display this vast complex as perfect in itself, as produced and animated by the single principle which is manifested externally in this or that individual detail" (VÄ 3, 240f.).

If Hegel's rather remarkable praise for the "totality" which an epigram can express in its independence and objectivity suggests strongly how the transition to classical art is underway, there is also a subjective side to the transition that interests Hegel as well. In the 1823 lectures, Hegel's account of the comparative artforms (somewhat more abbreviated than what we find in Hotho) stresses the pull away from the practical and to the theoretical that we have seen also in the praise of epigrammatic form: "Ueber die Vergleichung ließe sich viel Formelles und äußerliches sagen, was nicht nur unsere Sache ist. die Hauptsache ist, daß sie uns aus dem practischen Intresse herausreißt, in das uns der dichter hineinversetzt hat, sodaß wir daran selbst mit dem Unsrigen Theil nehmen. Wir selbst sind in der Sache befangen. Diesen Fortgang unterbricht die Vergleichung. Sie kann uns beschwerlich fallen, denn sie hemmt und versetzt uns in die eigentlich künstlerische Stimung der interesselosen theoretischen Betrachtung. Sie führt uns aus dem Innern heraus zur Gestalt; zur Verweilung bei dem Aussehn dieses Inhalts. Sie bringt also die Wirkung hervor, welche den Sinn der Kunst

ausmacht, nehmlich das interesselose Anschauen, das theoretische." (Ho, 362f.) This almost Kantian return to the importance of disinterested *lingering* is, of course, framed also with Hegel's *caveat* that comparisons can *also* be boring and lifeless, but it is still worth emphasizing that the final reaches of the symbolic as an artform do still herald in Hegel's view something about both the proper shape of the classical artwork and the genuinely aesthetic response to it.

Bibliography

Creuzer, F. 1806. "Idee und Probe alter Symbolik". In: *Studien*, Bd. 2, hg. v. C. Daub u. F. Creuzer, 224–324. Frankfurt a.M. / Heidelberg.
Creuzer, F. 1810–1812 (I); 1819 (II); 1836–1842 (III). *Symbolik und Mythologie der alten Völker, besonders der Griechen*. Leipzig / Darmstadt.
Dieckmann, L. 1959. "Friedrich Schlegel and Romantic Concepts of the Symbol". *Germanic Review* 34,4: 276–283.
Donougho, M. 1992. "Hegel and Creuzer: or, Did Hegel Believe in Myth?". In: *New Perspectives on Hegel's Philosophy of Religion*, hg. v. D. Kolb, 59–80. Albany.
Hodgson, P. C. et al. (Hg.). 1987. *Hegel's Lectures on the Philosophy of Religion*. Berkeley.
Hoffmeister, J. 1953. *Briefe von und an Hegel*. Bd. 2. Hamburg.
Houlgate, S. 2016. "Hegel's Aesthetics". In: *The Stanford Encyclopedia of Philosophy*, hg. v. E. N. Zalta. [URL = https://plato.stanford.edu/archives/spr2016/entries/hegel-aesthetics/].
Jaeschke, W. 1984. "Zur Logik der Bestimmten Religion". In: *Hegels Logik der Philosophie: Religion und Philosophie in der Theorie des absoluten Geistes*, hg. v. D. Henrich u. R.-P. Horstmann, 172–182. Stuttgart.
Jaeschke, W. 1990. *Religion in Reason: The Foundations of Hegel's Philosophy of Religion*. Berkeley.
Jamme, C. 2013. ",Göttersymbole': Friedrich Creuzer als Mythologe und seine philosophische Wirkung". In: Ders., *Mythos als Aufklärung: Dichten und Denken um 1800*, 199–210. München.
De Man, P. 1982. "Sign and Symbol in Hegel's ,Aesthetics'". *Critical Inquiry* 8,4: 761–775.
Pöggeler, O. 1971. "Hegel und Heidelberg". *Hegel-Studien* 6: 65–133.
Schlegel, F. 1986. *Gespräch über die Poesie*. Stuttgart.
Speight, A. 2013. "Artisans, Artists and Hegel's History of Art". *Bulletin of the Hegel Society of Great Britain* 68: 203–222.
Speight, A. 2017a. "Religion, Art, and the Emergence of Absolute Spirit in the Phenomenology". In: *The Oxford Handbook of Hegel*, hg. v. D. Moyar, 148–165. New York.
Speight, A. 2017b (forthcoming). "Hegel on Poetry, Prose and the Origin of the Arts". *Palgrave Hegel Handbook*, hg. v. M. Bykova. New York.
Szondi, P. 1974. *Poetik und Geschichtsphilosphie I*, Frankfurt a.M.

Ulrich Seeberg
5 Die klassische Kunstform

5.1 Textgestalt und Thesen

Die klassische Kunstform repräsentiert in Hegels Vorlesungen über Ästhetik eine der drei besonderen Formen des Kunstschönen. Das Kunstschöne besteht seiner allgemeinen Charakterisierung nach darin, dass im Kunstwerk Natur und Geist zu einer sinnlich wahrnehmbaren und empfindbaren Übereinstimmung finden. Klassisch ist jene Kunstform, die diese Übereinstimmung als eine vollkommene Einheit, nämlich als eine vollständige und wechselseitige Durchdringung von geistigem Gehalt und sinnlich wahrnehmbarer und empfindbarer Gestalt realisiert. Daher repräsentiert die klassische Kunstform das Ideal der Kunst überhaupt. Das Ideal der Kunst, so lautet Hegels Konkretisierung dieser These, erfordert einerseits, dass der Geist, als Inhalt des Kunstwerks, in der Weise aufgefasst wird, dass er sich in vollkommener Weise sinnlich darstellen lässt. Diesen geistigen Inhalt der Kunst bilden die griechischen Götter. Das Ideal der Kunst erfordert andererseits, dass es eine adäquate äußere Form für diesen Inhalt gibt. Diese Form der Kunst bildet die idealisierte menschliche Gestalt. Ihre geschichtliche Vollendung findet die Kunst als klassische Kunst daher in der antiken griechischen Kultur, nämlich als idealschöne Darstellung der Götter in Menschengestalt. Insbesondere die Skulptur, die griechische Freiplastik, gilt Hegel als Gipfelpunkt und Vollendung der Kunst überhaupt: „Schöneres kann nicht sein und werden." (VÄ 2, 128)

    Der Abschnitt zur klassischen Kunstform ist als Teil der Lehre von der geschichtlichen Besonderung der Kunstformen sowohl auf eine Vorgeschichte bezogen, die symbolische Kunstform, wie auch auf eine Nachgeschichte, die romantische Kunstform. Die symbolische Kunstform, die Hegel insbesondere in der indischen, ägyptischen und hebräischen Kunst realisiert sieht, ist als die noch nicht erreichte Realisierung des Ideals in der klassischen Kunst zu verstehen. Die romantische Kunstform, die Hegel insbesondere in der christlichen Kunst des Abendlandes realisiert sieht, ist als die nicht mehr erreichbare Realisierung des Ideals zu verstehen. Als Vollendung des Ideals versteht sich die klassische Kunst daher, obwohl sie in besonderer Weise nur auf sich selbst verweist, auch ihrerseits nicht isoliert, sondern nur aus dem Gesamtzusammenhang einer kulturgeschichtlichen Entfaltung. Diese kulturgeschichtliche Entfaltung der Kunst erklärt Hegel wiederum aus einem geschichtlichen Zusammenspiel von Kunst, Religion und Philosophie.

Dieses Zusammenspiel zeigt sich bereits in der erwähnten These, dass die klassische Kunst als Kunstreligion des antiken Griechenlands realisiert ist, dass also der griechische Götterglaube selbst eine Form der Kunst darstellt. Es zeigt sich weiterhin darin, dass die romantische Kunstform deswegen, weil sie die christliche Religion zum Inhalt hat, in Form und Inhalt nicht mehr klassisch sein kann, sondern auf die Wahrheit dieser Religion als eine Wahrheit hinweisen muss, die als Innerlichkeit des Glaubens außerhalb der Kunst liegt. Die Philosophie schließlich erscheint in diesem geschichtlichen Zusammenspiel, was die Entwicklung der Kunst betrifft, darin, dass sie zuletzt, nämlich in der Gegenwart, die Stelle einnimmt, die zunächst der griechischen Kunst der Antike und dann der christlichen Religion in der Vergangenheit einmal zukam. Sie bestimmt und vollendet im Verstehen dessen, was Kunst und Religion geschichtlich gewesen sind, die Gegenwart im Wissen um ihre Vergangenheit. Kunst, Religion und Philosophie verstehen sich hierbei als Weisen, wie sich der Mensch im Bewusstsein seiner Entgegensetzungen im Verhältnis zur Welt und zu sich selbst als Teil eines Ganzen oder Absoluten wiederfindet.

Der Abschnitt zur klassischen Kunstform selbst behandelt in diesem Rahmen die geschichtliche Entwicklung der griechischen Kunst der Antike. Er gliedert sich in eine Einleitung sowie in drei Kapitel. Die Einleitung thematisiert im Kontrast zur symbolischen Kunstform den Aspekt der Selbständigkeit des Klassischen als eine auf sich selbst verweisende Bedeutung des Kunstwerks, die historische Realisierung des klassischen Ideals in der griechischen Kunstreligion der Antike sowie die Stellung des Künstlers im Verhältnis zum von ihm geschaffenen Kunstwerk. Das erste Kapitel behandelt die dem Ideal der klassischen Kunstform selbst immanente geschichtliche Herausbildung der Götter in Menschengestalt aus der Natur. Das zweite Kapitel behandelt das herausgebildete Ideal der klassischen Kunstform, nämlich den Kreis der besonderen Götter und deren Individualität. Das dritte und kürzeste Kapitel behandelt die Auflösung der klassischen Kunstform, als Übergang zur romantischen Kunstform.

Der Abschnitt zur klassischen Kunstform stellt den Leser wie den Interpreten vor erhebliche Herausforderungen. Zum einen erfordert er, wie alle anderen Teile der Ästhetik auch, in besonderer Weise einen Bezug auf das Ganze und erfordert damit einen hermeneutisch reflektierenden Leser. Dies betrifft nicht nur die bereits angesprochenen geschichtlichen Bezüge, also das Durchlaufen des gesamten Zusammenhangs der besonderen Kunstformen, aus dem heraus sich erst die vollständige Bedeutung des Klassischen, als Geschichte der Entfaltung, der Vollendung und der Auflösung des Ideals, ergibt. Es betrifft ebenso den Bezug zu den beiden anderen Hauptteilen der Ästhetik, nämlich die systematischen Ausführungen des ersten Teils zur Kunst überhaupt sowie des dritten Teils zum System der einzelnen Künste. Ohne die systematischen Betrachtungen vor allem zum Ideal der Kunst überhaupt bliebe vieles von demjenigen, was im Abschnitt zur klassischen Kunstform angesprochen wird, unverständlich. Ebenso aber bliebe es ohne Bezug auf die Ausführungen zu den einzelnen Kunstgattungen und damit vor allem zu einzelnen Kunstwerken unvollständig. Im Abschnitt zur klassischen Kunstform selbst verweist Hegel zwar insbesondere auf die Skulptur und die Tragödie, gibt aber verhältnismäßig wenige Hinweise auf konkrete Werke. Im Fokus des Abschnitts steht stattdessen die Frage nach der geschichtlichen Ausbildung des klassischen Ideals in der Gestalt der griechischen Götter.

Die besondere inhaltliche Schwierigkeit dieses Abschnitts liegt in seiner unmittelbaren Beziehung zur Hauptthese der Ästhetik insgesamt begründet, dass nämlich die Kunst überhaupt ihre historische Vollendung als Kunstreligion im antiken Griechenland gefunden habe. Diese Vollendung gehört nicht nur in dem Sinne der Vergangenheit an, dass die gegenwärtige Zeit nicht mehr an Götter glaubt, sondern auch darin, dass die klassische Kunstform, wie Hegel erklärt, kein Muster oder Vorbild für die Kunst der eigenen Zeit mehr sein kann. Gleichwohl zieht die Vollendung der Kunstwerke dieser Zeit nach wie vor höchste Aufmerksamkeit auf sich, und zwar in einer Weise, die für das Selbstverständnis der modernen Gegenwart überhaupt von entscheidender Bedeutung ist.

Hegels Ästhetik dient daher im Sinne einer „denkende[n] Betrachtung" der Kunst (VÄ 1, 26) der Aufgabe, die Gegenwart mit sich selbst über den Anspruch und die Bedeutung zu verständigen, die ihr in der Kunst ihrer eigenen Vergangenheit entgegentreten. Der Abschnitt zur klassischen Kunstform hat somit im Kontext der Ästhetik insgesamt verständlich zu machen, in welchem Sinne die griechischen Kunstgötter tatsächlich einmal eine lebendige Wirklichkeit bzw. eine höchste Bedeutung für die Menschen dieser Zeit haben konnten. In dieser Verständigung beansprucht er seinerseits, von höchster Bedeutung für die eigene Zeit zu sein.

In der Absicht, Zugänge zu Hegels Text zu eröffnen, nähert sich der folgende Kommentar diesem Anspruch und damit Hegels Ausführungen in zwei Schritten. Zunächst wird der Begriff des Klassischen bzw. der Klassik von einem begriffs- und problemgeschichtlichen Kontext her skizziert. Hegels Begriff des Klassischen nimmt in höchst differenzierter Weise die Diskussionen seiner Zeit auf, die sich als Moderne insgesamt aus einem historisch reflektierten Bezug auf die Vergangenheit zu verstehen suchte. Zum zweiten wird das Kapitel zur klassischen Kunstform im Zusammenhang dargestellt und im Blick auf die Aufgabe einer geschichtlichen Selbstverständigung der Gegenwart über ihre eigene Vergangenheit erläutert.

5.2 Begriff und Problem des Klassischen

Hegels Grundthese von einer Vollendung der Kunst im Klassischen überhaupt und speziell in der griechischen Kultur der Antike mag prima facie den Eindruck erwecken, als ob die symbolische und die romantische Kunst gegenüber der klassischen Kunst nur mindere und damit weniger interessante Formen darstellten. Zudem scheint die Konzentration auf das Paradigma der Kunst der klassischen Antike einen normierenden Klassizismus in Form und Inhalt zu implizieren, der aufgrund seiner behaupteten künstlerischen Vollendung in der Vergangenheit weder Raum für Neues noch für Brüchiges und Unvollendetes bietet und damit im Blick auf die Gegenwart sowohl lebens- wie auch kunstfern zu sein scheint. Dieser Verdacht scheint durch die Bedeutung des Begriffs des Klassischen selbst bestätigt zu werden, impliziert diese doch im heutigen Sprachgebrauch eine geschichtlich rückblickend zuerkannte Vollendung, die, wie etwa Thomas Pavel beobachtet, im aufschlussreichen Unterschied zur Selbstbeschreibung moderner Künstler, etwa als romantisch oder avantgardistisch, steht (Pavel 2014, 64).

5.2.1 Das Klassische und die Querelle des Anciens et des Modernes

Die Engführung des Begriffs des Klassischen mit der griechischen und römischen Antike, die bis heute auch im Begriff der klassischen Philologie angezeigt wird, geht auf die Renaissance zurück. Als klassisch galten hier zwar, wie auch schon im Lateinischen des 2. Jh., rhetorisch und moralisch vorbildliche Autoren überhaupt, de facto aber wurde der Kanon der Zeit durch die damals vielfach neu entdeckten antiken Autoren griechischer und lateinischer Sprache bestimmt (Pavel 2014, 65). Die Frage, ob das Klassische als solches geschichtlich unüberbietbar sei, stand dabei zunächst nicht zur Debatte, bildeten doch die Sprache und Literatur, die Architektur und die Skulptur der Antike bewunderte Vorbilder für die Kunst der eigenen Zeit, die sich darin als zyklische Wiedergeburt und zugleich auch als Überbietung der Antike verstehen konnte (Gumbrecht 1978, 77 ff.). Zum Problem wurde das Thema einer Unüberbietbarkeit der antiken Klassiker erst im Rahmen der „Querelle des Anciens et des Modernes" im 17. Jh. in Frankreich und dann auch in ganz Europa, und zwar zunächst im Blick auf die griechische Tragödie. Auf diese auch für Hegel entscheidenden Diskussionen ist noch zurückzukommen.

Was das geschichtliche Verhältnis zur Antike betrifft, so fordert Winckelmann im Kontext der Querelle, die eigene Zeit möge im Rückbezug auf die klassische

Antike selbst unnachahmlich (und in diesem Sinne klassisch) werden (Winckelmann 1969, 4). Klassik wird damit einerseits zum Begriff einer historisch abgeschlossenen Epoche, deren Vollendung und Vorbildlichkeit im Bewusstsein einer historischen Distanz bestimmt wird, damit aber andererseits zum Ausgangspunkt des Versuchs, die Besonderheit der Maßstäbe der eigenen Zeit aus einem reflektierten Verhältnis zur Vergangenheit zu verstehen und auszubilden. So beruft sich etwa die Opposition des deutschen Sturm und Drang gegenüber der normierenden Regelpoetik der französischen Kultur des 17. und 18. Jh. keineswegs nur auf die als solche ungeschichtliche Regellosigkeit in der naturhaft bestimmten Kreativität des künstlerischen Genies, sondern bezieht sich, scheinbar anachronistisch, gerade auch auf das Vorbild der klassischen Antike. In diesem Zusammenhang stehen in je verschiedener Weise, neben Winckelmann, beispielsweise Lessing, Herder, Moritz, Goethe, Schiller, Hölderlin, die Brüder Schlegel, Schelling, Wilhelm v. Humboldt und natürlich Hegel selbst.

Erst das späte 19. Jh. spricht dann aber, auch in der politischen Absicht, national identitätsstiftende Perioden zu konstruieren, rückblickend vom eigenen Klassizismus in der Bildhauerei und Architektur, von der Wiener klassischen Musik (Bockholdt 1987, 226) und von der Weimarer Klassik oder der mittelhochdeutschen Klassik in der Literatur. Analog dazu wird etwa in Frankreich erst ab dieser Zeit das französische 17. Jh. als klassisch bezeichnet und zum Vorbild der eigenen Zeit, also des 19. Jh., erklärt (Voßkamp 2001, 300–305). Die Ausbildung dieses historischen Bewusstseins der Vergangenheit und zugleich Vorbildlichkeit des Klassischen erklärt sich nun näher von dem in der „Querelle des Anciens et des Modernes" aufgeworfenen Problem her.

Die Querelle entzündete sich am zunächst akademischen Streit um die Vorbildlichkeit der griechischen Tragödie für die Gegenwart, weitete sich aber auf die Frage nach dem Verhältnis von Antike und Moderne überhaupt aus, die schließlich in ganz Europa diskutiert wurde. Während die Modernen, und zwar unter Verweis auf den Fortschritt in Wissenschaften und Technik, eine Überlegenheit der eigenen Zeit über die Kultur der Antike behaupteten, verwiesen die Alten auf die zeitlose Gültigkeit des Maßstabs der Antike für die Gegenwart. Unabhängig von der Frage, was dies im Einzelnen für die Regeln der Tragödie bedeutet, führte die Querelle, wie vor allem Hans Robert Jauß aufgewiesen hat, im Ergebnis auf das moderne Problem eines Bewusstseins der historischen Relativität kultureller Normen.

Während nämlich traditionell das geschichtliche Verhältnis der Gegenwart zur Vergangenheit nach dem Muster der Erfüllung und Steigerung oder des Verfalls oder auch als zyklische Abfolge beider Momente verstanden werden konnte, hatte die französische Querelle zum Ergebnis, dass jede Zeit ihren eigenen Maßstab habe. So konzedierte Perrault, als Vertreter der Modernen, in seiner Schrift

Parallèle des Anciens et des Modernes, dass der wissenschaftliche und technologische Fortschritt nicht auch einen kulturellen Fortschritt bedeuten müsse und sich das zeitgenössische Geschmackskriterium des „*bon goût*" nicht auch auf die antike Dichtung anwenden lasse. Damit ließ sich aber weder eine Vorbildlichkeit der antiken Kultur für die Gegenwart behaupten noch umgekehrt eine Überlegenheit der eigenen Zeit über die Antike, vom Schönen, als Kriterium der Kunst, muss vielmehr als „*beau relatif*" gesprochen werden (Jauß 1964, 47; Jauß 1971, 412 f.; Gumbrecht 1978, 100 f.).

Das Bewusstsein, dass jede Zeit ihren eigenen Maßstab hat, unterscheidet nun nicht nur grundsätzlich die Moderne von der Tradition, sondern führt unmittelbar zu der Frage, worin im Bewusstsein dieses Unterschieds zur Tradition die Maßstäbe der eigenen Zeit liegen. So lässt sich weder ein als vergangen bewusster Maßstab der Tradition für die Gegenwart übernehmen, noch lässt sich ein analoger Maßstab in einer Gegenwart finden, die durch das Bewusstsein einer historischen Relativität kultureller Normen überhaupt bestimmt ist. Das Bewusstsein dieses die Debatten um das Selbstverständnis der Moderne bis heute bestimmenden Traditionsbruchs (Habermas 1988) betrifft zusammen mit der Frage nach der kulturellen Verbindlichkeit der Kunst der Vergangenheit auch die Verbindlichkeit der Religion und mit ihr der traditionellen Ethik und Metaphysik.

Bei Schiller kommt dieser Traditionsbruch sprachlich in der Unterscheidung von naiver und sentimentalischer Dichtung zum Ausdruck, während Friedrich Schlegel allgemeiner von der künstlichen Bildung der Gegenwart spricht (Jauß 1970). Künstlichkeit und Sentimentalität der Moderne, oder auch Reflexion und das Bewusstsein der Zerrissenheit, stehen hier gegen die natürliche Einfachheit der Antike. Wilhelm v. Humboldt formuliert daher in einem Brief vom 30.4.1803: „*Sie* (sc. die Menschen der Antike) *waren bloß, was sie waren. Wir wissen noch, was wir sind, und blicken darüber hinaus. Wir haben durch Reflexion einen doppelten Menschen aus uns gemacht.*" (Gumbrecht 1978, 106) Für diese Epochenunterscheidung steht in Hegels Zeit der Begriff der Romantik, der, vor allem durch August Wilhelm Schlegel kanonisiert, die reflektierte Moderne, beginnend im christlichen Mittelalter, der klassischen Antike gegenüberstellt (Gumbrecht 1978, 106).

5.2.2 Hegels Ästhetik und die Querelle

Hegels Ästhetik nimmt diese Problematik der Querelle in differenzierender Weise auf (vgl. Seeberg 2014). Auch für Hegel ist die moderne Gegenwart durch eine Reflexion auf ihre Vergangenheit bestimmt, durch die sie sich insgesamt, nämlich im Bewusstsein der historischen Relativität kultureller Normen, von ihr unterschieden weiß. Der Künstler der Gegenwart steht nicht mehr „durch seine Nationalität und Zeit [...] innerhalb einer bestimmten Weltanschauung und deren Gehalt und Darstellungsformen" (VÄ 2, 234). Bedingt durch die „Bildung der Reflexion", und zwar „in der neuesten Zeit", ist das „Gebundensein an einen besonderen Gehalt und eine nur für diesen Stoff passende Art der Darstellung [...] für den heutigen Künstler etwas Vergangenes" (VÄ 2, 235). „Es gibt heutigentags keinen Stoff, der an und für sich über dieser Relativität stände" (VÄ 2, 235).

Dieses Bewusstsein der historischen Relativität kultureller Normen bestimmt für Hegel das Ende bzw. die Auflösung der romantischen Kunstform. Diese Auflösung ist allerdings aus einem geschichtlichen Gesamtzusammenhang zu begreifen, der alle drei besonderen Kunstformen einschließt. Ihre historische Vollendung überhaupt findet die Kunst bereits in der klassischen Antike. Daher beginnt die Auflösung der Kunst ihrer höchsten oder absoluten Bedeutung nach auch bereits mit dem Übergang von der klassischen zur romantischen Kunstform: Das Romantische ist „*an sich* schon das Prinzip der Auflösung des klassischen Ideals" (VÄ 2, 220).

Mit dieser These einer Geschichtlichkeit der Kunst überhaupt wendet sich Hegel gegen alle Versuche, das moderne Bewusstsein einer historischen Relativität kultureller Normen zu revidieren. „Es hilft da weiter nichts, sich vergangene Weltanschauungen wieder, sozusagen substantiell, aneignen, d. i. sich in eine dieser Anschauungsweisen fest hineinmachen zu wollen, als z. B. katholisch zu werden, wie es in neueren Zeiten der Kunst wegen viele getan" (VÄ 2, 236). Es hilft deswegen nichts, weil es dem modernen Künstler „kein wahrer Ernst" mehr mit dem Stoff der Vergangenheit, wie den griechischen Göttern oder der Figur der Maria, sein kann. „Der innerste Glaube ist es, der uns dann abgeht" (VÄ 2, 233). Für den Künstler der Vergangenheit ist dieser Stoff hingegen „das Unendliche und Wahre seines eigenen Bewußtseins, ein Gehalt, mit dem er seiner innersten Subjektivität nach in ursprünglicher Einheit lebt, während die Gestalt, in welcher er denselben herausstellt, für ihn als Künstler die letzte, notwendige, höchste Art ist, sich das Absolute und die Seele der Gegenstände überhaupt zur Anschauung zu bringen" (VÄ 2, 232).

Diese Diagnose klingt nun zwar prima facie äußerlich distanziert, als ob das Ende einer höchsten und gesellschaftlich repräsentativen Verbindlichkeit der Kunst als Ausdruck der innersten Subjektivität des Menschen gar kein Problem bedeutete. Dieser Eindruck trügt jedoch. Das Problem besteht für Hegel allerdings nicht darin, dass insbesondere der Glaube an die griechischen Götter schon längst, nämlich mit dem geschichtlichen Aufkommen des Christentums, zur Vergangenheit geworden ist. Das Problem besteht darin, dass die moderne Reflektiertheit die Welt überhaupt in einer Weise abstrakt und prosaisch erscheinen lässt, die gar keinen Raum für den Menschen zu lassen scheint, dem es in der Kunst um das ihm Wesentliche geht.

Die Prosa der modernen Welt ist durch die abstrakte Allgemeinheit ihrer Institutionen und durch die Partikularität der Subjektivität bestimmt (vgl. VÄ 1, 137f.; 197f.; 239ff.; 253f.). Im bloß abstrakten Wissen, sei es das Wissen um staatliche Institutionen, um die Natur oder eben auch um die Geschichte, kann sich der Mensch als solcher, nämlich als konkretes Individuum, aber nicht wiederfinden. Daher reflektiert er seine eigene, innerste Subjektivität im Kontrast zur Abstraktheit der modernen Lebensverhältnisse als bloß partikular, ohne allgemeine Bedeutung. In der Vergangenheit konnte sich der Mensch hingegen als konkretes Individuum anschaulich in den Lebensverhältnissen seiner jeweiligen Zeit wiederfinden und darstellen, nämlich insbesondere, wie noch näher erläutert werden wird, in der Kunstreligion der Griechen und auch in der Kunst der christlichen Religion. Die Kunst spielte daher eine ausgezeichnete Rolle für das Selbstverständnis und sogar die Selbsterkenntnis des Menschen: sie repräsentierte das Leben in demjenigen, worum es dem Menschen in einer höchsten Bedeutung geht.

In der Abstraktheit der modernen Lebensverhältnisse ist gerade diese künstlerische Vergegenwärtigung einer höchsten und repräsentativen Bedeutung des Lebens nicht mehr möglich. „Denn die menschliche Gestalt und was sie ausdrückt und sagt, menschliche Begebenheit, Handlung, Empfindung ist die Form, in welcher die Kunst den Inhalt des Geistes fassen und darstellen muß." (VÄ 2, 113) Daher versteht Hegel auch Schillers „Klage über den Untergang der klassischen Kunst", deren „Pathos [...] wahr und tief gedacht" sei, angesichts der „Gedankenabstraktion seiner Zeit" als „Bedürfnis nach etwas Konkretem [...], das Kunst ist", nämlich „näher nach der klassischen Kunst der Griechen und ihrer Götter und Weltanschauung" (VÄ 2, 113f.). Die Abstraktheit der Moderne überhaupt ist allerdings nicht, wie Hegel gegen Schiller einwendet, dem Christentum anzulasten. Sie ist vielmehr Ergebnis der Verstandesaufklärung. „Indem nun der Verstand Gott zu einem bloßen Gedankendinge gemacht, die Erscheinung seines Geistes in konkreter Wirklichkeit nicht mehr geglaubt und so den Gott des Gedankens von allem wirklichen Dasein abgedrängt hat, so ist diese Art religiöser Aufklärung notwendig zu Vorstellungen und Forderungen gekommen, welche mit der Kunst unverträglich sind." (VÄ 2, 113f.)

Beide Reaktionen auf das Problem der Querelle, nämlich sowohl die romantische Flucht in die christliche Religion wie auch die Griechensehnsucht Schillers, verkennen jedoch, dass sich das Problem der reflektierten historischen Distanz zur Vergangenheit, von der sich die moderne Gegenwart durch diese Reflexion grundsätzlich unterscheidet, nicht mehr durch einen Bezug auf die Kunst und die Religion der Vergangenheit selbst lösen lässt. Die Lösung des

Problems, dass sich der moderne Mensch weder in den bloß abstrakt bestimmten Lebensverhältnissen seiner Zeit noch in der Kunst der Vergangenheit – und auch nicht mehr in der christlichen Religion – wiederfinden kann, ist vielmehr Aufgabe der Philosophie.

Für Hegel ist daher der Anspruch der Kunst der Vergangenheit, eine höchste Lebensbedeutung repräsentiert zu haben, nicht bloß vergangen oder hinfällig. Er ist vielmehr im Interesse des Menschen, dem es um ein Höchstes oder Absolutes im Leben geht, in ein geschichtliches Verstehen der besonderen Art und Weise zu überführen, wie dieser Anspruch zunächst in der Kunst der klassischen Antike und sodann in der christlichen Religion verwirklicht worden ist. Gelingt diese philosophische Verständigung, so ist damit auch das Problem überwunden, sich selbst, im Bewusstsein der historischen Relativität kultureller Normen der Vergangenheit, nicht in der Kunst der Vergangenheit wiederfinden zu können. Das philosophisch sehr anspruchsvolle Programm der Ästhetik, das hier nur in einigen wenigen Aspekten umrissen werden kann, besteht daher in der philosophischen Erklärung, inwiefern die Kunst der Vergangenheit tatsächlich eine höchste Lebensbedeutung haben konnte, dies aber unter den Bedingungen der modernen Reflektiertheit nicht mehr haben kann und vor allem auch nicht mehr haben muss.

Für die Kunst bedeutet diese Verständigung daher eine Befreiung zu den ihr eigenen Möglichkeiten als Kunst in der reflektierten Moderne. Das philosophische Interesse am klassischen Ideal der Kunst – das wiederum in seiner geschichtlichen Entfaltung zu begreifen und deswegen keineswegs wichtiger als die symbolische oder die romantische Kunstform ist – stellt daher auch in keiner Weise eine bloß unzeitgemäße klassizistische Normierung dar. Dieser Verdacht beruht vielmehr selbst auf dem romantischen Missverständnis, dass die Kunst unter den Bedingungen der modernen Reflektiertheit nur den Verlust ihrer einst höchsten Bedeutung betrauern könne, und sich damit, wie Hegels Kritik der Romantik seiner Zeit lautet, in bloß unendlicher Sehnsucht verliert (vgl. VÄ 1, 211)

5.3 Tiere, Menschen, Götter

Der Abschnitt zur klassischen Kunstform hat daher die Aufgabe zu zeigen, in welchem Sinne der griechische Götterglaube als Kunstreligion in der Vergangenheit eine höchste Bedeutung für den Menschen gehabt hat. Eine höchste Bedeutung kommt ihm zu, insofern die Kunst als Ausdruck und zugleich Medium einer Selbsterkenntnis des Menschen im Ganzen der Wirklichkeit verstanden werden kann. Aus diesem Grund ist zunächst in aller Kürze an einige allgemeine Züge von Hegels Charakterisierung der Selbsterkenntnis des Menschen zu erinnern.

Als geistiges Wesen, das um sich selbst im Verhältnis zur Natur weiß und sich darin zugleich von ihr unterscheidet, greift der Mensch auf ein ihn selbst einbegreifendes Ganzes der Wirklichkeit aus. Die Natur tritt ihm aber nicht als geistige Wirklichkeit gegenüber, sondern als fremde, äußere, einschränkende Macht. Weil sich nun der Mensch gerade aus dieser Entgegensetzung zur Natur heraus selbst versteht, kann die Lösung des Konflikts dieser Entgegensetzung nur darin bestehen, das Bewusstsein der Einschränkung durch die Natur nicht zu bestreiten oder sich gegen sie zur Wehr zu setzen, sondern sie als solche anzuerkennen. In diesem Anerkennen der eigenen Endlichkeit versteht sich dasjenige, was zuvor als äußerlich und fremdartig erschien, nun als das Andere seiner selbst, in dem sich der Mensch selbst wiederfinden kann (vgl. VÄ 1, 133f.) Der Mensch begreift und affirmiert sich daher als geistiges Wesen, insofern er sich zu seiner eigenen Endlichkeit in der Entgegensetzung zur Natur in ein freies Verhältnis setzt und sich damit als Teil eines ihn selbst in seiner Entgegensetzung zur Natur einbegreifenden Ganzen oder Absoluten wiederfindet. In diesem Anerkennen der eigenen Endlichkeit ist dasjenige, um das gewusst wird, zugleich dasjenige, was um sich selbst weiß. Weil dieses Wissen um sich selbst kein abstraktes Wissen ist, das der Mensch als nur endliches Wesen alleine aus sich selbst hervorbringen könnte, bestimmt Hegel das Absolute auch als Geist, „der, um für sich das Wissen seiner selbst zu sein, sich *in sich* unterscheidet und dadurch die Endlichkeit des Geistes setzt, innerhalb welcher er sich absoluter Gegenstand des Wissens seiner selber wird" (VÄ 1, 130).

Diese Charakterisierungen sind entscheidend, um nun auch Hegels Erklärung der klassischen Kunst zu verstehen. Die Voraussetzung der künstlerischen Darstellung eines Absoluten liegt darin, dieses als Geist zu verstehen, der sich selbst zum Gegenstand seines Wissens macht und in dieser Verdoppelung zugleich eine äußere, und zwar leibliche Erscheinung gewinnt. Im klassischen Kunstwerk, als Kunst des Ideals, erscheinen daher Inhalt und Form in der Weise einer vollkommenen Entsprechung. Die Form des Werks verweist nicht auf einen ihr selbst äußeren geistigen Gehalt, sondern bedeutet diesen Gehalt selbst (VÄ 2, 18 ff.). Dies ist möglich, weil der Inhalt des Werks die Geistigkeit des Menschen in ihrer leiblichen Erscheinung ist. Die symbolische Kunstform verweist hingegen auf das Absolute als bloß abstrakten Gedanken einer denkenden Selbstbeziehung, der entweder der Natur in ihrer sinnlichen, in sich haltlosen und endlichen Vereinzelung negativ entgegengesetzt wird, oder positiv als pantheistische Immanenz mit der Natur schlechthin identifiziert wird.

Diese zentrale These gewinnt ihren konkreten Sinn aus der näheren Betrachtung des Verhältnisses des Menschen zur ihm äußerlich und fremd gegenüberstehenden Natur. Die griechische Mythologie thematisiert dieses Verhältnis selbst, nämlich als Herausbildung des klassischen Ideals der Götter in Menschengestalt in der Überwindung der Naturmächte und in der Degradation des Tierischen. Die griechische Mythologie kennt keine Tiergötter, anders als vor allem der Hinduismus. Tiere werden vielmehr im Kult geopfert und verzehrt und ihre Jagd wird als heroische Tat dargestellt. Ebenso wird mythologisch, vor allem in der Überlieferung bei Ovid, die Verwandlung von Menschen in Tiere als Strafe verstanden.

Diese Degradation des Tierischen erscheint auf den ersten Blick als eine bloß äußerliche Umkehrung von Machtverhältnissen. Dies erklärt aber weder, warum Tiere überhaupt als Götter verehrt werden konnten, noch auch, warum Tiere auch den griechischen Göttern noch als Attribute, wie Hegel sagt, beigesellt werden, wie beispielsweise der Adler des Zeus oder die Eule der Athene. Ebensowenig erklärt dies, warum Tiere im Kult geopfert und überhaupt mythologisch im Zusammenhang mit den Göttern thematisiert werden. Die Degradation des Tierischen versteht sich daher stattdessen aus einer geklärten Selbstunterscheidung des Menschen vom Tier.

Der Ausgangspunkt für diese Klärung liegt im Bewusstsein des Menschen, sich selbst in der bloß natürlichen Lebendigkeit des Tierischen nicht wiederfinden zu können. Diese bloß natürliche Lebendigkeit kennt nämlich keine Entgegensetzung zu einem Anderen, sie kennt kein Befremden vor der Natur. „Die Tiere leben in Frieden mit sich und den Dingen um sie her, doch die geistige Natur des Menschen treibt die Zweiheit und Zerrissenheit hervor, in deren Widerspruch er sich herumschlägt." (VÄ 1, 135) Das Befremden des Menschen hingegen, sich selbst nicht in der bloß natürlichen Lebendigkeit des Tierischen wiederfinden zu können, erfährt nun darin eine Klärung, dass es als Negativität oder Einschränkung des Bewusstseins des Menschen anerkannt wird, das er von sich selbst hat.

Die Geistigkeit des Menschen versteht sich selbst nicht, wenn sie die Natur aus sich selbst absondert und sie damit einem abstrakt gedachten Geistigen entweder als hinfällig und endlich gegenüberstellt oder dieses in ihr als natürliche Lebendigkeit aufgehen lässt. Die Geistigkeit des Menschen versteht sich selbst erst dann, wenn sie sich selbst als das schmerzhafte Bewusstsein der Negativität anerkennt, nicht bloß natürliche Lebendigkeit sein zu können. In diesem Anerkennen, das nicht abstrakt gefasst oder erklärt, sondern nur konkret und individuell vollzogen werden kann, findet sich der Mensch nun in der bloß natürlichen Lebendigkeit des Tierischen wieder – und zwar als dem Anderen seiner selbst. Dieses Sich-Wiederfinden im Anderen seiner selbst macht das Bewusstsein beseelter Leiblichkeit und Lebendigkeit des Menschen in der Natur aus. Das geklärte und versöhnte Bewusstsein des Menschen im Verhältnis zum Tier besteht also darin, dass der Mensch das Tierische, im Sinne der bloß natürlichen Lebendigkeit, nicht mehr äußerlich und abstrakt von sich selbst, als Geist, ausschließt, sondern es im konkreten Anerkennen der äußerlich ganz unverständlichen Einschränkung, selbst vom Tierischen ausgeschlossen zu sein, als das Andere seiner selbst versteht.

Dieser Unterschied zwischen Tier und Mensch zeigt sich nicht als Unterschied einer bloß äußerlich betrachteten Gestalt. Diese teilt der Mensch mit den Tieren (Ke, 115). Er besteht vielmehr in einer geistig zu nennenden Selbstwahrnehmung des Menschen, gerade nicht eine bloß äußerliche Gestalt zu haben, sondern geistig beseelter Leib zu sein. Der Mensch versteht sich damit aber gerade von den Tieren her: er ist, im Unterschied zur bloß natürlichen Lebendigkeit der Tiere, ein geistig beseeltes Tier. Als geistig beseeltes Tier unterscheidet sich der Mensch von den Tieren, während sich das Tier, als bloß natürliche Lebendigkeit, nicht von den Menschen unterscheidet. Aus diesem Grund kann aber auch nicht mehr das Lebendige überhaupt als göttlich verehrt werden (As, 90). Das Göttliche ist vielmehr in der Naturgestalt des Geistes, nämlich dem menschlichen Leib zu sehen. Das mythologische „Tierwerden" des Menschen ist daher als strafwürdige Folge einer Unwürdigkeit des Geistigen zu verstehen: nicht das Tier wird degradiert, der degradierte Mensch wird vielmehr in ein Tier verwandelt (As, 91).

Die Art und Weise dieser Klärung des Verhältnisses des Menschen zu den Tieren erklärt auch den mythologischen Götterkampf. In diesem Kampf erscheinen die alten Götter als bloß personifizierte titanische Naturmächte, ohne Individualität und Sittlichkeit. Die neuen Götter sind hingegen zwar ebenfalls allgemeine Naturmächte, zugleich aber geistige Individuen. So ist Poseidon der Meergott, wie Okeanos, und zugleich der Städtegründer, Apollon ist als Gott das Licht des Wissens und bewahrt zugleich einen Anklang an Helios als Naturlicht der Sonne (VÄ 2, 71; Hm, 66). Erst die „absolute Katastrophe" des Götterkampfes (VÄ 2, 62), also der Übergang von den alten zu den neuen Göttern, macht aber verständlich, was die geistige Individualität der Götter überhaupt ausmacht: nämlich die Erkenntnis ihrer selbst aus der Entgegensetzung zur Natur heraus. Die Überlegenheit der neuen Götter, als geistige Individuen in menschlicher Gestalt, über die alten Götter, als bloß personifizierte titanische Naturmächte, besteht daher nicht im äußeren Übertrumpfen der Naturmächte, sondern im geklärten Bewusstsein, sich erst in der Unterscheidung von diesen Mächten selbst als Geist in der Natur wiederfinden zu können.

Wie im Falle der Selbstunterscheidung von der bloß natürlichen Lebendigkeit der Tiere kann sich der Mensch als geistiges Wesen in diesen Mächten nicht unmittelbar wiederfinden. Sie erscheinen ihm daher fremd. Im Anerkennen dieser selbst nicht äußerlich oder abstrakt erklärbaren Fremdheit der allgemeinen Naturmächte, und zwar als dasjenige, was das Bewusstsein des Menschen von sich selbst ausmacht, erkennt sich aber der Mensch gerade aus seinem Bezug zur Natur, als dem Anderen seiner selbst. Er findet sich daher nun als endliches, beschränktes, verletzliches, darin aber zugleich weltoffenes und geistiges Individuum in der Welt wieder, nämlich als verleiblichter Geist (VÄ 1, 221) oder auch als *„lebendige Individualität"* (VÄ 1, 207). „Der Leib des Menschen ist nicht Symbol, sondern Organ des Geistes." (Hm, 60; vgl. Ho, 376f.)

Die Selbsterkenntnis des Menschen, dass er selbst die Lösung des Rätsels ist, die er zuvor vergeblich in der Natur gesucht hat, ist „die höchste Würde des Bewußtseyns, und dies gab auch der Delphische Gott durch die Aufschrift auf seinem Tempel den Menschen auf" (As, 92). Mythologisch erscheinen daher die allgemeinen Naturmächte als Naturgötter ohne Individualität und Sittlichkeit. Die neuen Götter, als Ausdruck der Selbsterkenntnis des Menschen, sind hingegen geistige Naturmächte (vgl. Ho, 384f.). Dieses „Heraufbilden des Natürlichen zur Form eines geistigen Inhalts [...] macht das Hauptinteresse der griechischen Kunstgeschichte aus" (As, 93). In diesem Sinne steht etwa auch Kronos, der seine Kinder, die neuen Götter, verschlingt, für die geschichtslose Zeit, die sich bloß selbst verzehrt, während mit den individualisierten Göttern die geschichtliche Zeit der Staaten beginnt (VÄ 2, 54; vgl. Hm, 64). Weitere Beispiele Hegels bilden der Streit zwischen den zu den Eumeniden gewordenen Erinnyen, als Rachegöttinnen, und Apollon, der für das allgemeine Recht steht (VÄ 2, 58f.; Hm, 64f.; Ke, 122) und der Konflikt zwischen Antigone, die für das Recht der Familie und die alten Götter der Unterwelt eintritt, und Kreon, der für das Recht des Staats steht (VÄ 2, 60; Hm, 66).

Der Zusammenhang zwischen der Selbsterkenntnis des Menschen als geistig beseelter Leiblichkeit in der Natur und der Kunst des Ideals kommt zunächst in der allgemeinen Charakterisierung zum Ausdruck, dass die Kunst die Oberfläche der menschlichen Naturgestalt, die bereits naturhaft als unbehaarte Haut überall das pulsierende Herz zeige, an allen Punkten zum Auge verwandele. Das Auge ist nämlich dasjenige Organ, durch das die Seele sieht und zugleich gesehen wird (VÄ 1, 203; VÄ 2, 21; vgl. As, 90; Ho, 376). Die Kunst bringt daher in anschaulicher Weise die beseligende Erfahrung des Menschen zum Ausdruck, sich selbst, und zwar als sehend, leibhaftig in einem Ganzen der Welt zu gewahren. Daher macht „die Kunst jedes ihrer Gebilde zu einem tausendäugigen Argus, damit die innere Seele und Geistigkeit an allen Punkten gesehen werde. Und nicht nur die leibliche Gestalt, die Miene des Gesichts, die Gebärde und Stellung, sondern ebenso auch die Handlungen und Begebnisse, Reden und Töne und die Reihe ihres Verlaufs durch alle Bedingungen des Erscheinens hindurch hat sie allenthalben zum Auge werden zu lassen, in welchem sich die freie Seele in ihrer inneren Unendlichkeit zu erkennen gibt." (VÄ 2, 203 f.)

Im Blick gerade auf die Götterfiguren der klassischen Kunst ist hierbei allerdings zu beachten, dass diese, wie auch die Heroen in der Tragödie, im Unterschied zur romantischen Kunstform zugleich durch eine relative „Blicklosigkeit" (vgl. Ho, 392; Kr, 392/369) bestimmt sind. Dieser Unterschied zwischen der Innerlichkeit der romantischen Kunstform, die sich als Reichtum der inneren Empfindungen im lebendigen Mienenspiel und Ausdruck zeigt, und der klassischen Kunst, die demgegenüber in der ausdruckslosen Strenge und Erhabenheit der besonderen Schönheit der Götter besteht, liegt nun wesentlich allen weiteren Charakterisierungen der klassischen griechischen Kunst zugrunde.

5.4 Die griechische Kunstreligion

5.4.1 Die Vergangenheit der Götter

Die Besonderheit der klassischen Kunstform ergibt sich an dieser Stelle der Ästhetik aus dem Rückblick auf die bereits behandelte symbolische Kunstform, wird aber zugleich, was zunächst verwirrend wirkt, auch und sogar vor allem im Vorblick auf die romantische Kunstform und auf das moderne Bewusstsein expliziert. Die Erklärung hierfür ist entscheidend für ein angemessenes Verständnis dessen, was die Ästhetik von den griechischen Göttern sagt und wie sie es sagt. Weil nämlich die klassische Kunst gegenwärtig überhaupt nur im historisch reflektierten Rückblick als solche wahrgenommen werden kann, sind die romantische Kunstform wie auch das moderne Bewusstsein in dieser Wahrnehmung der Antike implizit immer präsent. Die Ästhetik bestimmt die griechischen Götter daher durchgängig als dasjenige, was sie einst waren, für uns, also die Gegenwart, aber nicht mehr sind. Für die Gegenwart sind die Göttergestalten bloße Kunstfiguren, keine leibhaftigen Götter, wie in der Vergangenheit. Dass und inwiefern sie als Kunstreligion tatsächlich einmal leibhaftige Götter für die Menschen waren, dass sie also eine echte Epiphanie des Göttlichen bedeuteten, lässt sich daher gegenwärtig nicht als eine Erfahrungswirklichkeit erspüren oder anschaulich vergegenwärtigen. Es lässt sich aber auch nicht bloß abstrakt, d. h. äußerlich gegenüber der Kunsterfahrung selbst, feststellen oder behaupten, als ob sich dem bloßen Begriff nach schon von selbst verstünde, was Götter sind oder waren. Es lässt sich vielmehr nur aus dem eigenen Befremden vor dem Anspruch der Kunstwerke dieser Zeit verstehen, tatsächlich Götter zur Erscheinung gebracht zu haben.

Dieses Befremden bestimmt die Hauptthese der Ästhetik, dass die Kunst in ihrer historischen Vollendung Religion gewesen sei, gerade dies aber nicht mehr sein könne. Deswegen sagt Hegel so scharf in der berühmten Stelle aus der Einleitung: „Mögen wir die griechischen Götterbilder noch so vortrefflich finden und Gottvater, Christus, Maria noch so würdig und vollendet dargestellt sehen – es hilft nichts, unser Knie beugen wir doch nicht mehr." (VÄ 1, 142) Im Kapitel zur klassischen Kunstform heißt es analog: „Da mag man sich nun für Schönheit und

Kunst begeistern, soviel man will, diese *Begeisterung* ist und bleibt das Subjektive, das sich nicht auch in dem Objekt ihrer Anschauung, in den Göttern, befindet." (VÄ 2, 110)

Diese Bemerkungen sind keine Kritik an der eigenen Zeit, als ob diese ein bloß äußerliches Verhältnis zur eigentlich vollendeten Kunst der Vergangenheit hätte. Sie würdigen daher auch nicht die gegenwärtige Kunstpraxis herab. Sie artikulieren vielmehr die Aufgabe der Ästhetik selbst. Indem man das eigene Befremden akzeptiert, sich vom Anspruch der Kunst der eigenen Vergangenheit ausgeschlossen zu fühlen, versteht man sich selbst, in der Besonderheit dieses Befremdens, gerade von der Vergangenheit her. Der Anspruch der Kunst der Vergangenheit bleibt in dieser denkenden Betrachtung also nichts bloß Fremdes oder Rätselhaftes. Er wird vielmehr im Anerkennen seiner Fremdheit für das gegenwärtige Bewusstsein zum Bewusstsein eines Anderen seiner selbst – und rückt damit im Verstehen, was seine Fremdheit und historische Distanz ausmacht, wieder nahe. Im Akzeptieren also des eigenen Befremdens vor dem Anspruch der klassischen Kunst, als Kunstreligion ein Höchstes oder Absolutes in Form der Götter in Menschengestalt vergegenwärtigt zu haben, wird dieser Anspruch selbst ernst genommen und nicht auf eine bloß subjektive Begeisterung für die Kunst der Vergangenheit reduziert. Die These vom Ende der Kunst ihrer höchsten Bedeutung nach impliziert ebenso eine Kritik des Versuchs, die griechischen Götter in der neuen Gestalt einer Mythologie der Vernunft, wie insbesondere auch bei Schelling, wiederzubeleben.

5.4.2 Die Götter als Kunstgestalten

Die Besonderheit der klassischen Kunst als Selbsterkenntnis des Menschen ergibt sich im Rahmen dieser geschichtlichen Reflexion nun anhand verschiedener Aspekte. Zunächst ist zu beachten, dass die griechischen Götter zwar den Menschen erscheinen, und zwar in idealisierter menschlicher Gestalt, dass sie aber nicht selbst Menschen sind. Der Mensch thematisiert sich in der Darstellung der Götter, als „ein menschlich gebildetes Ideal der Schönheit und Kunst" (VÄ 2, 23), vielmehr als jenen, dem die Götter leibhaftig als allgemeine geistige Mächte erscheinen. In der romantischen Kunstform werden hingegen nicht Götter als allgemeine geistige Mächte dargestellt, die dem Menschen erscheinen, sondern der Mensch wird dargestellt, dem Gott als wirklicher einzelner Mensch erschienen ist, nicht als bloßes Ideal. Die Götter stellen in der menschlichen Kunst zwar ein Höchstes dar. Dieses Höchste erschöpft aber zugleich nicht das Ganze. Das Höchste liegt darin, dass die Götter als geistige Individuen um sich selbst in ihrer geistigen Freiheit wissen und sich darin vollständig selbst genügen. Das Ganze erschöpfen sie damit aber insofern nicht, als sie dies in einer Allgemeinheit tun, die das Endliche und Partikulare des menschlichen Lebens nicht vollständig aufnimmt.

Die Endlichkeit des menschlichen Lebens ist zwar auch im klassischen Ideal grundsätzlich anerkannt. Denn die Freiheit, um sich selbst als sich selbst wissen zu können, beruht gerade auf dem Anerkennen der Negativität des endlichen Bewusstseins, sich nicht in der bloß lebendigen Natur oder in den bloßen Naturmächten wiederfinden zu können und sich deswegen auch nicht mehr, wie in der symbolischen Kunstform, mit Tiergöttern oder Naturgöttern begnügen zu können. Diese Erfahrung bestimmt das Bewusstsein der geistigen Freiheit, sich in der Vergänglichkeit des Lebens selbst bewahren zu können und begründet die wissende Ruhe, die ewige Heiterkeit und Seligkeit der Götter, die sich selbst im Unglück und Schmerz nicht verliert und an denen auch der Mensch, der sich die Götter in dieser Weise darstellt, Anteil hat: „Diese Kraft der Individualität, dieser Triumph der in sich konzentrierten konkreten Freiheit ist es, den wir besonders in antiken Kunstwerken in der heiteren Ruhe ihrer Gestalten erkennen. [...] Der Mensch, vom Geschick unterjocht, kann sein Leben verlieren, die Freiheit nicht. Dies Beruhen auf sich ist es, welches im Schmerze selbst noch die Heiterkeit der Ruhe zu bewahren und erscheinen zu lassen vermag." (VÄ 1, 208 f.)

Gleichwohl sind die Göttergestalten nicht wirkliche Menschen, sondern bloß Ideale der Kunst, die aus dem endlichen Dasein des Menschen auch wieder herausgenommen sind. Das zeigt sich zum einen daran, dass die Götter dem Menschen in der Kunst nur in besonderen und gesteigerten Momenten erscheinen, und zwar als allgemeine Mächte. Im Kampf um Troja kämpfen einzelne Menschen gegeneinander. Erst in dem Moment aber, in dem alle kämpfen, erscheint Ares und es kämpfen Götter gegen Götter: „Und das ist nicht etwa nur als Steigerung überhaupt schön und prächtig, sondern es liegt darin das Tiefere, daß Homer im Einzelnen und Unterscheidbaren die einzelnen Helden erkennt, in der Gesamtheit aber und dem Allgemeinen die allgemeinen Mächte und Gewalten." (VÄ 2, 103)

Die Götter sind jedoch keine Maschinen, nämlich bloß äußerliche Mächte (Ke, 128 f.), sie zeigen sich vielmehr als allgemeine geistige Mächte nur im Handeln des Menschen. Dieser Allgemeinheit der geistigen Mächte des Lebens steht die Partikularität des menschlichen Lebens in seiner Hinfälligkeit und Gebrechlichkeit gegenüber. Der Mensch gestaltet die Götter daher zum anderen in einer idealisierenden Weise, die zum Ausdruck bringt, dass nicht der Mensch Gott ist und dass er auch darin sein Maß zu wahren hat. Die besondere, ideale Schönheit der Götter bringt diese Differenz zwischen Menschen und Göttern nicht nur im äußeren Vergleich sondern auch durch sich selbst zum Ausdruck, und zwar als ein Problem der Selbsterkenntnis des Menschen selbst. In der Gestalt des Menschen, die von allen „Gebrechen der Endlichkeit gereinigt" ist (VÄ 2, 20; VÄ 2, 83; As, 89), trägt die Schönheit der Götter nämlich einen Widerspruch in sich selbst, der zugleich auf die Auflösung des klassischen Ideals hinführt: Gerade das Absehen von den Gebrechen der Endlichkeit begründet die geschichtliche Vergänglichkeit der Götter als Kunstgestalten höchster Bedeutung für das menschliche Leben.

5.4.3 Erhabene Schönheit und Trauer der Götter

Hegel sieht die besondere Schönheit der Götter in der idealisierten Gestalt des menschlichen Leibes durch ihre Erhabenheit und zugleich Trauer bestimmt. Die Ausführung dieser Charakterisierung ist nicht als poetische oder gar mythische Vergegenwärtigung der griechischen Götter zu lesen. Sie versteht sich aus einer geschichtlichen Reflexion auf die Besonderheit der klassischen Kunstform, nämlich im Unterschied zur symbolischen und zur romantischen Kunstform. Anders als das Erhabene in der symbolischen Kunstform, das durch die völlige Unbestimmtheit und Abstraktheit des Göttlichen oder Absoluten bestimmt ist, sind in der anschaulich bestimmten menschlichen Gestalt der Götter Erhabenheit und Schönheit miteinander verschmolzen: „Dies macht für die Göttergestalten den Ausdruck der Hoheit, der klassisch *schönen* Erhabenheit notwendig. Ein ewiger Ernst, eine unwandelbare Ruhe thront auf der Stirn der Götter und ist ausgegossen über ihre ganze Gestalt." (VÄ 2, 84; vgl. As, 96) Die klassisch schöne Erhabenheit der Götter beinhaltet damit jedoch zugleich einen Widerstreit zwischen seliger Hoheit und äußerer Schönheit, zwischen ihrer geistigen Allgemeinheit als Individuen und der anschaulichen Bestimmtheit ihrer Leiblichkeit: „Der Geist erscheint ganz in seine Außengestalt versenkt und doch zugleich aus ihr heraus nur in sich versunken. Es ist wie das Wandeln eines unsterblichen Gottes unter sterblichen Menschen." (VÄ 2, 84)

Dieser Widerstreit darf nun nicht, das ist der entscheidende Punkt, äußerlich verstanden werden, er ist dem Dasein des klassischen Ideals, das Natur und Geist, äußere Gestalt und geistige Innerlichkeit miteinander verbindet, immanent. „Dies ist innerhalb der geistigen Hoheit der Hauch und Duft der Trauer, den geistreiche Männer in den Götterbildern der Alten selbst bei der bis zur Lieblichkeit vollendeten Schönheit empfunden haben." (VÄ 2, 85) Als Ausdruck des Sich-Bewahrens im Vergänglichen sind die ewige Heiterkeit und der glückselige Frieden der Göttergestalten daher auch nicht im modernen Sinne als Selbstzufriedenheit der einzelnen, partikularen Subjektivität zu verstehen (VÄ 2, 86 f.; vgl. As, 97; Ke, 125). Die Glückseligkeit der Göttergestalten ist vielmehr insofern von allgemeiner Art, als sie von allen Besonderheiten absieht und darin eine Gleichgültigkeit gegenüber dem Vergänglichen überhaupt ausmacht: Der selige Frieden der Götter ist ein

„Entsagen dem Irdischen und Flüchtigen, wie die geistige Heiterkeit tief über Tod, Grab, Verlust, Zeitlichkeit hinwegblickt und, eben weil sie tief ist, dies Negative in sich selber enthält" (VÄ 2, 86; vgl. Ke, 125; Ho, 392).

Die Hoheit der Götter steht daher, wie Hegel meint, gerade weil sie in ihrer geistigen Allgemeinheit von allen Gebrechen der Endlichkeit gereinigt ist, in einem inneren Gegensatz zu ihrer anschaulichen Bestimmtheit und Leiblichkeit: „Die seligen Götter trauern gleichsam über ihre Seligkeit oder Leiblichkeit; man liest in ihrer Gestaltung das Schicksal, das ihnen bevorsteht und dessen Entwicklung, als wirkliches Hervortreten jenes Widerspruchs der Hoheit und Besonderheit, der Geistigkeit und des sinnlichen Daseins, die klassische Kunst selber ihrem Untergange entgegenführt." (VÄ 2, 86; vgl. Hm, 67) Das klassische Ideal bringt daher in der idealen Schönheit der Götter deren geistige Individualität anschaulich als Versunkenheit in sich selbst, als „Schmerzlichkeit des göttlichen Friedens" zum Ausdruck (VÄ 2, 87). Deswegen sind die Götter, als Ideal der Kunst, zugleich Gestalten in einem „Schattenreich" (VÄ 1, 207). Ihre idealisierende Darstellung ist nicht als äußerliche Steigerung menschlicher Kraft, Macht oder Attraktivität zu verstehen. Anders als die wirklichen Menschen haben die Götter, in ihrer Distanz zur Endlichkeit des Lebens der Menschen, keine besonderen Empfindungen oder Leidenschaften und verfolgen keine bestimmten Zwecke. Deswegen erklärt Hegel auch die Skulptur als diejenige Kunstgattung, die das Ideal als „allgemeine Göttlichkeit" in höchster Form verwirklicht, wohingegen die Poesie die Götter als handelnd und streitend darstellt (VÄ 2, 87).

Die Idealisierung der menschlichen Gestalt in der Skulptur bedingt also die klassische Schönheit wie zugleich die Lebensferne und Traurigkeit der Götter. Zugleich aber lässt sie das Geistige im Natürlichen, nämlich die allgemeinen geistigen Mächte des Lebens, im Unterschied und im Verhältnis zum wirklichen Leben einzelner Menschen anschaulich hervortreten.

5.4.4 Anthropomorphismus und Polytheismus

Dass sich die Griechen ihre Götter in menschlicher Gestalt vorstellen, ist daher nicht als schlechter Anthropomorphismus zu verstehen. Im Gegenteil, wie Hegel diesen Verdacht umkehrt, die griechischen Götter sind noch zu wenig anthropomorph (VÄ 2, 23; vgl. As, 90; Ke, 116; Hm, 61). Erst im Christentum wird Gott als wirklicher Mensch verstanden: „zum Gott als Geist gehört sein Erscheinen als Mensch" (Ho, 378). „In der klassischen Kunst dagegen ist die Sinnlichkeit nicht getötet und gestorben, aber dafür auch nicht zur absoluten Geistigkeit auferstanden." (VÄ 2, 23f.; vgl. Ho, 378) Dass Gott selbst als Mensch leidet und verlassen als Sünder am Kreuz stirbt, kann also deswegen nicht als Kunst beglaubigt und gestaltet werden, weil die Kunst in der Schönheit des klassischen Ideals einer Versöhnung von anschaulicher Gestalt und geistiger Individualität die Endlichkeit des Menschen gerade nicht vollständig aufnimmt.

Der Vorwurf des Anthropomorphismus ist deswegen grundsätzlich unangebracht, weil es in der Kunst um die Darstellung allgemeiner Mächte des menschlichen Lebens in seiner Partikularität geht. Diese Mächte übersteigen das Endliche im Sinne der Hinfälligkeit und Vergänglichkeit, ohne dem Leben bloß äußerlich oder abstrakt gegenüberzustehen. Sie sind vielmehr Ausdruck einer geistigen Versöhnung des Menschen mit seiner eigenen Endlichkeit, nämlich als Freiheit einer Selbsterkenntnis, die es dem Menschen ermöglicht, sich in der Vergänglichkeit selbst zu bewahren. Dass in der Selbstgenügsamkeit der ewig heiteren und zugleich traurigen Göttergestalten zugleich eine Distanz zur Endlichkeit des menschlichen Lebens aufscheint, ist wiederum kein äußerlicher Mangel der Kunst in dem Sinne, dass die Kunst der Realität des einzelnen Lebens gegenüber überhaupt bloß fiktiv wäre. Die Distanz zwischen Göttern und Menschen, die in der Epiphanie des Göttlichen der Kunstgestalten selbst aufscheint, ist vielmehr in einem geistigen Sinne noch nicht endlich oder negativ genug. Die „Vereinigung der göttlichen und menschlichen Natur muß auf viel gründlichere Weise geschehen, [so] daß das Menschliche nicht nur Gestalt des Göttlichen ist, sondern für sich selbständig ist, und damit [die] Weise zufälligen Daseins hat" (Ke, 116). Die Schönheit der Götter ist mangelhaft, weil sie in ihrer Ruhe und Glückseligkeit den „Schmerz, das Bewußtseyn des Gegensatzes" als Natur des Geistes nicht erschöpft (As, 90).

Der aus moderner Sicht befremdlich erscheinende Umstand, dass Kunstwerke als solche Götter darstellen können (vgl. Ke, 116), impliziert aus dieser historischen Explikation heraus daher gerade keinen Aberglauben und keine Vergötzung. „Die Griechen wußten sehr wohl, daß es die Dichter seien, welche diese Erscheinungen hervorriefen, und glaubten sie daran, so betraf ihr Glaube das Geistige, welches ebenso dem eigenen Geist des Menschen einwohnt und das Allgemeine, wirklich das Wirkende und Bewegende in den vorhandenen Begebnissen ist." (VÄ 2, 104) Diese Epiphanie des Göttlichen erscheint zwar zunächst, aus der geschichtlichen Distanz der christlichen Religion wie auch der modernen Reflektiertheit heraus betrachtet, befremdlich und mangelhaft. Wird sie jedoch als eine besondere Weise der Selbsterkenntnis des Menschen erklärt, aus deren geschichtlicher Entfaltung sich wiederum auch die Besonderheit des christlichen Glaubens wie auch der modernen Reflektiertheit selbst versteht – nämlich als immer weiter zunehmendes und umfänglicheres geistiges Anerkennen der Negativität im Welt- und Selbstverhältnis des Menschen –, so lassen sich zwar nicht die griechischen Götter wieder lebendig machen, wohl aber lässt sich der Anspruch der Kunstwerke dieser Zeit in einer denkenden Betrachtung als höchstes Bewusstsein der Vergangenheit würdigen.

Die Einsicht in das, was er selbst ist, nämlich im Verhältnis zu einem Absoluten oder Göttlichen, erzählt und gestaltet der Mensch in der Kunst. Diese Gestaltung ist keine bloße Illustration. Denn dies würde voraussetzen, dass es einen abstrakt fassbaren Inhalt gäbe, der auch unabhängig von dieser Illustration zu verstehen wäre. Kunstwerke sind vielmehr selbst Medium der Selbsterkenntnis des Menschen. Kunst in diesem Sinne, nämlich als Werk des Menschen, in dem er sich selbst wiederfindet und wiedererkennt, erfordert also, dass der Künstler weiß, was er und wie er es gestaltet. Gerade als Kunstwerke sind die Götter geistige Erzeugnisse des Menschen und nicht bloß natürliche Erscheinungen. „Ein Erzeugtes ist also der Inhalt, nicht auf eine natürliche Weise hervorgekommen. Dieses Geistige ist in seinem Wesentlichen aufgefaßt, und ist deßhalb ein Göttliches." (Hm, 63)

Daraus versteht sich auch, dass die griechischen Dichter einerseits die symbolisch gestalteten Stoffe der Naturreligionen sowohl ihrer eigenen Tradition wie anderer Kulturen aufnehmen (VÄ 2, 76 f.), andererseits diese Stoffe aber umbilden. Den eigentlichen Gehalt und die echte Form für die Götter nehmen die Dichter „aus ihrem Geist und fanden in freier Umwandlung für denselben auch die wahre Gestalt und sind dadurch in der Tat die Erzeuger der Mythologie geworden, welche wir in der griechischen Kunst bewundern" (VÄ 2, 77; vgl. As, 95/96; Hm, 64). In der klassischen Kunst sind die Künstler und Dichter daher auch „Propheten, Lehrer, die, was das Absolute und Göttliche sei, dem Menschen verkündigen und offenbar machen" (VÄ 2, 78; vgl. As, 96; Hm, 64). Der Inhalt ihrer Götter ist aber nicht das dem menschlichen Geist nur Äußere der Natur oder die Abstraktion der einen Gottheit, sondern ihr Gehalt ist dem menschlichen Dasein entnommen, „ein Gehalt, mit welchem der Mensch frei als mit sich selber zusammengehen kann, indem, was er hervorbringt, das schönste Erzeugnis seiner selbst ist" (VÄ 2, 78).

Aus moderner Sicht erscheint daran, wie gesagt, der Anspruch befremdlich, dass Kunstwerke, als geistige Produkte des Menschen, zugleich Götter, als allgemeine Mächte im Gemüt des Menschen, verkörpern können. Dies ist zunächst deswegen der Fall, weil im romantischen Kunstverständnis Kunstwerke eben bloß Kunstwerke sein können, nicht aber Offenbarungen Gottes. Diese Reflexion gilt jedoch noch nicht für die Griechen. Gleichwohl unterscheiden auch die Griechen Menschen und Götter. Daher gilt das Interesse der Frage, wie das Verhältnis von Menschen und Göttern in der griechischen Kunst selbst gestaltet wird (Ke 132). „Um die Götter darzustellen als ewige, an-und-für-sich-seiende geistige Mächte, müssen sie unterschieden werden von den einzelnen Individuen und als Götter dargestellt, ausgesprochen werden, aber diese Äußerlichkeit muß ihnen auch benommen werden." (Ke, 129; VÄ 1, 295 f.) Im Aufheben der äußerlichen Realität ist „der Gott ins Gemüt des Menschen zurückgenommen, das Pathos des Gottes ist als sein eigenes ausgesprochen" (Ke 130). So treten beispielsweise in der Ilias die Götter selbst in den Kampf. „Hier, wo die ganze Macht der Griechen und Troer ringt, sind es die wesentlichen Mächte, welche vorgestellt werden, und durch die Allgemeinheit des Schlachtgewühles ist die Äußerlichkeit dieser Mächte zugleich zerstört." (Ke, 132) Ebenso sind die Erinnyen im Orest nicht nur äußerliche Götter: „wir stellen sie als Gewissen als solches vor, einmal äußerlich als diese Erinnyen, das andere Mal als das Gewissen, als das Innerliche." (vdP, 156; vgl. VÄ 1, 360)

Der innere Widerstreit zwischen der selbstgenügsamen Seligkeit der Götter und ihrer anschaulich, nämlich leiblich bestimmten Individualität kommt auch im Polytheismus des klassischen Ideals zum Ausdruck. „Zum Ideal der freien Schönheit gehört überhaupt Bestimmtheit des Unbestimmten, Ein Gott als der Eine ist kein Gegenstand der Kunst." (Ke, 128) Die Anschaulichkeit erfordert daher eine bestimmte Gestalt, die sich von anderen unterscheidet (vgl. As, 97; Ke, 125). Daher müssen die Götter notwendigerweise viele sein. Zugleich aber repräsentiert jeder Gott in seiner Allgemeinheit immer auch das Ganze, er hat also auch die Eigenschaften der anderen Götter. Daher bilden die Götter wiederum keine systematische Totalität. Zeus gefährdet als Herrscher nicht die Selbständigkeit der übrigen Götter, die für je bestimmte Sphären der Natur und des menschlichen Lebens stehen. Je spezifischer nun aber deren Individualität dargestellt wird, desto schwächer wird die strenge Hoheit und damit die Allgemeinheit der Götter. Denn die Darstellung der Individualität im Sinne der Besonderheit und Verschiedenheit erfordert auch das Einbeziehen zufälliger Züge.

Während diese beim Menschen durch die konkreten Lebensumstände bestimmt sind, stammen sie bei den Göttern, als Kunstgestalten der Phantasie, aus den symbolischen Naturreligionen. Da diese aber ihrer symbolischen Bedeutung beraubt sind, werden deren Besonderheiten zu bloß äußerlichen, banalen Geschichten und Begebenheiten. Ebenso werden lokale kultische Besonderheiten, wie Kleidungen oder die Haartracht, zu bloßen Gewohnheiten, verleihen dabei aber den Göttern den „Reiz der lebendigen Menschlichkeit" (VÄ 2, 99). Ferner ergibt sich die Individualisierung der Götter aus ihren Beziehungen zu besonderen Menschen, wie etwa im Kampf um Troja, in dem die Götter, als Mächte im Menschen, gegeneinander kämpfen.

5.5 Die Auflösung des klassischen Ideals

Die Auflösung des klassischen Ideals besteht in der zunehmenden Anthropomorphisierung und Verendlichung der Götter, die darin ihre Allgemeinheit und Hoheit verlieren. „Der Ernst der Götter wird zur Anmut, welche nicht erschüttert oder den Menschen über seine Partikularität erhebt, sondern ihn darin ruhig beharren läßt und nur darauf Anspruch macht, ihm zu gefallen." (VÄ 2, 106) Dieser Prozess liegt im Mangelhaften der Götter selbst begründet, nämlich im angesprochenen Widerspruch zwischen ihrer Allgemeinheit und der Anschaulichkeit ihrer idealisierten Gestalt, die von allen Gebrechen der Endlichkeit gereinigt ist. „Den Keim ihres Untergangs haben die klassischen Götter in sich selbst und führen daher, wenn das Mangelhafte, das in ihnen liegt, durch die Ausbildung der Kunst selber ins Bewußtsein kommt, auch die Auflösung des klassischen Ideals nach sich." (VÄ 2, 107)

Die Auflösung des klassischen Ideals in der künstlerischen Darstellung selbst ist durch die Vielfalt der Götterindividuen bedingt, insofern deren jeweilige Bestimmtheit nicht notwendig „und somit von Hause aus der Zufälligkeit preisgegeben ist, an welcher die ewig waltenden Götter für das innere Bewußtsein wie für die Kunstdarstellung die Seite ihrer Auflösbarkeit erhalten" (VÄ 2, 107). Die Götter können in der Zufälligkeit ihrer Individualisierung nicht ihre Hoheit und Distanz gegenüber der Endlichkeit und Vergänglichkeit des Lebens bewahren, sondern verfolgen handelnd besondere Zwecke in der konkreten Wirklichkeit. Dies trübt ihre Hoheit, Würde und Schönheit. Werden die Götter wiederum nur als sich selbst genügende Individuen dargestellt, erhalten sie dadurch „etwas Lebloses, der Empfindung Entrücktes und jenen stillen Zug der Trauer" (VÄ 2, 108).

Dies macht ihr „Schicksal" aus, das als allgemeine Macht die Besonderheit der Götter übersteigt und also nicht selbst als Individuum dargestellt werden kann (VÄ 2, 108; vgl. Hm, 67). Die Götter können dem Schicksal nicht entgehen, in die „Äußerlichkeiten der Vermenschlichung und in die Endlichkeiten des Anthropomorphismus auszulaufen, welche die Götter in das Gegenteil dessen verkehren, was den Begriff des Substantiellen und Göttlichen ausmacht. Der Untergang dieser schönen Götter der Kunst ist deshalb schlechthin durch sich selbst notwendig, indem das Bewußtsein sich zuletzt nicht mehr bei ihnen zu beruhigen vermag und sich deshalb aus ihnen in sich zurückwendet." (VÄ 2, 109 f.)

Die Auflösung des klassischen Ideals hat zur Folge, das sich der Mensch in den Darstellungen der Götter nicht mehr wiederfinden kann. Darin liegt zunächst, also am Ende der klassischen Kunstform, das Bewusstsein einer bloßen Partikularität und Endlichkeit der Subjektivität, deren Anerkennung erst im Christentum und der ihr entsprechenden romantischen Kunstform geschieht. „Indem das Subjekt aber auf der gegenwärtigen Stufe in dem vollendet schönen Götterbilde *sich* nicht gegenwärtig [ist] und sich eben damit in seiner Anschauung nicht auch als gegenständlich und objektiv seiend zum Bewußtsein bringt, so ist es selber noch von seinem absoluten Gegenstande nur verschieden und getrennt und deshalb die bloß zufällige, endliche Subjektivität." (VÄ 2, 111)

Die Anerkennung der Negativität, sich selbst nicht mehr in den Göttern, als den allgemeinen geistigen Mächten des Lebens, wiederfinden zu können, ist nicht mehr Thema der Kunst. Der Übergang zur romantischen Kunstform wird daher auch nicht als neuer Götterkrieg künstlerisch gestaltet. Denn in der Reflexion des Menschen auf sich selbst, als bloß zufällige, endliche Subjektivität, erscheinen die klassischen Götter nunmehr als bloße Kunstgestalten, die nicht leibhaftig oder in wirklichem Geist existieren. Christus ist dagegen keine allgemeine, geistig individualisierte Macht, sondern in ihm ist das „Göttliche, Gott selber, [...] Fleisch geworden, geboren, hat gelebt, gelitten, ist gestorben und auferstanden. Dies ist ein Inhalt, den nicht die Kunst erfunden, sondern der außerhalb ihrer vorhanden war und den sie daher nicht aus sich genommen hat, sondern zur Gestaltung vorfindet." (VÄ 2, 111)

Die Auflösung der klassischen Kunstform steht wiederum in Entsprechung zur Auflösung der klassischen griechischen Polis, in der die Zwecke des Einzelnen identisch mit denen des Staates waren und subjektive Freiheit und allgemeine Sittlichkeit eine „Mitte freier Lebendigkeit" bildeten (VÄ 2, 25f.; vgl. Hm, 61; Ke, 117). „Es ist nicht schwer, zu zeigen, daß ein Staat in solcher Art der Freiheit, so unmittelbar identisch mit allen Bürgern, welche als solche schon die höchste Tätigkeit in allen öffentlichen Angelegenheiten in ihren Händen haben, nur klein und schwach sein kann und sich teils durch sich selbst zerstören muß, teils äußerlich im Verlauf der Weltgeschichte zertrümmert wird." (VÄ, 118; vgl. Hm, 68) Da nämlich in der unmittelbaren Einheit von Individuum und Staat die subjektive Partikularität fehlt, bleibt sie die beschränkte, natürliche Selbstsucht, die sich nun dem Staat selbst entgegenstellt. Zudem verlangt das Subjekt „das Bewußtsein, in sich selbst als Subjekt substantiell zu sein, und dadurch entsteht in jener Freiheit ein neuer Zwist zwischen dem Zweck für den Staat und für sich selbst als in sich freies Individuum" (VÄ 2, 118; vgl. Hm, 68). Dieser Konflikt beginnt historisch, so Hegel, schon zur Zeit des Sokrates. Was die Auflösung des klassischen Ideals betrifft, so wird die Verendlichung der Götter durch die Poesie insbesondere von Platon kritisiert (Ho, 402).

Kennzeichnend für die Auflösung der klassischen Kunstform ist daher das Bewusstsein der Vergangenheit der Götter als bloßer Verlusterfahrung. Daher kritisiert das Subjekt die Gegenwart als Auflösung der echten Sittlichkeit der Vergangenheit: „Denn in seinem eigenen Innern genießt es in jenen bloßen Vorstellungen von der wahrhaftigen Sittlichkeit nicht seine volle Befriedigung und wendet sich deshalb gegen das Äußere hinaus, auf welches es sich negativ, feindselig, mit dem Zweck, dasselbe zu verändern, bezieht." (VÄ 2, 119) Künstlerisch geschieht dies zunächst als Darstellung einer Selbstzerstörung der Verderbnis der Gegenwart, „damit eben in dieser Selbstzerstörung des Richtigen das Wahre sich als feste, bleibende Macht aus diesem Widerscheine zeigen könne und der Seite der Torheit und Unvernunft nicht die Kraft eines direkten Gegensatzes gegen das in sich Wahrhaftige gelassen werde" (VÄ 2, 120; vgl. Hm, 69). Hierfür steht bei den Griechen die Komik des Aristophanes.

Wird diese Kritik der Gegenwart jedoch im Bewusstsein ihrer Aussichtslosigkeit in einer in sich götterlosen Wirklichkeit artikuliert, so wird das Bewusstsein des Subjekts zu einer bloß abstrakten, endlichen, unbefriedigten Subjektivität: „Ein edler Geist, ein tugendhaftes Gemüt, dem die Realisation seines Bewußtseins in einer Welt des Lasters und der Torheit versagt bleibt, wendet sich mit leidenschaftlicher Indignation oder feinerem Witze und frostigerer Bitterkeit gegen das vor ihm liegende Dasein und zürnt oder spottet der Welt, welche seiner abstrakten Idee der Tugend und Wahrheit direkt widerspricht." (VÄ 2, 122f.; vgl. As, 100; Hm, 69)

Die eigentlich künstlerische Übergangsform des klassischen Ideals ist daher die römische Satire. Der römische Geist besteht nämlich, so Hegel, im Gehorsam gegen das abstrakte Gesetz unter Aufopferung der Individualität und kennt daher in seiner Kunstfeindlichkeit nur die prosaischen Kunstformen des Lehrgedichts und der Satire. Die Satire beruht auf der abstrakten Tugendpredigt, die „ohne wahrhafte Hoffnung oder Glauben [...] den Wechselfällen, der Not und Gefahr einer schmachvollen Gegenwart nichts als den stoischen Gleichmut und die innere Unerschütterlichkeit einer tugendhaften Gesinnung des Gemüts entgegenzusetzen hat" (VÄ 2, 125). Der Gegensatz zwischen abstrakter innerer Gesinnung und äußerer Objektivität findet seine Lösung erst darin, dass das Subjektive als das in sich selbst Unendliche verstanden wird, „das, wenn es auch die endliche Wirklichkeit nicht als das Wahre bestehen läßt, sich doch nicht im bloßen Gegensatze gegen dieselbe negativ verhält, sondern ebensosehr zur Versöhnung fortgeht und in dieser Tätigkeit erst den idealen Individuen der klassischen Kunstform gegenüber als die absolute Subjektivität zur Darstellung kommt" (VÄ 2, 126; vgl. Hm, 70).

5.6 Klassiker auslegen

Hegel selbst als Klassiker zu verstehen und auszulegen erscheint zunächst insofern problematisch, als die Ästhetik den Begriff des Klassischen auf die Kunst der griechischen Antike beschränkt. Als Kunstreligion in der ihr eigenen Form des klassischen Ideals lässt sich die griechische Antike nicht mehr als Vorbild für die Kunst der Gegenwart verstehen. In diesem Sinne ist ihre Bedeutung definitiv vergangen. Die philosophische Begründung dieser These nimmt jedoch den Anspruch ernst, dass die klassische Kunst in der Vergangenheit tatsächlich eine absolute oder höchste Bedeutung besessen hat. Die Aufgabe einer Verständigung über diesen absoluten Anspruch der Kunst der Vergangenheit ergibt sich für die Moderne, im Kontext der Querelle, aus dem reflektierten Bewusstsein einer historischen Relativität kultureller Normen der Vergangenheit. Indem Hegels Ästhetik das reflektierte Bewusstsein der modernen Gegenwart selbst geschichtlich aus seiner Beziehung zum Anspruch der Vergangenheit zu verstehen sucht, erhebt sie ihrerseits den Anspruch, nun von höchster oder absoluter Bedeutung für die eigene Zeit zu sein. Die Philosophie ersetzt nicht Kunst und Religion der Vergangenheit, aber sie tritt ihre Nachfolge darin an, dass sie deren geschichtlichen Anspruch auf Verbindlichkeit anerkennt und ihrem eigenen Anspruch nach sogar vollendet. In diesem Sinne einer denkenden Selbstverständigung des Menschen über dasjenige, was ihm von höchster Bedeutung ist, ist es sachlich durchaus berechtigt, Hegel selbst als Klassiker zu verstehen.

Die Aufgabe wie auch die Schwierigkeit einer solchen Auslegung Hegels als Klassiker kommt nun wiederum auch in der Gestalt von Hothos Edition der Vorlesungen zur Ästhetik zum Ausdruck. Was die klassische Kunstform betrifft, so bestätigt der Vergleich der Nachschriften mit der Hothoschen Edition zunächst deren Zuverlässigkeit. Es gibt keine entscheidenden Abweichungen oder Auslassungen. Zu notieren ist allerdings, dass die Nachschrift von Kromayr eine von Hotho nicht berücksichtigte, gerade für das Projekt der Ästhetik aber systematisch bedeutsame Reflexion zur Weltgeschichte enthält, die den historischen Rückblick analog zum Sich-Verstehen des Lebens aus seinen Entwicklungsstufen heraus erklärt (vgl. Kr 369 ff./305 ff.). Thematisch bieten die Nachschriften aber ein einheitliches Bild. Das Kolleg von 1821/22 ordnet zwar noch die Kunst der Erhabenheit, insbesondere die Psalmen, dem Klassischen zu (As, 85–89). Ansonsten aber bleiben die Themen und auch die Thesen weitgehend konstant.

Von Hotho stammen die Untergliederungen, die dem Abschnitt zur klassischen Kunstform zumindest äußerlich die Gestalt eines systematisch zusammenhängenden und abgeschlossenen Textes verleihen. Die Nachschriften weisen gegenüber dieser Untergliederung jedoch variierende Anordnungen des Materials auf, gehen explorativer vor und verdeutlichen damit oftmals besser den inneren Zusammenhang der jeweiligen Teilabschnitte. Vor allem die Nachschriften von 1826 akzentuieren die Frage, wie die griechische Kunst bzw. Mythologie aus dem Zusammenhang von Geistigkeit und Leiblichkeit zu verstehen ist (vdP, 145 ff.; Ke, 115 ff.; vgl. Ho, 376–78). Indem Hotho das ihm vorliegende Material untergliedernd zusammenstellt, erweckt er den äußeren Anschein einer systematisch abgeschlossenen Untersuchung. Deren innerer Zusammenhang wird allerdings nicht im Blick auf eine Fragestellung als fortschreitende Einsicht expliziert und entfaltet. Dieser thetische Duktus eines Textes, dessen Sinn und innerer Zusammenhang jedoch keineswegs unmittelbar ersichtlich ist, stellt vor allem deswegen eine Schwierigkeit dar, weil sich der sachliche Zusammenhang wie auch der

Anspruch der Beschreibungen der klassischen Kunstform angemessen eben erst aus der Aufgabe einer denkenden Selbstverständigung der Gegenwart über ihr eigenes Verhältnis zur Vergangenheit verstehen lässt.

Dass Hotho diesen explizierenden Interpretationsschritt, der auch den Aufbau dieses Kommentars bestimmt, nicht selbst unternommen hat, ist andererseits durchaus als sachlich angemessene Zurückhaltung des Herausgebers zu würdigen. Hothos Edition enthält und bündelt nämlich, wie angemerkt, alle wesentlichen Themen und Thesen, die in viel größerer Kürze auch in den Nachschriften erscheinen. Sie liest sich zwar ausgesprochen mühsam, führt aber bei aufmerksamer Lektüre ihres Problembestands doch von selbst zum angeführten Grundproblem der Ästhetik. Die Nachschriften können die Hothosche Edition nicht ersetzen. Gleichwohl sind sie nicht nur für Detailfragen von Interesse, sondern vor allem darin, dass sie den explorativen und nachdenkenden Charakter von Hegels Vorlesungen viel deutlicher hervortreten lassen.

Literatur

Bockholdt, R. 1987. „Über das Klassische der Wiener klassischen Musik". In: *Über das Klassische*, hg. v. R. Bockholdt, 225–259. Frankfurt a.M.

Gumbrecht, H. U. 1978. „Modern, Modernität, Moderne". In: *Geschichtliche Grundbegriffe*, Bd. 4, hg. v. O. Brunner, 93–131. Stuttgart.

Habermas, J. 1988. *Der philosophische Diskurs der Moderne. Zwölf Vorlesungen.* Frankfurt a.M.

Jauß, H. R. 1964. „Ästhetische Normen und geschichtliche Reflexion in der ‚Querelle des Anciens et des Modernes', Vorwort". In: Perrault, C.: *Parallèle des Anciens et des Modernes en ce qui regarde les arts et les sciences*, hg. v. H. R. Jauß, 8–46. München.

Jauß, H. R. 1970. „Schlegels und Schillers Replik auf die ‚Querelle des Anciens et des Modernes'". In: Ders., *Literaturgeschichte als Provokation*, 67–106. Frankfurt a.M.

Jauß, H. R. 1971. „Antiqui/moderni (Querelle des Anciens et des Modernes)". In: *Historisches Wörterbuch der Philosophie*, Bd. 1, hg. v. J. Ritter, 410–414. Basel.

Pavel, T. 2014. „Classicism". In: *Encyclopedia of Aesthetics*, Second Edition, Bd. 2, hg. v. M. Kelly, 64–68. Oxford / New York.

Seeberg, U. 2014. „Hegel und die Querelle des Anciens et des Modernes". In: *Internationales Jahrbuch des deutschen Idealismus*, Bd. 10 / 2012, Geschichte, hg. v. J. Stolzenberg u. F. Rush, 143–174. Berlin / New York.

Voßkamp, W. 2001. „Klassisch/Klassik/Klassizismus". In: *Ästhetische Grundbegriffe. Historisches Wörterbuch in sieben Bänden*, Bd. 3, hg. v. K. Barck, 289–305. Stuttgart / Weimar.

Winckelmann, J. J. 1969. *Gedanken über die Nachahmung der griechischen Werke in der Malerei und Bildhauerkunst.* Stuttgart.

Walter Jaeschke
6 Die romantische Kunstform

6.1 Zu den Begriffen des Romantischen und der romantischen Kunst

„Die romantische Kunst" – unter diesen heute erläuterungsbedürftigen Titel hat Hegel die letzte der drei von ihm unterschiedenen Kunstformen gestellt. Doch bereits in den Jahren seiner *Vorlesungen über die Ästhetik* bedarf der Terminus „romantisch" einer Präzisierung, da sich in den drei Jahrzehnten der akademischen Wirksamkeit Hegels eine gravierende Bedeutungsverschiebung im Begriff des „Romantischen" vollzieht. Veranschaulichen lässt sie sich besonders klar an Werken eines Repräsentanten der Romantik (im heutigen Sinne), nämlich Friedrich Schlegels. Im Jahr 1800, in seinem *Gespräch über die Poesie*, genauer: im „Brief über den Roman", lässt Schlegel seinen „Antonio" sagen, er suche und finde „das Romantische, bey den ältern Modernen, bey Shakspeare, Cervantes, in der italiänischen Poesie, in jenem Zeitalter der Ritter, der Liebe und der Mährchen, aus welchem die Sache und das Wort selbst herstammt". Shakespeare hebt er sogar hervor als denjenigen, in den er „das eigentliche Centrum, den Kern der romantischen Fantasie setzen möchte" (Schlegel 1800, 122). Doch trotz der Rede von „jenem Zeitalter" dient „romantisch" hier nicht primär als Epochenbegriff, sondern es bezeichnet eine bestimmte, in „jenem Zeitalter" häufig anzutreffende Art von Kunst: eine Poesie, die sich des Abenteuerlichen, des Phantastischen, des Märchenhaften, des Mythologischen annimmt. Und um dieses in seiner reinsten Form zu finden, verweist Schlegel – ebenfalls im *Gespräch über die Poesie*, jedoch in der „Rede über die Mythologie" – auf die „Schätze des Orients": „Im Orient müssen wir das höchste Romantische suchen" (Schlegel 1800, 103).

Weil aber „das Romantische" nicht an einen Ort und eine Zeit gebunden ist, ist es folgerichtig, dass die Begeisterung für die „romantische Poesie" dazu führt, dass in der Gegenwart Werke geschaffen werden, die einen vergleichbaren Gegenstand und Stil aufweisen und deshalb ebenfalls als „romantisch" klassifiziert werden. Ludwig Tiecks Roman *Franz Sternbalds Wanderungen* (Tieck 1798) gilt Schlegel als „der erste Roman seit Cervantes der romantisch ist" (Schlegel 1985, 260). Hierdurch wird ein Zusammenhang zwischen „jenem Zeitalter" und der Gegenwart geknüpft. Ähnliche Äußerungen, von Novalis oder Clemens Brentano, aber auch Schlegels Vision der romantischen Poesie als einer „progressive(n) Universalpoesie" (Schlegel 1798, 28) wirken mit an der allmählichen Umformung der Rede vom „Romantischen" zu einem Epochenbegriff – jedoch zur Bezeichnung der Gegenwart, die sich des Romantischen in besonderer Weise annimmt und es, wenn auch in veränderter Form, wieder zum Leben erwecken will. Jens Immanuel Baggesen spricht in seinen Spottsonetten *Der Karfunkel* geläufig von „Romantikern" und von einer „Romantischen Periode", die er zwischen die „Genialische" und die „Mystische Periode" stellt (Baggesen 1810); die „romantische[n]" Gesinnungen, die Goethe 1812 in seiner Skizze *Epoche der forcirten Talente* neben den christlichen und heidnischen nennt (Goethe 1907, 443), sind charakteristische Gesinnungen dieser „Epoche", ohne dass damit aber schon die Epoche als „Romantik" bezeichnet wäre. Dies sind aber nur vereinzelte Zeugnisse; als Epochenbegriff wird „Romantik" erst nach dem Tode Hegels – und Goethes – durch zwei ebenfalls kritisch auf „die Romantik" blickende, im weiteren Umkreis der Philosophie Hegels stehende Publikationen in Deutschland im allgemeinen Sprachgebrauch verankert: durch Heinrich Heines *Die romantische Schule* (1836) sowie wenig später durch das „Manifest" *Der Protestantismus und die Romantik* (1839/40) (Echtermeyer und Ruge, 1839/40).

Hegels Begriff der romantischen Kunst schließt sich seit seiner ersten überlieferten *Vorlesung über die Ästhetik* von 1821 inhaltlich eng an die oben zitierten Wendungen des von ihm sonst wenig geschätzten Friedrich Schlegel an. Doch trotz des übereinstimmenden Rekurses auf einzelne „romantische" Autoren und Charakteristika entwickelt Hegel seinen Begriff in gänzlich anderer Richtung: Er beschränkt ihn räumlich und erweitert ihn zeitlich; er relativiert die Bedeutung der von Schlegel genannten Charakteristika; er macht den Begriff des Romantischen zum Epochenbegriff und weist ihm eine Schlüsselstellung in seinem Entwurf der „Philosophie der Kunst" zu.

Als dritte Kunstform ist die romantische der klassischen entgegengesetzt. Hegel begreift diesen Gegensatz aber nicht als eine Differenz von Behandlungsarten, wie etwa der späte Goethe, der gegenüber Eckermann am 2. April 1829 das Klassische „das Gesunde" und das Romantische „das Kranke" nennt und in diesem Sinne auch das Nibelungenlied als „classisch" bezeichnet (Goethe 1836, 92), sondern als eine Differenz von Epochenbegriffen. Für Hegel ist die romantische Kunst die auf die griechische oder, unter Einschluss Roms, die antike Klassik folgende Kunst, also die Kunst des vom Christentum geprägten Zeitalters. Geschichtliche Momente spielen allerdings auch in Schlegels Interpretation des Gegensatzes des Klassischen und Romantischen im „Brief über den Roman" hinein: Er stellt die „romantische Poesie" hier in Gegensatz zur „alten", zur „antiken", und zwar insofern diese „sich durchgängig an die Mythologie" anschließe, während jene hingegen „ganz auf historischem Grunde" ruhe.

Wichtiger als die Frage nach der Plausibilität dieser Unterscheidung ist etwas anderes: Schlegel verwahrt sich gegen die Annahme, als wolle er „de[n] Gegensatz zwischen dem Antiken und dem Romantischen" mit dem Gegensatz des

Antiken und Modernen identifizieren. Für den guten Sinn der Unterscheidung des Romantischen vom Modernen verweist er auf Lessings *Emilia Galotti*, gibt aber kein Kriterium für sie an und lässt das Verhältnis beider begrifflich unbestimmt (Schlegel 1800, 121 f.). In seiner Gegenüberstellung des Antiken und des Modernen klingt ebenso wie in der wenige Jahre späteren Ästhetikvorlesung Schellings (Schelling 1859) noch die Ende des 17. Jahrhunderts aufgekommene Querelle des Anciens et des Modernes nach. Schlegel spricht dies auch unumwunden aus: Das Romantische sei „bis jetzt das einzige, was einen Gegensatz zu den klassischen Dichtungen des Alterthums abgeben kann". Gleichwohl fasst er es nur als ein gleichsam zeitloses „Element der Poesie, das mehr oder minder herrschen und zurücktreten, aber nie ganz fehlen darf" (Schlegel 1800, 122 f.).

Hegel hingegen identifiziert den Begriff des Romantischen mit dem des Modernen und erhebt ihn dadurch zu einem Epochenbegriff, während der Begriff des Modernen im Gegenzug zurücktritt – und dies mit gutem Grund. „Modern" ist ja nur eine zeitliche, für sich inhaltslose und deshalb für jeden Inhalt offene Bestimmung, die – zumal mit dem Fortschreiten der Jahrhunderte – vollends leer wird, wenn sie den vollständigen Gegensatz zum Antiken ausdrücken soll. Weil Schlegel mit der Entgegensetzung der Epochenbegriffe des Antiken und des Modernen arbeitet, ist für ihn Dante „der heilige Stifter und Vater der modernen Poesie" (Schlegel 1800, 77), und nicht anders ist Dante drei Jahre später auch für Schelling „der Schöpfer der modernen Kunst" – eine Zeitbestimmung, die schon durch Schellings Bemerkung unglaubwürdig wird, dass schon „längst die Heiligkeit des Alterthums" Dantes Werke bedecke (Schelling 1803, 38, 35).

Hegel hingegen ersetzt in seinen Vorlesungen den bloß negativ, durch die Gegenüberstellung mit der Antike, bestimmten Begriff des Modernen durch den des Romantischen und macht diesen hierdurch zum Epochenbegriff – aber vor allem: Er denkt den Begriff des Romantischen im Kontext einer Geschichte der Subjektivität und gibt ihm von daher eine völlig veränderte inhaltliche Bestimmung. Er dementiert zwar nicht Schlegels vorhin zitierte Charakteristik der romantischen Poesie; er macht sie sich sogar zu eigen, aber er relativiert sie, indem er das Romantische begrifflich fasst – und in dieser Vertiefung liegt die Voraussetzung für die Eignung dieses Begriffs zum Epochenbegriff. Hierdurch ist sein Bedeutungsumfang einerseits räumlich verengt: Nicht im Orient ist das höchste Romantische zu suchen; dort ist lediglich das Symbolische anzutreffen, das Schlegel vom Romantischen nicht unterscheidet. Dieses hingegen ist allein im Abendland zu finden, und zwar in der Epoche, die auf die Antike folgt und von der Selbstgewissheit der Subjektivität bestimmt wird, die auch der christlichen Religion zugrunde liegt.

Andererseits wird der Bedeutungsumfang des Begriffs hierdurch stark ausgeweitet: Die Kunst dieser gesamten Epoche und die gesamte Kunst dieser Epoche

– nicht allein die Poesie – gilt Hegel als romantisch, weil sie durch das Prinzip des Romantischen geprägt ist, das nun nicht mehr allein durch „Abenteuer" und „Phantasie", sondern von der Stellung dieser Kunst im Zusammenhang der übergreifenden Geschichte der Subjektivität bestimmt ist.

In Hegelschen Wendungen lässt sich diese Geschichte leicht skizzieren. Er zeichnet diese allgemeine, auch die symbolische und die klassische Kunst und ebenso die anderen Bereiche seiner Geistesphilosophie übergreifende Geschichte der Ausbildung und Vertiefung der Subjektivität in sich nirgends so anschaulich wie in den *Vorlesungen über die Ästhetik*. Insbesondere bei der Abhandlung der romantischen Kunst geht er näher auf diese Geschichte ein, weil sie hier in ihre abschließende Phase tritt: Die Entwicklung der romantischen Kunst, von ihren Anfängen nach der klassischen Epoche Griechenlands und der in der römischen Kunst auslaufenden Antike bis in Hegels eigene Zeit, bildet den entscheidenden Abschnitt dieser übergreifenden Subjektivitätsgeschichte. Sie ist die Geschichte der Vertiefung der Subjektivität in sich, der Selbstgewissheit der Subjektivität, alle Wahrheit zu sein und ein „höchstes Recht" zu haben. Als Geschichte der Subjektivität ist sie eine Geschichte der Freiheit, und so vollzieht sie in ihren einzelnen Schritten und als Ganzes einen „Fortschritt im Bewußtseyn der Freyheit" (GW 18, 153). Sie ist auch die Geschichte der Ausbildung des Gedankens der Person als einer Verantwortungs- und Entscheidungsinstanz, ihrer Freiheit, letztlich ihrer Autonomie, ihres „höchsten Rechts" und des Bewusstseins ihres unendlichen Werts.

Doch trotz dieser wichtigen Marksteine auf ihrem Weg ist sie für Hegel keine unproblematische Erfolgsgeschichte: Eben durch die Vertiefung der Innerlichkeit in sich ist sie zugleich die Geschichte der Herauslösung der Subjektivität aus allen vorgegebenen Bindungen, der Abwertung alles Äußeren, der Erhebung über alles der Subjektivität Entgegenstehende, sei es nun die äußere, natürliche Welt, die ihr inneres Leben verliert, entzaubert und zum bloßen Objekt verdinglicht wird, sei es die im traditionell weiten Sinne „moralische" Welt vorgegebener rechtlicher Verpflichtungen oder sittlicher Bindungen.

Hegel rekonstruiert diese Geschichte gleichsam leidenschaftslos, aus der Beobachterperspektive, als eine Geschichte, die von keinem identifizierbaren, für sie verantwortlichen Subjekt in Gang gesetzt wird, der niemand ein Ziel gesetzt hat und in deren Ablauf niemand einzugreifen vermag, die also nicht willentlich gesteuert und weder verlangsamt noch beschleunigt werden kann. Sie kulminiert im bislang letzten Stadium der romantischen Kunstform – oder allgemeiner: der romantischen Denkform. Damit zeichnet sich das romantische Subjekt in Hegels Augen als die höchste Gestalt der Subjektivitätsgeschichte aus. In seinen rechtsphilosophischen Vorlesungen formuliert er dies ausdrücklich: „das Tiefste des

Geistes ist die Subjektivität die wir gesehen haben, tieferes giebt es nicht" (GW 26,3, 1238). Es mag wohl Schöneres geben, aber nicht Tieferes.

In dieser Geschichte bildet die vom romantischen Prinzip bestimmte christliche Religion nur eine, wenn auch fraglos eine wichtige Etappe. Sie hat in ihr keine Sonderstellung; sie ist ja nichts, was gleichsam aus einer jenseitigen Welt in das Diesseits hineinstrahlte – auch wenn sie gern so vorgestellt wird –, sondern sie ist ein Moment dieses übergreifenden Prozesses; sie hat ihrerseits subjektivitätsgeschichtliche Voraussetzungen, durch die sie geformt wird – und sie hat auch Folgen. Zwei Voraussetzungen der christlichen Religion im Verlauf dieser Geschichte des Geistes sind hier zu nennen. Die eine, von Hegel hier nicht weiter thematisierte, liegt in der römischen Welt, in der Vereinzelung und im Zurückdrängen der Subjektivität in sich und in dessen unerwartet-affirmativem Resultat, der Ausbildung des Personbegriffs; die andere, in der Ästhetik breit ausgeführte, besteht in der Versöhnung der Natur und des Geistes in der griechischen Antike.

Doch auch wenn diese Versöhnung fraglos eine ausgezeichnete Epoche in der Geschichte des Geistes darstellt: Ihr Fortgang erweist diese Versöhnung im Schönen als eine unwahre Gestalt, eine bloß dem Element des Äußerlichen, des Natürlichen verhaftete Versöhnung. Die Objektivität, die der Geist in der Äußerlichkeit, in der marmornen oder ehernen Gestalt des Gottes hat, genügt seinem Wissen von sich nicht – auch wenn er sich diese äußere Objektivität selbst gegeben hat. Auch der Geist, könnte man sagen, ist ein „eifriger Gott"; er will keine Objektivität neben sich haben, die sich erst dem Künstler, der Hineinbildung des Geistes in äußeres Material verdankt, sondern er will seine Objektivität in und aus sich selber ausbilden, seiner eigenen Wahrheit gewiss werden und die äußere Realität als ein ihm nicht angemessenes Dasein setzen. Seine Versenkung in die Leiblichkeit führt in der Antike zwar hinauf zur höchsten Schönheit, über die hinaus Schöneres weder sein noch werden kann – aber diese im äußeren Gegenstand realisierte Schönheit ist nicht das Höchste, sondern „etwas Untergeordnetes". Höher als sie ist die „*geistige* Schönheit des an und für sich Inneren als der in sich unendlichen geistigen Subjektivität" (VÄ 2, 129) – wobei von „Schönheit" nur noch im übertragenen Sinne gesprochen werden kann. Dass aber diese „geistige Schönheit" – ein Begriff, der sich erst im Kolleg 1826 nachweisen lässt (Ke, 137) – eine höhere Gestalt ist, wird nicht durch einen abstrakten Wertmaßstab erkannt, sondern es zeigt sich im geschichtlichen Fortgang: Der Geist geht über die Gestalten seiner Versöhnung mit der Natur hinaus, zerbricht sie, schmäht sie und gibt sich eine Objektivität in sich und aus sich heraus – und die Aufgabe des Philosophen besteht darin, diesen Prozess „auf den Begriff zu bringen".

Das Prinzip, das an die Stelle der Versöhnung von Natur und Geist tritt, ist die „Innerlichkeit" des Geistes – oder mit den Worten Hegels, in denen er den Tenor seiner Ausführungen über das Romantische zusammenfasst und vorwegnimmt:

„Der wahre Inhalt des Romantischen ist die absolute Innerlichkeit, die entsprechende Form die geistige Subjektivität, als Erfassen ihrer Selbständigkeit und Freiheit." (VÄ 2, 129)

Es ist allerdings nicht so leicht, diese von Hegel programmatisch verkündete Konzeption durch Gestalten der romantischen Kunst zu veranschaulichen; vor allem wäre es vergebens, sie in der frühen Geschichte des romantischen Prinzips an der Kunst belegen zu wollen. Denn zum einen zeigt sich auch hier die spezifisch Hegelsche Pointe, dass ein derartiges „Prinzip" seine angemessene Ausdrucksform keineswegs in seinem geschichtlichen Anfangsstadium findet, sondern dass es sich in einem langen, nahezu zwei Jahrtausende füllenden Prozess herausarbeitet und erst an seinem Ende auch begriffen wird. Und zum anderen ist die Lage hier ohnehin verwickelter und vermittelter: Die romantische Kunst insgesamt, nicht etwa nur die religiöse Kunst, basiert auf einem neuen Weltverhältnis der Subjektivität, das sich in der Antike bereits andeutet, zunächst noch isoliert im Daimonion des Sokrates, dann aber als eine machtvolle geschichtliche Gestalt: in der Stoa. Auch hier hat die Innerlichkeit sich bereits eine Objektivität in sich selber gegeben, die sich der äußeren Welt entgegensetzt, in der sie keine Heimat mehr findet. Das stoische Selbstbewusstsein beruht aber noch auf einer Energie des Willens, die dem Einzelnen angehört; die in sich seiende Subjektivität wird hier noch nicht als allgemeines Prinzip gewusst.

Seine umfassende geschichtliche Ausprägung findet das Prinzip der Subjektivität erst in der christlichen Religion. Hier wird die Subjektivität als das in sich selbst Unendliche und Anundfürsichseiende aufgefasst, gegenüber der endlichen Wirklichkeit. Hegel spricht sehr plastisch von einem Zerfallen der gediegenen, Geistigkeit und Sinnlichkeit vereinenden Totalität des Ideals „in die gedoppelte Totalität des in sich selber seienden Subjektiven und der äußeren Erscheinung" – als Voraussetzung einer „tiefere[n]" „Versöhnung des Geistes in sich selbst" (VÄ 2, 128). Im Gegensatz gegen die griechische Versöhnung des Natürlichen und Geistigen sind also beide, Inneres und Äußeres, hier strikt getrennt, in entgegengesetzte Welten geschieden, und die Loslösung *vom* Natürlichen ist zugleich die Herabsetzung *des* Natürlichen. Allein dem Inneren wird Wert zugesprochen; das Äußere ist „zu nichts nütze". Diese Innerlichkeit kann sich in ihre „Welt" zurückziehen und die Berührung mit dem Äußeren nach Möglichkeit vermeiden; sie kann sich aber auch polemisch, revolutionär gegen die an sich wertlose Äußerlichkeit zur Geltung bringen.

Die geschichtlichen Bedingungen, unter denen eine solche Konzeption in der Spätantike auftritt und sich auch geschichtlich durchsetzt, hat Hegel in seinen *Vorlesungen über die Philosophie der Weltgeschichte* erörtert; ihre Wiederholung im Kontext der Ästhetik wäre eine zu große Abschweifung gewesen. Für die Ästhetik ist nur entscheidend, dass dieses neue Prinzip der romantischen „Innerlichkeit" schon in den Anfängen der christlichen Lehre greifbar ist und dass es sich auch in der weiteren Ausbildung dieser Religion verfolgen lässt. Indem das einzelne Subjekt, der Mensch, in seiner Innerlichkeit als Gegenstand der Liebe und Gnade Gottes gedacht wird, indem es Gott seinen Vater nennen darf, wird ihm unendlicher Wert zuerkannt.

Damit ist zwar der Ansatzpunkt für Hegels Deutung der romantischen Kunst als einer dem Prinzip der Innerlichkeit verpflichteten Kunst markiert – aber sein wortlos-selbstverständlicher Beginn mit dem religiösen Themenkreis lässt fast vergessen, dass es mehr als ein Jahrtausend dauert, bis unter den Bedingungen dieser Religion, gerade wegen ihres Prinzips der Innerlichkeit, allmählich das aufkommt, was er romantische Kunst nennt, und nochmals mehrere Jahrhunderte bis zur Blütezeit ihrer beiden ersten „Kreise", des religiösen und des ritterlich-abenteuerlichen Themenkreises. Hegel hat ja nicht die Marienzeichnung aus den Katakomben oder die etwa gleichzeitigen und gleichfalls antiken Vorbildern folgenden symbolischen Darstellungen des guten Hirten mit seinen Schafen im Blick, und ebenso wenig die byzantinischen Ikonen.

Die christliche Religion verhält sich zur bildenden Kunst zunächst recht spröde, insbesondere in der lateinischen, aber auch in der Ostkirche, und es ist eben das Prinzip des Romantischen, die Innerlichkeit, das diese Distanz zur Kunst und ausdrückliche Verwerfung der Kunst bewirkt. Der *eine* Gott, der Geist ist, will „im Geist und in der Wahrheit" angebetet (Ev Joh 4,24), aber nicht im Kunstwerk zur Schau gestellt werden; trotz mancher Veränderungen im Gottesverhältnis des Menschen ist er letztlich ja noch derselbe Gott, der ausdrücklich untersagt hat, sich ein Bildnis von ihm zu machen – und diese Denkweise ist mit Unterbrechungen bis in die Bilderverbote des 8. und 9. Jahrhunderts, bis in den Bildersturm des 16. Jahrhunderts, die Verbannung religiöser Bilder und sakraler Gegenstände in die nachreformatorischen „Götzenkammern" und sogar bis ins Verhältnis der reformierten Konfession zu bildlichen Darstellungen religiöser Gegenstände wirksam gewesen und immer noch wirksam.

Das Verhältnis dieser Religion zur Kunst ist deshalb gegenüber der griechischen Antike geradezu umgekehrt: Dort geht die Kunst der Religion voran; Homer und Hesiod haben den Griechen ihre Götter gemacht – so das von Hegel immer wieder zitierte Dictum Herodots. Hier hingegen steht die Wahrheit der Religion am Anfang, unabhängig von der Kunst und sogar in einem gespannten Verhältnis zu ihr. Nicht die Poeten machen die Götter, sondern die Religion ist im Besitz der Wahrheit und gibt den Inhalt der Wahrheit vor – aber sie gibt ihn der Gemeinde und dem Einzelnen vor, und erst sehr zögerlich auch der Kunst. Es ist von den Anfängen der Religion noch ein weiter Weg zurückzulegen, bis die Kunst den Inhalt der Religion gestalten darf – und es hat mehrfach Rückschläge auf diesem Wege gegeben.

Hegel hat dieses ursprünglich spröde Verhältnis der christlichen Religion zur Kunst unter dem Titel der „[s]cheinbare[n] Überflüssigkeit der Kunst" (VÄ 2, 149) angesprochen: Wenn der religiöse Inhalt in der inneren Gewissheit, Empfindung und Vorstellung des Geistigen liegt, so ist seine bildliche Darstellung durch die Kunst „das Nebensächliche und Gleichgültigere" – und vielleicht sogar das diesen Inhalt Entstellende, ihn Untergrabende. Deshalb hat es einer langen Zeit bedurft, bis die Zurückhaltung gegenüber der Kunst oder sogar ihre Verteufelung überwunden worden ist.

Hegel zeigt, dass die Ambivalenz im Verhältnis dieser Religion zur Kunst im Innersten dieser Religion verankert ist: Das Prinzip der Innerlichkeit widersetzt sich dem Äußerlichen, aber andererseits ist das Prinzip der Innerlichkeit durch die Lehre von der Menschwerdung Gottes unlösbar mit der sinnlich wahrnehmbaren Äußerlichkeit verknüpft, und diese ist für die bildliche Darstellung offen, ja sie drängt von sich aus darauf, „das Göttliche in dieser seiner an die Bedürftigkeit der Natur und der endlichen Erscheinungsweise gebundenen Einzelheit" (VÄ 2, 149), als Menschen, darzustellen, in seiner Einbindung in die üblichen Abläufe menschlichen Lebens: „Indem [...] das wirkliche Subjekt die Erscheinung Gottes ist, gewinnt die Kunst jetzt erst das höhere Recht, die menschliche Gestalt und Weise der Äußerlichkeit überhaupt zum Ausdruck des Absoluten zu verwenden" (VÄ 2, 131). Wenn das Göttliche so vorgestellt wird, dass es seine Verwirklichung in der Endlichkeit nicht verschmäht, sondern sich in dieser Form und Anschaubarkeit, ja Berührbarkeit dargestellt hat, so ist nicht zu sehen, weshalb diese Ineinsbildung des Göttlichen und der endlichen menschlichen Gestalt nicht im Bild wiederholt werden sollte. Der religiöse Inhalt öffnet von sich aus den Weg für eine bildliche Darstellung und führt sogar dazu, „den Anthropomorphismus auf die Spitze zu treiben" (VÄ 2, 149).

Hegel sieht den Anthropomorphismus in der christlichen Religion deshalb sehr viel tiefer verwurzelt als in der griechischen. Das „Substantielle, Wahre" darf „nicht als ein bloßes Jenseits der Menschlichkeit aufgefaßt" werden, „sondern das Menschliche als wirkliche Subjektivität muß zum Prinzip gemacht und das Anthropomorphistische [...] dadurch erst vollendet werden" (VÄ 2, 129). Deshalb wendet er sich in diesem Punkt auch stets gegen Schillers Gedicht *Die Götter Griechenlands*: Die Unterstellung, dass die Menschen dann göttlicher sind, wenn die Götter menschlicher gedacht werden, spricht nicht für die griechische, sondern für die christliche Religion, denn menschlicher kann man Gott nicht denken als hier, wo er wahrhaft Mensch geworden ist – eine Sichtweise, die allerdings auch heute von der Theologie vielfach nicht geteilt wird. In ihr klingt ja schon Feuerbachs – polemisch auch gegen Hegel gerichtete – Aussage an, dass die Theologie in ihrer Wahrheit Anthropologie sei.

Ein zweites verstärkt die Argumentation zugunsten des Anthropomorphismus noch: Die Menschlichkeit der griechischen Götter ist eine ideale; in der christlichen Religion hingegen ist die nicht zum Ideal sublimierte, sondern die wirkliche Menschlichkeit mit dem Göttlichen vereint. Zu ihr gehört nicht nur das alltägliche Erscheinungsbild des wirklichen Menschen, dem niemand auf seinen Wegen die Göttlichkeit ansieht; zu ihr gehören aber auch die schmerzverzerrten Züge des unter dem Kreuz Zusammenbrechenden und des am Kreuz Hängenden. Und deshalb wendet Hegel sich gegen idealisierende Christus-Darstellungen: Sie verwechseln gleichsam den griechischen Gott mit dem christlichen, das Idealbild des Menschen mit dem Bild des Gottes, der für die religiöse Vorstellung wirklicher Mensch geworden ist.

6.2 Die drei Kreise der romantischen Kunstform

„Die romantische Kunst" – bei rascher Lektüre von Hegels Vorlesungen drängt sich der Verdacht auf, dass er allzu vieles und zudem Unvereinbares unter diesem Titel zu vereinen suche – dass die Romantische Kunstform ein Sammelbecken für gänzlich heterogene Inhalte sei, deren Gemeinsamkeit nur darin besteht, dass sie zeitlich auf die klassische Kunst folgen. Seine bei der symbolischen und der klassischen Kunst nicht durchgeführte, aber seit der Vorlesung von 1821 stabile Gliederung der „romantischen Kunstform" in drei – sehr unterschiedliche – Abschnitte oder Sphären, die er seit 1823 „Kreise" nennt (Ho, 412f.), ist zudem geeignet, diesem Verdacht weitere Nahrung zu geben: Es scheint sich eher um drei Kunstformen als um drei Kreise *einer* Kunstform zu handeln. Aber Hegel plädiert doch mit Beharrlichkeit für eine in sich differenzierte Einheit der romantischen Kunst – und auch nicht ohne Überzeugungskraft, da das Prinzip der romantischen Kunst nicht auf der Oberfläche angesiedelt ist, auf der sich die „Kreise" unterscheiden: „Das schlechthin in sich allgemeine Absolute, wie es im Menschen seiner selbst bewußt ist, macht den inneren Gehalt der romantischen Kunst aus, und so ist auch die ganze Menschheit und deren gesamte Entwicklung ihr unermeßlicher Stoff." (VÄ 2, 138)

Die Dreigliederung des „Stoff[s] des Romantischen" (As, 104) bleibt von der ersten bis zur letzten Vorlesung konstant, wie überhaupt die überlieferten *Vorlesungen über die Ästhetik* unter sich und mit Hothos Edition in erstaunlichem Einklang stehen, anders als etwa die religionsphilosophischen. An ihnen gemessen, bleiben hier sowohl die begriffliche Grundlage und der Aufriss des Ganzen als auch der Inhalt der Ausführungen überraschend gleichförmig, bis in die Nennung der einzelnen Autoren und ihrer Werke – wobei die Edition fast stets die reifste und reichste Ausführung präsentiert. Etwas stärker differieren lediglich die wenigen von den Nachschriften notierten Zwischentitel; die Zwischentitel innerhalb der drei „Kreise" in Hothos Edition sind allerdings sämtlich Zutaten des Herausgebers.

6.2.1 Der religiöse Kreis

Die drei „Kreise" scheinen geschichtlich angeordnet zu sein – von der ausgehenden Antike über das Rittertum des Mittelalters bis hin zu den „modernen" Themen. Doch dies trifft nicht zu; auch wenn die Hauptthemen des religiösen Kreises – die Lebensstadien des menschgewordenen Gottes, seine Geburt, sein Leiden und Sterben – zeitlich in der Antike liegen, so gehört doch der Hegel vor Augen stehende religiöse Kreis der romantischen Kunstform einer mehr als ein Jahrtausend späteren Zeit an; er beginnt somit etwa gleichzeitig mit dem zweiten Kreis, aber er überdauert ihn bei weitem; seine intensivste Phase dürfte sogar erst der Barock sein, und seine Ausläufer erstrecken sich bis in die Gegenwart; somit überschneidet er sich zeitlich auch noch mit dem dritten Kreis.

Die engste Affinität zum religiösen Kreis haben die bildenden Künste, Malerei und Skulptur. Sie haben ein eigentlich unlösbares Problem zu lösen: Sie müssen das romantische Prinzip, die Innerlichkeit, äußerlich darstellen, im Bild oder gar in der Skulptur zur Erscheinung bringen, aber so, dass in der Erscheinung selber deutlich wird, dass sie nicht die wirkliche Existenz dessen ist, was da erscheint und seine angemessene Existenz vielmehr in sich selber hat. Hegel hat dieses in sich verschlungene Verhältnis sehr präzise ausgesprochen: Anders als die klassische Kunst hat die romantische nicht das Äußere zu idealisieren, und deshalb macht sie sich darum wenig Sorge: „Die Versöhnung mit dem Absoluten ist im Romantischen ein Akt des Inneren, welcher zwar im Äußeren erscheint, aber das Äußere selbst in seiner realen Gestalt nicht zum wesentlichen Inhalt und Zweck hat." Das Prinzip der romantischen Kunst, das Innerliche, „ist nicht in seine Erscheinung versenkt, es ist in sich und hat eben damit seine Äußerlichkeit nicht *für sich*, sondern für andere, als eine freigelassene, jedem preisgegebene Außenseite" (VÄ 2, 144 f.).

Dieses Freilassen der Äußerlichkeit, der Verzicht darauf, sie unter ein Ideal zu zwingen, bildet zugleich die Voraussetzung für einen weiteren Grundzug der romantischen Malerei: Charakteristisch für sie ist die „Heimatlichkeit im Gewöhnlichen" – sei es in der Darstellung von Ochs und Esel im Stall zu Bethlehem, sei es in der entweder kostbaren oder einfachen, aber stets vertrauten Gestaltung der Gewänder der Personen oder an der Ausschmückung der Räume, in denen sich die göttliche Geschichte ereignet oder gar an der alle Lebensumstände umfassenden Szenerie einer neapolitanischen Krippendarstellung. Fraglos hat dieser

Rückgriff auf das Vertraute, wie Hegel sagt, etwas den Betrachter Anlockendes; es kann jedoch dahingestellt bleiben, ob die freigegebene und heimatlich gestaltete Äußerlichkeit auch seine Erwartung erfüllt, „in das Innere des Geistes und in dessen absoluten Gehalt sich einzusenken und sich dieses Innere anzueignen" (VÄ 2, 146) – statt den Menschen vielmehr in dieser heimatlichen Äußerlichkeit festzuhalten. Die Tendenz zum Übergang in eine heimatliche Äußerlichkeit ohne Rückwendung zu den substantiellen Inhalten ist ja, wie der dritte Kreis zeigt, der Malerei durchaus eigentümlich.

Diese nicht-idealisierende Darstellungsweise der romantischen Malerei hat aber noch eine weitere Folge: Sie bestimmt die Kunst auch jenseits des religiösen Kreises – im Porträt, das die eigentümlichen Gesichtszüge des Porträtierten nicht von den Zufälligkeiten des empirischen Daseins reinigt; es ist der Individualität und nicht dem Ideal verpflichtet. Hegel verzichtet hier, bei der Darstellung der romantischen Kunstform, unvermeidlich auf seine sonstigen Ausführungen über die sozialgeschichtlichen Voraussetzungen der Porträtmalerei der Renaissance, aber einen, auf der Linie seiner Argumentation liegenden Punkt hätte er hier doch hervorheben können: Das Porträt entspricht ja zumindest *auch* der Tendenz des von Hegel so nachdrücklich betonten Anthropomorphismus der christlichen Religion. Denn wenn auch die hier wirkenden sozialgeschichtlichen Faktoren keineswegs ausgeblendet werden sollen, so bleibt es doch bedenkenswert, dass das Porträt allein der romantischen Kunst angehört.

Den Inhalt des religiösen Kreises gliedert Hegel in allen Kollegien in drei Themen: Das erste, die Erlösungsgeschichte Christi, gibt das Fundament auch für die beiden folgenden ab: für die Behandlung der Liebe und der Gemeinde; die Ausgestaltung dieser Themen zu drei „Sphären" ist allerdings das Werk des Herausgebers Hotho. Hier ist nochmals an oben bereits Gesagtes zu erinnern: Die Erlösungsgeschichte ist primär kein Gegenstand der Kunst, sondern des Wissens. Erst nach mehreren Jahrhunderten, ja einem Jahrtausend wird sie selbstverständlicher und primärer Gegenstand der Malerei, weil, wie Hegel sagt, dieser in Bildern der Vorstellung gefasste Stoff auf eine äußerlich-bildliche Darstellung geradezu drängt. Doch dies ist nur eine andere Lesart für die anthropologische Begründung: weil der Mensch auf diese Anschauung drängt. Er ist ja nicht nur ein wissendes, sondern auch ein anschauendes Wesen, und wenn der absolute Inhalt in Form einer anschaubaren Geschichte vorgestellt wird, so muss er auch in die Form der sinnlichen Anschaulichkeit übersetzt werden.

Man kann aber auch noch einen Schritt weiter zurück gehen und sich eines Arguments aus Hegels *Vorlesungen über die Philosophie der Religion* bedienen: Der absolute Inhalt ist ja nichts dem Menschen Fremdes, von außen, ohne sein Zutun, über ihn Kommendes, sondern er ist etwas Geistiges, vom menschlichen Geist Entworfenes, weil die Form der Anschauung eine integrale Funktion dieses

Geistes ist; er ist das Substantielle des Gemüts. Der Geist verharrt nicht in einer abstrakten, unlebendigen Isolation; er legt sich aus, geht in die Form der Äußerlichkeit über. In einem ersten Schritt expliziert er sich im Entwurf einer absoluten Geschichte nur für die Vorstellung, im zweiten übersetzt er diese Vorstellung in die sinnliche Anschaubarkeit als Voraussetzung auch der Empfindung, „damit jeder Einzelne darin die Anschauung seiner Versöhnung mit Gott habe" (VÄ 2, 148). Ohne diesen Übergang in die Äußerlichkeit und Anschauung könnte der Geist gar nicht Gegenstand der Kunst sein.

Die so vorgestellte und angeschaute göttliche Geschichte umfasst nun aber nicht allein Affirmatives – im Gegenteil: Der Geist, der sich expliziert, um zum Wissen seiner selbst zu gelangen, legt sich auch in Gestalten des Negativen aus, nicht nur des bloß Unschönen, sondern des Schmerzes, der Qual – wobei Hegel den Zusammenhang zwischen der Entfremdung, dem Schmerz und der Versöhnung betont: Die Intensität der Versöhnung ist gleichsam das Komplement der Intensität der im Leiden und Sterben des Gottmenschen vorgestellten Negativität. Durch die Kunst wird dem als vergangen vorgestellten Leiden des Gottes bleibende anschauliche Gegenwart verliehen, als Voraussetzung für den Betrachter, der die göttliche Geschichte in Vorstellung und Empfindung wiederholen soll. In einem weiteren Schritt werden diese Anschauung und Vorstellung in den Gedanken zurückgenommen – aber dies ist nicht mehr Thema der *Vorlesungen über die Ästhetik*.

Der Gegenstand der zweiten „Sphäre", die Liebe, bildet eigentlich nur einen herausgehobenen Aspekt der göttlichen Geschichte; sie ist ja nicht unabhängig von ihr zu denken. Sie hat für Hegel jedoch eine Bedeutung, die eine Sonderstellung rechtfertigt: Die Liebe ist für ihn gleichsam das romantische Pendant zur Schönheit in der klassischen Kunst, und dies lässt die nicht allein in Hothos Edition mehrfach vorkommende, sondern auch durch Nachschriften belegte Bezeichnung der Liebe als „geistiger Schönheit" plausibel erscheinen. Aber auch abgesehen von dieser Funktion: Die Liebe ist paradigmatisch für die Innigkeit des Geistes, denn im Begriff der Liebe ist „die versöhnte Rückkehr aus seinem Anderen zu sich selbst" gedacht (VÄ 2, 155), also eine Grundfigur des absoluten Geistes.

Die göttliche Geschichte umfasst für Hegel aber nicht nur die Geschichte des als Gottmenschen Vorgestellten, sondern auch die Wirklichkeit des Geistes in der Gemeinde; sie erweitert sich von der Geschichte dieses Einen „zu dem mit Gott versöhnten menschlichen Bewusstsein, überhaupt zur *Menschheit*, welche als die vielen Einzelnen existiert"; aber nicht in diesen einzelnen *als* einzelnen, sondern in der Gemeinde vollbringt sich „die Einigung des menschlichen und göttlichen Geistes innerhalb der menschlichen Wirklichkeit selbst" (VÄ 2, 159f.). Entsprechend dieser Erweiterung und der damit verbundenen zeitlichen und räumlichen

Entgrenzung der göttlichen Geschichte ist der von Hegel behandelte Stoff – Märtyrer, innere Buße und Wunder – hier stark angewachsen.

Hegel steht der Bedeutung dieser Sphäre für die romantische Kunst jedoch sehr zurückhaltend und partiell geradezu warnend gegenüber. Das gute Recht zur Einbeziehung etwa der Märtyrerlegenden liegt darin, „daß der Mensch an sich selbst den Reflex des göttlichen Prozesses abspiegelt", sie also gleichsam an sich selbst wiederholen soll. Doch als Inhalt dieser Sphäre sieht Hegel nur „die Erduldung von Grausamkeiten sowie die eigene freiwillige Entsagung, Aufopferung, Entbehrung"; das Negative des Schmerzes werde hier Zweck für sich selbst, und „die Größe der Verklärung mißt sich nach der Abscheulichkeit dessen, was der Mensch erlitten" hat (VÄ 2, 161). Hierdurch sei diese Thematik „ein sehr gefährlicher Stoff für die Kunst", ihre Entfernung von der Schönheit sei zu groß, als dass diese „unerhörten Abscheulichkeiten" „von einer gesunden Kunst sollten zum Gegenstande erwählt werden dürfen".

Hegel diagnostiziert sehr treffend das Krankhafte in diesem Verlangen nach immer schauerlicheren Legenden und insbesondere nach ihrer bildlichen Inszenierung; es geht weit hinaus über die von Hegel ja stets betonte Notwendigkeit des Negativen als unverzichtbares Moment der göttlichen Geschichte, in dem er immer auch ein affirmatives Moment, einen Ansatz zur Versöhnung des Geistes in sich sieht. Und so spricht er diesen Erscheinungen die „geistige Gesundheit" ab (VÄ 2, 162 f.) und wertet also das Schwelgen in solchen nahezu unausdenkbaren Grausamkeiten, die über das Negative in der Geschichte des Gottmenschen weit hinausgehen, als Ausgeburt einer krankhaften Phantasie. Auch für die mannigfachen Beispiele von Askese findet er keine anerkennenden Worte. Sie erinnern ihn vielmehr an die Selbstpeinigungen der Inder, die er in seinen religionsphilosophischen Vorlesungen ausführlicher beschreibt. Nicht nur dort, sondern auch hier herrsche ein dem sittlichen Organismus der menschlichen Welt entgegengesetzter „gräßlicher Eigensinn" und „Fanatismus der Heiligkeit" (VÄ 2, 164 f.).

Günstiger urteilt Hegel über den Themenbereich „innere Buße und Bekehrung", über die „Konversion des *Inneren*". Doch weil sie im Inneren vorgehe, sei sie ein Stoff weniger für die Kunst als für die Religion, und die – keineswegs unberechtigten – Versuche der Kunst, solche Konversionen ins Bild zu setzen, seien mannigfachen Widrigkeiten ausgesetzt (VÄ 2, 166). Auch über die Wunder, „die überhaupt in diesem ganzen Kreise eine Hauptrolle spielen", weiß er nichts Zustimmendes zu sagen: Sie seien gleichsam „die Konversionsgeschichte der unmittelbaren natürlichen Existenz" – doch diese Existenz konvertiert nicht, und das Göttliche in der Natur seien nicht solche angeblichen Konversionen, sondern „die unwandelbaren Gesetze der Natur selber" (VÄ 2, 168). Und obschon Hegel mehrfach betont, dass die romantische Kunst ihren Inhalt durch die Religion vorgegeben erhalte, wendet er sich hier gegen diese Abhängigkeit: Die Ansprüche eines „gläubigen, sich sehnenden Gemüts", in dem das Äußere mit dem Inneren nicht in vollständige Harmonie komme, haben zur Folge, dass das Äußere „häufig zu einem widrigen, von der Kunst nicht durchweg besiegbaren Stoffe wird" (VÄ 2, 169).

6.2.2 Das Rittertum

Der religiöse Kreis der romantischen Kunst zieht sich bis in die Gegenwart hinein; seine Themen bleiben jedoch stets dieselben, und so setzt ihre Wiederholung, die Vervielfachung des Sujets, eine Dynamik frei, die über das Interesse am substantiellen Gehalt dieser Kunst hinausführt. Der immer gleiche Inhalt wird für die Betrachtung gleichgültig; das Interesse richtet sich stattdessen auf die künstlerische Qualität des Werks: auf die „Art und Weise, wie der Künstler durch dies Gewöhnliche und Bekannte dennoch das Geistige und Innerste als dies Geistige selber hindurchscheinen läßt"; es gilt „der subjektiven Ausführung, den technischen Mitteln und Geschicklichkeiten, durch welche er seinen Gestalten die geistige Lebendigkeit einzuhauchen" versteht (VÄ 2, 151).

Längst vor diesem Übergang zu einer säkularen Betrachtungsweise der religiösen Kunst, etwa gleichzeitig mit der Abschottung des religiösen Kreises, stellt sich ein weltlicher neben ihn. Das Prinzip der Innerlichkeit bleibt nicht in den Bereich des Religiösen eingeschlossen; es hat sich ja, wie oben zitiert, in die „gedoppelte Totalität" des Religiösen und des Weltlichen geteilt, also auch diesem mitgeteilt, und muss dort eine vollständige Durchbildung erfahren. Hegel beschreibt das schwierige Verhältnis dieser beiden „Totalitäten" in zwei nicht ganz kongruenten Modellen, die man als geschichtlich unterschiedliche Prozesse, aber auch als auf einander folgende Stufen verstehen kann. Nach dem ersten beschränkt sich der religiöse Kreis, auch wo er in die Wirklichkeit eintritt, „auf die Beseligung im Absoluten"; er stellt sich dem Weltlichen gegenüber, statt es zu durchdringen und lässt somit auf der Seite des Weltlichen „eine abstrakte Innigkeit" zurück. Das Religiöse aber verbleibt „in der Innerlichkeit der Vorstellung, welche das sich lebendig ausbreitende Dasein verzehrt und fern davon ist, ihr eigenes, auch von Weltlichem erfülltes und zur Wirklichkeit entfaltetes Leben als die höhere Forderung im Leben selber zu befriedigen." Nach diesem Modell vollzieht sich die Ausbildung einer weltlichen Innerlichkeit unabhängig von der religiösen oder gar im Gegenzug gegen sie.

Nach dem zweiten Modell hingegen ist sie eine geschichtliche Folge der religiösen: Wenn „das Reich Gottes Platz gewonnen hat in der Welt und die weltlichen Zwecke und Interessen zu durchdringen und dadurch zu verklären tätig ist; [...] dann beginnt auch das Weltliche von seiner Seite her sein Recht der Geltung in

Anspruch zu nehmen und durchzusetzen". Die „früher *religiöse* Innigkeit" würde erst später „*weltlicher* Art" (oder vielleicht besser: eine weltliche Innigkeit würde neben die religiöse treten); die zumindest ansatzweise Verwirklichung des Gottesreichs wäre die geschichtliche Voraussetzung dafür, dass die unendliche Subjektivität sich nun einer anderen, der weltlichen Sphäre zuwende, so dass die subjektive Einzelheit erst in einem zweiten Schritt, erst nach dem Durchlaufen des von der Religion vorgezeichneten Weges der Negativität, „unabhängig von der Vermittlung mit Gott für sich selber frei" werde (VÄ 2, 169–171).

Die weltliche Sphäre, die hier zum Gegenstand der romantischen Kunst oder eigentlich nur der Poesie wird, ist die Welt des Rittertums. Hegels zwar begrifflich eindringliche und erhellende, aber wenig konkrete Charakteristik lässt den Eindruck entstehen, dass er hier weniger ein Kapitel einer Philosophie der Kunst als vielmehr einen Baustein zu einer allgemeinen Bewusstseinsgeschichte vorlegt, der sich nur abstrakt mit den dieser Kunstform zugehörigen Gestalten vermittelt. Dieser Eindruck wird noch dadurch verstärkt, dass die von Hegel hier genannten Werke – Shakespeares *König Lear*, vor allem aber Friedrich Schlegels *Alarcos*, Kleists *Käthchen von Heilbronn* und Goethes *Reineke Fuchs* – zwar Themen dieser Epoche aufgreifen, jedoch zeitgenössische Werke sind, und auch das Gedicht *Der Cid* wird Hegel in der Fassung durch Herder (Herder 1806) vor Augen gestanden haben (VÄ 2, 180, 186, 191, 193). Freilich erwähnt Hegel hier noch eine lange Reihe anderer Werke – doch sie stammen ebenfalls nicht aus dieser Epoche, sondern gehören sämtlich der Antike an.

Die Reduktion dieses zweiten Kreises auf die drei als Schlüsselbegriffe herausgehobenen subjektiven „Empfindungen" Ehre, Liebe und Treue ist zwar bewusstseinsgeschichtlich erhellend, kann aber den Kunstcharakter der Werke dieser Epoche nicht angemessen fassen. Zudem misst Hegel die künstlerischen Objektivierungen der hier entstehenden „Welt des rein Menschlichen" mit dem Maßstab teils der klassischen Kunst, teils der späteren objektiven Sittlichkeit – und beiden Maßstäben kann die hier entstehende Poesie in seinen Augen nicht genügen, schon deshalb, weil sie weder den antiken noch den religiösen Stoff zum Ausgangspunkt nimmt, „keine vorausgesetzte Objektivität vor sich [hat], keine Mythologie, keine Bildwerke und Gestaltungen". Sie schöpft gleichsam aus dem Nichts, aus einer Innerlichkeit, die sich erst in Beziehung zu der sie umgebenden, ihr fremden Welt setzen muss. Sie beschränkt sich deshalb auf „die subjektive unendliche Beziehung auf sich" (VÄ 2, 171–174); es komme noch nicht zu einer konkreteren Entfaltung eines objektiven substantiellen Gehalts, sondern nur zur Ausbildung und unendlichen Steigerung der drei genannten „Empfindungen".

Ihnen steht Hegel zwar interessiert, aber überwiegend kritisch gegenüber. Mit dem (geschichtlich späteren) Maßstab der zu einer objektiven Gestalt entwickelten Sittlichkeit gemessen sind sie „nicht eigentlich sittliche Eigenschaften und

Tugenden, sondern nur Formen der mit sich selber erfüllten romantischen Innerlichkeit des Subjekts" (VÄ 2, 171). Er arbeitet ihre Differenz sowohl der Antike als auch dem religiösen Kreis gegenüber detailliert heraus, und damit auch die Ambivalenz, die sie nicht überwinden können. So sei die Ehre ein „Scheinen und Widerscheinen der Subjektivität in sich selbst", und „als Scheinen eines in sich Unendlichen selber unendlich"; der „Schein der Ehre" werde „das eigentliche Dasein des Subjekts" (VÄ 2, 177) – aber der Inhalt der Ehre ist beliebig, und er kann auch zum verächtlichen Pathos oder gar verbrecherisch werden, wie Hegel in all seinen Kollegien an Schlegels *Alarcos* exemplifiziert.

Analoges gilt für die Liebe. In dieser höchsten Steigerung der subjektiven Innigkeit der Empfindung trete auch sie erstmals in der romantischen Kunst auf, und so macht ihre Herausbildung Epoche in der Geschichte der Subjektivität. Doch wegen ihrer Inhaltslosigkeit bleibt auch sie „eine bloße Privatsache des subjektiven Herzens", und so gerät sie in mannigfache Kollisionen, sei es mit der Ehre oder mit den „*substantiellen* Mächte[n]", sei es mit bloß äußerlichen Verhältnissen (VÄ 2, 182–189). Und auch um die Treue steht es nicht viel besser: Zwar trägt sie in einer noch nicht objektiv-sittlichen, sondern gesetzlosen Welt zur Stabilität der gesellschaftlichen Ordnung bei, aber auch sie verbleibt im Kreise der zufälligen persönlichen Beziehungen, und so endet sie leicht im Belanglosen oder in der Kollision mit anderen Zufälligkeiten.

Es handelt sich somit bei den in der weltlichen Innerlichkeit begründeten Tugenden um erste Ansätze, die an ihrer Partikularität und Instabilität laborieren und zudem der überlegenen Konkurrenz der Religion ausgesetzt sind: Das Weltliche kann der „konzentrierten Innigkeit des Religiösen, welche die Naturseite des Menschlichen zu vertilgen strebt", nicht genügen und muss „der entgegengesetzten Tugend der Demut, des Aufgebens der menschlichen Freiheit und des festen Beruhens auf sich weichen. Die Tugenden der christlichen Frömmigkeit ertöten in ihrer abstrakten Haltung das Weltliche und machen das Subjekt nur frei, wenn es sich selbst in seiner Menschlichkeit absolut verleugnet." (VÄ 2, 173f.) Das aus der Innerlichkeit hervorgegangene „Reich Gottes" sucht die Konkurrenz eines aus derselben Innerlichkeit geborenen weltlichen Reiches, einer sich als weltlich basiert verstehenden Innerlichkeit zu unterdrücken – und dies über lange Zeit hinweg nicht ohne Erfolg.

Hegels zwar begrifflich eindringliche und erhellende, aber wenig konkrete, nicht durch den Rückgriff auf Kunstwerke aus dieser Zeit veranschaulichte Charakteristik lässt den Eindruck entstehen, dass dieser zweite Kreis etwas Peripheres ist – dass er sich an Umfang und Gewicht nicht mit den beiden anderen messen kann. Doch indem Hegel diese Phänomene als „zweiten Kreis" thematisiert, erkennt er ihnen in der Geschichte der Subjektivität einen epochalen Rang zu: Fraglos vollziehen sie einen wichtigen Schritt in dieser Geschichte, insofern die

Innerlichkeit sich erstmals in ihnen zu säkularen Formen ausbildet, so dass der Mensch „sich selbst in seiner rein persönlichen Selbständigkeit und absoluten Geltung zur Existenz" bringt und so erstmals „unabhängig von der Vermittlung mit Gott für sich selber frei" wird (VÄ 2, 177, 171). Diese Feststellung hat aber mehr den Charakter einer geschichts- als einer kunstphilosophischen Erkenntnis.

6.2.3 Der Formalismus der Subjektivität und des Inhalts

Doch so wenig entwickelt diese Ansätze des zweiten Kreises zunächst sind: Sie sind Vorboten der künftigen, nicht durch die Kunst selber gesteuerten, sondern durch sie nur reflektierten weiteren Ausbildung der „Weltlichkeit", also einer säkularen Kultur. Sie ist durch eine fortschreitende Entsubstantialisierung des Stoffes gekennzeichnet, so dass letztlich alles zum Gegenstand der Kunst werden kann. Dies deutet sich auch in dem etwas umständlichen Titel an, den Hotho – durchaus in Anlehnung an die Nachschriften – für diesen Themenkreis gewählt hat: „Die formelle Selbständigkeit der individuellen Besonderheiten." Der Formalismus liegt darin, dass das Inhaltliche zurücktritt und gleichgültig wird; das im Kunstwerk dargestellte Individuum wird „durch die bloße Subjektivität des Charakters gehalten", die „nur formell auf ihrer eigenen individuellen Selbständigkeit beruht", und zwar entweder auf der „*Festigkeit*" des Charakters oder auf dem gegenteiligen Extrem, auf der in ihre Tiefe versenkten und nicht zum Handeln heraustretenden Subjektivität (VÄ 2, 199). Die Nachschrift Ascheberg ergänzt diesen „formalismus des Charakters" noch durch den „formalismus der äußeren zufälligen Umstände" (As, 109), der in Hothos Edition im zweiten Abschnitt dieses Kapitels unter dem Titel „Die Abenteuerlichkeit" detailliert abgehandelt wird.

Es ist unübersehbar, dass Hegel der Darstellung dieses „dritten Kreises" keine zeitliche Konkretion („Kunst der Neuzeit" oder ähnliches) geben will, wie er ja auch den ersten der drei „Kreise" nicht zeitlich eingrenzt. Eine Sonderrolle spielt nur der zweite, und so ist es auch nicht unberechtigt, dass Hotho für ihn den geschichtlich bestimmten Titel „Das Rittertum" wählt. Aber Hegel will hier ja keine Geschichte der Kunst geben, sondern Themenkreise explizieren, deren zeitliche Konnotierung sekundär ist. Im Vordergrund steht das Inhaltliche: der Weg vom göttlichen, substantiellen Inhalt über die immer mehr verdünnte und schließlich nur noch rudimentäre Substantialität hin zur Gleichgültigkeit des Inhalts für die in sich absolute Innerlichkeit.

Erst in diesem dritten Themenkreis hebt Hegel die von Anfang an vorhandene, tiefsitzende und unaufhebbare Ambivalenz der romantischen Kunst klar ins Bewusstsein. Während man im ersten Themenkreis noch die Möglichkeit einer Vermittlung des von der Religion vorgegebenen substantiellen Inhalts mit der von dieser Religion selber herausgehobenen Innerlichkeit unterstellen konnte, schwindet diese Hoffnung im zweiten Kreis, und sie verschwindet vollends im dritten. Nun werden die Konsequenzen dessen deutlich, was Hegel bereits in der Einleitung zu seinen Vorlesungen angedeutet hat: dass das Geistige sich schließlich wegen seiner in sich „höheren Vollendung" der „Vereinigung mit dem Äußeren entzieht" und seine „Realität und Erscheinung nur in sich selber suchen und vollbringen kann" (VÄ 1, 114). Nun spricht er die hierin liegenden destruktiven Konsequenzen mit ungeschminkten Worten, fast provokativ aus: „die romantische Kunst [ist] von ihrem Beginn an mit dem Gegensatze behaftet, daß die in sich unendliche Subjektivität für sich selber unvereinbar mit dem äußerlichen Stoffe ist und unvereinigt bleiben soll" (VÄ 2, 197). Es ist deshalb konsequent, dass seine Darstellung der romantischen Kunst in den Kollegien 1821, 1823 und 1826 mit dem „Zerfallen" der Kunst endet.

Der Inhalt des dritten Themenkreises bildet als ganzer ein langes, sich allerdings dieser Rolle nicht bewusstes Präludium zu diesem „Zerfallen", das jedoch von dem (zu) viel beredeten „Ende der Kunst" wohl zu unterscheiden ist. Aber auch dieses Zerfallen ist für Hegel kein geschichtlich-zufälliges Ereignis, das durch bessere Überlegung oder geschickteres Vorgehen vermeidbar gewesen wäre, sondern es folgt ebenso wie das Ende der Religion mit Notwendigkeit aus der von ihm rekonstruierten Geschichte der Subjektivität. Und Hegel ist fern davon, sich gegen diese Notwendigkeit aufzubäumen, sondern er quittiert sie mit einem gleichsam griechischen „Es ist so". Die romantische Kunst kann sich – um dessen willen, was sie auszeichnet, worin sie ihr Eigenstes hat, wegen der an ihrem Beginn stehenden, für ihren Begriff konstitutiven Unendlichkeit der Subjektivität – in keinem vorgegebenen Inhalt wiederfinden; jeder Inhalt ist für sie ein möglicher, aber auch gleichgültiger Gegenstand, den sie sich nach Belieben temporär zu eigen machen und ebenso gut wieder verflüchtigen kann. Damit ist sie – ihr selber unbewusst – eine indirekte Veranschaulichung der abschließenden Epoche der Geschichte der Subjektivität.

Die beiden Extreme der Gestalten der „formellen Subjektivität" stellt Hegel in allen Kollegien vor allem an den von Shakespeare entworfenen Gestalten dar: das erste, die „Festigkeit" des Charakters, insbesondere an Macbeth und Lady Macbeth, und er stellt sie der „Miserabilität moderner Charaktere" entgegen, den Gestalten August von Kotzebues, aber auch Heinrich von Kleists, die von „Zweiheit, Zerrissenheit und innere[r] Dissonanz" gezeichnet und deshalb weit von ihrem Ziel entfernt sind, in der Nachfolge Shakespeares zu stehen (VÄ 2, 201f.). Das andere Extrem, die nicht mehr zur Welt und zum Handeln kommende Vertiefung in sich, veranschaulicht er an Shakespeares Frauengestalten, an Julia (wobei die Nachschriften den Hinweis auf ihre Verkörperung durch Madame Crelinger im Jahr 1820 (VÄ 2, 205) nicht überliefern), und daneben erwähnt er noch die Miranda im *Sturm* und die Thekla in Schillers *Wallenstein*. Im Vordergrund steht jedoch wiederum eine Gestalt Shakespeares: Hamlet, den Hegel als ein „schönes, edles Gemüt" würdigt – während er die zeitgenössische beschönigende Deutung der Lady Macbeth und die Auffassung Hamlets durch Goethe, Tieck und Schlegel partiell kritisiert (VÄ 2, 205–207). Und er hebt noch einen Zug hervor, die religiöse Indifferenz: „Bei Shakespeare finden wir keine Rechtfertigung, keine Verdammnis, sondern nur Betrachtung über das allgemeine Schicksal" und seine Notwendigkeit (VÄ 2, 210).

Die zweite Seite des Formellen, die Zufälligkeit und Selbständigkeit des Äußerlichen, das vom in sich zurückgezogenen Geist verlassen ist, fasst Hegel zwar im Stichwort „Entgötterung der Natur", aber er behandelt dann doch nur „dieselbe Entgötterung", wie sie sich im „handelnden Charakter" zeigt, der mit zufälligen Zwecken in eine zufällige Welt hinaustritt und dort seine Abenteuer findet. Es ist wohl ein Nachhall des eingangs referierten Verständnisses des Romantischen durch Friedrich Schlegel und andere, dass Hegel hier das Abenteuerliche als dasjenige heraushebt, „das für die Form der Begebnisse und Handlungen den *Grundtypus* des Romantischen abgibt" (VÄ 2, 211f.). Und während er in der „Ausbreitung des Christenthums" „ein allgemeines an und für sich geltendes Intereße" (As, 111) oder das eine absolute Werk des Christentums sieht, geißelt er mit scharfen Worten die Kreuzzüge und insbesondere die sogenannte Eroberung des Heiligen Grabes als das „Gesamtabenteuer des christlichen Mittelalters", und zwar als „in sich selbst gebrochen und phantastisch". Es ist unsinnig, den Geist im Grabe zu suchen, zumal das Heilige Grab – wenig überraschend – ohnehin leer ist (VÄ 2, 213). Über dieses eine, wenngleich „lügenhafte" Werk hinaus verbleibt die Abenteuerei, wie sie von Ariost oder Cervantes dargestellt wird, nur noch im Bereich des vielleicht historisch Interessanten und Unterhaltsamen, aber letztlich doch Belanglosen, und hierdurch ist die Phase der „Auflösung des Romantischen" im vorhin genannten traditionellen Sinn des Märchenhaften und Phantastischen erreicht.

Von diesem Romantischen hebt Hegel „Das Romanhafte" ab, das er aber vergleichsweise kurz abhandelt. Anders als das Phantastische gehört es einer Welt an, in der die „Zufälligkeit des äußerlichen Daseins" durch „eine feste, sichere Ordnung der bürgerlichen Gesellschaft und des Staats" ersetzt worden und das Chimärische des Romantischen in die „Prosa der Wirklichkeit" übergegangen ist. Hegel skizziert diese Welt mit unverhohlenem Sarkasmus: Da die Prosa der modernen Welt mit hochgesteckten Idealen konfligiert, suchen die neueren „Jünglinge" als die modernen Nachfolger der Ritter „ein Loch in diese Ordnung der Dinge hineinzustoßen, die Welt zu verändern, zu verbessern oder ihr zum Trotz sich wenigstens einen Himmel auf Erden herauszuschneiden" – ein Unternehmen, das darin endet, „daß sich das Subjekt die Hörner abläuft", ja zum

„Philister" wird und sich in den üblichen „Katzenjammer" verstrickt. Aber jenseits des Sarkasmus seiner Bemerkungen spricht er diesen Vorgängen doch auch einen „wahren Sinn" zu: Sie sind „in der modernen Welt nichts Weiteres als die Lehrjahre, die Erziehung des Individuums an der vorhandenen Wirklichkeit" – und hierin wird man eine Anspielung auf Goethes *Wilhelm Meister* zu sehen haben (VÄ 2, 219 f.).

6.3 Das Zerfallen der Kunst

Auf diese knappen Bemerkungen zum Roman lässt Hotho in seiner Edition einen langen dritten Abschnitt unter dem Titel „Die Auflösung der romantischen Kunstform" folgen. Die Nachschriften kennen ja (fast) keine Zwischentitel, da Hegel in seinem Vortrag anscheinend nie ausdrücklich derartige Titel hervorgehoben hat, wie er auch in seinen Manuskripten auf leserfreundliche Zwischentitel verzichtet. Sie sind zumeist nur in den Vortragstext verwoben („Wir kommen jetzt zu ...") und erst vom Herausgeber herausgehoben. Aber schon die Nachschrift Ascheberg lässt hier eine, allerdings weit weniger scharfe, Zäsur erkennen: Mit der Auflösung des Rittertums (exemplifiziert durch Ariost und Cervantes) erfolge auch die „der schönsten Romantik selbst" (As, 112) – aber eben nur diese, und nicht die „Auflösung der romantischen Kunstform". In der Überlieferung der Kollegien 1823 und 1828/29 ist hier keine Zäsur zu erkennen, anders hingegen 1826: Auf die Bemerkungen zum Roman folgt als dritte Stufe „das letzte Zerfallen der Kunst unter dem letzten Zerfallen des Subjektiven und Objektiven" (Ke, 151), aber die „Auflösung" und das „Zerfallen" werden dann doch erst am Ende dieses Kapitels, im Anschluss an die Ausführungen über den Humor konstatiert.

Die überlieferten Quellen lassen somit annehmen, dass schon die Rede von einer „Auflösung der romantischen Kunstform" und insbesondere die Konzeption eines die Abhandlung der romantischen Kunstform abschließenden Abschnitts unter diesem Titel auf Hotho als Editor zurückgehe – wobei freilich in all diesen Fällen nie auszuschließen ist, dass Hotho sie den ihm noch vorliegenden, heute verschollenen Manuskripten Hegels abgelesen hat. Dass Hotho die „Auflösung der romantischen Kunstform" bereits hier beginnen lässt, könnte dadurch veranlasst sein, dass – wie Ascheberg notiert – mit dem Ende des Rittertums auch die „Auflösung der schönsten Romantik" gekommen ist. Dieser Wendung liegt allerdings das traditionelle Verständnis des Romantischen als des Phantastischen und Abenteuerlichen zu Grunde, und nicht Hegels Begriff der romantischen Kunstform. Eine Rolle könnte auch die doppelte Bedeutung von „Zerfallen" gespielt haben: Diese letzte Epoche ist, wie eben erwähnt, durch das „Zerfallen des Subjektiven und Objektiven" gekennzeichnet – aber dieses „Zerfallen" in die Innerlichkeit des Subjekts und die gleichgültige Äußerlichkeit bestimmt den Begriff der romantischen Kunst überhaupt, und hier ist nur festzuhalten, dass dieses „Zerfallen" nun in seine gesteigerte Endphase eintritt.

Dies aber ist nicht ein „Zerfallen der romantischen Kunst", sondern gleichsam die höchste Vollendung ihres Begriffs: die reine Form der Entgegensetzung der Innerlichkeit der Subjektivität gegen die prosaische Objektivität des äußerlichen, gemeinen Lebens. Sie ist insofern eine wichtige Etappe, als die endgültige Entsubstantialisierung der Kunst ihr Komplement in der Ausweitung der Kunstgegenstände „ins Unbegrenzte" hat (VÄ 2, 223). Man kann der Edition wie auch den Nachschriften zwar ein gewisses Unwohlsein, ein Zaudern Hegels entnehmen, ob die Produktionen einer solchen „absichtlichen Annäherung [...] an die Zufälligkeit des unmittelbaren, für sich genommen unschönen und prosaischen Daseins" „überhaupt noch Kunstwerke zu nennen seien".

Aber Hegel beantwortet diese – wohl eher rhetorisch gestellte – Frage doch mit einem klaren Ja: Sie seien zwar nicht Kunstwerke im Sinne des Ideals, aber die Kunst habe „noch ein anderes Moment [...]: die subjektive Auffassung und Ausführung des Kunstwerks, die Seite des individuellen Talents", das auch das Bedeutungslose „durch die bewunderungswürdigste Geschicklichkeit der Darstellung bedeutend zu machen weiß". Und so dürfe man „den Erzeugnissen dieses Kreises den Namen von Kunstwerken nicht vorenthalten" (VÄ 2, 223f.). Dieses Urteil wird auch durch die Nachschriften bestätigt: Es sei eben das Spezifische des Romantischen, „daß nicht das Wahrhafte, Ideal, herausgehoben wird, sondern, indem am Ideal die Seite der Äußerlichkeit ist, diese sinnliche Weise frei wird" (Ke, 152).

Durch seine Rede von der „Auflösung der romantischen Kunstform" und durch seine Frühdatierung dieses angeblichen Auflösungsprozesses lässt Hotho die Geschichte der Kunst fast der gesamten Neuzeit, dieser an großen Kunstwerken so reichen Epoche, zu einer langen Agonie der romantischen Kunst werden. Dies ist insbesondere deshalb überraschend, weil in diese Zeit auch die Ausbildung der niederländischen Malerei fällt, die der Kunsthistoriker Hotho besonders geschätzt und zum Forschungsgegenstand gemacht hat – und mit ihr tritt erstmals eine weitere Kunst an die Seite der sonst im zweiten und dritten Themenkreis schlechthin dominierenden Poesie. Über sie ist Hegel sehr beredt: Die in dieser Malerei manifestierten und durch sie veranschaulichten Fortschritte in der Geschichte der Subjektivität schätzt er als so bedeutend ein, dass er hier vergleichsweise ausführlich geschichtliche, sozialgeschichtliche und konfessionsgeschichtliche Voraussetzungen heranzieht: Ein Volk von Bürgern, Bauern und Fischern kostet seinen Sieg über die bedrohliche Macht Spaniens aus, indem es sich seinen Alltag vor Augen stellt und sich darin genießt.

So tritt an die Stelle der Madonna Raphaels die Darstellung einer Bauernhochzeit, bei der es überaus deftig zugeht, oder ein Stilleben oder eine niederländische Landschaft. Der Verlust des substantiellen Gehalts der Gegenstände wird durch die gesteigerte künstlerische Raffinesse ausbalanciert; das philosophische Interesse wie überhaupt Gemüt und Gedanke werden so zwar nicht mehr befriedigt, doch wird man durch „die Kunst des Malens und des Malers" „erfreut und hingerissen", durch das „in Rücksicht auf den Gegenstand ganz interesselose Scheinen", das gleichsam vom Schönen abgelöst, für sich fixiert und zum eigentlichen Gegenstand der Kunst gemacht wird. Man könnte geradezu von einer „List der ästhetischen Vernunft" sprechen, die die Kunst über das Vergängliche der Alltagseindrücke triumphieren lässt und dadurch das Substantielle um „seine Macht über das Zufällige und Flüchtige" betrügt (VÄ 2, 226 f.).

Eine Kunst, die solche Triumphe feiert, ist nicht „in Auflösung" begriffen. Sie ist vielmehr eine Form der höchsten Steigerung des Romantischen, gleichsam seine reine, von substantiellen Relikten befreite Form, in der sie allein *als Kunst* und nicht mehr zugleich um ihres substantiellen Inhalts willen geschätzt wird. Es ist allerdings nur noch ein kleiner Schritt, der von ihr aus an den „Rand" der Kunst führt: der Schritt zum „subjektive[n] Humor". Aber auch mit diesem Schritt ist für Hegel die Sphäre der Kunst erst dort verlassen, wo es statt des Interesses für die dargestellten Objekte lediglich „die blanke Subjektivität des Künstlers selber ist, die sich zu zeigen gedenkt und der es deshalb nicht auf die Gestaltung eines für sich fertigen und auf sich selbst beruhenden Werkes ankommt, sondern auf eine Produktion, in welcher das hervorbringende *Subjekt* nur sich selber zu sehen gibt" (VÄ 2, 229).

Aber auch damit ist noch nicht unterschiedslos ein Verdikt über diesen gesamten Zweig der Literatur gesprochen. Vom bloß subjektiven unterscheidet Hegel noch einen „wahren" Humor, als dessen Repräsentanten er in den Kollegien 1821 und 1823 Lawrence Sterne erwähnt; 1826 tritt Theodor Gottlieb Hippel neben ihn. Dessen *Lebensläufe nach aufsteigender Linie* nennt er sogar „eines der wenigen großen Originalwerke der deutschen Nation". Auf der Seite des bloß Subjektiven sieht er hingegen „die Jean Paulsche Trivialität, Abgeschmacktheit der Situationen und Charaktere, wo die Verhältnisse ein ganz Schiefes, leer Gemachtes sind" (Ke, 148), wo „eine Metapher, ein Witz, ein Spaß, ein Vergleich" den andern tötet und alles nur verpufft (VÄ 2, 230) – ein unerwartet hartes Urteil, wenn man sich des Umstands erinnert, dass Hegel während des Besuchs von Jean Paul in Heidelberg dessen Ehrenpromotion angeregt und mit maliziösem Vergnügen die gegen seine Christlichkeit geltend gemachten Bedenken ausgeräumt hat (Hegel 1970, 150–152).

Doch obgleich Hegel innerhalb der humoristischen Literatur diese gravierenden Unterschiede zwischen dem subjektiven und dem objektiven Humor einräumt: Im Kolleg 1826 wertet er diese Literatur gleichsam als die konsequenteste Gestalt und eben deshalb als die Auflösung der romantischen Kunst. Sie bewegt sich insgesamt in einem riskanten Grenzgebiet der Kunst, und sie tendiert zwar nicht notwendig, aber doch leicht dazu, diese Grenze zu überschreiten, sich gehen zu lassen, platt zu werden, nicht mehr eine Gestalt hervorzubringen, sondern nur noch Einfälle und Empfindungen des Künstlers um des Effekts willen aneinander zu reihen.

Diesem Extrem gilt Hegels Verdikt des „Zerfallens der Kunst". Es kann sich nicht schon dagegen richten, dass die Subjektivität des Künstlers auf dem „Standpunkte der neuesten Zeit" „über ihrem Stoffe und ihrer Produktion steht" und Inhalt und Gestaltungsweise „ganz in ihrer Gewalt und Wahl behält" (VÄ 2, 231), so dass ihr allein die Rückkehr zur Kunst früherer Zeiten strikt versperrt ist. Dies würde auch auf die vorangegangenen Phasen zutreffen, und ähnliche Wendungen finden sich in der Edition nur vier Seiten später, keineswegs pejorativ konnotiert.

Die romantische Kunst ist für Hegel ja nicht schon durch das Auseinanderfallen von Äußerlichkeit und Innerlichkeit charakterisiert, sondern vollständig erst dadurch, dass diese Innerlichkeit eine Objektivität in sich und deshalb einen Wert gewinnt, so dass keine Äußerlichkeit sich mit ihr messen und ihr standhalten kann. Vom „Zerfallen der Kunst" kann erst dann gesprochen werden, wenn nicht nur die Objektivität gleichgültig, sondern auch die Subjektivität in sich leer ist – wenn sie mit dem Verlust des äußeren Inhalts auch den inneren verloren hat und ihre Produktionen nur noch diese innere Leere manifestieren – bis hin zu dem Hegel noch nicht vor Augen stehenden Punkt, auf dem sie sich im Kunstwerk selber verleugnet und alle Spuren von Subjektivität, etwa auch von künstlerischer Absichtlichkeit der Gestaltung, peinlich tilgt und ihre Rettung im Zufall sucht.

Aus dieser aporetisch anmutenden Lage sucht Hegel zwei Ausgänge zu finden. Der eine ist zwar leicht zu sehen, denn er ist durch seinen Systemaufriss vorgegeben, aber er ist nicht ebenso leicht zu realisieren. Auf knappe Weise ist er in Hothos Nachschrift des Kollegs 1823 ausgesprochen: Die Einheit von Stoff und Subjektivität „kommt nicht in der Kunst zu Stande. die Innerlichkeit erhebt sich zum reinen Gedanken, wo erst die wahrhafte Einheit stattfinden kann" (Ho, 431). Doch dieser absichtliche Verzicht auf die stofflichen Relikte der Kunst und der Übergang in die Reinheit des Gedankens verläuft keineswegs so glatt, wie dieser Satz suggeriert – denn die Gründe, die Hegel für das „Zerfallen" der Kunst anführt, deuten auf eine ähnlich aporetische Lage in der allgemeinen Geschichte der Subjektivität. Der „Standpunkt der neuesten Zeit", auf dem Hegel den „subjektiven Humor" angesiedelt sieht, ist ja der Standpunkt der neuesten Zeit überhaupt, auch jenseits der Grenzen der romantischen Kunst. Und auch wenn ihr geschichtlicher Gang nach der von Hegel betonten inneren Notwendigkeit verläuft, ist er ja nichts Isoliertes, sondern ein Strang der allgemeinen Subjektivitätsgeschichte.

Diesen übergreifenden Aspekt hat Hegel bei seiner Darstellung des „Zerfallens" der Kunst nicht ausdrücklich thematisiert. Passagen in den geschichts- und rechtsphilosophischen Vorlesungen zeigen jedoch, dass er sehr genau um die Gefahren weiß, die auf diesem Wege der fortschreitenden Selbstgewissheit lauern, und keineswegs nur in der Kunst. Deshalb markiert er auch in dieser allgemeinen Geschichte der Subjektivität die Phasen des Misslingens, die Punkte, an denen der Fortgang der Selbstgewissheit zunehmend gefährliche Konstellationen heraufbeschwört – an denen er ganz analog zur Geschichte der Kunst zur inneren Leerheit der auf die Spitze getriebenen formellen Subjektivität führt, zur Unfähigkeit ihrer Vermittlung mit „der Welt": Der Subjektivität, die ihrer Freiheit und ihrer selbst als der Wahrheit gewiss ist, gelingt es nicht mehr, sich mit ihrem Anderen zu vermitteln. Das Ich, das triumphierend über den Trümmern der Welt schwebt, wird seines Triumphs nicht mehr froh. Die fratzenhafte Verzerrung, in die das von allen Bindungen befreite und nur noch auf sich selbst fixierte Subjekt die äußere Wirklichkeit hineintreibt, holt sie schließlich selber ein – in der sogenannten „Schwarzen Romantik", die ja erstmals die Probleme des aufs äußerste zugespitzten, sich fragwürdig werdenden, ja sich gespenstisch verdoppelnden und an seiner Subjektivität leidenden Subjekts thematisiert.

Die Vertiefung der Subjektivität *in* sich und ihr Leiden *an* sich sind zwei zusammengehörige, zwar nicht notwendig, aber doch häufig in Gemeinschaft hervortretende Seiten. Fraglos ist diese Vertiefung als ein „Fortschritt im Bewußtsein der Freiheit" zu werten und deshalb auch zu begrüßen. Doch wenn die Erhebung in die Innerlichkeit des Gedankens nicht gelingt, so ist mit solcher Vertiefung zugleich die Gefahr der Selbstisolierung gegeben – nicht nur gegenüber der Welt der potentiellen Gegenstände der Kunst, sondern gegenüber der Welt des sittlichen Lebens –, und wenn diese Selbstisolierung eintritt, so hat sie die „Qual der Leerheit" zur Folge, aus der sie dann verzweifelt nach Auswegen sucht – in der Kunst wie auch im gesellschaftlichen Leben (GW 26,2, 915).

Die zweite Option deutet Hegel bereits im Kolleg 1823 an, und im letzten Kolleg gibt er ihr noch eine andere Wendung und eine inhaltliche Konkretion. Auch wenn die frühere Verbindung der Subjektivität des Künstlers mit dem Stoff zerfallen, der Künstler zur „tabula rasa" geworden ist, auf die man jeden Inhalt schreiben und ihn auch wieder löschen kann, so gilt doch: „als das Intressante bleibt der Humanus, die allgemeine Menschlichkeit, das menschliche Gemüth in seiner Fülle, seiner Wahrheit" (Ho, 442). In seiner Edition stellt Hotho diesen „Humanus" als den „neuen Heiligen" der Kunst vor, und er fasst die Überlegungen zu dieser neuen Lage in dem Satz zusammen: „Das Erscheinen und Wirken des unvergänglich Menschlichen in seiner vielseitigsten Bedeutung und unendlichen

Herumbildung ist es, was [...] den absoluten Gehalt unserer Kunst jetzt ausmachen kann." (VÄ 2, 237–239) Das Kolleg 1826 erwähnt diesen Ausweg nicht. Doch im Kolleg von 1828/29 greift Hegel den Gedanken des „wahren Humors" erneut auf und spricht von einem „gleichsam *objektiven* Humor", dem es auch „auf das Objekt und dessen Gestaltung innerhalb seines subjektiven Reflexes ankommt" (VÄ 2, 240).

Vor allem aber gibt er diesem objektiven Humor nun eine andere, aktuellere und auch überzeugendere inhaltliche Konkretion: Er führe zu einer „Verinnigung" (so auch Hm, 80), einer „Bewegung der Phantasie und des Herzens", die aber nur partiell sein und sich nicht zu einer „objektiven Darstellung" ausweiten könne. Als Beispiele für solche „letzte Kunstblüten" führt Hegel zunächst ältere Beispiele an – die morgenländische Pracht der Perser und Araber, aber auch die Canzonen Petrarcas –, doch dann lässt er diese Entwicklung in seiner unmittelbaren Gegenwart kulminieren: „Auf dem Standpunkte einer gleich geistreichen Freiheit, aber subjektiv innigeren Tiefe der Phantasie stehen unter neueren Dichtern hauptsächlich Goethe in seinem *West-östlichen Divan* und Rückert." In diesen Gedichten sei keine subjektive Sehnsucht, kein Verliebtsein, keine Begierde, „sondern ein reines Gefallen an den Gegenständen, ein unerschöpfliches Sich-Ergehen der Phantasie, [...] welche durch die Heiterkeit des Gestaltens die Seele hoch über alle peinliche Verflechtung in die Beschränkung der Wirklichkeit hinausheben" (VÄ 2, 242).

Diese Inszenierung einer zu Goethe hin aufsteigenden Bewegung ist der Nachschrift Heimanns nicht zu entnehmen; er nennt auch nicht Rückert, wohl aber Dschellal ed-Din Rumi, dessen Nachdichtungen durch Friedrich Rückert Hegel mehrfach, auch in der *Enzyklopädie (1830)*, § 573, ausführlich zitiert hat, und er schließt mit den Bemerkungen zu Klopstock und Petrarca, die in Hothos Edition bereits vor der Klimax in Goethe stehen. Auch für den versöhnlichen Schlussabsatz, der den Gehalt als das Entscheidende „wie in allem Menschenwerk, so auch in der Kunst" hervorhebt, findet sich in der Nachschrift kein Anhaltspunkt. Dass die Kunst „nichts anderes zu ihrem Beruf [hat], als das in sich selbst Gehaltvolle zu adäquater, sinnlicher Gegenwart herauszustellen" und dass die Philosophie der Kunst „dies Gehaltvolle und seine schöne Erscheinungsweise" denkend zu begreifen habe, ist fraglos eine tiefe Hegelsche Überzeugung – doch steht sie in unaufgelöster Spannung zu dem Bild, das er zuvor von der ausgehenden Form der romantischen Kunst gezeichnet hat.

Literatur

Baggesen, J. I. (Hg.). 1810. *Der Karfunkel oder Klingklingel-Almanach. Ein Taschenbuch für vollendete Romantiker und angehende Mystiker. Auf das Jahr der Gnade 1810*. Tübingen.

Echtermeyer, T. und Ruge, A. 1995. „Der Protestantismus und die Romantik. Zur Verständigung über die Zeit und ihre Gegensätze. Ein Manifest (1839–1840)". In: *Philosophie und Literatur im Vormärz (1820–1854). Quellenband* (= Philosophisch- literarische Streitsachen, Bd. 4.1), hg. v. W. Jaeschke, 192–325. Hamburg.

Goethe, J. W. 1836. *Gespräche mit Goethe in den letzten Jahren seines Lebens 1823–1832*. Zweyter Theil, hg. v. J. P. Eckermann. Leipzig.

Goethe, J. W. „Johann Wolfgang von Goethe: Epoche der forcirten Talente". In: *Goethes Werke. Weimarer Ausgabe* Abt. I, Bd. 42,2, 442 f. Weimar.

Hegel, G. W. F. 1970. *Hegel in Berichten seiner Zeitgenossen*, hg. v. G. Nicolin. Hamburg.

Heine, H. 1836. *Die romantische Schule*. Hamburg.

Herder, J. G. 1806. *Der Cid. Nach Spanischen Romanzen besungen von Johann Gottfried von Herder*. Tübingen.

Schelling, F. W. J. 1803. „Über Dante in philosophischer Beziehung". *Kritisches Journal der Philosophie* 2,3: 35–50.

Schelling, F. W. J. 1859. „Philosophie der Kunst". In: *Sämmtliche Werke*, hg. v. K. F. A. Schelling, Bd. V, 353–737. Stuttgart / Augsburg.

Schlegel, F. 1798. „Fragmente". *Athenäum. Eine Zeitschrift von August Wilhelm Schlegel und Friedrich Schlegel* 1,2: 3–146. Berlin.

Schlegel, F. 1800. „Gespräch über die Poesie". *Athenäum. Eine Zeitschrift von August Wilhelm Schlegel und Friedrich Schlegel* 3,1: 143–156. Berlin.

Schlegel, F. 1985. *Kritische Ausgabe seiner Werke, Bd. XXIV. Die Periode des Athenäums. 25. Juli 1797 – Ende August 1799*. Paderborn.

Tieck, L. 1798. *Franz Sternbalds Wanderungen. Eine altdeutsche Geschichte*. Berlin.

Stephen Houlgate
7 Architecture

7.1 The art-forms and the individual arts

In the third part of his aesthetics, Hegel examines the various arts that, in his view, are made necessary by the concept of artistic beauty: architecture, sculpture, painting, music and poetry. Yet what makes *these* arts necessary, in contrast to the "imperfect" [unvollkommen] arts of horticulture and dance (VÄ 2, 262)? This question is particularly pressing in the case of architecture and music, since it is initially not at all clear how they can be grounded in the concept of beauty. True artistic beauty, Hegel claims, takes the form of an idealized *individual* – a human being or a god in human shape – standing alone or interacting with others (VÄ 1, 104, 110). So how can a Greek temple or a symphony be a work of beauty or art?

To answer this question we must note the difference between the art-forms and the arts. The art-forms, for Hegel, are the ways in which different ideas of spirit and freedom give themselves aesthetic expression, but they remain within the sphere of thought and imagination. They are, therefore, different *conceptions* of aesthetic expression and of beauty: the symbolic, classical and romantic (VÄ 2, 245). Yet beauty and art are the *sensuous* expression of spirit and so must give themselves concrete "sensuous existence" [sinnliches Dasein] (VÄ 1, 103). Accordingly, they require that sensuous existence itself – or *matter* in space and time – be shaped into works of art, and it is the necessity of this shaping that produces the individual *arts*.

These arts are directly connected to the art-forms, since the latter attain their own "existence" [Dasein] in the former (VÄ 2, 246). What generates the different arts is thus not just beauty as such, but the fact that each *art-form* shapes the material of its existence in a distinctive way. The arts are connected to the art-forms as follows.

Symbolic art, for Hegel, seeks, but is unable, to give adequate aesthetic expression to spirit and freedom, because it conceives of the latter in too abstract a way (VÄ 1, 107). The most appropriate material for symbolic art is thus that which itself lacks spirit and freedom: "the intrinsically unspiritual" [das an sich selbst Ungeistige] (VÄ 2, 258f.). Such material, which can at most symbolise spiritual meanings, is heavy matter that is subject to the laws of gravity. The art that shapes such material into symbols of spirit is architecture, so this is the first art made necessary by the art-forms.

Classical art conceives of spirit, not as abstract, but as embodied in a human being or god (VÄ 1, 110). The most appropriate material for such art, therefore, is matter – such as stone or bronze – that is now regarded, not just as heavy, but as capable of being given "human shape" [menschliche Gestalt] (VÄ 1, 118). The art that shapes matter into the embodiment of the classical ideal is sculpture (see Houlgate 2007, 60).

Romantic art conceives of spirit, not just as embodied freedom, but as self-conscious "*inwardness*" [Innerlichkeit] (VÄ 1, 112). It gives the latter material expression by reducing three-dimensional matter to a two-dimensional surface that merely presents the visible "*appearance*" [Schein] of nature and the human world – an appearance, however, that permits spiritual inwardness to "shine through" [hindurchleuchten] (VÄ 2, 260). In this way, the romantic art-form makes the art of painting necessary (see Houlgate 2000, 64 f.). Yet the aesthetic expression of inwardness requires the further reduction of matter, through the elimination of its spatial character, to its purely "temporal ideality" [zeitliche Idealität]. The material of art thus becomes the mere "quivering" [Erzittern] of matter in time, a quivering that emits sound, and a new art is born: music (VÄ 1, 121). Self-conscious inwardness then finds further, more richly varied expression in sounds that signify ideas, namely words. The last art to be made necessary by the art-forms is thus the art of speech, or poetry (VÄ 1, 122).

Note that Hegel's derivation of the arts is logical, rather than historical. He is not concerned – at least not primarily – with the historical conditions in which the first huts were built or the first cave paintings were made. He is interested in showing what makes the arts *logically* necessary. They are made necessary, in his view, not just by artistic beauty or the art-forms alone, but by the fact that the different art-forms must express themselves in a sensuous *material* that is initially simple heavy matter and then becomes progressively less material and more idealized. As we have just seen, the logic of artistic beauty thereby makes five arts necessary. Of course, other arts, including in our own time photography and cinema, also exist; but only the five listed above are *required* to exist by the concepts of art and the art-work (see VÄ 2, 262 f.).

Since each art-form makes a specific art (or set of arts) necessary, the latter, for Hegel, is (or are) the most appropriate expression of that art-form. Symbolic art thus finds its most appropriate "actuality" [Wirklichkeit] in architecture; classical art is embodied most perfectly in sculpture; and romantic art expresses itself most fully in painting, music and poetry (VÄ 1, 124). Each art-form, however, also realises itself in other arts, albeit in a subordinate way (VÄ 1, 115). Accordingly, there can, and must, be symbolic poetry, classical architecture and romantic sculpture, though none of these is the most adequate expression of the art-form concerned.

The arts in turn are thus not restricted to the art-forms that make them necessary. In fact poetry is well suited to each of the art-forms, since its medium – imagination and language – is universal (VÄ 1, 123 f.). Architecture, however, is unique among the arts, for it is not just at home in each art-form, but its internal logic requires it to take on, one after the other, a distinctively symbolic, classical and then romantic character (VÄ 2, 271 f.). In this sense, Hegel notes in 1823, it does not have just one firm governing principle (Ho, 447). Indeed, the paradox of architecture is that although it is essentially symbolic in nature, and gives the symbolic art-form its highest expression, it becomes most purely architectural in the *classical* Greek temple.

7.2 Architecture as art

Hegel's topic in his aesthetics is beauty in art. His focus at the start of the third part is thus on architecture as an *art*, not on buildings whose main purpose is to meet a material or practical *need*, such as the need for shelter (VÄ 2, 267 f.; Ho, 446). Such buildings can, indeed, have a harmonious form or ornate decoration, and so be beautiful; but what determines their structure is principally their practical utility (VÄ 2, 305, 348). By contrast, buildings count as works of art, for Hegel, and thus as works of *architecture* in a strict sense, when their main aim is to express, or otherwise serve, spirit's consciousness of its freedom. As we shall see, the spiritual self-consciousness expressed by works of architecture is primarily religious, and perhaps also national or political, and so such works are not pure works of *art* (see VÄ 2, 296, 305). Yet nor are they determined above all by practical utility. Their role, as Hegel puts it in 1829, is to embody "something essential" [ein Wesentliches] for the people who build them (Hm, 83).

Architecture is logically the *first* art, for Hegel, since its material is matter in its least spiritual form: matter as a "mechanical heavy mass" [mechanische schwere Masse], governed by gravity (VÄ 1, 116). Architecture is the first *art*, since it gives such matter a form that is the work of human beings – the work of spirit – and that expresses a spiritual "meaning" [Bedeutung] (VÄ 2, 267, 273). Initially, however, this form is not that of a hut or house, since architecture as art is not at first intended to shelter or enclose anyone or anything. Each edifice, as a work of *art*, is constructed simply to be the expression of the people who built it and ideas that are significant to them, and so to have its purpose *in itself* (VÄ 2, 269, 273). In this sense, Hegel claims, the architecture first made necessary by the concept of art is like sculpture: it comprises independent constructions built to *mean* something. Yet unlike sculpture proper, architecture does not express the freedom of spirit directly by endowing stone or bronze with the shape of an idealised human body. Its material remains irreducibly massive, heavy and inorganic (even when wood is used), and it is given a form that is itself characterised by inorganic regularity and symmetry – a form that can at most "indicate" [andeuten] the spiritual meanings it is to convey (VÄ 2, 258f., 269). The independent constructions, with which, logically, architecture begins, are thus considered by Hegel to be works of merely *inorganic* sculpture (VÄ 2, 270; see Winfield 2000, 100f.).

Since the material of architecture is irreducibly inorganic, it is essentially alien to the freedom of spirit, which is in turn alien to it. Unlike sculpture, therefore, architecture gives its material a meaning that "remains external to it" [demselben äußerlich bleibt] (VÄ 2, 267). This introduces a tension into the first, independent, architecture. On the one hand, such architecture has its purpose and meaning within itself and is not intended to enclose something else; on the other hand, however, it remains implicitly distinct from and external to any such meaning and so can only point to or *symbolise* the latter. The logical development of architecture thus begins with what Hegel calls "independent, symbolic architecture" [selbständige, symbolische Architektur] (VÄ 2, 272).

Note that such architecture is merely symbolic because, like all symbolic art, the meanings it seeks to express are too abstract to be given concrete sensuous or pictorial expression (VÄ 1, 107). Yet it is also symbolic because it is *architecture* and can at most indicate, or point to, its meanings through its inorganic forms (VÄ 2, 269). As we shall see, architecture remains symbolic in this latter sense – albeit in different ways – even when it becomes a classical and a romantic art.

7.3 Independent or symbolic architecture

Hegel's account of architecture is driven forward by the logic of architecture itself, that is, by rendering explicit what is implicit in its initial form, though he admits that there is an element of contingency in the forms that emerge (VÄ 2, 265, 279).

The first form of symbolic architecture that Hegel considers expresses nothing more than the very "cohesion" [Zusammenhalt] of people and peoples that constitutes "spirit" as such (VÄ 2, 276). The most obvious example of such architecture, he states, is the Tower of Babel, which was constructed, according to the Bible, for no other reason than to unite the people who built it. "Let us build ourselves a city, and a tower with its top in the heavens", the people said, "lest we be scattered abroad upon the face of the whole earth" (though, of course, they are scattered by God in the end after all) (Genesis 11:4). The purpose of building the tower was thus not to house people or images of gods, but the institution of a social "bond" [Verband] through the activity of building itself. Indeed, the tower was meant to be that very bond, uniting the people in the way that laws do. Yet, unlike a law, a building cannot actually *be* the bond between people; the tower is thus in fact merely symbolic, since it only "indicates" [andeutet] the bond that it is (VÄ 2, 276). In Hegel's view, therefore, the purpose of the Tower of Babel is to be the independent symbol of the people who built it and so, as he notes in 1823, to be an enormous work of sculpture (Ho, 448).

The historical inspiration for this biblical tower may have been the great Babylonian ziggurat, Etemenanki, destroyed by Alexander the Great in a failed effort to rebuild it (see Oates 1979, 157–160). Etemenanki is the construction that Herodotus names the "temple of Bel" (Herodotus 2003, I, 181). The "Tower of Babel" and the "temple of Bel" thus may be the same building, though Hegel treats them as distinct (VÄ 2, 277).

Hegel's account of the temple of Bel closely follows that of Herodotus. He notes, for example, that the edifice comprises eight broad towers built one on top of another, with a great temple on the topmost tower in which there is no statue of the god Bel (Marduk), but a large couch on which the god may rest when he visits at night (VÄ 2, 277; Herodotus 2003, I, 181f.). There is also another temple, we are told, standing apart from that of Bel, which does house a great golden figure of the god. (This is Esagila, which lay to the south of Etemenanki in Babylon (Oates 1979, 156f.)). From the fact that there is no image of the god in the temple of Bel, but there is one in the neighbouring temple, Hegel concludes, as Herodotus does not, that the former was not used for the purpose of worship, either by priests or the community, even though it was a holy place (VÄ 2, 278). In Hegel's view, therefore, the temple of Bel, like the Tower of Babel, is not a house or enclosure for worship – and so is not a temple in the strict sense – but is *independently* significant in its own right. Moreover, like its biblical counterpart, the temple of Bel is also *symbolic*. In particular, Hegel claims, the seven levels below the top one probably signify the seven planets and heavenly spheres (VÄ 2, 278).

The first form of independent, symbolic architecture expresses the general idea of unity – the thought that we are *one* people united by nationhood and religion. The material through which such unity is expressed is inorganic heavy matter, to which human understanding has given the equally inorganic form of regularity and symmetry, for example the form of a square (VÄ 2, 277). Yet spirit is not just something general, but manifests itself in concrete human *individuals*. Such individuated spirit is given idealised bodily expression in classical sculpture. The second form of symbolic architecture, however, merely points towards this sculptural ideal without ever attaining it.

Ancient phallic columns, Hegel states, employ organic forms to symbolise the universal "life-force" [Lebenskraft] within all bodies (VÄ 2, 279). Egyptian obelisks also symbolise a life-giving force in nature, namely the sun's rays, even though they revert to a "regular", [regelmäßig] inorganic shape (VÄ 2, 281); moreover, as Hegel notes in 1823, they indicate something spiritual through the hieroglyphs carved into them (Ho, 450). Statues in human form that Hegel calls "memnons" [Memnonen] – such as the two colossal figures of Amenhotep III in Western Thebes – then embody human (and divine) spirit more explicitly, and so come closest to being works of sculpture (VÄ 2, 275, 281f.). The same is true of sphinxes, which often have a human head on an animal's body (as at Giza and Luxor) and, in Hegel's view, symbolise the emergence of the human spirit from the "power of the animal" [Kraft des Tierischen] (VÄ 1, 465).

In Egyptian memnons and sphinxes, therefore, symbolic architecture, which is independently significant and thus implicitly sculptural in its first form, becomes explicitly organic and sculptural. Yet such works also remain architectural, since they remain massive and heavy, and thus relatively *inorganic* and lifeless compared to Greek statues (VÄ 2, 282). These works thus combine, or waver between, architecture and sculpture in a way that in some respects anticipates sculpture of the 20th century (VÄ 2, 279; see Houlgate 2007, 80ff.).

The architectural character of memnons and sphinxes becomes more explicit when they are incorporated into temples – or, rather, temple complexes – in (what I will consider here as) the third form of symbolic architecture (VÄ 2, 283). Hegel takes the Egyptian temple to be in one respect just a "collection" [Sammlung] of such sculptures (VÄ 2, 284). The latter, however, are often arranged in rows in which the same shape is repeated, and they thereby exhibit an essentially regular, *architectural* character (as opposed to the distinctively individual character of sculpture proper). Egyptian temples are, for example, often approached (as at Karnak and Luxor) by a paved avenue flanked by rows of (almost) identical sphinxes, and they contain one or more peristyle courts with lines of sphinxes and memnons around the sides (VÄ 2, 284; As, 123; see also Wilkinson 2000, 155f., 168f.).

Another feature of the Egyptian temple, noted by Hegel, is the fact that it is largely an open construction "without roofing" [ohne Bedachung] (VÄ 2, 283). It does not, therefore, serve as a single, unified enclosure for a god or worshippers and so is not a temple in the strict sense. Hegel is aware that parts of such a temple are, indeed, covered – for example, the hypostyle hall that, echoing Aloys Hirt, he calls a "forest of columns" [Säulenwald] (VÄ 2, 284; vgl. Hirt 1821– 1827, I, 35). He also remarks that the sanctuary at the heart of the temple houses the image of a god or statue of an animal (though only the latter is mentioned in 1823) (VÄ 2, 285; Ho, 451f.). His point, however, is that the whole temple is not a covered space dedicated to housing the god, like a Greek temple, but that many of its parts – including the pylons, columns and obelisks – have their own independent, and often symbolic, function, and even take the place of books insofar as meanings are expressed through hieroglyphs incised into the stone (VÄ 2, 283 ff.). The Egyptian temple, for Hegel, is thus another work of architecture that is in many respects a symbolic construction in its own right. (On the symbolic aspects of the Egyptian temple, see Wilkinson 2000, 76–79).

Hegel understands the great labyrinth at Hawara, described by Herodotus and Strabo, to have been a similarly symbolic structure. In particular, he maintains, the intricate passages between the courts symbolised the paths of the planets (VÄ 2, 286 f.). The labyrinth, however, also had a subterranean part, which comprised half the structure and contained the tombs of kings and sacred crocodiles (VÄ 2, 288); and by being dedicated in this way both to *housing* the dead and to various symbolic functions, the labyrinth provides the logical transition to a fourth form of symbolic architecture.

The latter comprises temples that are built almost completely underground, or rather hewn into rock, and so, while still being symbolic, are now *wholly* devoted to housing spirit (in the form of religious practices) (VÄ 2, 288 ff.). The temples Hegel has in mind include those in Nubia (such as Abu Simbel), at Ellora in India, and near Mumbai on Salsette Island. (In 1820/21 and 1829 Hegel credits Carsten Niebuhr with bringing the latter to light, but Niebuhr visited only the cave temples on Elephanta Island, not those on Salsette (As, 124; Hm, 85 f.; Niebuhr 1774–1778, II, 32 ff., 42)). Hegel surmises that humans dwelt in caves and excavations before they erected huts. Nonetheless, he insists, sculpted caves and rock-cut temples represent a logically more developed form of architecture than free-standing symbolic temples, since they are more house-like, and less like inorganic sculptures, than the latter (VÄ 2, 289 f.).

A fifth and final form of symbolic architecture is then found by Hegel in symbolic constructions built specifically to house the dead. These include Egyptian tombs cut into rock or dug into the ground (in, for example, the Valley of the Kings) and pyramids built above ground (VÄ 2, 290–295). (In 1820/21 Hegel also mentions megalithic tombs [Hünengräber] in this context (As, 125)).

Hegel notes that Indians cremate their dead and (in 1823) that the ancient Persians let bodies decompose naturally (VÄ 2, 290; Ho, 452). (In VÄ this latter practice is attributed to Indians.) Egyptians, by contrast, preserve the dead through embalming and distinguish a separate realm of the dead, overseen by Osiris, from that of the living (VÄ 1, 458 f.; VÄ 2, 290 f.). Moreover, they preserve the dead as distinct *individuals* and in so doing, Hegel claims, preserve the individual spirits of the departed. By preserving the bodies of the dead, therefore, the Egyptians manifest their belief in the existence of an enduring "spiritual individuality" [geistige Individualität]; and indeed Herodotus claims that they were the first people to say that the human soul is immortal (VÄ 2, 291; Herodotus 2003, II, 123).

Individuals are preserved as departed spirits in the form of mummies; but each dead individual, as an object of reverence, thereby becomes significant "for itself" [für sich] (VÄ 2, 292, 294). By contrast, the construction in which the mummy is entombed is reduced to a mere "purposive casing" [dienende Hülle] (VÄ 2, 292), whose function is simply to *house* the dead. As we have seen, symbolic architecture at the start of its logical development takes the form of independent structures that are themselves the embodiment of symbolic meaning. In Egyptian tombs and pyramids, however, meaning is concentrated in the dead that they contain, and they, though still symbolic and awe-inspiring, become mere enclosures for that meaning (VÄ 2, 294).

Hegel claims that as symbolic architecture loses its independent significance, and becomes a mere enclosure for the dead, it casts off the symbolic organic forms of plants, animals and human beings found in temples, and becomes a merely external, inorganic "shell" [Schale]. The form that it is given by its creators must thus also be inorganic, regular and abstract (VÄ 2, 294f.). This is most apparent in the case of the pyramids, since they, unlike many other Egyptian tombs, are built above ground. Pyramids thus express their merely purposive character in their visible shape – though, Hegel claims, they also symbolise a moment of independence in the fact that they rise up to a point and do not have the pure form of a house (VÄ 2, 295f.).

The pyramids complete the logical development of symbolic architecture; and it is important to note that Hegel does, indeed, present a *logical* development, not just a series of unconnected architectural forms. What drives the logic forward is the concept of an independent symbolic construction with which Hegel begins. Architecture as *art*, rather than providing shelter, is at its simplest just a construction that expresses a "universal meaning" [allgemeine Bedeutung], a thought produced "by spirit" [aus dem Geiste] (VÄ 2, 272f.). Since, however, the material employed by architecture is *irreducibly* heavy and inorganic, and so lacks spirit and freedom, it cannot embody such meaning fully in the shape it is given, as sculpted stone can, but it can at most symbolise it. Architecture must, therefore, begin as an independent symbol of some essential, universal thought. Yet the fact that it can initially only *symbolise* its meaning implies that the latter is implicitly distinct from, and external to, its architectural expression. The logical development of architecture consists simply in rendering this implicit distinction *explicit*, and it ends when architecture proves to be no more than an enclosure for a distinct object that is itself the bearer of meaning. In Egyptian pyramids the objects enclosed are merely "the dead who have no needs" [bedürfnislose Tote] (VÄ 2, 292). Spirit, however, takes the form, not just of the dead, but of living self-conscious freedom, and art expresses such freedom initially in sculpture. The logic of *symbolic* architecture thus implicitly requires it to become an enclosure for the statue of a god in human form, that is, to become *classical* architecture (see VÄ 2, 294, 296). (On the historical influence of the Egyptian temple on its classical Greek counterpart, see Spawforth 2006, 23–24.)

7.4 Classical architecture

Symbolic architecture, at least initially, has its purpose in itself. An Egyptian obelisk or even a whole temple complex is itself the symbolic expression of meaning, and in that respect it resembles a sculpture. Classical architecture, by contrast, serves a purpose that is distinct from it; it is subordinate to a meaning that has its own separate expression (VÄ 2, 304). More precisely, such architecture provides an *enclosure* for an embodied meaning and is therefore modelled on the house (VÄ 2, 306). Unlike a domestic house, however, a work of classical architectural art is not built to meet a physical or practical need. It is thus not a work of ancillary art in the sense Hegel has in mind at the start of his aesthetics, namely one that serves everyday finite purposes (VÄ 1, 20). Classical architecture serves a higher spiritual, indeed religious, purpose and so belongs to what Hegel calls *absolute*, as opposed to *objective*, spirit (VÄ 2, 305; Enz, § 385). Moreover, it provides an enclosure for a religious subject that is itself embodied in a work of *art*. Classical architecture thus takes the form of a temple that houses the statue of a god (and that also shelters those who worship the god).

Since a classical Greek temple does not have its meaning in *itself*, it no longer includes in its structure symbolic organic shapes, such as those of the sphinx and the plant-like column that characterise the Egyptian temple. Organic shape – namely, that of the human being – now belongs to the separate statue of the god, and the temple is reduced to being the *inorganic* surrounding of the latter, a mere enclosure made of heavy matter (VÄ 2, 302). In the logical transition from symbolic to classical architecture, therefore, architecture frees itself from sculpture and becomes more explicitly, and more purely, architectural.

In so doing, architecture comes to fulfil its "vocation" [Beruf] or "concept" [Begriff] more adequately than it has done so far (and, *pace* Brian Etter, does not become "problematic") (VÄ 2, 270, 303; Etter 1999, 212). What distinguishes architecture as an art is that it expresses, or points to, spiritual meanings through the shaping of matter that is irreducibly heavy and inorganic. Symbolic architecture, however, builds organic or quasi-organic shapes into the fabric of (some of) its constructions. Classical architecture, by contrast, largely expels such sculptural forms from its buildings and thereby becomes "architecture proper" [die eigentliche Baukunst] (VÄ 2, 302) (though Hegel notes that the Greeks sometimes used caryatids as supporting columns – for example, in the Erechtheion on the Acropolis – and incorporated sculpted acanthus leaves into the Corinthian capital (VÄ 2, 299, 326)). The paradox, however, is that architecture comes into its own, and becomes "free and independent" [frei und selbstständig], only by becoming *subservient* to sculpture (As, 125).

Although the form of a Greek temple is explicitly inorganic, it is the product of human art and artistry. More specifically, it is the product of human "understanding" [Verstand] that freely invents forms that have no direct model in nature but are abstract and geometrical – forms based principally on straight lines and right-angles, but also circles (VÄ 2, 296, 302f., 305). Such forms are used to create a structure that houses a god and at the same time highlights its own weighty, *architectural* character.

To constitute such an enclosure, the classical temple must have parts that perform different functions. It must have a roof and walls to limit the space and form the enclosure, and the weight of the roof must itself be supported (VÄ 2, 309). Thus not only does the whole building have a purpose, but so too do its constituent parts. The classical temple, therefore, is not a symbolic structure, like the Egyptian temple, but a thoroughly *purposive* one (and more overtly so than a pyramid, which is also a mere enclosure, but hides its separate "meaning" or "purpose" away rather than putting it on view (VÄ 2, 293; Spawforth 2006, 86)). Accordingly, the beauty of the Greek temple as a work of art must itself lie in its "purposiveness" [Zweckmäßigkeit] (VÄ 2, 303). Such beauty, for Hegel, consists in each part's being perfectly suited to its task, that is, being neither too thick nor too thin, neither too tall nor too short, to fulfil its function (VÄ 2, 306, 310). Furthermore, each function must be clearly distinguished, so that one can see that it is being performed perfectly; that is to say, the temple must display its different functions in the way it is constructed (VÄ 2, 309; Kolb 2007, 37 ff.). Yet these functions must also be integrated into a unity that is itself clearly suited to its purpose of housing the god. As Hegel puts it, following Vitruvius, the building must thus exhibit both "eurythmy" [Eurhythmie] and "symmetry" [Symmetrie]: the fitness of the parts, or members, to their tasks and (in Vitruvius' words) the "proper agreement" [conveniens consensus] between the members of the work itself (VÄ 2, 297, 306; Vitruvius 1960, I, ii, §§ 3 – 4). Classical architecture, as Hegel conceives it, may thus be said to be governed by Louis Sullivan's law that "form ever follows function", though its function is primarily aesthetic and religious – to provide a beautiful enclosure for a god – rather than primarily practical (Sullivan 1999, 207; see also Winfield 2000, 104).

Hegel's account of the various parts of the Greek temple is grounded in this conception of classical architecture, one that is itself derived *logically* from the concept of architecture as an art. He is thus not aiming to explain the historical development of the Greek temple, but to show how its structure accords with, indeed is made necessary by, classical architectural beauty.

Hegel identifies three basic functions to be performed by different parts of the temple. First, a load – the roof – must be borne; second, something must bear that load; and third, the space occupied by the statue of the god must be enclosed around the sides. One might think that the load-bearing function would be performed by walls, as in a domestic house; yet, Hegel notes, walls are not essential to this task, but are suited rather to that of surrounding a space (VÄ 2, 309 f.). All that is needed to bear a load is a simple column, and walls, as far as load-bearing is concerned, are superfluous (VÄ 2, 298 f.). A classical temple contains columns, therefore, not for decoration, but to support the roof. Furthermore, such columns are set apart from the walls to mark the fact that they perform a different function from the latter (VÄ 2, 310, 317). Columns thus not only perform the distinct function of holding up a heavy mass, but they embody that distinct function and display it for all to see. By being placed outside the walls they also open the temple to the outside and allow people to come and go freely (VÄ 2, 320 f.; Winfield 2000, 105). (Half-columns embedded in a wall combine the two functions of support and enclosure and so are excluded by Hegel from genuine classical beauty (VÄ 2, 315 f.)).

Egyptian columns also bear loads, but they retain plant-like features, and (as at Karnak) they are sometimes covered with hieroglyphs (VÄ 2, 300; see Wilkinson 2000, 157). Classical columns, by contrast, are reduced to their load-bearing function and so have the simpler geometrical shape of an elongated cylinder. Since, however, they are meant to embody the quite *distinct* function they perform, they must have, and be seen to have, a clear beginning and end. Thus, unlike a post, which is simply stuck into the ground, a classical column starts from its own base (or, in the Doric order, from the stylobate that forms the floor of the temple) and rises to a capital that marks its upper limit (VÄ 2, 310 f., 324). The base and capital thereby play a similar role to decorated initials in mediaeval manuscripts: to render a beginning (or end) "objective" [objektiv] (VÄ 2, 311). Classical columns, Hegel maintains, also show that they are simply free-standing supports, rather than – like square posts – potential components of a wall, by being round. They are gently tapered near the top, he adds, to show that their lower parts carry their upper parts, and they are vertically fluted to give variety to their simple shape and, if necessary, to make them appear thicker (VÄ 2, 312, 322 f.). ("Entasis", or the swelling and tapering of classical columns, is, however, more usually understood to correct the illusion of concavity that would be produced if they were straight (Rodgers 2012, 52)).

The load borne by the columns is the entablature, the lowest part of which is the architrave or main beam that binds the columns together. This is horizontal (rather than angled), Hegel states, to provide stability "in accordance with the law of gravity" [dem Gesetz der Schwere nach] (VÄ 2, 313). Above this lies the frieze, which in the Doric order comprises alternating triglyphs and metopes. The former, Hegel claims, mark the ends of the crossbeams that lie on the architrave and support the roof (VÄ 2, 313f., 324). Such crossbeams, however, did not always rest on the architrave; for example, in the best preserved Greek temple, the Hephaisteion in Athens, the marble beams supporting the ceiling slabs rest on the frieze itself (Tomlinson 1989, 44; Spawforth 2006, 137). According to Vitruvius, therefore, triglyphs merely *imitate* boards fastened to the ends of wooden cross-beams that, in earlier temples, would rest on the architrave (Vitruvius 1960, IV, ii, §§ 2–3). Yet, even on this account, triglyphs indicate the distinctive function performed by cross-beams and so are an appropriate component of the ideal classical temple, as Hegel conceives it.

Hegel describes further functions performed by the cornice and pitched roof and by the internal walls that form the sanctuary housing the god (VÄ 2, 314f.). He also briefly outlines the differences between the Doric, Ionic and Corinthian orders (VÄ 2, 323–326). He then concludes his account of classical architecture by noting that the Romans made much greater use of the arch and vault than the Greeks did and constructed more luxurious private, as well as secular public, buildings (VÄ 2, 305, 327–330; Tomlinson 1989, 25).

Beat Wyss claims that in his aesthetics Hegel adopts the standpoint "of a dogmatic classicist" [eines dogmatischen Klassizisten] (Wyss 1981, 216). This claim, however, is mistaken, for what Hegel takes to be perhaps his most original insight is the idea that architecture as an art begins with independent *symbolic* architecture (VÄ 2, 269). Classical architecture is then made necessary, as we have seen, by the tension within the latter between heavy, spiritless matter and spiritual meaning – a tension that finally requires matter and meaning to be explicitly distinguished. Moreover, the classical temple does not mark the end of architecture's logical development, for though merely purposive it is a complete "whole" [Ganzes] in its own right – a fact indicated by its pitched roof, which can bear no further load (VÄ 2, 315, 318). It thus implicitly points beyond itself to an architecture that, in being purposive and housing spirit, is also *explicitly* independent, namely *romantic* architecture.

7.5 Romantic architecture

The classical spirit finds its most perfect aesthetic expression in statues of gods with idealised human bodies, for which architecture provides the *inorganic*, geometrical surrounding. The Christian spirit, however, which gives rise to romantic art, is characterised by profound *"inwardness"* [Innerlichkeit] in the form, initially, of religious love and devotion (VÄ 1, 112; VÄ 2, 154–159). Romantic architecture as art thus has to provide an enclosure for such inward religious spirit – for the community of worshippers, rather than gods in stone or bronze – and it does so supremely in mediaeval Gothic cathedrals, several of which Hegel saw at first hand. (Hegel never set foot in Greece, Italy or Egypt, but he visited the cathedrals in Cologne, Ghent, Antwerp, Prague, Vienna and Paris on his travels, as well as the St Sebaldus Church in Nuremberg (Hoffmeister 1961, II, 353, 355, 358 f.; III, 52, 55, 186; see also VÄ 2, 339)).

Since the cathedral is a space for the community and its deep "inner devotion" [innerliche Andacht], it must set the latter quite apart, and protect it, from the world outside and so constitute a *total* enclosure (VÄ 2, 334). Its structure thus differs significantly from that of the Greek temple. In the latter the function of carrying the roof is clearly distinguished from that of enclosing the god, so the columns are placed outside the walls of the sanctuary. The overriding purpose of the Gothic cathedral, however, is enclosure, so the load-bearing columns are now brought *inside* the building (VÄ 2, 333). Hegel claims that stained glass also helps create an enclosed space for devotion by keeping out, or at least dimming, the light of the sun. He fails to note that such glass was originally bright and luminous, but has been darkened by dirt and patina over the centuries (see Miller 1994, 7). Yet he is surely right that by means of stained glass "a different day" [ein anderer Tag] from that of the outside world gives light to the church (VÄ 2, 338).

The romantic, Christian spirit, however, not only withdraws into itself out of the sphere of the external, but it also shines in and through the external itself, as inner character suffuses a face. Such spirit is thus not just enclosed by the cathedral, but it manifests itself *in* the stonework, both on the inside and outside of the building (VÄ 2, 334 f., 345). The cathedral thereby remains an inorganic enclosure for spirit that is quite different from the organic embodiment of spirit in sculpture. Yet it manifests the inner freedom of spirit by appearing to overcome the heaviness and massiveness of the stone from which it is built. It does so by rising up to a great height in apparent defiance of gravity. In a Greek temple the columns are clearly there to bear the horizontal load that rests on them; indeed, the whole building spreads itself horizontally and so allows the gaze of the beholder to rest near the ground (VÄ 2, 318f.; As, 128). In a Gothic cathedral, by contrast, the pillars appear not to bear any load at all, but rise up freely and simply continue into the vault, much like a tree spreading its branches (even if the arches usually rest on small capitals at the top of the pillars) (VÄ 2, 335ff.). Such rising stonework represents the rising of the Christian spirit above the concerns of the finite world to "the infinite" [das Unendliche], and so, as David Kolb puts it, "spatializes our movement beyond the spatially external" (VÄ 2, 332, 335; Kolb 2000, 85). Yet it also raises the spirit itself by raising the *gaze* of the beholder to the heights above (VÄ 2, 337f.).

Hegel notes that the heavy stonework in a cathedral is also made to look lighter by being broken up by windows and decorative tracery (VÄ 2, 339, 345f.). The latter in turn echo the form of the arcades and vaulting by employing pointed, rather than round, arches. The pointed arch [Spitzbogen] is thus, for Hegel, what gives Gothic architecture its distinctive character and sets it apart from not only classical but also Byzantine and Romanesque architecture (VÄ 2, 336ff., 346ff.).

Hegel has much more to say about the internal and external structure of the cathedral. His principal claim about romantic religious architecture, however, is that it combines the purposiveness of classical with the independence of symbolic architecture. Fully symbolic structures have meaning in their *own* right, whatever further purpose they may fulfil. The Greek temple, by contrast, is built specifically to house something *other* than itself, namely the sculpted image of a god. Its structure is thus determined principally, not by symbolism, but by its twin purpose of supporting a roof over and enclosing that sculpture. The structure of the Gothic cathedral is also determined by the purpose of – in this case total – enclosure. Yet at the same time the building *exceeds* its purpose by rising up freely into the heavens and thereby embodying in stone the Christian spirit that raises itself from the finite to the infinite. The cathedral thus enjoys an *independent* existence as the material, architectural expression of spiritual elevation and "sublimity" [Erhabenheit], while fulfilling its purpose of housing the community of worshippers (VÄ 2, 331ff.). In this way, it unites the principles of symbolic and classical architecture and so brings to an end the logical development of architecture as an art (VÄ 2, 270, 330).

Note that, in Hegel's view, romantic architecture achieves its highest beauty in buildings that are the product and expression of Catholic Christianity, even though he famously believes Protestantism to be a more profound form of faith (Ho, 459). Catholicism, for Hegel, is more at home in the sphere of the external and so finds material (and visual) expression more easily than does Protestantism; the latter, he claims, locates the freedom of spirit more in the inwardness that expresses itself in the spoken or written word (especially that of the

Bible) (see TWA 12, 492–498; VÄ 1, 142). Accordingly, Protestant churches often contain nothing but pews for people to sit and listen to the sermon (VÄ 2, 331). By contrast, in Gothic cathedrals, built by and for Catholic Christians, people do not need to be concentrated in one place – unless it is High Mass – but can place themselves "like nomads" [nomadenmäßig] before various altars and statues of saints (VÄ 2, 341; Hm, 91f.). They can also let their gaze and spirit *soar* freely into the heavens, just as, in William Desmond's view, Hegel does when he enters, or even just thinks about, a Gothic cathedral (Desmond 1999, 238, 247).

7.6 Architecture after the Gothic cathedral

In his aesthetics Hegel ignores, largely or completely, much architecture that is historically important and valued by many. He says nothing, for example, about Baroque architecture, and very little about secular, civil buildings (see VÄ 2, 271, 305, 329, 348). Kolb finds these omissions "puzzling", but there are two clear reasons for them (Kolb 2007, 44 ff.).

The first is that Hegel's focus is on architecture as *art*, not on buildings constructed to meet a practical need. The latter can certainly exhibit beauty and artistry, but they are essentially products of objective, rather than absolute, spirit. As an art, Hegel claims, architecture employs heavy, inorganic material to symbolise or house a spirit that is implicitly or explicitly distinct from it. Such a spirit must itself belong principally to absolute spirit, be different from yet have an affinity with art, and so be *religious* (rather than philosophical) (VÄ 2, 296, 305). Architecture is thus most clearly art when its structure is not governed by the demands of need and utility, as in most secular buildings, but symbolises or houses a religious spirit (in human or sculpted form). This explains Hegel's neglect of civil architecture – though not perhaps why he also neglects buildings, such as Schinkel's Altes Museum, which, though not religious, house *art* and so do not meet a purely practical need (see VÄ 3, 108). (Drawing on Hegel's remarks about horticulture, Niklas Hebing argues perceptively that civil architecture, from a Hegelian perspective, should be explicitly *civil* by expressing, and providing space for, our *ethical* life together (Hebing 2016, 138–142)).

The second thing to consider is that Hegel's concern is not to provide a comprehensive account of architecture as art, but to set out the forms of the latter that are made necessary by the *logic* of architecture itself. As we have seen, these forms include those of the Egyptian pyramid, the Greek temple and the Gothic cathedral, but not that of the Baroque church or, indeed, the "box-like form" [Schachtelwesen] of many Protestant churches (VÄ 2, 331). This does not mean that there can be no beauty in a Baroque church, but the latter does not represent a logically *necessary* form of architectural beauty (or the highest beauty that can be attained by Christian architecture). This, I take it, is why Hegel ignores Baroque and other styles of religious architecture.

So can Hegel's aesthetics shed any light on such styles? It can obviously do so by providing points of contrast with which to compare them; so whereas classical Greek temples employ straight lines and right-angles, a defining element of Baroque churches is their sweeping curves and oblique angles (VÄ 2, 302f.; Hopkins 2014, 70, 72). However, one can also understand styles that Hegel neglects, or mentions only briefly, as combining aspects of symbolic, classical or romantic architecture, or as representing a logical transition from one to another. Consider, for example, Roman architecture. Hegel notes that its characteristic round arch "rests" [ruht] on columns, as opposed to rising to a point like the Gothic arch (VÄ 2, 333). In this respect, it remains a largely classical feature in his sense. Yet, at the same time, the round arch does curve up to a central point and in so doing no longer appears to press down on the columns like a Greek architrave. The columns themselves thus become more like pillars in a cathedral and less like the explicitly load-bearing columns of a Greek temple (VÄ 2, 328). In this sense, Roman architecture represents a logical transition from the classical to the romantic.

Similarly, Baroque architecture renders the often delicate and restful classical forms of Renaissance buildings (in Wölfflin's words) more "heavy" [schwer] and "massive" [massig], while also displaying the upward "vertical force" [Verticalkraft] associated with the Gothic (though the Baroque frequently uses pictorial illusion to create the dramatic impression of height) (Wölfflin 1888, 23, 46ff.; see Hopkins 2014, 75). The Rococo style then takes the Baroque in the direction of much greater decoration and much lighter construction (through the use of windows and mirrors), just as the Gothic makes stone appear less weighty by means of decorative tracery (Hopkins 2014, 92–95). This is not to claim that the Baroque and Rococo styles were directly influenced by the Gothic, but that each exhibits a *principle* that, for Hegel, belongs logically to the latter (see Etter 1999, 229).

These suggestions raise the following question: can more recent buildings, both religious and secular, also be understood – at least in part – through the principles Hegel identifies as symbolic, classical and romantic? Clearly, neo-classical and neo-Gothic buildings can (see VÄ 2, 330); but what of so-called Modernist architecture or even later work? This is not the place to answer this question in detail, but here by way of conclusion are some suggestions.

Antony Gormley's *Angel of the North* is evidently a work of symbolic architecture in Hegel's sense, since it is monumental and symbolic, and also blends organic with inorganic form. What, though, of the Eiffel Tower? Is this a free standing symbol of modern industry and science, as well as the French nation, or merely what Hegel would call a "sign" [Zeichen] marking the centennial of the French Revolution (VÄ 2, 273)?

Can we discern a certain classicism in Modernist architecture influenced by Sullivan's law that form follows function, even though there is not a column in sight (and Sullivan takes himself to be stating a law of *nature*) (Sullivan 1999, 206 f.)? Is there also, perhaps, something unwittingly classical in the external display of functions and services in the high-tech Centre Pompidou in Paris? Is there an echo of the Gothic in Sullivan's claim that the tall office building must embody the "force and power of altitude" and the "glory and pride of exaltation", even though such buildings bear witness to "the proud spirit of man" – our elevation, as it were, to *ourselves*, rather than to God (Sullivan 1999, 205)? And is there also a distant echo of the Gothic in the lightening or "dematerialization" of mass that Kolb detects in recent buildings (Kolb 2007, 42, 48 f.)?

In Hegel's view, by rising to a great height the Gothic cathedral goes beyond its purpose of enclosing the spirit of inwardness and gives itself an *independent* existence as the aesthetic expression of such spirit's sublimity. In so doing it reconciles the independence of symbolic architecture with the purposiveness of its classical counterpart (VÄ 2, 330 f.). Many modern buildings turn their backs on austere Modernist functionalism and present *themselves* as independent works of art, while still carrying out their respective purposes; and in this way they also fulfil (in part) the principle of romantic architecture, even though they are not remotely Gothic in form. Such buildings include Hadid's elegantly curved Heydar Aliyev Center in Baku and the magnificent Sydney Opera House, whose perfectly poised gravity-defying shells sing out gloriously to those approaching by sea or by land. These buildings do not provide a space for religious devotion, yet in a broader Hegelian sense they are *romantic* buildings (with perhaps symbolic elements).

It is tempting to think that Hegel's account of architecture sheds light only on buildings that belong to the past (or that imitate them). Yet his intention is to disclose the principles, as well as the more detailed forms, inherent in the very nature of architecture as an art. If he has succeeded in his task, these principles are likely to govern – in some respects at least – all architecture, even secular, practical architecture in its most radical modern incarnations. The examples above indicate some of the ways in which this might be the case. Whether Hegel's conception of architecture might also provide grounds for a *critique* of some modern buildings – perhaps for failing to promote and express true ethical freedom – is a question we will leave for another occasion.

Bibliography

Desmond, W. 1999. "Gothic Hegel". *The Owl of Minerva* 30,2: 237–252.
Etter, B. 1999. "Beauty, Ornament, and Style: The Problem of Classical Architecture in Hegel's Aesthetics". *The Owl of Minerva* 30,2: 211–235.
Hebing, N. 2016. "Die Außenwelt der Innenwelt. Hegel über Architektur". *Verifiche* 45, 1–2: 105–149.
Herodotus. 2003. *The Histories*, übers. v. A. de Sélincourt, rev. v. J. Marincola. London.
Hirt, A. 1821–1827. *Die Geschichte der Baukunst bei den Alten*. 3 Bde. Berlin.
Hoffmeister, J. 1961. *Briefe von und an Hegel*. 4 Bde. Hamburg.
Hopkins, O. 2014. *Architectural Styles. A Visual Guide*. London.
Houlgate, S. 2000. "Hegel and the Art of Painting". In: *Hegel and Aesthetics*, hg. v. W. Maker, 61–82. Albany.
Houlgate, S. 2007. "Hegel on the Beauty of Sculpture". In: Ders. (Hg.), *Hegel and the Arts*, 56–89. Evanston.
Kolb, D. 2000. "The Spirit of Gravity: Architecture and Externality". In: *Hegel and Aesthetics*, hg. v. W. Maker, 83–95. Albany.
Kolb, D. 2007. "Hegel's Architecture". In: *Hegel and the Arts*, hg. v. S. Houlgate, 29–55. Evanston.
Miller, M. 1994. *Chartres Cathedral. Medieval Masterpieces in Stained Glass and Sculpture*. Norwich.
Niebuhr, C. 1774–1778. *Reisebeschreibung nach Arabien und anderen umliegenden Ländern*, 2 Bde. Kopenhagen.
Oates, J. 1979. *Babylon*. London.
Rodgers, N. 2012. *The Art and Architecture of Ancient Greece*. Wigston.
Spawforth, T. 2006. *The Complete Greek Temples*. London.
Sullivan, L. H. 1999. "The Tall Office Building Artistically Considered". In: *Classic Readings in Architecture*, hg. v. K. F. Spreckelmeyer u. J. M. Stein, 202–208. Boston.
Tomlinson, R.A. 1989. *Greek Architecture*. London.
Vitruvius. 1960. *The Ten Books on Architecture*, übers. v. M. H. Morgan. New York.
Wilkinson, R. H. 2000. *The Complete Temples of Ancient Egypt*. London.
Winfield, R. D. 2000. "The Challenge of Architecture to Hegel's Aesthetics". In: *Hegel and Aesthetics*, hg. v. W. Maker, 97–111. Albany.
Wölfflin, H. 1888. *Renaissance und Barock. Eine Untersuchung über Wesen und Entstehung des Barockstils in Italien*. München.
Wyss, B. 1981. "Der Topos vom Anfang der Architektur". In: *Hegel in Berlin. Preußische Kulturpolitik und idealistische Ästhetik. Zum 150. Todestag des Philosophen*, hg. v. O. Pöggeler, 212–219. Berlin.

Bernadette Collenberg-Plotnikov
8 Skulptur

Die Skulptur nimmt in Hegels kunstphilosophischem Konzept in zweifacher Hinsicht eine Sonderstellung ein. Zum einen bündelt diese Gattung in singulärer Weise die beiden – philosophisch durchaus nicht bruchlos kompatiblen, aber für seine Ästhetik so charakteristischen – Schlüsselbestimmungen der Kunst: Indem Hegel das Wesen der Skulptur maßgeblich am idealschönen Götterbild der griechischen Polis festmacht, vereint die griechische Skulptur, ebenso wie die Kunst ihrem allgemeinen Begriff nach, Schönheit und sinnliche Präsenz des Göttlichen bzw. des Geistes. Zum anderen ist die Skulptur die einzige Gattung, die in ihrem historischen Gang mit der von Hegel angenommenen Entwicklungslinie der Kunst als solcher synchron verläuft: Wie die Kunst überhaupt, so hat auch die Skulptur für Hegel ihr Zentrum in der klassischen Kunstform. Insofern kann man sagen, dass die Skulptur die Gattung ist, die (1) mit ihrem Prinzip einer sinnlichen Vergegenwärtigung des Geistes, (2) ihrem historischen Mittelpunkt im klassischen Ideal und (3) ihrer ästhetischen Gegenständlichkeit Hegels Kunstbegriff am vollständigsten repräsentiert.

8.1 Prinzip und Ideal der Skulptur

8.1.1 Die Einheit von Geist und Materie und das Primat der menschlichen Gestalt

Wenn Hegel die klassische Kunst als die „begriffsgemäße Darstellung des Ideals, die Vollendung des Reichs der Schönheit" bezeichnet, dann ist damit näherhin die spezifische Ausprägung gemeint, die die *Skulptur* hier, in der Antike, erfährt. „Schöneres", heißt es dazu emphatisch weiter, „kann nicht sein und werden" (VÄ 2, 127 f.). Bei dieser Bestimmung handelt es sich nun allerdings weniger um ein klassizistisch motiviertes Geschmacksurteil als um eine philosophische Schlüsselaussage, die sich für Hegel aus dem Begriff der Kunst ergibt.

Hegel bestimmt die Skulptur allgemein als Einheit von Geist und Materie, die den Geist sinnlich – genauer: „im unmittelbaren Eigentlich-Materiellen" (VÄ 2, 351), also als dreidimensionaler physischer Gegenstand – erscheinen lässt: „Die Skulptur im allgemeinen faßt das Wunder auf, daß der Geist dem ganz Materiellen sich einbildet und diese Äußerlichkeit so formiert, daß er in ihr sich selber gegenwärtig wird und die gemäße Gestalt seines eigenen Inneren darin erkennt." (VÄ 2, 362) In Hothos Edition der Ästhetikvorlesungen wird diese Vermittlungsleistung der Skulptur – ähnlich wie bei Schelling (Schelling 1859, 570) – auch mit Spinoza (Ethica II, 7) gefasst: „Was wir [als Prinzip der Skulptur] überhaupt zu sehen haben, ist die Einheit des *ordo rerum extensarum* und des *ordo rerum idearum*" (VÄ 2, 362).

Mit diesem Prinzip trifft sich die Skulptur aber zugleich mit dem „Begriffe des Ideals selbst", da auch das Ideal der Schönheit, und somit die Kunst, „ein gänzliches Hereintreten ins Sinnliche und die Verschmelzung des Inneren mit seinem äußeren Dasein zum Prinzip hat" (VÄ 2, 438). Wie die Skulptur, so ist nämlich auch die Schönheit für Hegel eine Einheit von Entgegengesetztem – von Geist und Materie, Teilen und Ganzem, Endlichem und Unendlichem. Dabei ist es ein Charakteristikum dieser Einheit, dass sie sich durch Selbstgenügsamkeit und Selbständigkeit auszeichnet: Als schön wird – wie Hegel u. a. mit Kant und Schiller erklärt – nur eine Totalität erfahren, die völlig in sich selbst ruht, weil ihre Elemente sich spontan und frei, d. h. ohne die Durchsetzung einer von außen vorgegebenen Struktur, zu einem Ganzen zu fügen scheinen. Das besondere Interesse solcher als schön erfahrener Entitäten besteht dabei für Hegel darin, dass hier die im Alltag erfahrene Heterogenität des Entgegengesetzten, die dem Begriff des Absoluten als ursprünglicher Einheit widerspricht, aufgehoben ist. Sie sind somit geeignet, „das Wesen des Absoluten sichtbar zu machen" (Baumeister 2012, 241).

Diese Totalitätserfahrung vermag grundsätzlich bereits ein Blick in die Natur zu vermitteln: Hegel begreift den lebendigen Organismus als eine Ganzheit, wo – wie der Naturforscher Georges Cuvier es demonstriert hat – „aus einem *vereinzelten* Gliede sogleich die *ganze* Gestalt, welcher dasselbe angehören müsse", angegeben werden kann (VÄ 1, 171). Jeder lebendige Organismus kann daher als Beleg dafür gelten, dass die spontane Einheit von Heterogenem kein Prinzip ist, das dem Stoff äußerlich bleiben müsste. Allerdings bleibt die Schönheit des Tieres Hegels Auffassung nach unvollkommen, weil in dessen unmittelbarem, instinktbestimmtem Dasein die zentrale Einheit von Geist und Materie nur andeutungshaft in Erscheinung treten kann. Dies ist erst in der menschlichen Gestalt der Fall, auf die insofern auch das wahrhaft Schöne stets verwiesen bleibt. Hegel kann hier, wie Schiller, wiederum bei Kants Bestimmung des Ideals der Schönheit anknüpfen, das man „lediglich an der *menschlichen Gestalt*" erwarten dürfe, weil es im „Ausdrucke des *Sittlichen*" bestehe (Kant 1908, 235).

Beide Totalitäten – die Einheit von Geist und Materie in der Skulptur und im menschlichen Körper – fügen sich für Hegel in der anthropomorphistischen Skulptur zusammen: Die menschliche Gestalt gilt ihm als „Grundtypus" (VÄ 2, 366) dieser Kunstgattung, insofern allein der materiell existierende menschliche Körper „die *wirkliche* Existenz des Geistes" ist (VÄ 2, 357). Denn die Skulptur gibt

„den Geist" (Ho, 460) bzw. „den Menschen, wie er *ist*" wieder, nämlich „in vollständiger Leiblichkeit" (VÄ 2, 353), d. h. als organische Ganzheit.

Allerdings interessiert die menschliche Gestalt dabei gerade nicht als bloß kontingente Naturexistenz, „da es die Skulptur nur mit dem zu tun hat, was von geistigem Inneren in das Äußere der *Gestalt* übergeht und dort den Geist leiblich und sichtbar werden läßt" (VÄ 2, 369). Was Skulptur genannt werden soll, muss also ein materieller, räumlicher Körper sein, der nicht aufgrund seiner natürlichen Lebendigkeit, sondern vielmehr aufgrund seiner künstlerischen Gestaltung als ideale Totalität, als sinnliche Präsenz des Geistes erfahren wird. Seine vollständigste Realisierung erfährt das Prinzip der Skulptur für Hegel daher im Götterbild der griechischen Polis, das das Geistige bzw. Göttliche in eine zwar dezidiert menschliche, aber zugleich ideale, ganz in sich selbst ruhende Gestalt fasst. Es gelingt der Skulptur hier in größtmöglicher Weise, in „der geistdurchdrungenen menschlichen Gestalt und deren abstrakt-räumlicher Form [...] das Geistige in schöner leiblicher Gestalt zu erkennen zu geben" (VÄ 2, 361f.).

Durch die Skulptur in ihrer antiken Ausprägung gelangt aber nicht nur „*das klassische Ideal* [...] zu seiner angemessensten Wirklichkeit" (VÄ 2, 360f.). Vielmehr fällt mit der Ausprägung, die die Gattung Skulptur hier erfährt, auch die maximale Realisierung des Leistungssinns der Kunst überhaupt zusammen (Houlgate 2007, 68): Das Götterbild, ein Kunstwerk also, gilt im Rahmen der Poliskultur als *die* Präsenz des Absoluten. Vom „Standpunkt der Plastik" aus lassen sich zudem „sowohl die Gestalten der epischen und dramatischen Helden als auch der wirklichen Staatsmänner und Philosophen" insbesondere zur „Zeit des Perikles" erschließen. Denn auch diese sind, ganz wie die klassische Skulptur es paradigmatisch vor Augen führt, „groß und frei, selbständig auf dem Boden ihrer in sich selber substantiellen Besonderheit erwachsen, sich aus sich erzeugend und zu dem bildend, was sie waren und sein wollten" (VÄ 2, 374). Die Skulptur ist daher in dieser historischen Situation nicht nur ein Aspekt der Kunstgeschichte, sondern wesentlicher Ausdruck der Kultur.

8.1.2 Die Struktur des Sich-selbst-Bedeutens

Der gattungsmäßigen Verfasstheit der Skulptur entspricht nach Hegels Auffassung „am meisten die in sich beruhende *Objektivität* des Geistes" (VÄ 2, 362). So ist es das Charakteristikum der Skulptur, dass sie selbst bei der Darstellung des Partikulären die Individuen stets „in ihrer objektiven Geistigkeit als in sich fertig und beschlossen, in selbständiger Ruhe, dem Verhalten gegen Anderes entnommen, auffaßt und gestaltet". Die Skulptur hat daher wesentlich „das Göttliche als solches darzustellen in seiner unendlichen Ruhe und Erhabenheit, zeitlos, bewegungslos, ohne schlechthin subjektive Persönlichkeit und Zwiespalt der Handlung oder Situation" (VÄ 2, 364 f.). Die freistehende, sich selbst ruhende idealisierte menschliche Einzelfigur bildet so für Hegel, wie bereits für Winckelmann, formal den Inbegriff der Skulptur. Und wie dieser macht auch Hegel dieses Paradigma am griechischen Götterbild fest: Diese Gottheiten sind weder Porträts noch verweisen sie auf eine außerhalb ihrer selbst liegende Bedeutung oder Intention, sondern sie sind nur sie selbst.

Allerdings ist die mit dem klassischen Götterbild verbundene Bestimmung der Skulptur als Sphäre in sich selbst ruhender Handlungslosigkeit mit einer Inkonsistenz belastet. Hegel wiederholt nämlich in seinen Vorlesungen immer wieder die Bemerkung Herodots, „Homer und Hesiod hätten den Griechen ihre Götter gemacht" (VÄ 2, 76). Damit geht das eigentliche Gemachtsein der Götter nicht etwa „auf das Konto der Künstler [...], die die Skulpturen verfertigen", sondern auf das der Dichter, die die mythologische Vorlage schufen (Hilmer 1997, 165). In die „Bestimmung des Kunststatus der Skulptur" fließt so von allem Anfang an „das narrative Moment ein, das mit ihrer ‚unbewegten Ruhe' schwer vereinbar zu sein scheint". Hinzu kommt, dass die angeblich handlungslosen Götterbilder ohne ihre Einbindung in die Mythologie, also einen Handlungszusammenhang, überhaupt nicht angemessen verstanden werden könnten. Diese Inkonsistenz lässt sich nur auflösen, indem man davon ausgeht, dass es Hegel bei der idealen Skulptur gar nicht darauf ankommt, dass hier „bestimmte Gottheiten dargestellt werden", sondern vielmehr darauf, dass hier „in bestimmter Weise" dargestellte „menschliche Körper" zu sehen sind (Hilmer 1997, 165). So kann das „Gefühl der Versöhnung, der geistigen Freiheit und des Beisichseins" nicht nur in Götterbildern, sondern auch in Darstellungen Ausdruck finden, die „in der Grenze harmloser Menschlichkeit bleiben", wie dies etwa bei Polyklets „Würfelspieler", Myrons „Diskuswerfer" oder dem „sitzende[n] Knaben, der sich einen Dorn aus der Ferse zieht", der Fall ist (VÄ 2, 432).

Das Verhältnis von Gestaltung und Bedeutung ist in der klassischen Skulptur demnach keines der bloßen Verweisung in dem Sinne, dass ein bestimmter – vorgegebener und prinzipiell auch anders zu vergegenwärtigender – Inhalt dargestellt wird. Vielmehr sind die spezifischen „performativen Qualitäten" der Statue jeweils genau das, was die Griechen mit dem Namen des dargestellten Gottes meinten. So ist etwa „der von ihr ausgehende Eindruck der Freiheit, Klarheit, Umsicht, eines ausgeglichenen und unwiderstehlichen ins Offene Tretens etc. [...] das, was die Griechen ‚Apollo' nannten". Dieses Sich-selbst-Bedeuten betrifft aber nicht nur den näheren Inhalt der Skulptur, also die Individualität des jeweils dargestellten Gottes, sondern auch bereits ihre Darstellung der menschlichen Gestalt als solcher: Auf das in dieser Gestalt gegebene „Verhältnis der Schwere zum Raum, zur Bewegung usw." wird hier nicht einfach zeichenhaft verwiesen, sondern die Skulptur besitzt diese Eigenschaften zugleich. Ihre Bedeutung ist Hegels Auffassung nach ganz in der wahrnehmbaren Gestalt gegeben und liegt jedem offen, der sich auf die Gestaltung einlässt; die Skulptur beschreibt bzw. expliziert sich selbst. Insofern korrespondiert die von Hegel für die klassische Skulptur – als Zentrum der Kunst – in Anspruch genommene paradoxe Struktur des Sich-selbst-Bedeutens der von Nelson Goodman für die Kunst geltend gemachten Struktur der metaphorischen Exemplifikation, der gemäß ein Kunstwerk metaphorisch die Eigenschaften exemplifiziert, „die es (metaphorisch) hat und auf die es zugleich referiert" (Hilmer 1997, 173; vgl. Goodman 1976, Kap. II). Alles, was Kunst ist, muss in irgendeiner Form eine Einheit von Gestaltung und Bedeutung aufweisen. Eine vollkommene Übereinstimmung im Sinne eines strikten Sich-selbst-Bedeutens gibt es für Hegel aber nur in der idealen Skulptur.

8.2 Der historische Ort der Skulptur

8.2.1 Die Skulptur im Kontext der Kunstformen

Gerade aufgrund dieser Struktur des Sich-selbst-Bedeutens bildet die antike Skulptur für Hegel auch den „gemäßesten Ausdruck des klassischen Ideals" (VÄ 2, 446). Zwar beschränkt sich die Gattung faktisch nicht auf die hier, im Klassischen, realisierte Idealität, sondern vollzieht eine historische Entwicklung. Allerdings bleibt die Skulptur doch „mehr als andere Künste an das Ideale angewiesen" (As, 133). Daher fällt hier letztlich auch „jener Unterschied fort vom symbolischen, klassischen und romantischen", und es genügt, die Skulptur „in alte, klassische und neuere Skulpturbilder" zu differenzieren (Hm, 93).

Das entscheidende Charakteristikum des klassischen Ideals ist für Hegel, dass es dank seiner Struktur des Sich-selbst-Bedeutens genuin ästhetisch ist. Denn dies trifft seiner Auffassung nach keineswegs auf alle Kunst zu, sondern unterscheidet die klassische Kunst mit der Skulptur als ihrem Mittelpunkt von der symbolischen Kunst auf der einen ebenso wie von der romantischen Kunst auf der anderen Seite. Diese richten sich nämlich gar nicht primär an die ästhetische Sensibilität, sondern vielmehr an die „Vorstellung". So ist die Kunst zunächst, im Rahmen der symbolischen Kunstform, „hieroglyphisch, kein zufälliges und willkürliches Zeichen, sondern eine ungefähre Zeichnung des Gegenstandes für die Vorstellung". Für die Vorstellung ist aber auch „eine schlechte Figur hinreichend, wenn sie nur an die Gestalt erinnert, die sie bedeuten soll". Und ebenfalls im Rahmen der christlichen religiösen Kunst begnügt sich „die Frömmigkeit mit schlechten Bildern und verehrt in dem gesudeltesten Konterfei immer noch Christus, Maria oder irgendeinen Heiligen [...]. Denn die Frömmigkeit will nur überhaupt an den Gegenstand erinnert sein; das übrige tut das Gemüt hinzu, welches durch das wenn auch ungetreue Abbild dennoch von der Vorstellung des Gegenstandes erfüllt werden soll." Das Kunstwerk beschränkt sich hier also darauf, „durch seine wenn auch nicht entsprechenden Gestalten die allgemeine Vorstellung der Gegenstände anzuregen" (VÄ 2, 375 f.).

Mit dieser Auszeichnung der Skulptur als Mittelpunkt der klassischen Kunstform und, darüber hinaus, der Kunst als solcher, verknüpft Hegel allerdings zugleich eine bedeutsame Präzisierung. Er bestimmt die Skulptur nämlich näherhin als „die erste schöne Einigung von Seele und Leib, insofern sich das geistige Innere in der Skulptur nur in seinem körperlichen Dasein ausdrückt" (VÄ 2, 362). Diese Präzisierung steht in Zusammenhang mit Hegels Systematik der Künste.

So notiert Hegel auf der einen Seite eine Verwandtschaft zwischen der „unmittelbare[n] Körperlichkeit" und „räumliche[n] Materialität" der Skulptur und der Architektur als Leitkunst der symbolischen Kunstform (VÄ 2, 352). Zugleich erkennt er in der Skulptur aber einen Fortschritt gegenüber der Architektur im Sinne jener sinnlichen Vergegenwärtigung des Geistes, die für Hegel den Begriff der Kunst ausmacht: „Der unorganischen Natur des Geistes, wie sie durch die Architektur ihre kunstgemäße Gestalt gewinnt, tritt [in der Skulptur] das Geistige selbst gegenüber, so daß nun das Kunstwerk die Geistigkeit zu seinem Inhalt erhält und darstellt." (VÄ 2, 351) Sie füllt den von der Architektur im Bau des Tempels geschaffenen „Raum für die innere Sammlung und Richtung auf die absoluten Gegenstände des Geistes", indem sie als Kultbild in dessen Zentrum tritt: „In diesen Tempel [...] tritt sodann der Gott selber ein, indem der Blitz der Individualität in die träge Masse schlägt, sie durchdringt und die unendliche, nicht mehr bloß symmetrische Form des Geistes selber die Leiblichkeit konzentriert und gestaltet." (VÄ 1, 117 f.) Aus der Perspektive der Architektur gesehen, ist die Skulptur *schon* die „erste schöne Einigung von Seele und Leib" (VÄ 2, 362).

Dieser in Hegels Verständnis mit einer Reduktion der Materialität einhergehende Zuwachs an Geistigkeit gegenüber der Architektur verbindet die Skulptur auf der anderen Seiten mit den romantischen Künsten, also Malerei, Musik und Poesie. Sie ist aber zugleich – aus deren Perspektive gesehen – *bloß* die erste Stufe auf dem historischen Weg der Kunst einer „Rückkehr des Geistes in sich aus dem Massenhaften und Materiellen" (VÄ 2, 351), und es „scheint" daher bloß so, als hätte die Skulptur „die der Natur getreuste Weise für die Darstellung des Geistigen". Tatsächlich verhält sich die Sache aber „gerade umgekehrt". Denn „diese durch die schwere Materie [in der Skulptur] dargestellte leibliche Äußerlichkeit und Natürlichkeit" ist gerade „nicht die Natur des Geistes als Geistes". Als solcher artikuliert sich der Geist vielmehr „in Reden, Taten, Handlungen", die die Skulptur indes, anders als die romantischen Künste, allenfalls andeutungsweise darzustellen vermag (VÄ 2, 353). Als „Totalität" eines vollkommenen Gleichgewichts von Geist und Materie vermittelt das in sich ruhende antike Götterbild vor allem „den Eindruck ungebrochener physischer Präsenz, eines in sich stehenden, ewig gegenwärtigen Daseins". Die „göttliche Autorität" präsentiert sich hier als „physische Autorität" der autarken Einzelgestalt (Baumeister 2012, 251). Das antike Drama, wo die Figuren zwar noch idealtypisch, aber doch zugleich schon miteinander handelnd gezeigt werden, bildet insofern bereits eine Übergangsform.

Zwar kann und muss das Ideal der Skulptur „zur unterscheidbaren *Besonderheit* der Erscheinung fortgehen". Allerdings ist der Kreis des Darstellungswürdigen in der klassischen Kunstform „seinem Gehalt nach beschränkt". So fallen zentrale Momente der christlichen Anschauung – etwa „Liebesinnigkeit", moralische „Gesinnungen und Tugenden", „Treue", persönliche „Ehre und Ehrbarkeit", religiöse „Demut, Unterwerfung und Beseligung in Gott" – als Inhalte, die eine wesentliche Inkongruenz von Geist und Materie implizieren, hier noch weg (VÄ 2, 413 f.). Aber auch etwa alles „Peinliche, Grausige, Verschrobene und Quälende", das einen charakteristischen Aspekt des christlichen Bewusstseins ausmacht, bleibt hier ausgeschlossen (VÄ 2, 432). Die Struktur des konfliktlosen Sich-selbst-Bedeutens, die die Skulptur als Inbegriff des Klassischen und als Mittelpunkt der Kunst qualifiziert, macht so zugleich die historische Beschränktheit der Geltung des griechischen Gottes bzw. der idealen Skulptur als zureichender Form der Darstellung des Absoluten aus: Die ganz in sich ruhende klassische Skulptur ist über die Wechselfälle des Lebens erhaben. Sie wirkt daher „für die moderne Innigkeit im Endlichen" letztlich unzugänglich und fremd (VÄ 2, 86).

Hegel argumentiert hier medientheoretisch: Indem die Skulptur, ähnlich wie die Architektur, auf „die allgemeinen räumlichen Dimensionen und die näheren räumlichen Formen" beschränkt ist, werden in ihr – im Unterschied zu den romantischen Künsten – „noch keine weiteren Partikularitäten" der Materie zum Kunstgebrauch ausgelotet (VÄ 2, 362). Trotz des Potentials der Skulptur zur Darstellung des Geistigen bzw. Göttlichen gilt daher für Hegel, dass der Inhalt der Skulptur „nicht das *Geistige als solches*, die nur mit sich selbst sich zusammenschließende und in sich vertiefte Innerlichkeit sein kann, sondern das Geistige, das nur erst in seinem Anderen, dem *Leiblichen für sich ist*" (VÄ 2, 366). Denn die Skulptur zeigt Geistiges eben allein in Form massiver räumlicher und statischer Materialität. Stärker als die romantischen Künste ist die Skulptur daher auch an den Ort gebunden, für den sie geschaffen wurde. Dies prädestiniert die Skulptur, zumal als öffentlich zugängliches Werk, als Kunst, die sich in den Dienst öffentlicher Interessen und Bedürfnisse, nicht aber in den der Innerlichkeit, stellt.

Diese Abgeschlossenheit, die den charakteristischen Unterschied zwischen der Skulptur als klassischer Kunst und den romantischen Künsten ausmacht, wird für Hegel besonders sinnfällig in der „Blicklosigkeit ihrer Gestalten". So geht Hegel davon aus, dass den „wahrhaft klassischen und freien Statuen und Büsten, die aus dem Altertum auf uns gekommen sind", „außer der eigentlich malerischen Farbe auch noch der *Blick* des Auges" fehlt. Denn die Beschränkung dieser Skulpturen auf die „ganz äußerliche Gestalt des Auges", etwa in Form eingesetzter Steine, ist noch „nicht seine Belebung, nicht der Blick als solcher". Damit fehlt den Skulpturen „das Seelenvollste", das darzustellen der Malerei als romantischer Kunst vorbehalten bleibt. Denn der Blick gilt Hegel als die entscheidende Bekundung eines Selbst, das zu einem Bewusstsein von sich, aber auch von dem Gegenüber, auf das geblickt wird, imstande ist. Die Skulptur bezieht sich so, anders als die Malerei, weder auf die „Innigkeit der Seele" noch die „zerstreute, mit der Außenwelt verwickelte Subjektivität" (VÄ 2, 388 ff.).

Die in den klassischen Skulpturen realisierte vollständige Einheit von Körper und Geist ist, negativ gesprochen, nur um den Verzicht des Ausdrucks eines Bewusstseins von sich selbst und von der Wirklichkeit möglich. Jede kommunikative Qualität geht ihnen ab (Baumeister 2012, 249). Dies gilt selbst für den von Hegel mehrfach erwähnten „schöne[n] Faun zu München, der den jungen Bacchus in seinen Armen hält und ihn mit einem Lächeln anblickt, das voll höchster Liebe und Lieblichkeit ist" (VÄ 2, 45). Denn „auch hier ist das Auge nicht sehend, und die eigentlichen Götterstatuen in ihren einfachen Situationen sind nicht in so speziellen Bezügen in betreff auf die Wendung des Auges und Blicks dargestellt" (VÄ 2, 391). Besonders signifikant ist für Hegel in diesem Zusammenhang das Motiv der Mutterliebe, das in Gestalt der Beziehung von Maria zu Christus einen „Hauptgegenstand" der romantischen Kunst bildet und sich namentlich in der malerischen Darstellung des Blicks artikuliert. Dagegen vertritt Hegel die These, dass „die griechischen Göttinnen" bezeichnenderweise „immer kinderlos dargestellt" sind (VÄ 2, 423 f.). In der ägyptischen Kunst bildet die ikonographische Parallele hierzu das Motiv der Isis mit dem Horusknaben. Aber auch im symbolischen Mutter-Kind-Verhältnis findet sich keine emotionale Neigung, wie Hegel mit dem Klassischen Archäologen Désiré Raoul-Rochette erklärt: „es ist nur das sinnliche Zeichen eines Gedankens, der keines Affekts und keiner Leidenschaft fähig ist, nicht die wahre Darstellung einer wirklichen Handlung, noch weniger der richtige Ausdruck eines natürlichen Gefühls" (VÄ 2, 453).

In diesem Zusammenhang spricht Hegel auch den „Anthropomorphismus der Kunst" an, der „in der alten Skulptur unvollendet" bleibe (VÄ 2, 461). Die Ursache dafür ist nun aber nicht etwa, dass sie das Geistige bzw. Göttliche „auf rein menschliche Weise" zeigt, wie man womöglich aus der Rede vom Anthropomorphismus schließen könnte. Der „Mangel" der klassischen Skulptur besteht vielmehr „nur darin, daß der Inhalt nicht anthropomorphistisch genug ist". So kann man zwar mit gewissem Recht sagen, dass „das Anthropomorphistische" im antiken Götterbild „mangelhaft" ist „in Bezug auf die göttliche Idee": Das Göttliche vermag sich selbst hier nicht vollständig in einer Gestalt auszusprechen, sondern es muss sich in einer Vielzahl von Göttern und der Skulptur als einem menschengemachten Ding manifestieren. Aber „in der romantischen Kunst wird sich dieser Mangel noch mehr offenbaren" (Hm, 61). Das christliche Gottesverständnis steigert nämlich zwar mit Christus als dem Mensch gewordenen Gott den Anthropomorphismus des Griechentums weiter. Die romantische Kunst kann der Gottesvorstellung der geoffenbarten Religion zugleich aber nur noch weniger gerecht werden als die klassische Kunst und muss sich auf bloße Anspielungen auf das Göttliche verlegen.

Die „Beschränkung des Materials und der Darstellungsweise", die an dieser Stelle deutlich wird, bezeugt daher für Hegel keineswegs allein den „Mangel" der Skulptur als besonderer Ausprägung der Kunst. Vielmehr betrifft diese Beschränkung letztlich die Kunst ganz allgemein – im Unterschied zur Religion und vor allem zur Philosophie als weiteren Formen menschlicher Selbstvergewisserung. Denn die Kunst ist zwar ebenfalls „ein Produkt des Geistes, und zwar des höheren, denkenden Geistes". Als Werk ist sie aber, selbst in den romantischen Künsten, in ihrer Allgemeinheit stets durch die unterschiedliche Materialität der Gattung beschnitten: Sie kann jeweils lediglich „eine von anderen Seiten abstrahierende Weise der künstlerischen Realisierung" sein und daher immer nur „einen bestimmten Inhalt" darstellen (VÄ 2, 355).

8.2.2 Die Entwicklung der Skulptur innerhalb der klassischen Kunstform

Die historische Dimension der Skulptur betrifft aber auch die klassische Kunstform selbst. Für die Identifikation der antiken Skulptur als Realisation des klassischen Ideals beruft Hegel sich zwar grundsätzlich auf Winckelmann, der „das unbestimmte Gerede vom Ideal der griechischen Schönheit dadurch verbannte, daß er die Formen der Teile einzeln und bestimmt charakterisiert hat". Aber das kunsthistorische Wissen und der Geschmack sind inzwischen bereits weitergegangen. So haben insbesondere die „äginetischen Skulpturen", also die Giebelskulpturen des Aphaia-Tempels auf Ägina, die 1812 für München erworben worden waren, eine präzisere Vorstellung von den Anfängen der griechischen Bildhauerkunst vermittelt, als Winckelmann sie hatte. Und für die „Zeit der allerhöchsten Blüte der griechischen Kunst" stehen nun nicht mehr die von Winckelmann gerühmten hellenistischen Werke bzw. deren römische Kopien, die inzwischen als manieristische Spätformen erscheinen. Als Vollendung des klassischen Ideals gilt Hegel vielmehr die „Strenge des idealischen Stils", wie ihn die 1816 vom British Museum angekauften Parthenonskulpturen repräsentieren (VÄ 2, 378).

Dieses neue ästhetische Ideal lässt den ehemaligen Sinn für Exaltiertes, der seine Ikonen in dem von Winckelmann so gerühmten Apoll von Belvedere, aber auch der Venus von Medici oder der Laokoongruppe gefunden hatte, zugunsten eines strengeren, reduzierteren Figurenstils hinter sich. Denn das, was man nun als Vollendung der Kunst betrachtet, „ist nicht der Reiz und die Grazie der Formen und der Stellung, nicht die Anmut des Ausdrucks, die schon, wie zur Zeit nach Phidias, nach außen geht und das Wohlgefallen von seiten des Beschauers zum Zweck hat". Vielmehr betrifft das „allgemeine Lob", das sich an den Parthenonskulpturen entzündet, nun eben jenen „Ausdruck der Selbständigkeit, des Beruhens-auf-sich in diesen Gestalten", den Hegel als Prinzip der Skulptur identifiziert (VÄ 2, 379).

Dabei bezieht sich die Bewunderung vor allem auf die „freie Lebendigkeit" dieser Skulpturen, „die gänzliche Durchdringung und Überwältigung des Natürlichen und Materiellen, in welcher hier der Künstler den Marmor erweicht, belebt und mit einer Seele begabt hat". Hier wird das Kunstwerk als Quasi-Organismus erfahren, in dem das „Einzelnste" in sich „zweckmäßig" und auf das Ganze bezogen ist, so dass sich „selbst in Fragmenten das Ganze erkennen läßt und solch ein abgesonderter Teil die Anschauung und den Genuß einer ungestörten Totalität gewährt". Diese „durch alle Partien" durchgeführte „freie lebendige Individualisierung" ist aber keine bloße Verdoppelung der Natur. Sie erfasst vielmehr den „geistigen Gehalt dessen, was er zur Erscheinung zu bringen berufen ist" und bekundet damit zugleich „die eigene Lebendigkeit, Konzeption und Beseelung von seiten des Künstlers" (VÄ 2, 379 ff.). Den „großen Übergang zum Erwachen der schönen Kunst" und die wahre Belebung der toten Materie macht Hegel daher erst da aus, wo der Künstler weder vorgegebene Darstellungstypen reproduziert noch die Natur bloß kopiert, sondern wo er „frei nach seiner Idee bildet, wo der Blitz des Genius in das Hergebrachte einschlägt und der Darstellung Frische und Lebendigkeit erteilt" (VÄ 2, 376).

Eine ähnlich naturalistische Darstellung des Körpers findet sich in der klassischen Kunst auch bereits jenseits des vollendeten Ideals in den äginetischen Skulpturen, die „bis zur Täuschung lebendig erscheinen", so dass man sich, wie es heißt, „fast davor entsetzt und sich scheut, sie anzurühren". Die Köpfe dieser Werke sind indes – wie in der ägyptischen Skulptur, die Hegel der symbolischen Kunstform zuordnet – noch stark typisiert und zeugen damit von einer Kunst, die nach wie vor der „Gebundenheit des Geistes" verpflichtet ist: Physis und Geist sind hier noch nicht vollkommen eins (VÄ 2, 454 f.).

Auf der anderen Seite kann innerhalb der klassischen Kunst neben dem Apoll von Belvedere auch die Laokoongruppe als Beispiel für eine fortgesetzte Berücksichtigung der Feinheiten in der Struktur des Körpers gelten (VÄ 2, 420 f.). Die für das klassische Ideal charakteristische Verbindung von Wahrheit und Schönheit ist hier zwar noch geglückt. Allerdings wird hier doch zugleich deutlich, dass diese Skulptur bereits „einer späteren Epoche" angehört, „welche die einfache Schönheit und Lebendigkeit schon durch ein gesuchtes Hervorkehren der Kenntnisse im Baue und der Muskulatur des menschlichen Körpers zu überbieten trachtet und durch eine allzu verfeinerte Zierlichkeit der Bearbeitung zu gefallen sucht". Daher urteilt Hegel: „Der Schritt von der Unbefangenheit und Größe der Kunst zur Manier ist hier schon getan." (VÄ 2, 434 f.) Ebenso steht die römische Skulptur für die Auflösung der klassischen Skulptur und den Übergang zur romantischen Kunstform, insofern hier die „Poesie geistiger Belebung", die das klassische Ideal im Griechentum auszeichnete, bereits einer „Vorliebe für das mehr Porträtartige Platz" macht (VÄ 2, 458).

8.2.3 Die Skulptur in der Moderne: Das Kostümproblem

Die Skulptur ist für Hegel zwar die zentrale Gattung der klassischen Kunstform, aber selbstverständlich beschränkt sich die Produktion von Skulpturen nicht auf diese Epoche. Allerdings vertritt Hegel die Auffassung, dass die Skulptur auf der einen Seite im Rahmen der symbolischen Kunstform noch stark mit unorganischen und tierischen Elementen verbunden ist, die der Freiheit und Selbstbestimmtheit des Skulpturideals widerstreben; auf der anderen Seite bleibt sie in der Moderne letztlich ein „Luxus und Überfluß" (VÄ 2, 429), der an den Anliegen und Bedürfnissen dieser Epoche der Geschichte des Geistes ebenfalls, wenngleich in anderer Hinsicht, vorbeigeht. So wird das Wesen des christlichen Gottes, der ganz Mensch ist und sich als mit den Menschen Handelnder realisiert, mit den Mitteln der antiken Skulptur vollständig verfehlt: „Christus köpfe sind hiemit kein classisches Ideal. die Schönheit Apolls ihnen einzubilden würde als höchst unpassend erscheinen." (Ho, 415). Einen weiteren Indikator für die Grenzen des klassischen Skulpturideals in der Moderne erkennt Hegel aber vor allem im Kostümproblem, d.h. der Frage, wie die in modernen Skulpturen dargestellten Figuren gekleidet sein sollten.

Grundsätzlich stimmt Hegel hierbei in die verbreitete zeitgenössische Klage ein, dass die moderne Kleidung „ganz unkünstlerisch" ist: Sie stellt sich nicht, wie das antike Gewand, in den Dienst der freien Bewegung des Körpers, sondern sie zwingt ihm vielmehr umgekehrt durch ihren Schnitt von außen einen bestimmten Bewegungsmodus auf. „Aus diesen Gründen ist die antike Kleidung", so Hegel,

„die ideale Norm für Skulpturwerke und der modernen bei weitem vorzuziehen." (VÄ 2, 407 f.)

Allerdings kollidiert diese Diagnose mit dem modernen Bedürfnis nach skulpturaler Darstellung des Individuellen. Während sich nämlich bei den Antiken das Individuelle nach Hegel mehr als an der Kleidung an der jeweiligen Gestaltung der Ohren (VÄ 2, 392 f.) und der Haartracht (VÄ 2, 395 f.) ablesen lässt, wird in der Moderne die spezifische Art der Kleidung zum Teil des Individuums. Wenn daher „in unseren Tagen das Porträt eines seiner Zeit noch angehörigen Individuums gemacht werden soll, so gehört dazu notwendig, daß auch die Bekleidung und äußere Umgebung aus dieser selbst individuellen Wirklichkeit genommen sei" (VÄ 2, 409). Denn wenngleich „die moderne Persönlichkeit in ihrem Gemüt und Charakter sich als Subjekt unendlich ist", so ist doch der Einzelne „jetzt nicht mehr der Träger und die ausschließliche Wirklichkeit dieser Mächte wie im Heroentum" (VÄ 1, 255). Die „Helden des Tages oder der jüngsten Vergangenheit" in idealer Kleidung darzustellen, ist daher verfehlt (VÄ 2, 410).

8.3 Die Skulptur als ästhetischer Gegenstand

8.3.1 Objekthaftigkeit und Lebendigkeit

Eine philosophische Bestimmung der Skulptur muss nicht nur sagen, welches Gestaltungsprinzip Skulpturen realisieren und in welcher Weise sie sich von anderen Kunstgattungen unterscheiden. Sie muss vielmehr des Weiteren sagen, in welcher Weise Skulpturen sich von anderen dreidimensionalen Objekten unterscheiden, die keine Kunstwerke sind – also etwa lebenden menschlichen Körpern.

Auf die besondere Weise, wie der von Hegel an klassischen Skulpturen eingehend beschriebene Schein der Lebendigkeit angemessen vollzogen wird, geht er im Zusammenhang mit ihren spezifischen räumlichen und haptischen Qualitäten näher ein: „Das Auge, indem es solche Werke anschaut, kann zunächst eine Menge Unterschiede nicht deutlich erkennen, und erst bei gewisser Beleuchtung kommen dieselben durch einen stärkeren Gegensatz von Licht und Schatten zur Evidenz oder werden erst dem Tasten erkennbar." (VÄ 2, 380) Hegel spricht dabei aus eigener Erfahrung: Mit Carl August Böttiger, dem Autor der anonym erschienenen Broschüre *Die Dresdner Antiken-Gallerie bei Fackelbeleuchtung* (Böttiger 1789), war er 1821 selbst der zeitgenössischen Mode der Betrachtung von Antiken bei Fackelschein nachgegangen (Hoffmeister 1969, 293). Und auch der Hinweis auf den Tastsinn im Kontext der Skulpturenrezeption geht offenbar weniger auf Winckelmanns (Winckelmann 1764, I, 164) oder Herders Bestimmung der Plastik als Kunst „für die Hand und nicht fürs Auge" (Herder 1778, 35) denn auf Hegels Dresdner Kunstbesuche mit Böttiger zurück.

Allerdings distanziert Hegel sich im Sinne der geistphilosophischen Fundierung seiner Ästhetik zugleich von solchen Tendenzen. Das von den qualitätsvollsten Antiken vermittelte „Gefühl der organischen Flüssigkeit aller Glieder und ihrer Formen", der „Duft der Belebung" und die „Seele materieller Formen" müssen in einem genuin geistigen Akt der Imagination, „statt als bloße Naturform, als Gestalt und Ausdruck des Geistes" vollzogen werden (VÄ 2, 380f.). So erscheint Hegel auch „Böttigers Herumtatscheln an den weichen Marmorpartien der weiblichen Göttinnen" als verfehlt. „Denn durch den *Tastsinn* bezieht sich das Subjekt, als sinnlich Einzelnes, bloß auf das sinnlich Einzelne und dessen Schwere, Härte, Weiche, materiellen Widerstand; das Kunstwerk aber ist nichts bloß Sinnliches, sondern der Geist als im Sinnlichen erscheinend." (VÄ 2, 255)

Für den „Mythos vom Pygmalion und seiner Bildsäule der Göttinn der Liebe", wie ihn August Wilhelm Schlegel neu bearbeitet hatte, gilt daher das Gleiche wie für Böttigers Rezeptionspraktiken: Solche in der zweiten Hälfte des 18. Jahrhunderts verbreiteten Versuche, die empfundene Kluft zwischen Antike und Moderne bzw. allgemeiner: zwischen Kunst und Leben durch Strategien der Verlebendigung zu überwinden – auch die zeitgenössische Freude an Automaten und Lebenden Bildern gehört in diesen Zusammenhang –, gelten Hegel als „zu prosaisch". Gegen die romantische Adaption vertritt Hegel dementsprechend die Auffassung, der Ovidsche Pygmalion-Mythos habe ursprünglich „den bessern Sinn" gehabt, „daß die Götter dem Pygmalion wohl die Belebung der Statue gewährt haben, aber wahrscheinlich nur durch seine Kunst" (As, 160).

So zeichnet sich die spezifische dreidimensionale Dinghaftigkeit der Skulptur für Hegel überhaupt nicht dadurch aus, dass sie im Betrachter bestimmte physische oder psychische Interaktionen evoziert, etwa in dem Sinne, dass dieser wie im Umgang mit einem anderen Körper zu einer Körperbewegung motiviert wird oder empathisch eine Stimmung mitvollzieht. Vielmehr ist die Statue Hegels Auffassung nach, wie sich dies im in sich selbst ruhenden Götterbild paradigmatisch zeigt, „für sich überwiegend selbständig, unbekümmert um den Beschauer, der sich hinstellen kann, wohin er will; sein Standpunkt, seine Bewegungen, sein Umhergehen ist für das Kunstwerk etwas Gleichgültiges". Damit grenzt Hegel die Skulptur insbesondere von der Malerei ab, deren Eigenschaft es gerade umgekehrt ist, „wesentlich nur für das Subjekt, für den Beschauer und nicht selbständig für sich dazusein" (VÄ 3, 28).

In der Vorlesung von 1828/29 bestimmt Hegel diesen Charakter der Skulptur pointiert als Ergebnis eines durchgängigen Abstraktionsverhältnisses: „Das Äußerliche ist nur abstrakt. Nur Raumformen sind es, in denen das Innere sich ausdrükt. Nur die Zeichen des Innern zeigen sich in Skulpturen. deßhalb, daß innere Ruhe abstrakt ist, ist das Äußerliche des Raums abstrakt, ist nach seinen 3 dimensionen." (Hm, 18) D.h. es geht für Hegel im Zusammenhang mit der Skulptur gerade nicht um eine empathische Kommunikationserfahrung, sondern vielmehr um eine Körper- und Raumerfahrung: Körperlichkeit und Räumlichkeit werden hier als solche bewusst. Dies erlaubt zugleich erneut Schlüsse auf seinen Begriff der Skulptur: Eine Skulptur ist nicht etwa ein dreidimensionaler Körper, der – wie eine Person – für irgendwelche sonstigen Eigenschaften geschätzt wird, sondern der gerade dafür geschätzt wird, dass und wie er diese Dreidimensionalität bzw. Körperlichkeit ins Spiel bringt.

Insofern erklärt sich auch Hegels Beharren auf der wesentlichen „Einfarbigkeit" der idealen Skulptur, die gerade ihre Differenz zum lebenden Körper unterstreicht: Der Schein des Lebendigen, der eine gelungene Skulptur kennzeichnet, erweist sich als Leistung des Geistes. Denn der Träger des Kunstwerks – der Marmor – wird in der Rezeption dank der Gestaltung durch den Künstler als etwas anderes – als lebendiger Körper – wahrgenommen. Zugleich bleibt die Materialität aber nicht nur als solche bewusst, sondern sie beeinflusst auch die Wirkung der Skulptur: Aus „Erz", „mehrfarbig" (VÄ 2, 359) oder in einer anderen Größe (VÄ 2, 411f.) wäre das Werk nicht dasselbe.

8.3.2 Form und Ausdruck

Die Skulptur zeigt zwar durchaus „nicht nur das göttlich und menschlich Substantielle des Geistes überhaupt, sondern auch den besonderen Charakter bestimmter Individualität in dieser Göttlichkeit". Dabei darf es nach Hegel in der Skulptur als in sich selbst ruhender Einheit von Geist und Materie allerdings keinesfalls um die Darstellung von einseitig Partikulärem, Subjektivem und Flüchtigem gehen: Die „zufällige *Partikularität der äußeren Erscheinung*" fällt unter das Verdikt des bloß *„Mienenhaften"* und bleibt ausgeschlossen. Die Skulptur muss sich vielmehr selbst bei der Darstellung des Individuellen „auf die bleibenden Züge des geistigen Ausdrucks hinrichten und diese sowohl im Antlitz als auch in Stellung und Körperformen festhalten und wiedergeben", indem sie auf das Typische, Gesetzmäßige zielt (VÄ 2, 370ff.). Näherhin muss die Skulptur ihren Inhalt, den Charakter der dargestellten Gestalt, in einer prägnanten Form darstellen, die aus sich selbst verstanden werden kann.

Wie eine solche prägnante Form aussehen kann, lässt sich an den Skulpturen der Alten studieren, in denen nicht allein der „Ausdruck des Göttlichen" allgemein, sondern ebenfalls der „der besonderen Göttercharaktere" zu exemplarischen Gestaltungen gefunden hat. Der individuelle Charakter wird hier nämlich so vorgeführt, dass nicht bloß das abstrakte „Gesetzmäßige in der menschlichen

Körperform", sondern „eine aufs engste damit verschmolzene individuelle Form vor Augen gestellt" wird, Form und Inhalt also eine signifikante Einheit bilden (VÄ 2, 370 f.). Wo es dagegen darum geht, solche aus sich selbst sprechenden Formen mit den Mitteln der zeitgenössischen Wissenschaften zu identifizieren und für die Skulptur geltend zu machen, kann für Hegel – schon aufgrund der medial bedingten „Ausscheidung des Mienenhaften" in der Skulptur – die Pathognomik nicht weiterhelfen. Ebenso weist er in diesem Zusammenhang die Phrenologie Franz Joseph Galls zurück, dessen Materialismus er bereits in seiner *Phänomenologie* kritisiert hatte: Indem Gall Charakter und Gemüt eines Individuums direkt an die spezifische organische Anlage von dessen Gehirn koppelt, macht dieser „den Geist zu einer bloßen Schädelstätte", was Hegels Auffassung nach nicht allein dem Wesen des Geistes im Allgemeinen, sondern näherhin auch der Weise seiner Präsenz in der Kunst unangemessen ist (VÄ 2, 370 f.): Der Geist ist nicht mit seiner materiellen Basis identisch, sondern er zeigt sich in ihr. Daher greift für Hegel in der Kunst – mehr als im Leben, wo weniger der „Wert eines *unmittelbaren Urteils*" (Enz, § 411, Zus.) zählt – der Grundgedanke der Physiognomik, dass sich im Äußeren der signifikanten Silhouette ein Inneres, Geistiges zeigt, weil das Geistige sich im Materiellen stets, bereits auf leiblicher Ebene, einen Ausdruck zu schaffen sucht: „Auf diese Umrisse aber, auf die Silhouette kommt es vornehmlich an, indem sie die eigentliche Hauptsache sind, die man erkennt und die das übrige allein verständlich macht." (VÄ 2, 435)

Dieser sprechende „Zusammenhang der freien Geistigkeit und der körperlichen Formen" (VÄ 2, 382) zeigt sich für Hegel insbesondere in der Gesichtsbildung der Figur. Hier geht er zum einen auf das griechische Profil ein. Dieses markiert vor allem „eine sehr bezeichnende Unterscheidung des menschlichen und tierischen Aussehens", indem das hervorragende Maul, die fliehende Stirn und die vorspringende Nase den Tierkopf als „Ausdruck bloßer Zweckmäßigkeit für die Naturfunktionen, ohne alle geistige Idealität" qualifizieren, während sich im griechischen Profil „das seelenvolle, geistige Verhalten zu den Dingen kundgibt" (VÄ 2, 384 f.). Die spekulativ gewonnene Auszeichnung der menschlichen Gestalt bestätigt sich für Hegel so auch formal. Sein Gewährsmann ist hier der holländische Anatom Petrus Camper.

Der „Zusammenhang der freien Geistigkeit und der körperlichen Formen" (VÄ 2, 382) zeigt sich für Hegel zum anderen auch in der gesamten Körperbildung und der Stellung der idealen Figur. Denn in der Plastik soll schließlich „das Geistige gerade durch die gesamte Gestalt hindurchergossen erscheinen und sich nicht für sich, dem Leiblichen gegenüber, isolieren". Hier gilt Hegel ganz allgemein bereits die „*aufrechte* Stellung des Menschen", durch die dieser sich wiederum vom Tier unterscheidet, als ein Ausdruck des Geistigen, „insofern das Sichaufheben vom Boden mit dem Willen und deshalb mit Geistigem und Innerem in Zusammenhang bleibt" (VÄ 2, 397f.). D.h. die geistige Freiheit des Menschen spricht sich bereits in der körperlichen Form als solcher aus. Hegel schließt sich damit wiederum dem Argumentationsduktus der zeitgenössischen Physiognomiker an, wo die reine, als linearer Wert aufgefasste Silhouette des zu deutenden Objekts als sichtbarer Ausdruck eines Inneren gelesen wird. Allerdings geht es für Hegel dabei eben nicht um die psychologisierende Erkundung des Subjekts, sondern um die physische Manifestation des Geistes als solche.

Insofern nicht nur die Entfernung, sondern, vor allem bei Figurengruppen, auch mögliche Überlagerungen und Verzerrungen durch den Standortwechsel des Betrachters die expressive Klarheit der Silhouette beeinträchtigen können, muss der vorgesehene Aufstellungsort der Skulptur von vornherein mitbedacht werden: „Man darf ein Skulpturwerk nicht erst vollenden und dann zusehen, wo man es hinbringt, sondern es muß bei der Konzeption schon in Zusammenhang mit einer bestimmten Außenwelt und deren räumlicher Form und örtlicher Lage stehen." (VÄ 2, 352) Hegel bezieht sich hierbei konkret auf zwei prominente zeitgenössische Beispiele seiner Berliner Umgebung: Während Johann Gottfried Schadows Viktoria auf dem Brandenburger Tor auch an ihrem Aufstellungsort ihre expressive Prägnanz behält, ist dies seiner Ansicht nach bei Christian Friedrich Tiecks Apoll auf dem Schauspielhaus weniger der Fall: Konnte man sich von dieser Gruppe „in der Werkstatt" noch „eine herrliche Wirkung" versprechen, wird dies an ihrem endgültigen Ort nicht eingelöst, indem man dort „eine um so weniger freie, deutliche Silhouette erhält, als den Figuren sämtlich die Einfachheit abgeht. [...] Dies alles ist für den Standort zuviel und trägt nur zur Unklarheit der Umrisse bei." (VÄ 2, 436) Die Skulptur unterscheidet sich demnach unter rezeptionsästhetischem Aspekt von der Malerei weniger durch ihre prinzipielle Zugänglichkeit für den Tastsinn, als vielmehr dadurch, dass sie als räumlicher Gegenstand nicht nur eine, sondern zahlreiche signifikante Formen darbietet.

Unter diesem Aspekt der Standortgebundenheit der Skulptur berücksichtigt Hegel allerdings bemerkenswerterweise nicht die Tatsache, dass etwa die von ihm so eingehend diskutierte natürliche Anmutung der Oberflächen bestimmter antiker Giebelfiguren (VÄ 2, 379ff., 454f.), ja eigentlich sogar ihr Skulpturcharakter, sich überhaupt erst der Entfernung von ihrem ursprünglichen Aufstellungsort im Tempel und der so ermöglichten Nahansicht verdankt: Die Antiken sind auch für Hegel nur im Modus ihrer Musealisierung als Idee der Antike präsent. Ihre Indienstnahme als Paradigma der Skulptur in Hegels Kunstphilosophie ist damit offenbar weniger motiviert durch das Interesse an der exakten historischen Rekonstruktion als an dem der idealtypischen Bestimmung des Leistungssinns dieser Gattung.

8.3.3 *Absorption* und *Theatricality*

Das vollständige In-sich-Ruhen der idealen Skulptur ist für Hegel vor allem in der situationslosen Göttergestalt präsent, die sich jeder Bezugnahme auf ihre Umgebung enthält und wo vielmehr „die ganze Umgebung sich auf sie" bezieht. Dagegen führen „die berühmte Mediceische Venus und der Apoll von Belvedere" eine andere Darstellungsoption vor, indem hier der Beginn oder das Ende einer Handlung angedeutet wird, ohne dass allerdings „dadurch die göttliche Ruhe gestört und die Gestalt in Konflikt und Kampf dargestellt wird". Diese Skulpturen, die zu Zeiten von Lessing und Winckelmann „unbeschränkte Bewunderung" genossen, halten sich für Hegel damit zwar noch in den Grenzen des klassischen Paradigmas, gelten aber bereits als Zeugnisse einer manieristischen Spätphase (VÄ 2, 431).

Als Gewährsmann für die Relativierung der Bedeutung, die die hellenistischen Skulpturen zwischenzeitig erfahren haben, führt Hegel den englischen Essayisten William Hazlitt an, der sich über solche Werke, die die historische „Fortbewegung aus jener strengeren Stille und Heiligkeit" dokumentieren, nun lustig macht: Im Apoll erblickt dieser „einen theatralischen Stutzer (a theatrical coxcomb), und der Venus gibt er zwar große Sanftheit, Süße, Symmetrie und schüchterne Grazie zu, aber nur eine fehlerlose Geistlosigkeit, eine negative Vollkommenheit und – a good deal of insipidity" (VÄ 2, 431). Wo aber so „die ins ‚Angenehme' losgelassene Klassik in Positivitäten ausufert" (Hilmer 1997, 173), trägt die Bedeutungsstruktur der Skulptur sich letztlich schon nicht mehr selbst, sondern ist stattdessen bereits mit externen Interessen verflochten.

Diese Entgegensetzung von zwei Skulpturauffassungen – einer werkhaft in sich geschlossenen und einer, die Ansprüche auf die Lebenswelt erhebt – findet in gewisser Hinsicht eine Parallele in einer vieldiskutierten Gegenüberstellung, die der amerikanische Kunsthistoriker Michael Fried entwickelt hat: In seinem 1967 erschienenen Aufsatz *Art and Objecthood* fasst Fried mit dem Begriff der Theatralität (theatricality) die Merkmale zusammen, die seiner Auffassung nach Skulpturen der Minimal Art als mindere Art von Kunst, ja: als Gegensatz von Kunst charakterisieren: Während Kunst*werke* – Fried bezieht sich hier auf abstrakte modernistische Skulpturen – eine Aufhebung ihrer Objekthaftigkeit durch die Form leisten, agieren die „theatralischen" Objekte der (proto-postmodernen) Minimal Art offensiv auf den Betrachter hin und fordern seine physische Teilnahme. In späteren Studien hat Fried dann diese Antinomie an der (gegenständlichen) Malerei festgemacht und beansprucht, damit den künstlerischen und zugleich moralischen Grundkonflikt der künstlerischen Moderne zu identifizieren: Die werkhafte Kunst der „Versunkenheit" (absorption) – das zentrale Beispiel sind hier die Genreszenen Jean Siméon Chardins – ruht als Quasi-Organismus ganz in sich selbst und tritt dem Betrachter als eine Sphäre *sui generis* gegenüber. Gerade durch dieses Ausgeschlossensein fühlt sich der Betrachter indes zu einer voyeuristisch motivierten Einfühlung in die innere Welt des dargestellten Bildpersonals animiert. Dagegen buhlt die unkonzentrierte „theatralische" Kunst offensiv um die Aufmerksamkeit des Betrachters und will sich zum Teil seiner Lebenswelt machen. Frieds Schlüsselbeispiele sind hier die unverwandt den Zuschauer fixierenden Blicke in der Malerei Édouard Manets (vgl. Fried 1980; Fried 1996; Pippin 2012).

Allerdings greift diese Parallele zu Hegels Argumentation in Sachen Skulptur nur teilweise: Zwar betrachtet auch Hegel die „theatralische" Skulptur als sekundär. Aber die in sich selbst zentrierte Kunst – also paradigmatisch: die Skulptur des hohen Ideals – will gerade nicht psychologisch durch Einfühlung erschlossen werden: Die blicklose Skulptur lässt uns „kalt" (Hm, 103). Und sie verdankt ihre Zentriertheit eben nicht allein – wie Hegels Kunstbegriff in aller Regel unterstellt – einem Organizismus, sondern ebenso ihrer paradoxen Struktur des Sich-selbst-Bedeutens, d.h. ihrer Eigenschaft als „Sinneinheit" (Hilmer 1997, 7). Diese Einheit wird in der Skulptur in ihrer vollendeten klassischen Gestalt paradigmatisch vorgeführt. Jedoch wird diese vollständige Zentriertheit nicht nur in den anderen Kunstformen, sondern bereits innerhalb der klassischen Kunstform selbst aufgehoben, wie Hegel mit seinem Hinweis auf den „theatralischen" Hellenismus notiert.

Dies heißt für Hegel aber keineswegs, dass nicht auch in den „theatralischen" Skulpturen Bedeutung und Gestaltung grundsätzlich aufeinander bezogen sind, insofern es sich hier eben um Manifestationen von Kunst handelt. Genauer: Um als jene wechselseitige Verwiesenheit von Bedeutung und Gestaltung erfahren werden zu können, die nach Hegel für den Kunstbegriff charakteristisch ist, *muss* die Skulptur sich wandeln. So ist der historische Wandel der Formen, in denen die Gattung Skulptur realisiert wird, nicht nur möglich, sondern „ein innerer notwendiger Zusammenhang" (VÄ 2, 448). Und zu diesem gehören eben auch „theatralische" Gestaltungsmaßnahmen, die allerdings letztlich bereits über die Grenzen der Gattung hinausweisen: „Der Marmor hat das Bestehende in sich, einfach auf sich bezogen; wir fordern eine größere Entwikelung, die noch nicht im Ruhen enthalten ist. [...] deßhalb sind wir einheimischer bei der Malerei." (Hm, 103)

Literatur

Baumeister, T. 2012. *Die Philosophie der Künste. Von Plato bis Beuys.* Darmstadt.
Böttiger, C. A. [anonym]. 1798. *Die Dresdner Antiken-Gallerie bei Fackelbeleuchtung gesehen den 25. August 1798.* s.l.
Fried, M. 1967. „Art and Objecthood". *Artforum* 5: 12–23. Dt.: Ders. 1998. „Kunst und Objekthaftigkeit". In: *Minimal Art. Eine kritische Retrospektive*, hg. v. G. Stemmrich, 334–374. Dresden / Basel.
Fried, M. 1980. *Absorption and Theatricality. Painting and Beholder in the Age of Diderot.* Berkeley.
Fried, M. 1996. *Manet's Modernism: Or, The Face of Painting in the 1860s.* Chicago / London.
Goodman, N. 1976. *Languages of Art. An Approach to a Theory of Symbols* (1968). 2. Aufl. Indianapolis / Cambridge. Dt.: Ders. 1995. *Sprachen der Kunst. Ein Ansatz zu einer Symboltheorie*, hg. v. B. Philippi. Frankfurt a.M.
Herder, J. G. v. 1778. *Plastik. Einige Wahrnehmungen über Form und Gestalt aus Pygmalions bildendem Traume.* Riga.
Hilmer, B. 1997. *Scheinen des Begriffs. Hegels Logik der Kunst.* Hamburg.
Hoffmeister, J. 1969. *Briefe von und an Hegel.* Bd. 2. Hamburg.
Houlgate, S. 2007. „Hegel on the Beauty of Sculpture". In: Ders. Hg., *Hegel and the Arts*, 56–89. Evanston.
Kant, I. 1908. „Kritik der Urteilskraft". In: *Kants gesammelte Schriften*, hg. v. der Königlich Preußischen Akademie der Wissenschaften, Bd. 5. Berlin.
Pippin, R. 2012. *Kunst als Philosophie. Hegel und die moderne Bildkunst.* Berlin.
Schelling, F. W. J. 1859. „Philosophie der Kunst". In: *Sämmtliche Werke*, hg. v. K. F. A. Schelling, Bd. V, 353–737. Stuttgart / Augsburg.
Winckelmann, J. J. 1764. *Geschichte der Kunst des Alterthums*, 2 Theile. Dresden.

Robert Pippin
9 Painting

9.1 Hegel and the Problem of Painting: Subjectivity

Hegel's approach to the arts in his various Berlin lectures puts him in a unique position to address two very ambitious questions. First, given some view of the purpose and value of the practice of art making and art appreciating, what does it mean, what sense can we make out of the fact, that there are different arts; visual, literary, musical? Second what does it mean, what sense can we make of the fact, that the ideals and standards of art making change so dramatically in different societies and at different times? These are the two ways Hegel organizes his account; historically and systematically. Of course, the answer to both questions might well be: we can make no sense out of the variety of the arts. That is a contingent and wholly accidental fact that raises no interesting philosophical question. And while the second question, what does it mean that aesthetic ideals change, might be an interesting question, it too is not a philosophical or "aesthetics" question, is not relevant to any interrogation of the nature and value of art in itself. It is a question for social historians and for them alone (see for example Wollheim 1987).

Both of these issues are in play in Hegel's account of the nature and significance of painting. Structurally, in one of Hegel's beloved hierarchies, painting is to be understood as "between" sculpture and music, doing, in some sense or other, better what sculpture is committed to doing, even as music, in some sense or other, does better what painting attempts. And, as is well known, Hegel's historical schema claims a historical progression from symbolic to classical to romantic art. Painting is the "first" romantic art, the art of a dawning modernity.

At the basis of all such claims is one issue that emerges in Hegel's account of painting. It is quite distinctive, potentially of great significance, and deserves a hearing on its own. That issue is what he means by the role of the inner, or inwardness, or subjectivity, *Innerlichkeit*, in, uniquely, painting. His distinctive question is: What dimension of human subjectivity is manifest in, made more comprehensible by, painting? Only an answer to this question could make it possible to understand what it might mean to "rate" any treatment of such a subject matter with respect to, for example, music? In the following I try to provide a preliminary answer to such a basic question.

9.2 The Distinctness of Painting

First we need a survey of Hegel's most important claims about painting. Some of them are extraordinarily unusual, and his treatment of European painting is highly selective. (For example, the great French painters of the seventeenth and eighteenth centuries play no role whatsoever; no Poussin, Chardin, Greuze, Gros, or even David. This is all the more striking since there are plenty of comments about French drama, music, poetry and even French criticism. Hegel refers several times to Goethe's translation of Diderot's *Essai sur la peinture*. And Hegel did visit Paris in August of 1827. Yet there are still no references to French painting in the 1828/1829 lectures. Hegel concentrates on Italian, German, and Northern European, especially Dutch, painting, with an occasional reference to the Spanish). His main thesis is stated directly at the outset. While classical sculpture does allow some manifestation of what he calls "a character's spiritual individuality," so that a Greek statue can be said to be "enlivened," to manifest an inner life (compared with Egyptian statuary, for example), the mode of expression is limited to a material, external form, and the limitations of that external form – marble, stone, clay, bronze – does not truly or fully allow the expression of "person's own subjective inwardness, the life of his heart, the soul of his most personal feelings" ["Der Punkt der inneren Subjektivität, die Lebendigkeit des Gemüts, die Seele der eigensten Empfindung hat die blicklose Gestalt weder zur Konzentration des Inneren zusammengefaßt, noch zur geistigen Bewegung, zur Unterscheidung vom Äußeren und zur inneren Unterscheidung auseinandergetrieben." (VÄ 3, 17)]. Accordingly, we can admire and study classical sculpture but it ultimately leaves us cold. Thus: "Einheimischer wird uns deshalb sogleich bei der Malerei. In ihr nämlich bricht sich das Prinzip der endlichen und in sich unendlichen Subjektivität, das Prinzip unseres eigenen Daseins und Lebens, zum erstenmal Bahn, und wir sehen in ihren Gebilden das, was in uns selber wirkt und tätig ist." (VÄ 3, 17) This last line sums up in a very compressed way Hegel's main claim and sets the task: *what is it* to see an "in itself infinite subjectivity," and so what is effective and active in us, in a painting, if that painting is a work of art?

Hegel will go on to claim later that it is precisely painting's advantage in these respects, its ability to make *visible* this subjectivity, especially in its affective dimension [die Seele der eigensten Empfindung], which is also its limitation. Only some aspects of this self-related subjectivity *can* be made *visible*, and these aspects do not embody the "deeper truth" of such subjectivity, a truth that cannot be fully manifest materially, visibly. (This will have something to do with Hegel's famous claim that art, all art, has become for us a "thing of the past".) This is largely due to the characteristic of self-conscious subjectivity that Hegel calls "infinity". This is his way of insisting that the self's relation to itself in its experience is not a dyadic or subject-object relation. The self to which the self is related *is* the relating self. The relation is circular, not bi-polar, and so Hegel invokes the image of infinity. We shall return to the topic but his canonical formulation is the following: "Die Beseelung und das Leben des *Geistes* allein ist die freie Unendlichkeit, die in dem realen Dasein für sich selbst als Inneres ist, weil sie in ihrer Äußerung zu sich selber zurückkehrt und bei sich bleibt. Dem Geiste allein ist es deshalb gegeben, seiner Äußerlichkeit, wenn er durch dieselbe auch in die Beschränktheit eintritt, dennoch zugleich den Stempel seiner eigenen Unendlichkeit und freien Rückkehr zu sich aufzudrücken." (VÄ 1, 204 f.)

By contrast, music's mode of sensible embodiment is more adequate to less determinately material or visual dimensions of self-conscious subjectivity, and poetry ultimately relies on a sensible embodiment that is even more "ideal," in Hegel's terms, relying a materiality with no inherent or natural connection to content. The trajectory is a greater degree of abstraction or ideality and more purely conceptual complexity, and so, in that sense, greater "success," greater justice to such "in itself infinite subjectivity" (for Hegel's discussion of abstraction see also As, 155 f. and Pippin 2002). And this trajectory parallels, in the various material possibilities of outer expression, and in the changing subject matters appropriate to any such materiality, greater and greater expressive adequacy in doing justice to what he also sometimes calls "*Innigkeit*," or a self-related inwardness in its proper relation to the outer that has the connotation of "intimacy" or ardor. (One could say: *Innerlichkeit* as "felt" is the proper domain of painting). As Hegel understands the issues, painting, as the first romantic art, is thus the first appropriate art of modernity, the first aesthetic manifestation of the "truth" of such a self-related subjectivity, where "first" means first in both the historical and systematic series Hegel has proposed.

However, we should also note that Hegel is not completely consistent on the status of painting as a kind of prelude for, initial version of, music and poetry. That dimension of subjectivity appropriate to painting he calls the "concentration of spirit in itself" [die Konzentration des Geistes in sich] (VÄ 3, 40). We are not in a position to know what this means yet, but we do know from this passage that music's greater abstraction, its near mathematical form, does not allow much of an external, perceptible manifestation of inner life (its materiality is more that of a vehicle), and poetry too can only provide something Hegel calls "incomplete". Painting alone can allow a full expression *in the external* of "complete [affective or felt] inwardness [self-intimacy]" [volle Innigkeit] (VÄ 3, 40). It is even able to make manifest something of the general significance of some "feeling," even while portraying a concrete particular. These – a dialectical unity of inner and outer, and between universal and particular – sound like supreme Hegelian desiderata in general, and they would seem to elevate painting's status, at least above the arts the materiality or externality of which is merely as a vehicle or even arbitrary. (In the 1828/29 lectures Hegel stresses such a point himself: "Das Schöne ist Allgemeines und besondres, Äußerliches, und nicht getrennt, sondern auf eine Weise, wo beide bestimmungen sich verbinden." (Hm, 9))

9.3 Painting as an Art?

There is much more to Hegel's account of painting than the central questions just summarized: What is the content or subject matter that is uniquely appropriate to painting? (Not to mention: is there one? That is, *one?*) And its subsequent implications: How is that subject matter apparent in religious, landscape, genre, and portrait painting? Of what *significance* is painting's capacity to express such content, or why is it important that painting to be able to do this? Hegel has a lot of things to say about many other topics, such as two-dimensionality, color, the differences between classical art and modern (understood as essentially Christian) art, and, as we have seen, about which European paintings best fulfill this distinctive purpose of painting, and, ultimately, about the fate of painting (see Houlgate 2000). But it is already very clear that he has a unique, radical, and so quite controversial answer to a traditional question in aesthetics: given that not every painting or drawing, perhaps not even any painting hung in a museum, is an art work, when, under what conditions is a painting an artwork? That answer is: when it involves a distinct treatment of a distinct subject matter. Such a claim about a subject matter is what makes Hegel's claim so unusual. Painting can make appear ("shine"), can render in visible and "lively" form the "liveliness" of subjectivity or mindedness in its its self-relatedness, a more abstract or logical term for human self-consciousness. That distinctive subject matter is described in such a wide variety of ways that it is a daunting task simply to arrive at some overview of these multiple descriptions of what he appears to think amount to variations on the same theme.

9.4 Geistige Beseelung

In the first place, we can note that Hegel's treatment of the issue of this subject matter sets his account off from many post-Kantian accounts, and this not merely because he is exclusively interested in fine art, not the beauty of nature. For while he freely uses the language of beauty (as in "the spiritual beauty" [geistige Schönheit] in Raphael's Madonnas), he also makes clear that beauty as such, and any putative distinct aesthetic pleasure in the beautiful, at least as these are traditionally understood, are not his topics, not what he regards as significant in art works. He tells us that "above all it is not the visible beauty [sinnliche Schönheit] of the figures but the spiritual animation [geistige Beseelung] whereby mastery is displayed and which leads to the mastery of the presentation" (VÄ 3, 21). In the 1820/21 lectures, he notes, as if the claim were unproblematic (he declares it *bekannt*) that the beautiful is the representation of the true (As, 23). While Hegel agrees with Kant that what is distinctive in aesthetic appreciation is that all practical or "interested" relations to either the object or the scene depicted or to the art object have been suspended or cancelled, he is willing to go much farther than Kant's disinterestedness as such, in characterizing this nonpractical relation, and claim that the art work requires of us a "wholly theoretical" [ganz theoretisch] response (VÄ 3, 64; see also the more detailed discussion of Kant in As, 28 ff. and Hm, 8 ff.). For Kant of course, going anywhere near such an intellectual response in aesthetic appreciation would be to confuse determining and reflective judgment and so reduce the aesthetic response to treating the object as an instance of a concept, missing completely the element of "free play" that makes it distinctive. But, as is clear throughout all versions of the lectures, by "*theoretisch*," Hegel does not mean straightforward concept application (much less scientific or empirical inquiry), but (and here a major question for his account, since this claim is hardly self-evident) he means *a still sensible and affective recognition of lived dimensions of human subjectivity in their "liveliness,"* something apparent already in his reference to spiritual animation, *geistige Beseelung*. Whatever such appreciation is, it involves something very different from the mere application of the "concept of liveliness". For one thing, Hegel's whole architectonic (with regard to "Absolute Spirit") assumes that the aesthetic *manner* of contemplative regard is different from the representational (or religious) manner, and the conceptual (philosophical) manner. A typical passage occurs in his discussion of poetry, which he credits, as he does all the arts, for overcoming any "separation [Trennung] of feeling and vision from intellectual thinking," and, in achieving this "liberation" from "that separation between thinking, which is concentrated on the universal, and feeling and vision, which seize on the individual," poetry and the other arts achieve the expression of "concrete liveliness [konkrete Lebendigkeit]," and so a "reconciliation [Versöhnung] with the universality of thought" (VÄ 3, 281 f.). These desiderata of art as such are most adequately realized in one way in Greek art, and in another, quite different way, in lyric poetry. Clearly, this assumes that there is a way for our intellectual or theoretical capacities to be engaged *in* such a sensible and affective appreciation of spiritual liveliness – one can even say here in what it feels like to be a self-conscious being, how that dimension is "lived" – and in a way that denies any strict distinction between determining and reflective judgments, which in turn denies (as he does vigorously and constantly since the first Jena writings) any putative strict logical separation of concept and intuition in any experience, any claim that they are independent contributors to experience. That topic, far and away the most important topic in Hegel's relation to Kant, would take us far afield (see Pippin 1989, 2005, 2013, 2014). What we need now is just to note that for Hegel art works can compel our attention in a way that involves some sort of epistemic component – a recognitional component in which we "sensibly-affectively" experience important dimensions of our own subjectivity, now concretely expressed, and so engage in a kind of attempt at self-knowledge – the modality of which is tied to the unique embodiment of human subjectivity available in art.

9.5 Dual Essences

But what is that unique embodiment? It is the embodiment of "self-related subjectivity [für sich seiende Subjektivität]" (VÄ 3, 24). Hegel is here specifying a dimension available to painting as a romantic art that is a specification of the general task he assigned to all art early in the Introduction: "Die Naturdinge sind nur *unmittelbar* und *einmal*, doch der Mensch als Geist *verdoppelt* sich, indem er zunächst wie die Naturdinge *ist*, sodann aber ebensosehr *für sich* ist, sich anschaut, sich vorstellt, denkt und nur durch dies tätige Fürsichsein Geist ist." (VÄ 1, 51) The passage specifies what has to be called a double doubling for Geist. First Geist distinguishes itself from its natural being, and so exists as both a natural and "spiritual" being (what he will later call an "amphibian"), and second, Geist as such is "double," or as conscious, always also self-conscious, in an unusual self-relation. Painting will also have a version of this dual doubleness. It depicts an object, but also expresses the artist's "take" or view on the object. And the beholder as well both visually stands in a relation to the object and also reflectively or "theoretically," in the sense of aesthetic intelligibility I think Hegel is struggling to make clear. And any such dimension is also itself potentially self-conscious, as in philosophical aesthetics. Stated in another summary way: "Das allgemeine Bedürfnis zur Kunst also ist das vernünftige, daß der Mensch die innere und äußere Welt sich zum geistigen Bewußtsein als einen Gegenstand zu erheben hat, in welchem er sein eigenes Selbst wiedererkennt." (VÄ 1, 52)

It is important to emphasize here that Hegel is saying that there is a crucial link between our own duality or self-relatedness and the duality in painting, essentially between whatever is depicted, and its "Schein" or appearance, the distinctive way it shows up for the artist and us, the "take" on it by the artist, made available to us. Only a self-conscious or reflective being can see a painted canvas *as a painting*, because only such a being can see both the physical properties of the object and the "mindedness" inherent in its appearance. As he says in the 1820/21 lectures, echoing the *"wiedererkennt"* above, "the connection between us and the beautiful is that we see the nature of our own essence [die Natur unsres eigenen Wesens] in the beautiful" (As, 29 f.). That essence is our own duality, the way we show up for ourselves in various self-conceptions that are not the result of any self-observation, any immediate presence of the self to itself, but since not immediate, always involve some not yet fulfilled realization. We are not simply what we are, or we need some self-conception to be what we are, in a way analogous to how a painting, or an object depicted in it, is not simply what it is, as it would be in ordinary experience. It is "lifted" out of nature in that sense and "idealized." (One of the core claims in Hegel is that any such self-relatedness remains incomplete apart from its relation to another self-consciousness. This dimension is present in paintings-as-manifestations-of-subjectivity in the address to a beholder implicit in all paintings displayed or shown; that is, all paintings. But this relation can only be proleptic and implicit in painting. It can be said to address us, but that address cannot be iterated in response to us.) What is so distinctive about painting is that can make all this not only *visible*, but sensible in an *affective* sense as well. This is a difficult point to which we shall be returning frequently.

The self recognized is said most often to be *Gemüt*, the human emotional experience of the human, or "heart," *that* dimension of its status as *Geist* (primarily "feeling," captured best, as noted, by *Innigkeit*, where such a feeling is a kind of self-"intimacy," but it is often given a uniquely Hegelian gloss. A little later he characterizes painting's subject matter as "a reflection of spirit [Widerschein des *Geistes*] in which the spirit only reveals its spiritual quality [seine Geistigkeit] by cancelling [aufhebt] the real existent and transforming it into a mere shining [Scheinen, or manifesting or seeming] of the spiritual [im Geistigen] for the spiritual" (VÄ 3, 27). This prepares the way for him to explain how such self-related subjectivity is "really" the subject matter of painting even if the paining is a landscape or still life.

9.6 A Duality that is a Unity: Examples

One more element: the "*active* for-itselfness" [tätiges Fürsichsein] mentioned earlier is characterized as a process of self-alienation in the external or material (in several dimensions throughout many aspects of Hegel's work), and a return to itself. It has thus *achieved*, through some sort of struggle, which has presumably left some sort of visual and so pictorial traces, a "for itself" determinacy, a self-conception, that is, uniquely for humans (see the contrast above with things of nature) self-constituting (as above), and only thereby *is* Geist Geist. This notion of a self-constituting self-relation as human subjectivity helps explain Hegel's highly unusual comments about the chief "physical element" of painting, light. Light is said to be "pure identity with itself and therefore purely self-reposing, the earliest ideality, the original self of nature" (VÄ 3, 31). Light *illuminates* the painting; it does not move it or push or change it; it is not in a material relation to the object, but is the element within which, by virtue of which, the object can be what it is, intelligible; the relation is thus "ideal." That is, it is the necessary element whereby the painting can be actually what it is potentially, visible. In different lights, the painting is different. The relation of the self to the self is also not a material but an ideal relation. That is, it is not a subject-object relation (or observational) in a similar sense. Self-understanding allows Geist to be what it is as Geist, a self-constituting being; it is what it takes itself to be, is what it is only in the "light" of this self-regard, and in that sense is an ideal being. In the 1823 lectures, Hegel calls light "subjective nature" and "the physical I" (Ho, 473).The formula is "die geistige Innerlichkeit, die nur im Äußeren kann zum Vorschein kommen, als aus demselben in sich hineingehend" (VÄ 3, 27).

This adds yet another layer to that dimension of subjective self-relatedness available in painting. A revealing, if not quite typical, example of such a "return" for Hegel is Correggio's Mary Magdelene in Dresden. The strange-sounding kind of "doubleness" in the subjectivity represented best by painting, that externalization and then return to inner repose, is described in her case as the depiction of a repentant sinner about whom we can say, "now," or post-repentance, that the sin was not a true expression of her, not seriously [daß es ihr mit der Sünde nicht Ernst ist], even though only the rejection of sin could have made that clear. In order to show this "return to herself" "hat deshalb der Künstler keine Spur von Reflexion auf einen der Umstände zurückgelassen, die auf Sünde und Schuld zurückdeuten könnten; sie ist dieser Zeiten unbewußt, nur vertieft in ihren jetzigen Zustand, und dieser Glaube, dies Sinnen, Versinken scheint ihr eigentlicher, ganzer Charakter zu sein" (VÄ 3, 106 f.).

The implication is that nothing about her true nature *could* have been immediately or simply represented, and so her (or anyone's) real character ["eigentlicher, ganzer Charakter"] is apparent not in any representation of purity or innocence, in *sinnlessness* or simple passive *oubli de soi*, but only in the results of a struggle with and rejection of (in this case) sin, a rejection that shows that even when sinning, she was no "sinner." Only thereby can the return to herself be marked by a confidence and self-possession so complete as to allow this visible mark of genuineness, deep absorption. To follow Hegel, we have to believe that in the painting itself, in, literally, what we can see, Mary Magdalene is neither innocent, nor a guilty ex-sinner, nor self-deceived about her sinful past; that she has "returned" to her self in a way marked by such self-possession that her complete absorption in the reading is a capacity she has earned or achieved. The genuineness of her self-understanding is reflected by her confident immersion in the book; shameless in her half-naked state and without a naïve indifference to death or the sufferings of Christ. I think one can see what he means. This is a valuable marker of the double or reflected subjectivity that Hegel singles out as the true object of painting. (That Mary's absorption is not simple self-forgetfulness, but an implicitly self-related and achieved genuineness is partly achieved by her nakedness not manifesting innocence but something like a mature absence of shame, given what she has been though. Not a self-evident point, I concede.)

Another good example is given earlier, when he discusses Raphael's *Transfiguration*. He notes that the painting's unity has been criticized because it seems two paintings stuck together, Christ's ascension above, and the chaos surrounding the afflicted, blind child below. But Hegel speaks again of a "double action," a duality that is actually a unity. The end of Christ's visible presence on earth is also the beginning of his (higher, more "ideal") spiritual presence, as he says, "wherever two or three are gathered" in his name. He notes the two pointing gestures, one up towards Christ and the other towards the child, are indications of how Christ's transcendence is fully compatible with his immanent presence, and so even the love of God for mankind requires the "logical" structure of separation or otherness as well as indwelling unity (VÄ 3, 96).

The painting could even be read as a Hegelian allegory about the self-transcendence of painting as an art. Christ's physical departure opens the possibility of a higher spiritual presence in the communal life of Geist. He is "seen" more truthfully by the *blind* boy. This at least suggests something about the transcendence of painting in music and poetry.

9.7 The Ideal Subject-Matter of All Painting

But he does not stay at this level of abstraction. Another step greatly specifies this "subject matter" and it quickly makes his position sound extreme and implausible. In explaining further this notion of "withdrawing" out of its suffering and into itself, and in contrasting the "peaceful repose" [ein stilles Ausruhen] of Greek heroes with the "bliss" [Seligkeit] visible in painting (a bliss possible only after "conflict and agony" and when a soul has "triumphed over its sufferings"), Hegel says something he repeats several times thereafter: that religious or "passionless" [leidenschaftslose] love is the true, ideal subject matter of all painting. So the very best subject matter for painting, wherein it can best be what painting is (that is, in his typical formulation, when painting agrees with itself, when it is what painting essentially is) is in the depiction of "the reconciliation of the individual heart with God" (VÄ 3, 40f.). Stated with all the flourishes: "Die Seele will *sich*, aber sie will sich in einem Anderen, als sie selbst in ihrer Partikularität ist, sie gibt sich deshalb auf gegen Gott, um in ihm sich selber zu finden und zu genießen. Dies ist der Charakter der *Liebe*, die Innigkeit in ihrer Wahrheit, die begierdelose, religiöse Liebe, welche dem Geiste Versöhnung, Frieden und Seligkeit gibt." (VÄ 3, 41f.)

This contrast between Greek and modern art is interesting in itself. Hegel goes on to explain the inadequate notion of death in the Greek form of life, and the absence of religious love, as a further explanation of why sculpture is the ideal art of the Greeks, and painting is an essentially Christian art. But the subject matter claim is the essential one, and he goes very far with it. "Als den vollkommensten Gegenstand aber habe ich bereits die in sich *befriedigte* Liebe angegeben, deren Objekt kein bloß geistiges Jenseits, sondern gegenwärtig ist, so daß wir die Liebe selbst in ihrem Gegenstande vor uns sehen. Die höchste, eigentümlichste Form dieser Liebe ist die Mutterliebe Marias zu Christus, die Liebe der *einen* Mutter, die den Heiland der Welt geboren und in ihren Armen trägt. Es ist dies der schönste Inhalt, zu dem sich die christliche Kunst überhaupt und vornehmlich die Malerei in ihrem religiösen Kreise emporgehoben hat." (VÄ 3, 51)

9.8 A Summary

Where does this all leave us? It first leaves us with a dizzying array of claims, all of which Hegel clearly thinks are related, are onto the same answer. Consider what we have seen: that painting "opens the way for the first time to the principle of finite and inherently infinite subjectivity"; that our relation to painting should be understood as "theoretical," but in a way that presumes no "separation" between the affective and the intellectual, and that involves a self-recognition on the part of the beholder; that painting concerns itself with "spiritual liveliness" and "spirit's concentration in itself"; that the subject matter of painting is self-related subjectivity, an "active for-itselfness"; or it is the human heart, temperament or Gemüt; that every painting transforms any "real existent" into the spiritual; that this self-related subjectivity is, must be, the result of a withdrawal from some external suffering into a repose with itself; only thereby is it what it is; and that the paradigm instance of *all* these apparently disparate versions of such achieved self-conscious subjectivity is religious love, primarily of the Madonna for the Christ child.

Obviously, the first thing to say is that, assuming we can understand how all these accounts come to fruition in the claim about religious love, in what sense should we understand this account not to be an account of *one type* of painting, religious paintings about human-divine love, but as an account of what *painting*, with regard to its distinctness as an art, actually is?

9.9 The Doubling of Nature

Consider first, landscapes. How does Hegel include landscapes within what he calls "the absolute spiritual ideal" as "the essential subject matter of romantic painting" (VÄ 3, 59)? When Hegel contrasts an ordinary experience of a landscape with a painted landscape, he emphasizes again that "what" is being painted is not the landscape itself; is not a mere carefully mimetic representation of the world, at least not if the image is a work of fine art. The subject matter is actually, still, some dimension of human subjectivity, or in this case the affective, emotional meaning of the natural world, selected and displayed just this way so as to manifest various experiential states. In this sense the "objects" of a landscape painting are not the mountains, rivers, or forests depicted, but a kind of significance that we can only see when nature is "doubled," transformed into an appearance or "showing" of such spirituality, a *Schein*. That is what a landscape painter does. In that respect his goal is not the conformity of the painting with nature but to show "the correspondence of the portrayed object with itself," which is said to be "reality ensouled for itself" [die für sich beseelte Realität] (VÄ 3, 63); that is, with what it is in its true (affective) significance. So even natural objects can be said to be both just what they are, in their immediate being, and reflected as what they truly are in their affective meaning, when treated as objects of painting. That is what he means by reality "ensouled for itself." It is ensouled because it is affectively intelligible; it means something affectively, and a great landscape can evoke that affective intelligibility *in* the scene; and so can avoid the implication of any mere subjective projection. *Its* intelligibility, *its* availability for a form of sensible or affective intelligibility, is its "soul," its "life" (see also Ho, 474, where Hegel remarks on how painting, more than any other art, combines the "two extremes" the interests of the object, and the interests of subjective art). Of course, such a notion of affective intelligibility assumes such controversial matters as there being intentional content to affective states, not to mention no "separation" between thought and feeling, and those assumptions are worthy of several independent discussions.

Moreover, we are natural beings as well, and we experience in landscapes what Hegel calls an "echo of the heart" [einen Anklang an das Gemüt] in the "free liveliness [Lebendigkeit] of nature," liveliness being another synonym for ensouled, or intelligible in this emotionally available way (VÄ 3, 60). Moreover, Hegel emphasizes the way a painted landscape can isolate and emphasize what he is willing to call the spiritual dimensions *of nature*, which is experienced by us as a correspondence of "*Stimmungen*," moods in one sense, but a kind of natural attunement in a broader sense, a fit between an experienced emotion and some objective correlate. This is the affective-sensible version of the "fit" between our demand for intelligibility and the world's being intelligible, the supreme principle of Hegel's idealism, expressed most rigorously in his *Science of Logic* and in his confidence that the forms of thought just are the forms of being.

9.10 Inner and Outer

We are clearly dangerously deep into the distinctive vocabulary of Hegel's speculative philosophy, but we can appreciate what he is after by concentrating on the fact that painting turns anything from what it ordinarily or unreflectively experienced as into a "showing" of something, a *Schein*. This is what he had meant in the passage, some of which was quoted earlier. "So arbeitet die Malerei zwar auch für die Anschauung, doch in einer Weise, in welcher das Objektive, das sie darstellt, nicht ein wirkliches, totales, räumliches Naturdasein bleibt, sondern zu einem Widerschein des *Geistes* wird, in welchem er seine Geistigkeit nur insofern offenbar macht, als er das reale Dasein aufhebt und es zu einem bloßen Scheinen im Geistigen fürs Geistige umschafft." (VÄ 3, 27)

This claim allows us to connect the doubleness of painting [Widerschein] – the fact that at work in an art painting is both the object depicted and the painter's reflection of that object, and thereby what it shows itself *as*, in and by means of painting, its *Schein* – with the double subjectivity theme introduced in the first part here. The claim can be simply formulated as: only in a world of self-conscious subjects could there be objects like painting, because only self-interpreting beings can recognize objects that embody such an attempted self-interpretation; or, only beings who can recognize that such self-interpretations can be false or inauthentic, can appreciate the task of a faithful interrogation of the self-relatedness embodied in an art work. The more general point that connects the two is Hegel's denial that, while any form of human subjectivity is a reflected relation, a self-relation, no aspect of the self-relation is immediate, the simple presence of the self to itself. (In the same sense, a painting (if it is art) is not a direct mimetic depiction, but a *Schein*, an appearing as, or a "minded view." This issue is among the most complicated and possibly the most important in all of Hegel, so it is difficult to deal with economically. It goes to our first indication that painting is "about" a potentially "infinite" subjectivity, one of the several ways he characterizes the true object of painting as a distinct art. The claim is that there is no straightforward subject-*object* relation in this self-relation, even though there is some form of doubleness or separation of the self from itself, as well as a distinctive unity. The self-relation is not observational or any form of self-inspection. To say, however, that our self-relation is, on the contrary, self-constitutive, or that we are what we take ourselves to be, is not to say, however, that a self-constitution is uncontrolled and potentially arbitrary. Whatever any subject takes itself to be, any aspect of its practical identity, its self-avowals, expressions of deep commitments and the like, is provisional; realized, Hegel claims, only in deeds that manifest their genuineness, or not (as in the case of exaggerated or self-deceived avowals, however sincerely made). His general formulation for this is that the inner can only truly be what it is, what it turns out to be, in the outer.

There is more to be said about this inner-outer relation before things can get any clearer (see Pippin 2014, 139–143), but its relevance to painting is as immediate as its relevance to action. In the former case, any painting (again, if it is an art work; not all paintings are art works) is an outer for which we must seek the inner, even though that inner *is* just what is manifested in the outer. In the latter case, attempting to understand outer bodily movements requires that we understand what inner intention rationalized the deed for the agent, although what that intention is is only at work and accessible in the deed itself (and not by asking the agent; or not reliably anyway). The most significant manifestation of the relation, the realization of Geist as such in the outer, is the realization of freedom, defined by Hegel as "being-with-self-in the-other," or paradigmatically, human love (Hegel's chief example of realized human freedom). That already suggests a link back to themes we have already seen.

9.11 Painting as Metaphysics

But consider the bearing of all this metaphysics on painting. One way in which Hegel tries to bring all these themes together is in a discussion of the great importance of two-dimensionality in painting, especially as opposed to sculpture. That requirement means for Hegel that our themes of a self-related or "doubled" subjectivity (consciousness as always also self-consciousness) is of a piece with the kind of duality or internal self-relatedness that makes a depiction an art work and not a mere pictorial record. He says about sculpture that it is relatively "indifferent" to the spectator, independent of her, does not directly address the spectator since she can walk all around the statue from any point of view. Such an art work is "self-reposing, self-complete, and objective" ["sein Inhalt [ist] das äußerlich und innerlich auf sich Beruhende, Abgeschlossene und Objektive"] (VÄ 3, 28). Here is what he says, by contrast, about painting: "In der Malerei dagegen, deren Gehalt die Subjektivität, und zwar die in sich zugleich partikularisierte Innerlichkeit ausmacht, hat eben auch diese Seite der Entzweiung im Kunstwerk als Gegenstand und Zuschauer hervorzutreten, doch sich unmittelbar dadurch aufzulösen, daß das Werk, als das Subjektive darstellend, nun auch seiner ganzen Darstellungsweise nach die Bestimmung herauskehrt, wesentlich nur für das Subjekt, für den Beschauer und nicht selbständig für sich dazusein." (VÄ 3, 28)

What he means by saying that there must be both an address to an independent spectator, and the cancelling or dissolution of that very separation, is important in everything he says afterwards, even if it is typical of Hegel to conjoin what appear to be incompossible requirements. (It is yet another example of a duality that is also a unity. See Fried 1988). His overall point in the paragraph is to emphasize the value of the "idealizing" aspect of two-dimensionality, as if the worked over and so subjectively created depiction/illusion is what makes the "appearing" aspect and so the duality inherent in painting possible. If a painting is a work of art, it unavoidability calls attention to its status as *Schein*, and thereby is not a simple echo of the thing depicted. This dual aspect is what makes it possible for a painting to manifest the object as reflected or appearing to a subject (and so a separation with the beholder, something shown *to* the beholder) and that it is nonetheless *the object's* appearing or *Schein*, and a dissolution of such a separation, an aspect that draws the beholder *into* that shining, requiring of her an articulation of what is appearance and what is "that which appears," requiring, just by virtue of that mark of its subjectivity, an immersion into it in itself.

A realistic or mimetic statue is, on the other hand, like another version of the object or person depicted, and has less (although by no means no) technical means for intimating either the artist's subjectivity, or for inviting the viewer's involvement in working out the appearance-reality distinction. Hegel goes on in insisting on the effects of this two-dimensional and idealizing component of painting: "Der Zuschauer ist gleichsam von Anfang an mit dabei, mit eingerechnet, und das Kunstwerk nur für diesen festen Punkt des Subjekts. Für diese Beziehung auf die *Anschauung* und deren geistigen Reflex aber ist das bloße Scheinen der Realität genug und die wirkliche Totalität des Raums sogar störend, weil dann die angeschauten Objekte für sich selbst ein Dasein behalten und nicht nur durch den Geist für seine eigene Anschauung darstellig gemacht erscheinen." (VÄ 3, 28) This allows him to conclude: "in der Malerei jedoch liegt die Befriedigung nicht im wirklichen Sein, sondern in dem bloß theoretischen Interesse an dem äußerlichen Widerscheinen des Inneren, und sie entfernt damit alle Bedürftigkeit und Anstalt zu einer räumlichen, totalen Realität und Organisation." (VÄ 3, 28 f.)

9.12 Painting and Love

The idea is that painting is uniquely capable of capturing *in materially embodied, visible form* (a manifestation of an outer with an inner) what we have been calling the duality inherent in human subjectivity, its characteristic ontological uniqueness. That Hegel claims that this is all possible only thanks to Christianity, that it is absent from the Greeks or non-Christian civilizations, is an issue we can leave for another day. Painting is distinctive because the inner-outer dimension of this phenomenon is literally *visible* in painting, in painting's material or outer expression, in a way that it is not so for music or poetry. Every art painting embodies a self-conception and can be said to be attempting to realize such a self-conception, a showing or appearing of what it takes itself to be. Its status, what it invites, is thus like a face or a gesture within the painting, intimating it's other, *what* is appearing. (This is why Hegel calls an artwork a "thousand eyed Argus," like, but infinitely more difficult to interpret, than a human or two-eyed face (VÄ 1, 203). And in painting that which appears can both be seen and not be seen *in* the objects depicted. A musical note is not a representation like this (although in a different way, it can be said to have an outer and inner), and poetic language also bears meaning in a way in which such meaning is not *visible* in the letters and lines and sentences and paragraphs; they are mere vehicles. As noted, this also means for Hegel that painting's ability to express such an inner is limited to what *can* be made visible, and that is only one dimension of this interiority. It has other dimensions that require musical and poetic expression, not to mention religious representation and philosophical conceptuality.

And this dimension of subjectivity is treated by Hegel in a way that presumes a great deal of his full philosophical position. For, as we have seen, "subjectivity" is used here elliptically, such that it does not ultimately refer to individual subjectivity alone, but such individuals in relations of dependence and independence with other subjects in a dynamic historical process Hegel treats as the progressive realization of human freedom. In the aesthetics lectures, this is alluded to by Hegel's rather indirect suggestion that what true subjectivity consists in is a relation with another, which, while a relation of dependence, is also a self-realized true independence, most manifest in relations of human love [bei sich selbst sein im Anderen], and supremely manifest when not subject to the contingencies of romantic love. That is figured here as divine or religious ("passionless") love, but could just as well be described as the philosophical love of the truth, and, reciprocally, the availability of truth as the object of such love. (In general, this is what I think Hegel is referring to when he refers to the divine. The god of the philosophers, in other words.) This means that in all such cases, because of its separation from itself, its struggle to be who the subject is, subjectivity must be depicted as in a struggle, leaving visible traces, a successful involvement with, immersion in, the external word and others, and then a return to itself. All art painting thus captures a moment in a fundamental narrative that has a certain logic, and which must be understood to understand the unique availability of moments in such a narrative in painting. Not all painting is "about" such religious love, but in so far as all painting has as its final object self-related subjectivity, all subject matters are all potentially or *an sich* the *full* realization of such subjectivity, whether they depict Madonnas and child, or evoke the human tonality or attunement of a still life or landscape. Such potentialities are intimated in any art painting in its relation to the doubleness of human subjectivity.

9.13 A Final Example

This is all, of course, an abstract, perhaps insufferably abstract account of the emotional power of painting. Let me close with a visual indication of its appropriateness. Consider Théodore Géricault's "Head of a White Horse," 1816–17, now hanging in the Louvre. I want to suggest that the painting immediately and vividly brings to life Hegel's dual claims about subjectivity and painting. What is so arresting about the painting is the incontrovertible subjectivity or deep interiority of the horse, *literally visible*, even while mysterious, requiring interpretive work. There is something, even given the exoticism and strangeness of the horse, with those huge nostrils, and its odd, almost carefully combed mane, all at once accusatory, wise, hesitant, both wary and knowing, uncertain if facing friend or foe, not to mention simply noble, in a pose of great dignity, in the expression of the horse, as if facing and seeking the "other" without which for Hegel, it cannot be the subject it is, and unsure about finding such a realization. (A common theme, I have tried to show elsewhere, in Manet a generation later (Pippin 2014)). One easily imagines that the horse is looking at a human being, in an expression understandably wary, figuring not only species wariness but an omnipresent human wariness too. Seeing it this way (again, a way that can be missed if we take the painting as simply mimetic) is what it would be to understand the "moment" as a moment in the struggle or narrative required by Hegel's account of a double subjectivity, here capture by the doubleness of the painting, showing the horse and intimating something not fully shown but still somehow visible, shining. We see expressed, on the two-dimensional surface, the horse's subjectivity; its interiority is visible and, one has to say, "felt," even as it remains to-be-found, present as not present; and, given that the horse is not only looking at a fictionalized viewer, but that the *painting* is directly facing the beholder, it presents the same inner-outer dynamic on the surface of the painting as such, the same dynamic, a visible intimation of "inner" meaning – about animality, species relations, wildness, and domesticity, trust, fear, even pride – and all of this not conceptually or discursively, but in a way I have called, I hope following Hegel, affectively intelligible.

Bibliography

Fried, M. 1988. *Absorption and Theatricality: Painting and Beholder in the Age of Diderot*. Chicago.
Houlgate, S. 2000. "Hegel and the Art of Painting". In: *Hegel and Aesthetics*, hg. v. W. Maker, 61–82. Albany.
Pippin, R. 1989. "Kantian and Hegelian Idealism". In: Ders., *Hegel's Idealism: The Satisfactions of Self-Consciousness*, 16–41. Cambridge.
Pippin, R. 2002. "What Was Abstract Art? (From the Point of View of Hegel)". *Critical Inquiry* 29,1: 1–24.
Pippin, R. 2005. "Concept and Intuition: On Distinguishability and Separability". *Hegel-Studien* 40: 25–39.
Pippin, R. 2013. "What is Conceptual Activity?". In: *Mind, Reason, and Being-in-the-World: The McDowell-Dreyfus Debate*, hg. v. J. Schear, 91–109. London.
Pippin, R. 2014. *After the Beautiful. Hegel and the Philosophy of Pictorial Modernism*. Chicago / London.
Wollheim, R. 1987. *Painting as an Art*. Princeton.

Jürgen Stolzenberg
10 Musik

10.1 Die Musik im System der Künste

Im „System der einzelnen Künste" ist die Musik nach der Malerei die zweite romantische Kunst. Ihr folgt die Poesie. Das Kapitel „Die Musik" beginnt mit einem zusammenfassenden Rückblick auf die bisher dargestellte „Entwicklung der besonderen Künste" (VÄ 3, 131) in der Folge von Architektur, Skulptur und Malerei. Mit diesem Rückblick erinnert Hegel zugleich an die Systematik der „besonderen Formen des Kunstschönen" (VÄ 1, 387 ff.), die symbolische, klassische und romantische Kunstform. Die Architektur ist der symbolischen Kunstform zugeordnet, die Skulptur der klassischen und die Malerei, zusammen mit Musik und Poesie, der romantischen Kunstform.

Das Grundprinzip der romantischen Kunstform ist die *„innere Subjektivität"* (VÄ 2, 128). Gemeint ist der gesamte Bereich seelischer Zustände und Erlebnisse, Empfindungen und Leidenschaften, mit denen Menschen auf Erfahrungen in der Welt reagieren. Es muss hier nicht betont werden, dass Hegels Konzept der romantischen Kunstform nicht im Sinne der Kunst der Romantik im heute üblichen Sinne zu verstehen ist. Für Hegel ist die romantische Kunst vor allem die Kunst der vom Christentum geprägten Epoche, für die das Prinzip der ihrer selbst gewissen Subjektivität leitend geworden ist. „[D]as Recht der *subjektiven Freiheit"*, so drückt es Hegel aus, „macht den Wende- und Mittelpunkt in dem Unterschiede des *Altertums* und der *modernen* Zeit". Darin sieht Hegel „das Prinzip einer neuen Form der Welt" (TWA 7, 233). Indem die romantische Kunstform nun den Bereich der „inneren Subjektivität" in verschiedenen Weisen ihrer Erscheinung (vgl. VÄ 2, 132–136) zu ihrem Gegenstand macht, ist sie, als eine besondere Form des Kunstschönen, zugleich eine besondere Form der Darstellung des Hegelschen Begriffs des Geistes (vgl. Enz, § 556). Das bedeutet, dass in der romantischen Kunstform die den Hegelschen Begriff des Geistes definierende Struktur der Selbstbeziehung in der Beziehung auf Anderes und die geistigen Gehalte, die dem entsprechen, als Formen der Selbstdarstellung jener inneren Subjektivität in der Beziehung auf ein sinnlich präsentes Material realisiert werden. Was das im Falle der Musik heißt, wie es also zu verstehen ist, dass die Musik einen geistigen Gehalt in dem ihr eigenen sinnlich präsenten Material, dem Ton, in der Weise darstellt, „in welcher er in der Sphäre der *subjektiven Innerlichkeit* lebendig wird" (VÄ 3, 149), ist das Thema der Musikästhetik Hegels.

Der systematische Ort, den die Musik im System der Künste einnimmt, stellt sich in der einleitenden Übersicht wie folgt dar. Die *Architektur* vermag einen geistigen Gehalt nicht angemessen zum Ausdruck zu bringen. Sie stellt lediglich eine „äußere Umgebung" (VÄ 3, 131) bereit, die durch eine Konstruktion von Materie im Raum gestaltet wird, deren Prinzipien die physikalischen Gesetze der Schwerkraft sind. In der klassischen *Skulptur* hingegen ist die Materie zwar noch den Gesetzen der Schwerkraft unterworfen, aber der geistige Gehalt ist in einer individuellen, leiblichen Gestalt vollendet zum Ausdruck gebracht. In der äußeren Gestalt der klassischen Skulptur erscheint er jedoch noch nicht in der ihm eigenen Form einer reflektierten Innerlichkeit. Das gelingt der *Malerei*.

Die Malerei ist die erste romantische Kunstform, weil sie es vermag, an einer individuellen äußeren Gestalt einen inneren ideellen Gehalt zum Ausdruck zu bringen; zu denken ist an die Stimmung einer Landschaft, den Ausdruck des geistigen Wesens eines Menschen in einem Porträt oder auch die bildnerische Darstellung von Affekten in Gestik und Mimik von Personen in einer unendlichen Vielfalt von Ereignissen, Situationen und Handlungen. Gleichwohl sind es räumliche Gestalten, deren sich die Malerei als Darstellungsmittel bedient. Für die künstlerische Darstellung, die dem geistigen Gehalt der „inneren Subjektivität" wirklich angemessen ist, eignet sich aber nicht ein Material, das räumlich ausgedehnt ist und mit dem etwas für sich Bestehendes wie die Gegenstände der Erfahrungswelt zur Vorlage einer künstlerischen Gestaltung gemacht wird, sondern eines, das hinsichtlich seiner Existenz transitorisch und nicht räumlich, sondern lediglich zeitlich ausgedehnt ist. Das ist der Ton. Er resultiert aus einem „schwingenden Zittern" (VÄ 3, 134), in das ein elastischer Körper versetzt wird. Er ist als Ton nur innerlich wahrnehmbar, und als solcher ist er ein rein zeitliches Phänomen. Er ist „das Material der Musik" (VÄ 3, 134). Daher ist die Musik die zweite romantische Kunst. Die Frage, worin der Inhalt der Musik als romantischer Kunstform besteht und auf welche Weise die Musik einen Inhalt in der Sphäre der subjektiven Innerlichkeit zum Ausdruck bringen kann, ist nun das Thema des Abschnitts über die „Musikalische Auffassung des Inhalts" (VÄ 3, 148–152).

10.2 Musik als Kunst der subjektiven Innerlichkeit

Da der Musik im Unterschied zur Malerei der welthaltige, gegenständliche Bezug fehlt, kann ihr Inhalt, wenn sie nicht ein leeres Spiel mit Tönen, sondern eine Form der schönen Kunst sein soll, nur in den vielfältigen Nuancen gefühlshafter Resonanz bestehen. Das meint Hegel, wenn er mit Bezug auf den Inhalt der Musik von der „Sphäre der *subjektiven Innerlichkeit*" (VÄ 3, 149) spricht. Die für sie charakteristische Form der Repräsentation eines Inhalts ist daher nicht, wie in der

Malerei, die stets auf etwas Gegenständliches bezogene Form der Anschauung, sondern die „Form der Empfindung" (VÄ 3, 149; vgl. Enz, § 399, Zus. und § 402, Zus.). Gemeint ist nicht die Form der durch die Sinne vermittelten „*äußerliche[n]*", sondern die Form der „dem Innern der Seele angehörige[n] [...] *innerliche[n]*" Empfindung (Enz, § 401, Zus.). Inhalt der Musik sind insofern „alle *besonderen* Empfindungen [...], und alle Nuancen der Fröhlichkeit, Heiterkeit, des Scherzes, der Laune, des Jauchzens und Jubelns der Seele, ebenso die Gradationen der Angst, Bekümmernis, Traurigkeit, Klage, des Kummers, des Schmerzes, der Sehnsucht usf. und endlich der Ehrfurcht, Anbetung, Liebe usf." (VÄ 3, 150). So ist die Musik „Seelensprache" (VÄ 3, 185).

Mit der Betonung der Vielfalt der besonderen Empfindungen kollidiert nur scheinbar Hegels Erklärung, dass für den Inhalt der Musik sich nur „das ganz objektlose Innere, die abstrakte Subjektivität als solche" und „unser ganz leeres Ich, das Selbst ohne weiteren Inhalt" (VÄ 3, 135) eigne (vgl. Kulenkampff 1987, 154ff.). Abstrakt ist Hegel zufolge etwas, das keine wesentlichen Differenzen aufweist bzw. so aufgefasst wird. Was hingegen in einer der Natur der Sache entsprechenden Weise begrifflich unterschieden ist und einen gegenständlichen Bezug enthält, ist konkret. Abstrakt ist die empfindende Subjektivität nun deswegen zu nennen, weil die genannten Empfindungen in einer unmittelbaren Weise präsent sind. Das besagt, dass das, was erlebt wird, das Objektive bzw. der Gehalt, und die Art und Weise, wie es erlebt wird, das Subjektive bzw. die Empfindung, nicht unterschieden sind: „in der Empfindung [...] ist [...] der Inhalt trennungslos mit dem Innern als solchem verwoben" (VÄ 3, 152). Das heißt mit Blick auf die Musik, dass das empfindende Subjekt in dem, was es empfindet, nur sich selbst empfindet, und das bedeutet auch, dass musikalisch vermittelte Empfindungen kein gegenständliches Korrelat haben. Eine musikalisch vermittelte Empfindung, die man als Ausdruck etwa von Freude oder Trauer bezeichnen würde, ist nicht Freude oder Trauer über etwas in der äußeren Erfahrung Gegebenes und Erlebtes. Auf welche Weise davon sinnvoll die Rede sein kann, ist zu klären.

Wenn die so gefasste abstrakte Subjektivität als „unser ganz leeres Ich, das Selbst ohne weiteren Inhalt" (VÄ 3, 135) bezeichnet wird, dann ist noch etwas anderes in den Blick gebracht. Es ist die Qualität der Einfachheit des Ich. Sie besteht darin, dass mit dem Ausdruck „Ich" nur das Gemeinsame aller Erlebnisse bezeichnet ist: Alle Erlebnisse sind „meine" Erlebnisse. Daher ist das Ich als solches „ganz leer" und „ohne weiteren Inhalt". In einer bildkräftigen Formulierung nennt Hegel an einer anderen Stelle das Ich der „*fühlende[n] Seele*" einen „bestimmungslose[n] Schacht", in welchem neben Vorstellungen, Kenntnissen und Gedanken „ein unendlicher Reichtum von Empfindungsbestimmungen [...] aufbewahrt ist, ohne zu existieren" (Enz, § 403). Auf die Musik angewendet, heißt dies, dass sie es vermag, den Hörer durch ihre Mittel mit Formen und Nuancen von

Empfindungen bekannt zu machen, die ihm ohne dies unbekannt geblieben wären. Die Frage, auf welche Weise sie dies vermag, betrifft den Kunstcharakter der Musik. Er ist nun genauer zu bestimmen.

10.3 Musik als kadenzierte Interjektion

Der „Ton als Interjektion [...], das Ach und Oh des Gemüts" (VÄ 3, 150), ist ein natürlicher Ausdruck seelischer Zustände; zu einem Medium der Musik als Kunst und zum Ausdrucksträger eines musikalischen Inhalts wird er erst dann, wenn er in bestimmte, untereinander geregelte Tonverhältnisse gebracht wird. Die Musik ist Kunst erst als „kadenzierte Interjektion" (VÄ 3, 151), wie Hegel es unter sachlichem Bezug auf Rousseaus Artikel *Cadencé* in dessen *Dictionnaire de Musique* (1775) ausdrückt. Für Rousseau ist eine „Musik gut, bien *cadencée* [...], wo die Cadence empfindbar ist, wo der Rhythmus und die Harmonie so vollkommen wie möglich zusammenwirken, um die Taktbewegung empfindbar zu machen" (Siegele 1974, 131). Damit ist, ausgehend von dem Element des Tons, der Zusammenhang der musikalischen Ausdrucksmittel Harmonie, Melodie, Takt und Rhythmus und deren sinnliche Präsenz angesprochen. Es ist nun Hegels im Übrigen kaum beachtete These, dass der Ausdruck eines Inhalts in der Musik sich aus einer Analogie zwischen den formalen und dynamischen Eigenschaften dieser musikalischen Mittel auf der einen Seite, der Verfassung eines Inhalts und der Art, wie er innerlich empfunden wird, auf der anderen Seite erklären lässt (vgl. VÄ 3, 151). Dieser Gedanke wird hier allerdings nicht weiter verfolgt. Mit Blick auf den Ton als Material der Musik und die Form der Zeitlichkeit seiner Existenz sowie die Innerlichkeit eines musikalischen Gehalts wird zunächst allgemein nach der Wirkung der Musik gefragt. Auf dieser Grundlage werden sodann die Ausdrucksmittel der Musik behandelt.

10.4 Die elementarische Macht der Musik

Hegel beschreibt die Wirkung der Musik als eine „*elementarische* Macht" (VÄ 3, 155). Gemeint ist die unmittelbare psychische Wirkung des Tons und seiner Zeitlichkeit. Der Ton ist in der Musik nicht wie der sprachliche Laut ein Zeichen für einen bestimmten Inhalt, vielmehr wird er selber „als Zweck behandelt" (VÄ 3, 145). Dem entspricht das Freisein von gegenständlichen Bezügen. Indem das Musik erlebende Subjekt keinem ästhetischen Objekt in betrachtender Distanz frei gegenüber steht und auch keinen von seinem Erleben unterschiedenen Gehalt wahrnimmt, betrifft die Wirkung des Tons unmittelbar jenes einfache Selbst der fühlenden Seele. Dieses Selbst ist es, das „von dem fortflutenden Strom der Töne selber mit fortgerissen" (VÄ 3, 154) wird. Dem gilt im Folgenden Hegels Analyse. Der erste Schritt ist eine Analyse des Begriffs der Zeit. Der zweite Schritt wendet sich dem Konzept der subjektiven Innerlichkeit zu. Der dritte Schritt beschreibt deren Verhältnis. Ein vierter Schritt betrifft die Struktur des Tons.

10.4.1 Zeit und Innerlichkeit

Zeit ist ein Thema der Naturphilosophie Hegels (vgl. Enz, §§ 257–259). Dort wird die Zeit als Resultat einer doppelten Negation der formalen Bestimmung der Räumlichkeit begriffen. Die erste Negation hebt die Ordnung des kontinuierlichen Nebeneinander im Raum in den ausdehnungslosen Zeitpunkt, das Jetzt, auf. Die zweite Negation bezieht sich auf eben diesen Zeitpunkt und hebt ihn zu einem anderen Jetzt auf, für das dieselbe „negative Tätigkeit" (VÄ 3, 156) gilt – und so *ad infinitum*. Da diese Negativität durch die allgemeine Form des kontinuierlichen „*Außersichseins*" (Enz, § 254) bedingt ist, ist das Resultat dieser doppelten Negation eine kontinuierliche Folge von „*momentanen*" (Enz, § 258), das heißt unmittelbar sich aufhebenden Zeitpunkten. Von einem Einheitssinn dieser kontinuierlichen Sukzession von Zeitpunkten ist in dem Sinn zu sprechen, als jedes Jetzt „in seiner Veränderung immer *dasselbe*" (VÄ 3, 156) bleibt.

Dieselbe Logik der doppelten Negation liegt der Form der subjektiven Innerlichkeit zugrunde. Hegels Analyse bezieht sich auf jenes „einfache Selbst", von dem oben die Rede war. In der Beziehung auf seine Erlebnisse macht es „sich selbst zum Objekt" (VÄ 3, 156). Auf diese Weise unterscheidet es sich zwar von sich als Subjekt seiner Erlebnisse; das ist das erste negative Verhältnis. Das „Objekt", auf das es sich hierbei bezieht, ist aber ein Erlebnis, in dem das Subjekt nur sich selbst im Modus einer Empfindung wahrnimmt. Daher ist es kein von ihm real unterschiedener Gehalt, auf den es sich bezieht, und daher hebt es zugleich diese Form der Objektivität, eben weil sie „nur ideeller Art [ist] und dasselbe was das Subjekt ist" (VÄ 3, 156), auf. Das ist die zweite Negation. Durch diese „ideelle negative Tätigkeit" wird die „subjektive Einheit" (VÄ 3, 156) zwar als etwas mit sich Identisches hervorgebracht, doch ist diese Einheit eben nur jenes einfache und objektlose, wenngleich nicht gehaltlose Selbst subjektiver Innerlichkeit.

Damit ist von einer Isomorphie zwischen der formalen Struktur der Zeit und der Innerlichkeit des Ich auszugehen (vgl. Enz, § 258). Beiden ist die Negation der Form der Äußerlichkeit des Raums gemeinsam und beide kommen darin überein, dass diese Negation eine doppelte Negativität einschließt, durch die sowohl die Zeit als auch das Subjekt konstituiert werden: Denn „jeder Zeitpunkt ist ein Jetzt und von dem anderen, als bloßer Zeitpunkt genommen, ebenso ununterschieden als das abstrakte Ich von dem Objekt, zu dem es sich aufhebt und in demselben, da dies Objekt nur das leere Ich selbst ist, mit sich zusammengeht" (VÄ 3, 156).

Es ist aber nicht nur von einer strukturellen Isomorphie zwischen der Zeit und jenem abstrakten, einfachen Ich auszugehen. Dieses Ich ist aufgrund des Gehalts seiner Erlebnisse kein leerer, alles Bewusstsein nur begleitender funktionaler Operator wie das Kantische „Ich denke". Es ist vielmehr „wirkliche[s] Ich" (VÄ 3, 156). Das bedeutet, dass die Zeit auch die Form ist, in der dieses wirkliche, erlebende Ich existiert: „Ich ist in der Zeit, und die Zeit ist das Sein des Subjekts selber." (VÄ 3, 156) Darauf ist zurückzukommen (vgl. Kapitel 10.8).

10.4.2 Ton

Der Ton ist seinerseits als eine negative Einheit zu begreifen, wie Hegels Naturphilosophie, insbesondere die Theorie des Klangs, näher ausführt (vgl. Enz, §§ 300 ff.). Die hier thematische negative Einheit schließt ebenfalls eine doppelte Negativität ein. Der Ton wird als „das Übergehen der materiellen *Räum*lichkeit in materielle *Zeit*lichkeit" (Enz, § 300) erklärt. Das wird so beschrieben, dass an einem kohärenten Körper einerseits die Form „des (außereinander) Bestehens der materiellen Teile" (Enz, § 299) durch eine äußere Einwirkung negiert wird. Das ist die erste Negation. Sie betrifft die Veränderung der Lage seiner elastischen Teile im Raum. Andererseits haben die elastischen Teile aufgrund ihrer spezifischen Schwere und Kohäsion die Tendenz, in den ursprünglichen Zustand zurückzukehren. Das ist die zweite Negation. Diese Bewegung geschieht in der Zeit und sie äußert sich als ein „innere[s] Erzittern des Körpers in ihm selbst" (Enz, § 299), ein „Oszillieren und Schwingen" (Enz, § 298, Zus.), das als Klang vernehmbar wird. Die durch regelmäßig wiederkehrende Schwingungen hervorgebrachten Modifikationen des Klangs sind die Töne (vgl. Enz, § 300).

Daraus ergibt sich mit Bezug auf das Verhältnis von Zeit, Subjektivität und Ton das folgende Fazit. Da die Zeit die Form ist, in der der Ton existiert, die Zeit des Tons aber zugleich die Form ist, in der das wirkliche, und das heißt, das erlebende Subjekt als „fühlende Seele" existiert, und da Zeit, Ton und Subjektivität hinsichtlich ihrer negationslogischen Struktur isomorph sind, vermag der Ton durch seine zeitlich organisierte Bewegung das Subjekt im Innersten unmittelbar zu ergreifen (vgl. VÄ 3, 157 u. VÄ 1, 322 f.). Zu klären bleibt, auf welche Weise „das subjektive Innere" (VÄ 3, 158) mit den angesprochenen Mitteln Harmonie, Melodie, Takt und Rhythmus innerlich ergriffen werden kann. Das ist das Thema des Abschnitts über die „Besondere Bestimmtheit der musikalischen Ausdrucksmittel" (VÄ 3, 159–163).

10.5 Mittel des Ausdrucks in der Musik

Die Idee der Musik als kadenzierte Interjektion gibt mit dem Bezug auf das Zusammenstimmen der Elemente Metrum, Takt, Rhythmus, Melodie und Harmonie nicht nur das Thema, sondern auch die Gliederung dieses Abschnitts vor.

10.5.1 Zeitmaß, Takt, Rhythmus

Die Form der Zeitlichkeit, in der artikulierte Töne existieren, lässt sich als eine kontinuierliche Folge einzelner Töne beschreiben. Musik als schöne Kunst zeichnet sich indessen durch eine bestimmte Ordnung der zeitlichen Bewegung aus. Sie wird durch ein Maß bestimmt, das als einheitliche Regel gilt, nach der die zeitliche Bewegung ihre Ordnung erhält. Ein solches Maß ist nicht in der Natur und auch nicht in der Natur eines Tons gegeben. Es ist gemacht. Es ist Hegels These, dass das musikalische Subjekt dessen Urheber ist. Hegels These ist es ferner, dass der Takt ein solches als Regel dienendes Maß ist, und dass er die Art und Weise darstellt, in der das Subjekt sich als einfache „Gleichheit und Einheit mit sich" (VÄ 1, 323) mit Bezug auf die Ordnung der Zeit in der Musik objektiviert.

Die Konstitution der Einheit des Ich mit sich ist nicht nach dem Modell einer unbestimmten, einsinnig fortschreitenden Sequenz von Erlebnissen, die auf- und abtreten, zu verstehen, sondern als eine selbstbezügliche Einheit, in der es in der Beziehung auf seine Erlebnisse sich zugleich auf sich selbst bezieht „und [...] nun durch diese Beziehung auf sich erst Selbstgefühl, Selbstbewusstsein usf." (VÄ 3, 165) ist. Soll das als Selbstgefühl gefasste Ich sich nun hinsichtlich seiner subjektiven Innerlichkeit mit Bezug auf eine zeitliche Sequenz von Tönen als eine solche in sich reflektierte Einheit objektivieren, dann muss die ins Unendliche offene Sequenz regelhaft geordnet werden. Das geschieht so, dass das zeitliche Kontinuum eingeteilt und einzelne Tondauern zu einer identischen, sich stetig wiederholenden, quantitativ bestimmten Zeiteinheit zusammengefasst werden. Diese Einteilung und Zusammenfassung ist eine Leistung des Ich. In dem Bezug auf die sich stetig wiederholende Zeiteinheit vermag das Ich sich dann erinnernd auf sich als einheitsstiftendes und über die Folge der Zeiteinheiten hinweg mit sich identisches Subjekt zu beziehen. Dadurch wird das Ich „erst zum Selbst als Sammlung und Rückkehr in sich" (VÄ 3, 164). Die gleichförmige Zeiteinheit ist der Takt (vgl. VÄ 3, 165f.). Vom Takt ist der Rhythmus unterschieden. Er ist die gleichförmig wiederkehrende oder auch ungleichförmige längere oder kürzere Dauer von Tönen, „welcher zum Zeitmaß und Takt erst die eigentliche Belebung herzubringt" (VÄ 3, 168). Der Rhythmus ist mit dem Metrum verbunden, das die

Betonungsordnung durch Akzente regelt, die auf bestimmte Teile des Taktes gelegt werden und durch alternierende Hebungen und Senkungen die jeweilige Regel des Taktes deutlich wahrnehmbar machen.

10.5.2 Harmonie

Stehen mit Metrum, Takt und Rhythmus zunächst rein formale Bestimmungen der Ausdrucksmittel der Musik im Blick, wendet sich der Abschnitt über die Harmonie dem akustisch wahrnehmbaren Phänomen des Klangs, dem konkreten „musikalische[n] Tönen" (VÄ 3, 172) zu. Thema sind daher zunächst die verschiedenen Instrumente einschließlich der menschlichen Stimme, sodann die Töne hinsichtlich ihrer Verhältnisse in Tonleitern und ihrem Zusammenklingen in Akkorden, die in einem „*System der Akkorde*" (VÄ 3, 181) organisiert sind. Die Bedeutung des Titelbegriffs *Harmonie* ist somit eher im allgemeinen Sinne einer zusammenstimmenden Einheit qualitativer Unterschiede zu einem organisierten Ganzen zu verstehen, wie Hegel ihn unter dem Begriff der *Schönheit als abstrakte Form* erläutert hat (vgl. VÄ 1, 187) und schließt den spezifisch musiktheoretischen Harmoniebegriff als Zusammenklang mehrerer Töne zu einem Akkord und dessen Verbindungen im Dur-Moll-tonalen System ein.

10.5.2.1 Instrumente

Es werden daher nicht nur Instrumentenfamilien wie Blasinstrumente, Saiteninstrumente und Schlaginstumente erwähnt und hinsichtlich ihres unterschiedlichen Beitrags zum musikalischen Ausdruck des Innerlichen gewürdigt (VÄ 3, 174), sondern auch deren empfindungsreiches, „volle[s] Zusammenstimmen" in einer Symphonie (VÄ 3, 176). Hier wird Mozart als „großer Meister" in der Behandlung von Instrumenten gerühmt, bei deren Wechsel „in der anmutigsten Weise ein Zwiegespräch des Klingens und Widerklingens, des Beginnens, Fortführens und Ergänzens entsteht" (VÄ 3, 176). Die menschliche Stimme erscheint indessen „als das freiste und seinem Klang nach vollständigste Instrument"; sie ist das „vollkommene Tönen" (VÄ 3, 175). Sie vereinigt in sich mit dem Organ der Luftröhre und den durch die ausgeatmete Luft in Schwingungen versetzten Stimmbändern nicht nur die Charaktere der Blas- und Saiteninstrumente, sondern ist auch als durch die eigene Leiblichkeit vermitteltes „Tönen der Seele selbst" (VÄ 3, 175) vollendeter Ausdruck des subjektiven Inneren.

10.5.2.2 Intervalle und Tonleitern

Unter der Perspektive des Prinzips der Harmonie sind weniger die seit der Antike bekannten arithmetisch darstellbaren Schwingungsverhältnisse z. B. einer in zwei, drei, vier etc. Abschnitte geteilten und in Schwingung versetzten Saite und die entsprechenden Tonhöhen und Intervalle von Bedeutung, als das „merkwürdig[e], ja wunderlich[e]" (Enz, § 301, Zus.) Phänomen, dass Töne als angenehm oder unangenehm empfunden werden und deren melodische und harmonische Verhältnisse als Ausdruck seelischer Bewegungen wahrgenommen werden (vgl. Wackenroder 1984, 311). Hegel erklärt die Empfindung des Angenehmen durch das Vorliegen einfacher Zahlenverhältnisse der Schwingungen, die sich an einer entsprechend eingeteilten Saite demonstrieren lassen; dies sind die Verhältnisse der Zahlen 1 bis 5. Ihnen entsprechen „unmittelbar zusammenstimmende Töne" bzw. konsonante Intervalle: dem Verhältnis 2:3 entspricht die Quinte, dem Verhältnis 3:4 die Quarte und dem Verhältnis 4:5 die Terz. Sie sind entsprechend leichter aufzufassen, während die Empfindung des Unangenehmen auf die komplizierteren Proportionen 8:9 der Sekunde und 8:15 der Septime zurückzuführen ist, denen dissonante Intervalle entsprechen (vgl. ausführlicher Enz, 301, Zus. und Nowak 1970, 118–133).

Die sukzessive Ordnung dieser Intervalle in einem geregelten Zusammenhang stellt die Tonleiter dar. Da jeder Ton einer Tonleiter zum Grundton einer anderen Tonleiter gemacht werden kann, ergibt sich ein System von Tonarten, die ihrerseits in einem näheren oder entfernteren Verhältnis zueinander stehen und Übergänge von der einen zu einer anderen Tonart erlauben. Hinweise auf den Unterschied der Dur- und Molltonarten und die aus der Antike stammende Idee unterschiedlicher Charaktere von Tonarten beschließen den Abschnitt.

10.5.2.3 System der Akkorde

Der Begriff des Akkords wird aus dem Umstand begründet, dass Töne in der Musik ihre Bedeutung nur aus dem Verhältnis zu anderen Tönen erhalten. Die konkrete, sinnlich wahrnehmbare Darstellung der funktionalen Beziehungen der Töne zueinander ist der Akkord. Eine Einteilung der Akkorde ergibt sich aufgrund der Verhältnisse konsonanter bzw. dissonanter Intervalle. Grundmodell der konsonanten Akkorde ist der Dreiklang, der aus Grundton, Terz und Quinte besteht. Im Dreiklang erscheint der Begriff der Harmonie auf eine basale Weise zum Ausdruck gebracht. Denn dieser Akkord stellt ein Ganzes unterschiedener Töne dar, die sich von sich aus zu einer „ungetrübte[n] Einheit" (VÄ 3, 182) verbinden.

Von systematischer Bedeutung ist der folgende Schritt. Man kann ihn als Hegels Begründung der Dissonanz verstehen. Ein erster Teilschritt beschreibt die harmonietechnische Funktion der Dissonanz. Auch die dissonanten Intervalle müssen in der Struktur der Akkorde zur Geltung gebracht werden. Auf diese Weise wird die Konsonanz negiert und ein „*bestimmter Unterschied, und zwar als Gegensatz*" (VÄ 3, 182 f.) hervorgebracht. Dies ist der Fall bei den dissonanten „Septimen- und Nonenakkorden" (VÄ 3, 183). Diese dissonanten Akkorde stellen nicht nur einen ausschließenden Gegensatz zu einem von ihnen unterschiedenen konsonanten Akkord dar, vielmehr sind sie in sich selbst widersprüchlich, da sie sowohl einen konsonanten Akkord als auch mit der hinzugefügten Septime bzw. None ein dissonantes Intervall enthalten und gleichwohl als eine einheitliche Klanggestalt existieren. Eine solche in sich widersprüchliche Einheit hat im System der Akkorde, deren Grundlage der konsonante harmonische Dreiklang ist, keinen Bestand. Daher müssen die Dissonanzen durch die Rückkehr zur Konsonanz aufgelöst werden.

Der zweite Teilschritt betrifft die expressive Funktion der Dissonanz. Hier erhält die Grundstruktur der inneren Subjektivität noch einmal eine zentrale systematische Bedeutung. Der Begriff der Subjektivität ist, wie Hegel erinnert, durch die Beziehung auf die entgegengesetzte Sphäre der Objektivität und die Überwindung und Auflösung dieses Gegensatzes definiert. Zu einem Mittel des Ausdrucks in der Musik wird die Dissonanz nun dadurch, dass sie es vermag, seelische Spannungen, die als eine schmerzvolle innere Zerrissenheit empfunden werden, in ihrer ganzen Schärfe und Tiefe musikalisch zur Darstellung zu bringen. In historischer Perspektive gilt dies vor allem für den „christlich-religiösen" Gehalt, „in welchem die Abgründe des Schmerzes eine Hauptseite bilden" (VÄ 3, 183). Darauf hatte Hegel im Kontext der Beschreibung der romantischen Kunstform mit Blick auf die Inhalte des Romantischen bereits aufmerksam gemacht (vgl. VÄ 2, 133 ff.). Aber erst im Ertragen und in der Überwindung des Schmerzes realisiert sich die Einheit der Subjektivität. Dem entspricht die Auflösung der Dissonanzen.

10.5.3 Melodie

Die Melodie ist in der Sicht Hegels, übrigens mit Rousseau, der eigentliche Ausdruck des Seelischen. Indem die Melodie sich über die gesetzmäßigen Ordnungen von Takt, Rhythmus und Harmonie als eine individuelle musikalische Gestalt erhebt, ist sie das Medium, in dem das subjektive Innere sich frei entfalten kann. Der Kunstcharakter der Melodie und ihre expressive Funktion bestehen daher in dem Wechselverhältnis zwischen der ihr eigenen Freiheit auf der einen Seite, der Gesetzmäßigkeit von Takt, Rhythmus und Harmonie auf der anderen Seite. Im

Folgenden ist denn auch weniger die Melodie als solche Thema als ihr Verhältnis zur Harmonie. Mehrere Arten sind zu unterscheiden.

Melodien können sich über einem schlichten harmonischen Gerüst entfalten, das von einfachsten Akkordverbindungen gebildet wird. Beispiele hierfür sind einfache Liedmelodien, denen gleichwohl nicht die Tiefe seelischen Ausdrucks mangelt. Ein komplexeres Verhältnis zwischen Melodie und Harmonie liegt z. B. in „vierstimmig gesetzten Chorälen" (VÄ 3, 188) vor, in denen die harmonischen Verhältnisse in den Gang der Stimmen integriert sind. Eine Melodie kann durch ihre besondere Gestalt einen harmonischen Gang zum Ausdruck bringen. Bestimmte herausgehobene Töne einer Melodie können aber auch selber eine harmonische Funktion haben. Und schließlich können verschiedene Melodien so ineinander verwoben sein, dass sie in ihrem Zusammenklingen mit harmonischen Verhältnissen übereinkommen, wie Hegel mit Blick auf „Kompositionen von Sebastian Bach" (VÄ 3, 188) und deren polyphone Satztechnik bemerkt. Hier nun wiederholt Hegel das Plädoyer für die Notwendigkeit des Einsatzes von „stärksten Widersprüche[n] und Dissonanzen" (VÄ 3, 189). In dem „Aufwühlen aller Mächte der Harmonie" (VÄ 3, 189) beweist die Musik ihre expressive Macht. Auf dieser Grundlage vermag die Melodie sich auf „ihren Schwingen" zu erheben und den „Kampf der Freiheit und Notwendigkeit" (VÄ 3, 189), der ein Kampf der Freiheit der melodischen Phantasie mit der Gesetzlichkeit der Harmonie ist, zu überwinden und „die Seele in das Vernehmen einer höheren Sphäre" (VÄ 3, 190) zu versetzen. Das ist „der Charakter des recht eigentlich Melodischen überhaupt" (VÄ 3, 199), und darin liegt die wesentliche Bedeutung der Melodie als musikalisches Ausdrucksmittel.

Die Theorie der Melodie ist auch für das Kapitel über das „Verhältnis der musikalischen Ausdrucksmittel zu deren Inhalt" (VÄ 3, 190–222) bestimmend. Die Melodie erscheint hier als das vorherrschende Ausdrucksmittel, dessen Verhältnis zum Inhalt der Musik nunmehr genauer betrachtet wird. Zwei Bereiche sind zu unterscheiden: die wortgebundene, „begleitende Musik" (VÄ 3, 195–213) und „[d]ie selbständige Musik" (VÄ 3, 213–218), die reine Instrumentalmusik (vgl. Siep 2012).

Vor dem Eintritt in die genauere Untersuchung der beiden Bereiche findet sich eine bemerkenswerte Unterscheidung hinsichtlich des Prinzips der Innerlichkeit. Sie lässt sich im Sinne einer objektiven und einer subjektiven Bedeutung von Innerlichkeit verstehen. Die objektive Bedeutung von Innerlichkeit besteht darin, einen Gegenstand unter einer bestimmten Deutungsperspektive hinsichtlich seiner „*ideellen Bedeutung*" darzustellen, während die subjektive Bedeutung die gefühlshafte Resonanz, die „Subjektivität der *Empfindung*" (VÄ 3, 192) betrifft, die mit dieser Deutung verbunden ist. Die Musik vermag beiden Bedeutungen gerecht zu werden. Das scheinbar Paradoxe besteht hier darin, dass sie auch die objektive, ideelle Bedeutung „für die Empfindung" darstellen muss. Das gelingt in der Sicht Hegels vor allem „in alten Kirchenmusiken" (vgl. Hoffmann 1963) – gemeint ist die Blütezeit der vokalen Polyphonie des 16. Jahrhunderts; an einer anderen Stelle nennt Hegel mit Blick auf diese musikhistorische Epoche den Namen *Palestrinas*. Hier vermögen die Harmonien und der Gang der Melodien etwa bei einem *Crucifixus* den religiösen Gehalt der Passion Christi auszudrücken und gleichsam symbolisch „die Sache selbst", „das Innerste dieses Todes und dieser göttlichen Schmerzen", im „innersten Selbst" (VÄ 3, 192f.) erlebbar werden zu lassen. Doch ist die Musik auch in der Lage, die „*subjektive* Empfindung der Rührung, des Mitleidens oder menschlichen einzelnen Schmerzes" (VÄ 3, 192) zum Ausdruck zu bringen. Hier können, was nicht deutlich wird, neben der Kirchenmusik des 17. und vor allem des 18. Jahrhunderts auch alle moderneren Arten textbezogener Musik gemeint sein.

10.6 Begleitende Musik

Der zu vertonende Text enthält den jeweils bestimmten gegenständlichen Bezug, den die musikalisch vermittelten Empfindungen als solche nicht haben (vgl. VÄ 3, 200). Unter der Prämisse, dass dann, wenn ein vorgegebener Text der Musik als Vorlage dient, die Musik sich weder dem Text gänzlich unterordnen noch sich ihm gegenüber verselbständigen darf, sondern sich in „echte[r] Freiheit" (VÄ 3, 196) zu ihm verhalten soll, lassen sich drei Arten musikalischen Ausdrucks unterscheiden. Es sind dies zum einen „das eigentlich *Melodische* im Ausdruck" (VÄ 3, 196), zum anderen die Form des deklamatorischen Rezitativs, und schließlich die Einheit des Melodischen und Deklamatorischen, die Hegel vor allem in der Oper realisiert sieht.

Die Melodie ist das Medium, in dem das subjektive Innere sich frei entfalten kann. Daran wird noch einmal erinnert, wenn gesagt wird, dass die Melodie „dies reine Ertönen des Inneren", „die eigenste Seele der Musik" (VÄ 3, 196) ist, und dass erst durch sie, zusammen mit Harmonie und Rhythmus, der naturhafte Ausdruck eines Gefühls zu einem Inhalt der Musik als Kunstform wird. Als Medium der Musik als schöner Kunst kann sie aber erst dann gelten, wenn sie den Ausdruck der Empfindungen nicht in Extreme, „zum bacchantischen Toben und wirbelnden Tumult der Leidenschaften", steigert, sondern sie, wie Hegel insbesondere mit Blick auf die Musik Italiens betont, zu einer harmonisch ausgeglichenen Form zu gestalten vermag, in der die „Ruhe der Seele [...] unverloren" (VÄ 3, 198) bleibt. Die expressive Funktion des Melodischen besteht daher nicht darin, bestimmte Empfindungen gleichsam naturhaft zum Ausdruck zu bringen, oder auch einzelne charakteristische Aspekte um des Ausdrucks willen zu betonen, sondern den Reichtum ihrer Erscheinungsformen wie auch die Konflikte und Kämpfe der Leidenschaften aus einer distanzierten Perspektive in Momente einer lebendigen Harmonie zu verwandeln. Darin kann die menschliche Seele allein den ihrer Freiheit angemessenen Ausdruck finden. In diesem Zusammenhang werden noch einmal die „älteren Kirchenmusiken" sowie, ohne die musikhistorischen Differenzen genauer zu berücksichtigen, die „wahrhaft idealische Musik" eines „Palestrina, Durante, Lotti, Pergolesi, Gluck, Haydn, Mozart" (VÄ 3, 198) genannt.

Im Gegensatz zum Lied, dem in der Sicht Hegels in der Regel ein einheitlicher Gemütston zugrunde liegt, ist das Rezitativ „tönende *Deklamation*" (VÄ 3, 202). Hinsichtlich des melodischen Verlaufs und der rhythmisch-metrischen Gestaltung folgt es dem Text in der Weise, dass Melodie, Metrum, Takt und Tempo sich dem emotionalen Gehalt der Worte frei überlassen, wozu neben ruhigen Berichten und Betrachtungen auch die „fragmentarisch abgebrochene, leidenschaftlich zerrissene Äußerungsweise" (VÄ 3, 202) gehört. Seinen Ort hat das Rezitativ im Oratorium und im „dramatischen Gesang" (VÄ 3, 203), womit nicht nur die Oper, sondern der Sache nach auch die Konzertarie gemeint sein können. Mit Bezug auf die Bestimmung des Begriffs des Melodischen und dessen expressiver Funktion ist das Rezitativ aufgrund seines freien deklamatorischen Charakters ein Extrem gegenüber dem in sich geschlossenen Melodischen, das zu überwinden ist. Das geschieht in einer musikalischen Form, die „ebenso deklamatorisch als melodisch ist" und auf diese Weise erst „zu einem wahrhaft konkreten Ausdrucke gelangt" (VÄ 3, 204). Diese Form ist die Oper.

Im Folgenden wird jedoch zunächst der Gehalt des zu vertonenden Textes näher bestimmt, genauer, die Art und Weise, in der ein Gehalt in einem Text dargestellt wird. Hier ist die Mitte zwischen inhaltsleerer Trivialität und philosophischem Anspruch zu wahren. Die Lyrik Schillers, aber auch die Chöre des Aischylos und Sophokles, die hier genannt werden, sind von sich aus ebenso poetisch wie philosophisch durchgearbeitet, so dass sie der musikalischen Phantasie keinen Raum mehr für eine eigene freie Gestaltung lassen. Ungeeignet erscheint aber auch die neuere romantische Poesie, der Hegel wortreich eine künstliche Inszenierung von Gefühlen und „schlechthin gehaltlosen Leidenschaften [wie] Neid, Liederlichkeit, teuflische Bosheit und dergleichen mehr" (VÄ 3, 206) zum Vorwurf macht. Als Modell empfiehlt Hegel mit Blick auf Italien und Frankreich „eine gewisse mittlere Art von Poesie" (VÄ 3, 206), die in der Lyrik wie in der Dramatik einfach, lebendig und wahr ist. Das Libretto von Mozarts „Zauberflöte" wird aufgrund der sinnlichen Prägnanz und Fasslichkeit ihres allgemeinen ideellen Gehalts als eines der „lobenswerten Opernbücher" (VÄ 3, 207) gerühmt. Als Beispiele aus der religiösen Musik werden die lateinischen Texte der Messe, Psalmen und, mit Blick auf Händels Oratorien, Bibelstellen und Beschreibungen symbolhafter biblischer Situationen genannt. Aus dem Bereich der dramatischen Literatur gelten Metastasio, Marmontel und die Texte der Opern

Glucks als Muster, in denen „die Leidenschaft durchaus rein, groß, edel und von plastischer Einfachheit" (VÄ 3, 208) bleibt.

10.6.1 Arten der begleitenden Musik

An der systematisch ersten Stelle wird noch einmal die „*kirchliche* Musik" im Sinne der älteren polyphonen Kirchenmusik genannt, die den allgemeinen „substantiellen Gehalt alles Empfindens" zum Ausdruck zu bringen vermag. Sie gehört „zum Tiefsten und Wirkungsreichsten, was die Kunst überhaupt hervorbringen kann" (VÄ 3, 211). Dazu zählt auch die Musik Bachs, die „von größter Tiefe sowohl des religiösen Sinnes als der musikalischen Gediegenheit und Reichhaltigkeit der Empfindung und Ausführung" (VÄ 3, 211) ist, sowie das Oratorium. Die lyrische Musik ist von der Einheit des Melodischen und Deklamatorischem am weitesten entfernt. Diese Einheit findet sich erst in der dritten Art der begleitenden Musik, der Oper, und vornehmlich der italienischen Oper, konkretisiert und realisiert. Die Oper wird hier allerdings mit nur einem, sehr allgemein gehaltenen Satz bedacht: Hauptinhalt der Oper ist die musikalische Darstellung der Empfindungen, Stimmungen und Kämpfe der Leidenschaften in menschlichen Handlungen und Situationen.

10.7 Selbständige Musik

Vergleichsweise knapp, jedoch von systematischem Gewicht sind Hegels Überlegungen zur selbständigen Musik und zur künstlerischen Exekution, mit denen die Theorie des musikalischen Ausdrucks ihren Abschluss findet. Als zentral ist hier die These anzusehen, dass die autonome Subjektivität, die das „Innerste [...] des konkreten Selbsts" ist, und die als solche nicht durch einen gegenständlichen Gehalt bestimmt ist, auch nur in der nicht auf einen Text bezogenen, selbständigen Musik „zu ihrem vollen Recht" (VÄ 3, 214) kommt. Hegels These ist es somit, dass die selbständige Musik, und das heißt, die reine Instrumentalmusik, die sich „in Quartetten, Quintetten, Sextetten, Symphonien und dergleichen mehr" (VÄ 3, 216) realisiert, derjenige Bereich ist, in dem das eigentliche Prinzip der Musik, die Innerlichkeit der freien Subjektivität, seine angemessene Realisierung finden kann. So ist erst die selbständige, reine Instrumentalmusik „rein musikalisch" (VÄ 3, 214). Hier, so Hegel, beginnt „die Herrschaft der sich auf ihren eigensten Kreis beschränkenden Musik" (VÄ 3, 216). Daher sind es auch nur, wie oben bereits ausgeführt, die rein musikalischen Mittel, und das heißt, die formalen und dynamischen Eigenschaften der rhythmischen, harmonischen und melodischen

Bewegungen sowie der Zusammenklang und der vielfältige Wechsel der Instrumente, durch deren kunstvolles Arrangement ein seelischer Gehalt analogisch zum Ausdruck gebracht werden kann (vgl. VÄ 3, 216).

Hier nun macht Hegel, die Bedeutung der reinen Instrumentalmusik als autonomer Kunstform relativierend, den Unterschied zwischen Dilettant und Kenner geltend – dies auch mit Blick auf seine eigenen musikalischen Erfahrungen. Während der Kenner dem kunstvollen Gang der reinen Instrumentalmusik ohne Mühe und mit Genuss zu folgen vermag, vermisst der Laie den bestimmten Inhalt, den er sich durch Assoziationen vorzustellen sucht, die jedoch höchst flüchtig und uneindeutig sind. Weitere Probleme der reinen Instrumentalmusik sieht Hegel in der Tendenz zu einem bedeutungslosen Spiel mit Tönen und der Gefahr einer „subjektive[n] Willkür" (VÄ 3, 218), die sich in einem auf äußerliche Wirkung bedachten Spiel mit Einfällen, Launen und Effekten ergeht.

10.8 Künstlerische Exekution

In der reinen Instrumentalmusik kommt die musikalische Subjektivität nicht nur in ihr Eigenes, die Musik muss auch von einem lebendigen Subjekt, das eben dies zum Ausdruck bringen kann, realisiert werden. Hegel unterscheidet zwei „Hauptarten der ausübenden musikalischen Kunst" (VÄ 3, 219). Während für die eine Art der Darstellung die Werktreue sowie die souveräne Bewältigung der technischen Schwierigkeiten und das Erfassen des geistigen Gehalts eines Werks oberstes Gebot sind, kommt bei der anderen Art das schöpferische Talent des Künstlers zur Geltung. Dies ist in der italienischen Oper bei den improvisatorischen Verzierungen und Koloraturen insbesondere der Da-Capo-Arie der Fall. Hier verbindet sich, bei entsprechendem Talent des Künstlers, die Darstellung des Kunstwerks mit der freien Kreativität des Künstlers, bei der der Text zur Nebensache und die kunstvolle, sensible und differenzierte Ausgestaltung der Musik und ihres affektiven Gehalts zur Hauptsache wird.

Die höchste Steigerung erfährt diese Kunstfertigkeit mit Blick auf die reine Instrumentalmusik. Hier ist es die durch den genialen Künstler zustande gebrachte Beseelung des Instruments, die das „fremde Instrument als [...] vollendet durchgebildetes eigenstes Organ der künstlerischen Seele" (VÄ 3, 221) erscheinen lässt, wie Hegel wohl mit Blick auf die Kunst Paganinis bemerkt. „In dieser Art der Ausübung", so schließt das Kapitel über die Musik, „genießen wir die höchste Spitze musikalischer Lebendigkeit, das wundervolle Geheimnis, daß ein äußeres Werkzeug zum vollkommen beseelten Organ wird, und haben zugleich das innerliche Konzipieren wie die Ausführung der genialen Phantasie in augenblicklichster Durchdringung und verschwindendstem Leben blitzähnlich vor uns." (VÄ 3, 222)

10.9 Zum systematischen Gehalt von Hegels Musikästhetik

Mit Bezug auf den systematischen Gehalt von Hegels Musikästhetik sollen im Folgenden einige wenige ergänzende Bemerkungen skizziert werden. Die erste Bemerkung betrifft die Zeitstruktur von Takt und Melodie. Der Takt war als eine durch ein einheitliches Maß geregelte Einteilung des Kontinuums der Zeit dargestellt worden, die vom musikalischen Subjekt erzeugt wird. In der Beziehung auf die gleichförmige Sequenz der Takte, so Hegel, objektiviert sich das Subjekt hinsichtlich seiner Gleichheit mit sich und bezieht sich darin zugleich erinnernd auf sich selbst. Damit ist eine neue, subjektivitätstheoretisch begründete Zeitordnung verbunden. Denn in der erinnernden Beziehung auf sich befreit es sich von dem äußerlichen, naturhaft einsinnigen Wechsel der Zeitpunkte und modifiziert ihn zu einer von ihm selber erzeugten Zeitordnung, die durch die Modi der Gegenwart und der Erinnerung charakterisiert ist (vgl. VÄ 3, 164 f. u. Nowak 1971, 72 ff.).

Analoges gilt für die Konstitution der Einheit einer Melodie. Der Einheitssinn einer Melodie besteht nicht in der Summe von nacheinander erklingenden Tönen, sondern in der funktionalen Beziehung, die die Teile einer Melodie, die Motive, Phrasen, Perioden untereinander aufweisen. Das bedeutet, dass das musikalische Subjekt im Zuge der zeitlichen Entfaltung einer Melodie eine Beziehung auf die Teile und deren funktionalen Zusammenhang unterhält, in der es sich zugleich als dasselbe erlebende Subjekt gewahrt. Dies ist eine Beziehung von der Gegenwart des jeweiligen Erklingens auf soeben Vergangenes, das erinnernd präsent ist und, von den harmonischen Verhältnissen motiviert, auf Erwartetes. In dieser der einfachen Taktstruktur gegenüber qualitativ erfüllten Zeitlichkeit einer Melodie konkretisiert sich die Einheit der musikalischen Subjektivität, und darin findet sie auch ihren Ausdruck. Die Zeitlichkeit der Melodie ist insofern die Zeitlichkeit des musikalischen Subjekts. Da am Beginn der Überlegungen zur elementarischen Macht der Musik nur erst, wie Hegel betont, die abstrakten und äußerlichen Zeitverhältnisse thematisch sind, konnte und musste von dieser „wahrhaft *subjektiven* Einheit" (VÄ 3, 156) dort noch nicht die Rede sein. Im weiteren Verlauf wird das Verhältnis vom „zeitliche[n] Auseinanderlegen [der] Momente" und „Rückkehr der Identität zu sich" auch mit Bezug auf die harmonischen Verhältnisse erwähnt (VÄ 3, 184), zeittheoretisch aber nicht näher dargestellt.

Mit Blick auf Hegels Konzept des Ausdrucks der Empfindungen erscheint die folgende Überlegung angebracht (vgl. Kulenkampff 1987). In der *Philosophie des Geistes* hat Hegel die These entwickelt, dass Empfindungen, „um empfunden zu werden, *verleiblicht* werden" müssen (Enz, § 401). Diese These ist auf den erläuterten Sachverhalt anzuwenden, dass die Musik rhythmische, melodische und harmonische Bewegungen von Tönen realisiert, denen bestimmte Weisen entsprechen, in denen das musikalische Subjekt auf diese Tonbewegungen reagiert und sich dadurch selber in bestimmter Weise innerlich bewegt fühlt. Das geschieht, so Hegel, „durch die Entäußerung, durch die Verleiblichung der inneren Bestimmungen des Empfindenden" (Enz, § 401, Zus.) – eine Verleiblichung allerdings, die in der inneren Empfindung nicht in der Form einer Gebärde, einer körperlichen Haltung oder Mimik nach außen tritt, obwohl das möglich ist, sondern innerlich, in dem „nach *innen* gekehrten Leben" (Enz, § 401, Zus.) bleibt. Diese durch die Musik bewirkten seelischen Bewegungen werden in zahlreichen Modifikationen und Nuancen als jene „besonderen Empfindungen" erlebt.

Ergänzungsbedürftig erscheinen die vorliegenden Ausführungen noch in anderen Hinsichten. Zwar wird die Einheit des Melodischen und Deklamatorischen mit einem normativen Anspruch hinsichtlich des „musikalisch Schönen" erläutert (vgl. VÄ 3, 208 f.), doch vermisst man eine genauere Beschreibung dieser Einheit, wie sie unter den Arten der begleitenden Musik insbesondere für die Form der Oper charakteristisch sein soll, die als komplexeste Art der begleitenden Musik gilt (vgl. VÄ 3, 213). Hier ist, auch mit Blick auf die weitere Entwicklung der Musik im 19. Jahrhundert, auf Hegels sehr viel weiter reichende Überlegungen zur Oper als modernes Gesamtkunstwerk im Kontext seiner Kritik des modernen Dramas zu verweisen (vgl. Gethmann-Siefert 1992, 165 ff.). Allzu summarisch bleibt auch die Beschreibung der Funktion des Melodischen in der reinen Instrumentalmusik (vgl. VÄ 3, 216). Beispiele aus den genannten, Hegel aus eigener Erfahrung wohl bekannten „Quartetten, Quintetten, Sextetten, Symphonien" wären, insbesondere mit Blick auf die langsamen, meist liedhaft gehaltenen Sätze, leicht zu geben. Überlegungen zu musikalischen Formen finden sich ebenfalls nicht. Hegels Bemerkung zur Bedeutung eines musikalischen Themas, die mit seinem ersten Auftritt erschöpft sei (vgl. VÄ 3, 142), ist mit Blick auf die Entwicklung eines Themas in den avancierten Formen der Sonate und Symphonie seiner Zeit nicht zutreffend. Hier wird man Hegels Bekenntnis, kein Musikkenner im engeren Sinne zu sein, zu berücksichtigen haben.

Wendet man sich nun der Frage zu, inwieweit die Geschichte der Musik und der Unterschied zwischen musikhistorischen Epochen berücksichtigt werden, so zeigt sich ein weiteres Defizit. Eine differenzierte, systematisch begründete Darstellung der Epochen der Musik und bedeutender Wendepunkte der kulturellen Funktion von Musik sowie der Auffassungen hinsichtlich der Formen des Ausdrucks in der Musik gibt es nicht. Der gregorianische Choral und die frühe Mehrstimmigkeit werden nicht erwähnt. Erwähnt und gerühmt wird die Kirchenmusik des 16. Jahrhunderts. Die musikhistorischen Differenzen zwischen der Musik eines Palestrina, Bach, Durante, Lotti, Pergolesi, Gluck, Haydn, Mozart und Rossini, die genannt werden, finden sich in einer systematisch relevanten Weise nicht bedacht. Sie werden gleichermaßen unter das Prinzip der abstrakten Subjektivität und des Ausdrucks subjektiver Innerlichkeit subsummiert. Und so bleibt auch die erwähnte Typendifferenz hinsichtlich des Prinzips der Innerlichkeit zwischen der alten und modernen Kirchenmusik skizzenhaft. Der epochale Unterschied wird nicht genannt.

Hegels Schweigen über Beethoven ist oft bemerkt worden. Carl Dahlhaus hat darin ein „beredtes Schweigen" (Dahlhaus 1983, 337) gesehen, das als eine indirekte Replik auf E. T. A. Hoffmanns Beethoven-Apologie zu deuten ist, die Hoffmann anhand einer detaillierten Analyse und Deutung von Beethovens 5. Sinfonie im Jahre 1810 veröffentlicht hatte und die Hegel sehr wahrscheinlich bekannt war. Beethovens reine Instrumentalmusik wird von Hoffmann als Chiffre des Unsagbaren über die Wortsprache erhoben, wodurch die wortfreie Musik zur höchsten Kunstform avanciert. Dagegen wendet sich der Sache nach Hegels Theorie der reinen Instrumentalmusik. Denn nicht die reine Instrumentalmusik, sondern die Poesie ist für Hegel die höchste Kunstform. Eine weitere Polemik betrifft die zeitgenössische Diskussion um die Emanzipation des Charakteristischen in der Musik, in der Hegel eine Einseitigkeit sah, die mit dem freien Ausdruck des Seelischen und der harmonisierenden Funktion des Melodischen unvereinbar ist (vgl. VÄ 3, 208 f.). Nimmt man beides zusammen, wird Hegels Schweigen über Beethoven in der Tat beredt: In der reinen Instrumentalmusik Beethovens und ihrer öffentlichen Anerkennung musste Hegel den Beginn einer unheilvollen Tendenz sehen, durch die die Musik ihre allgemeine Verständlichkeit und humane Bildungsfunktion verliert, und in der Emanzipation des Charakteristischen, für die Beethovens Musik ein Beispiel war, musste er die Gefahr des Verlusts des wahrhaft Schönen in der Musik sehen, das mit dem freien Ausdruck der Subjektivität verbunden ist. Deswegen gab Hegel der italienischen Oper den Vorzug (vgl. Gethmann-Siefert 1992, 218 ff.).

10.10 Die Vorlesungsnachschriften zum Musikkapitel

Es ist ein Verdienst der Hegel-Forschung (vgl. Gethmann-Siefert 1991 u. 1992 und Olivier 1998 u. 2003), auf die zahlreichen, zum Teil gravierenden Differenzen zwischen Hothos Darstellung und den Nachschriften, insbesondere der Berliner Vorlesungen über Ästhetik aus den Jahren 1820/21, 1823, 1826 und 1828/29 aufmerksam gemacht zu haben. So bieten die hinsichtlich ihrer Zuverlässigkeit durchaus unterschiedlich zu beurteilenden Nachschriften insgesamt eine systematisch weniger streng durchgeführte und sehr viel knappere Darstellung. Im Unterschied zu Hothos integraler Präsentation lassen sie eine Entwicklung und Variation einzelner Themen erkennen, die auch vor dem Hintergrund der veränderten Fassungen der *Enzyklopädie* zu sehen sind. So finden sich z. B. die Ausführungen über das vom Text improvisatorisch sich befreiende Singen, das Hegels Sympathie für die italienische Oper und Rossini eindrücklich belegt und das auch Hotho würdigt, erst in der Vorlesung von 1826 (vgl. Olivier, 1998), während die das Musikkapitel bei Hotho abschließenden Überlegungen zur genialen instrumentalen Virtuosität erst in der letzten Vorlesung von 1828/29 begegnen (Hm). Stärker als in Hothos Fassung wird in den Vorlesungsnachschriften Hegels Begeisterung für die alte Kirchenmusik und die unverhohlene Antipathie gegenüber der reinen Instrumentalmusik deutlich. Die nachweisbare Breite von Hegels Kenntnissen und Interessen hinsichtlich der Musik seiner Zeit, aber auch seine liberale Wertschätzung der geistvollen Vitalität der italienischen Oper finden sich bei Hotho nicht angemessen gewürdigt. Der italienischen Oper, in der Hotho nur eine „pikant langweilige Trivialität rhapsodischer Einfälle" (Gethmann-Siefert 1992, 182) zu erkennen vermochte, stellt er mit einem betont normativen Anspruch die großen Opern Glucks und Mozarts gegenüber, die Hegel freilich seinerseits rühmt. Eine in der Vorlesungsnachschrift von 1826 formulierte Charakterisierung der Oper als modernes Gesamtkunstwerk, das der antiken Tragödie vergleichbar wäre, fehlt bei Hotho ganz (vgl. Gethmann-Siefert 1992, 213). Damit stimmt zusammen, dass Hotho der Oper selber nur wenig Aufmerksamkeit widmet. Zu erwähnen ist in diesem Zusammenhang auch die in der Hegel-Forschung vertretene These, dass Hotho in nicht wenigen Nuancierungen und Akzentuierungen bei der Beurteilung von Werken der Musik eher den eigenen Urteilen in seinen „Vorstudien für Leben und Kunst" von 1835 hinsichtlich der auch kulturpolitisch von ihm als bedeutsam angesehenen „großen Empfindungen an großartigen Werken" als den eher moderaten und liberalen Ansichten Hegels gefolgt sei (vgl. Gethmann-Siefert 1992, 192ff., 199).

Wendet man sich nun den systematischen Kernbestimmungen der Musikästhetik Hegels zu, dann ergibt sich ein modifiziertes Bild. Auch hier fällt die durchweg knapp gehaltene Darstellung der Nachschriften auf. Eine Ausnahme hinsichtlich der begrifflichen Präzision und Ausführlichkeit der Darstellung von Hegels Überlegungen bietet Hothos eigene Nachschrift von 1823 (Ho). Mit Blick auf die gedruckte Version der Musikästhetik ist Hothos Absicht offensichtlich, Hegels relativ locker gefügte Überlegungen nicht nur in eine freilich recht rigide äußere Systematik zu transformieren und die gesamte Darstellung erheblich zu erweitern, sondern, was sachlich bedeutend ist, sie auf eine begriffliche und argumentative Höhe zu bringen, die der Komplexion des Themas und dem Niveau der Philosophie Hegels angemessen ist und die in den Nachschriften so nicht erkennbar ist. Das betrifft im Musikkapitel vor allem das systematische Verhältnis der Bestimmungen von Ton, Zeit und Subjektivität. Das ist das eigentliche Zentrum von Hegels Musikästhetik. Unangesehen der skizzierten Problemlagen und philologischen Bedenken ist Hothos Verdienst zu würdigen, diese Anstrengung des Begriffs auf sich genommen zu haben.

Literatur

Dahlhaus, C. 1983. „Hegel und die Musik seiner Zeit". *Hegel-Studien* 22: 333–350.
Gethmann-Siefert, A. 1991. „Ästhetik oder Philosophie der Kunst. Die Nachschriften und Zeugnisse zu Hegels Berliner Vorlesungen". *Hegel-Studien* 26: 92–110.
Gethmann-Siefert, A. 1992. „Das ‚moderne' Gesamtkunstwerk: Die Oper". In: *Phänomen versus System. Zum Verhältnis von philosophischer Systematik und Kunsturteil in Hegels Berliner Vorlesungen über Ästhetik oder Philosophie der Kunst* (= Hegel-Studien Beiheft 34), hg. v. F. Nicolin u. O. Pöggeler, 165–230. Bonn.
Hoffmann, E.T.A. 1963. „Alte und neue Kirchenmusik". In: *Poetische Werke in sechs Bänden* 3, 509–522. Berlin.
Kulenkampff, J. 1987. „Musik bei Kant und Hegel". *Hegel-Studien* 22: 143–163.
Nowak, A. 1971. *Hegels Musikästhetik* (= Studien zur Musikgeschichte des 19. Jahrhunderts 25). Regensburg.
Olivier, A. P. 1988. „Das Musikkapitel aus Hegels Ästhetikvorlesung von 1826". *Hegel-Studien* 33: 9–52.
Olivier, A. P. 2003. *Hegel et la musique. De l'expérience esthétique à la spéculation philosophique*. Paris.
Schnädelbach, H. 2003. „Hegel". In: *Musik in der deutschen Philosophie*, hg. v. S. L. Sorgner u. O. Fürbeth, 55–76. Stuttgart.
Siegele, U. 1974. „La Cadence est une qualité de la bonne Musique". In: *Studies in Renaissance and Baroque Music in Honor of Arthur Mendel*, hg. v. R. L. Marshall, 124–135. Kassel.
Siep, L. 2012. „Hegel über begleitende und selbständige Musik". In: *Vom Sinn des Hörens. Beiträge zur Philosophie der Musik*, hg. v. G. Mohr u. J. Kreuzer, 97–107. Würzburg.
Wackenroder, W. H. 1984. *Dichtungen, Schriften, Briefe*, hg. v. G. Heinrich. Berlin.

Niklas Hebing
11 Poesie

Im letzten Teil der kunstphilosophischen Vorlesungen lässt Hegel sämtliche zuvor unternommenen Bestimmungen des Kunstschönen in der Poesielehre gipfeln. Hier bestimmt er das allgemeine Wesen der Dichtung als höchste Kunstart. Dabei berücksichtigt er aber, dass „Dichtung" eine abstrakte Kategorie ist, die spekulativ in konkrete Obergattungen differenziert werden muss, und diese wiederum in Untergattungen, um dem Gegenstand gerecht werden zu können. Zugleich sind die differenzierten Gattungsformen selber wiederum abstrakte Kategorien, die Wirklichkeit nur in Einzelwerken haben. Hegel verwendet daher große Energien darauf, seine Bestimmungen an einer Fülle von Einzelwerkanalysen zu bewähren. Diese Gattungen und Einzelwerke der Dichtung dürfen weder nach Art einer Tafel einfach aufgelistet noch in Form verstreuter Einzelanalysen behandelt werden, sondern verlangen im Rahmen der spekulativen Geistphilosophie nach einer dialektischen Entwicklung auseinander.

Die begriffliche Bestimmung hat in jeder einzelnen ihrer Aussagen über Poesie der Bedingung Rechnung zu tragen, dass für Hegel Kunst insgesamt und alle ihre Kategorien geschichtlich verfasst sind und daher auf die Sphäre des objektiven Geistes bezogen werden müssen, weil sie auf deren Prozess immerzu reflektieren (vgl. Lukács 1969; Jaeschke 2014). Dabei betrifft die Geschichtlichkeit die Poesie in besonderer Weise, denn sie ist diejenige Kunst, die sich nicht wie alle anderen Künste schwerpunktmäßig der symbolischen, klassischen oder romantischen Kunstform zuordnen lässt; „sie ist zu allen Zeiten und in fast allen Kulturen gleicherweise vertreten" (Jaeschke 2003, 442). Aufgrund dieser epochenübergreifenden Bedeutung spielt ihre Geschichte für die Bestimmung des Wesens der Poesie eine unvergleichliche Rolle.

Nur durch diese Wesensbestimmung kann verständlich gemacht werden, warum Poesie für Hegel die höchste und vollendete Stufe künstlerischen Ausdrucks des Geistes ist. Das führt zum Umstand, wie Peter Szondi betont, „daß Hegels Lehre von der Dichtung nur im Gesamtzusammenhang seiner Ästhetik, und seine Ästhetik nur im Gesamtzusammenhang seiner Philosophie zu begreifen ist" (Szondi 1974, 510 f.). Im Folgenden soll dieses komplexe Konzept einer philosophischen Bestimmung der Poesie als Abschluss der Vorlesungen erörtert werden.

11.1 Übergänge: Von der Musik zur Poesie, von der Anschauung zur Vorstellung

Den Einstieg in die Poesielehre findet Hegel mithilfe der vorangegangenen Musiklehre: An deren Ende stand ein Defizit. Musik sei „*Empfindung, die sich erweiternde Subjektivität des Ich*", „*subjektive Innerlichkeit*" (VÄ 3, 149 f.), ihr Ausdruck sei der Ton; doch der musikalische Ton sei bloß „Ton als Ton" (Ho, 481), klingend, aber gehaltlos. Auf die Frage, was diesem äußeren Ausdruck innerlich entspreche, antwortet Hegel: „die abstrakte Subjektivität als solche", „unser ganz leeres Ich, das Selbst ohne weiteren Inhalt" (VÄ 3, 135; vgl. Ho, 481). Daraus resultiert ein Problem: Die Musik in ihrer Reinheit, die absolute Musik, die nur den Ton zum Ausdruck hat, könne im Menschen das reflexionslose Gefühl ansprechen, das zu äußeren Zwecken instrumentalisierbar sei.

Dieses Defizit wird Hegel im weiteren Entwicklungsgang beheben, d. h. er wird zeigen, wie in der Poesie diese Leere mit Inhalt gefüllt wird, der in seiner Konkretheit vor fremder Indienstnahme bewahrt. Damit knüpft die Poesielehre begrifflich an die Bestimmungen der Musik an; es ist die redende Kunst, die formal im musikalischen Ausdrucksmittel des Tons verbleibt, ihm aber den geistigen Inhalt des Wortes gibt: das Wortkunstwerk im Medium der Musik. Der „Ton für sich genommen ist inhaltslos", in der Poesie ruft sich die Musik „die genauere Bezeichnung des Wortes zu Hilfe" und „fordert [...] einen Text" (VÄ 3, 223 f.; vgl. Hm, 125).

Hegel zieht dazu einen interessanten Vergleich: Die Musik sei wie die Architektur (vgl. VÄ 3, 138 f.). Das erinnert an Schellings Diktum, Architektur sei „die erstarrte Musik" (Schelling 1859, 576); doch Hegel zielt auf einen anderen Punkt: Wie die klassische Architektur habe die Musik ihren „Inhalt" nicht in sich selbst, er bleibe „von ihr [...] unterschieden" (VÄ 3, 138; vgl. Ho, 485). Der antike Tempel stehe als Kunstwerk nicht für sich, sondern gehorche dem Zweck der Einkleidung, der „Umschließung des Gottes" (VÄ 2, 267; vgl. Ho, 455) als eines Geistigen. Wie der „Tempel [...] einen Gott [fordert], der ihm inwohnt", „so muß sich die Musik ihrer Einseitigkeit wegen" (VÄ 3, 222 f.; vgl. Ho, 485; Hm, 125) einen Text, Gedanken und Vorstellungen, suchen. Demnach ist die Poesie die Überwindung der Musik. Der Ton erhält einen ihm äußerlichen Inhalt, als sprachlicher gewinnt er Bedeutung.

Mit diesem Übergang ist der Übergang von der Anschauung zur Vorstellung direkt verbunden. Bereits am Übergang von Malerei zu Musik war ein qualitativer Sprung zu verzeichnen: Das Tonkunstwerk entzieht sich gegenüber den bildenden Künsten der Anschauung und verlagert sich in die bilderlose Abstraktion. Kategorial vermittelt sich die Musik damit bereits im Modus der Vorstellung. Doch diese Vorstellung ist noch unkonkret, deshalb ist es für Hegel nur eingeschränkt sinnvoll, in der Musik von Vorstellung zu sprechen. Musik könne nicht „Vorstellungen und Gedanken, wie sie als Vorstellungen und Gedanken vom Selbstbewußtsein gefaßt werden, wiedergeben wollen" (VÄ 3, 152; vgl. Ho, 482).

Erst die Poesie ist die Kunst der inhaltlich konkreten Vorstellung des Selbstbewusstseins, die nur in dieser Bestimmtheit wesentlich Vorstellung ist. Insofern sich die Poesie zum einen den Ausdruck der Musik und zum andern den Inhalt der bildenden Künste aneignet, ist sie in dieser Hinsicht die Symbiose der zuvor von Hegel unterschiedenen Kunstarten. „Die *Poesie* nun, die redende Kunst, ist das dritte, die *Totalität*, welche die Extreme der *bildenden* Künste und der *Musik* auf einer höheren Stufe [...] in sich vereinigt." (VÄ 3, 224; vgl. Ho, 486)

Die künstlerische Gestalt ist die konkrete Gestalt, wie sie in der Architektur und Skulptur räumlich (dreidimensional) und in der Malerei flächig (zweidimensional, bereits abstrahierend) materiell hingestellt wird. Diese Gestalt wird in der Poesie nicht hin-gestellt – sie ist keine materielle, anschauliche, sinnliche Kunst –, sondern vor-gestellt; sie wird in die „Welt der phantasiereich ausgebildeten Vorstellungen, das bei sich selbst seiende Geistige" (VÄ 3, 228; vgl. Ho, 486), verlegt. Die leere Vorstellung der Musik wird mit dem Inhalt der bildenden Künste erfüllt, aber im Modus der Vorstellung, als Vorstellung von etwas, und zwar von einem Gegenstand in Gedanken. „Der Geist zieht deshalb seinen Inhalt aus dem Tone als solchem heraus und gibt sich durch Worte kund, die zwar das Element des Klanges nicht ganz verlassen, aber zum bloß äußeren Zeichen der Mitteilung herabsinken." (VÄ 3, 227 f.; vgl. Ho, 486)

Der Literaturwissenschaftler Peter Szondi hat hier Kritik angemeldet: Hegel vernachlässige, „daß die Dichtung die Sprache nicht bloß als Ausdrucks- oder Bezeichnungsmittel verwendet, sondern sie zugleich in ihren musikalischen Qualitäten einsetzt" (Szondi 1974, 473). Zweifelsohne läuft eine Definition der Poesie als Sinnvermittlung qua sprachlich überformtem Ton Gefahr, den musikalischen Ausdruck der Poesie zu unterschätzen. Szondi übersieht aber, was es für die Poesie bedeutet, die letzte Stufe des Systems der einzelnen Künste zu sein. Die Position als höchste und gegenüber allen anderen Künsten vollendete Kunst schreibt Hegel ihr zu, weil ihr die Ausdrucksmittel aller Künste zur Verfügung stehen und sie diese, verlegt in den Vorstellungsraum, zur unendlichen Ausdrucksvielfalt übersteigt. Auch die klanglichen Qualitäten der Musik hat die Poesie in sich aufgenommen. So kann gerade mit Hegel eine moderne Poesie gedacht werden, die ihren Sinn nicht einfach sprachlich eingekleidet mitteilt, sondern diesen überhaupt nur in der Sinnlichkeit der musikalischen Sprache findet. Zugleich steht es der Poesie aber offen, sowohl den Sinn als auch seinen Ausdruck um die Vielfalt der bildenden Künste zu erweitern, denn sie ist in der Lage, ihre Sinnlichkeit mit Vorstellungen zu verbinden.

Mit dem Übergang in die Poesie erreicht Hegel einen qualitativen Umschlag, der die Poesielehre zum neuralgischen Punkt für die Gesamtentwicklung seiner Philosophie der Kunst werden lässt, in doppelter Hinsicht: Einerseits eröffnet sich der künstlerischen Darstellung mit dem Eingang in die Vorstellungswelt der Dichtung ein unendlicher Fundus. Die Kunst wird inhaltlich entgrenzt. Hegel sagt: „Jeder Inhalt, alle geistigen und natürlichen Dinge, Begebenheiten, Geschichten, Taten, Handlungen, innere und äußere Zustände" lassen sich in „das innere Vorstellen" (VÄ 3, 230; vgl. Ho, 486) hineinziehen. Andererseits kommt Hegel mit der Poesielehre zum Abschluss eines Bestimmungsprozesses, der mit der Einleitung begonnen wurde.

Im Endpunkt ist erreicht, was zu Beginn als Ziel der Entwicklung avisiert wurde: zu zeigen, wie der Geist in der Kunst über das Element der Sinnlichkeit hinausgeht und bei sich selber als wahrhaft nicht Sinnliches ankommt. Hegel führt aus, „das Wort, dies bildsamste Material, das dem Geiste unmittelbar angehört und das allerfähigste ist, die Interessen und Bewegungen desselben in ihrer inneren Lebendigkeit zu fassen, muß, wie es in den übrigen Künsten mit Stein, Farbe, Ton geschieht, auch vorzüglich zu *dem* Ausdrucke angewendet werden, welchem es sich am meisten gemäß erweist" (VÄ 3, 239; vgl. Hm, 126). Mit diesem Abschluss hat Hegel eine Grenze überschritten, die an den Grundfesten seines Kunstbegriffs rüttelt. Die Kunst der Vorstellung ist nicht mehr schön.

Zur Erinnerung: Hegel hatte in den ersten Abschnitten seiner Vorlesungen die Kunst als ein sinnliches Scheinen bestimmt, das auf den geistigen Gedanken hindeute (vgl. VÄ 1, 23; Ho, 221). Über die Architektur, Skulptur und Malerei hinweg konnte Hegel zeigen, wie der Geist mit zunehmender Tendenz den ihm adäquaten Ausdruck findet. Je weiter sich Hegel im letzten Teil über die Kunstarten aber dem Zielpunkt nähert, desto schwieriger wird es, die allgemeine Bestimmung aufrechtzuerhalten, die den Anspruch hat, für alle Künste zu gelten. Die poetischen Künste sind keine rein sinnlichen Erscheinungsweisen eines Geistigen mehr.

Dennoch wäre es ein Missverständnis, an diesem Punkt von einem Scheitern des allgemeinen Begriffs der Kunst zu sprechen. An ihm wird vielmehr ein Symptom der Herausforderung, Kunst einheitlich zu bestimmen, ersichtlich, das es ermöglicht, Hegels Projekt zu verstehen. In der Einleitung und im ersten Hauptteil legte er den Vollbegriff des Schönen auf die klassische Skulptur fest. In ihr wird die geforderte Identität von Gedanke und Sinnlichkeit unmittelbar wahrnehmbar, anschaulich und sogar greifbar. Damit formuliert Hegel jedoch kein normatives Konzept, dem weitere Künste entsprechen müssen. Nicht um einen Ausschluss geht es Hegel, sondern um einen begrifflichen Bezugspunkt, der es allererst möglich macht, an den Rändern abweichende Kunstarten philosophisch zu erfassen. Aus diesem Grund bezieht er die beiden Künste Poesie und

Musik, die nicht mehr in Form einer materiell-räumlichen Gestalt sinnlich wahrnehmbar sind, auf dieses unverzichtbare Ideal des sinnlichen Scheinens.

So wird erst durch diesen Bezugspunkt ermöglicht, die Poesie als ein Unschön-Werden des Geistes zu begreifen: Unschön wird er in dem Sinne, dass er unsinnlich resp. nicht mehr anschaulich seinen Gehalt vermittelt. Gerade weil das Sinnliche aber nicht wesentliches Moment des Geistes ist, ist die Grenzüberschreitung zur nicht mehr schönen Kunst gerade ein Zu-sich-selber-Kommen des Geistes. Erst nach der Schönheit wird er „auf seinem eigenen Boden sich gegenständlich und hat das sprachliche Element nur als Mittel" (VÄ 3, 229; vgl. Ho, 486).

Die Poesie ist jedoch nicht nur abstrakt die Kunst der Vorstellung; sie vermittelt ihren Inhalt konkret in vielen Vorstellungen. Hegel führt an, die Entwicklung des Stoffs müsse „in einer zeitlichen Folge als eine Geschichte" (VÄ 3, 226; vgl. Ho, 486) geschehen, so dass die besagte Symbiose von bildender Kunst und Musik auf einer weiteren Ebene zu verorten ist: Im Anschluss an die räumlichen bildenden Künste trat mit der Musik die „*Zeit*" hinzu, „welche das allgemeine Element der Musik ausmacht" (VÄ 3, 156; vgl. Ho, 482). Demgegenüber ist die Poesie die Kunst, die sich sowohl über den Raum als auch die Zeit erstreckt.

Der Aspekt der Zeitlichkeit ist unmittelbar einsichtig – Dichtung gibt keinen Eindruck von starrer Gestaltung wie die Skulptur, sie entfaltet den Ausdruck zur Kette von Vorstellungen als Ereignisse einer Handlung. Ihr Inhalt ist die Handlung des Geistes, und dieser hat seine Geschichte (vgl. VÄ 3, 226; Ho, 486). Der Aspekt der Räumlichkeit hingegen bedarf der Kommentierung: Wenn von den dramatischen Formen abgesehen wird, sind die Handlungen in Epik und Lyrik nicht buchstäblich raum-zeitliche Taten. Sie sind vielmehr Handlungen als Abfolgen von Vorstellungen im Vorstellungsraum. Dennoch unterliegen diese Handlungen den Koordinaten von Raum und Zeit, denen sie als konkrete Geschichten geistiger Selbstvollzüge nicht enthoben sein können.

Dieser Umstand unterscheidet die poetische Vorstellung für Hegel vom begrifflichen Denken der Philosophie. Erst das philosophische Denken löst sich von diesen Koordinaten; es befreit sich von Fesseln, indem es die Dinge begrifflich fasst, nach der Notwendigkeit ihrer vernünftigen Entwicklung aus dem Denken selbst, bis hin zu seiner vollkommenen Ausbildung als selbstbezügliches Denken, das ein Denken des Denkens selbst ist. Somit ist die dichterische Vorstellung für sich aber weder schön noch philosophisch, sie hat vielmehr „die Mitte zu halten zwischen der abstrakten Allgemeinheit des Denkens und der sinnlich-konkreten Leiblichkeit" (VÄ 3, 231; vgl. Ho, 489); sie ist bildliche Vorstellung.

11.2 Poesie und Prosa

Die Frage, mit der sich Hegel im Anschluss an die einleitenden Bestimmungen ausführlich beschäftigt, ist die Frage nach dem Unterschied von Poesie und Prosa: Was unterscheidet das poetische Kunstwerk von der Alltagsprosa des gesprochenen Wortes?

Die Frage hängt auf das Engste mit den vorangegangenen Ausführungen zusammen: Um die nicht mehr im Vollsinne schöne Kunst Poesie als höchste Stufe in die Kunstarten aufnehmen zu können, muss ihr im poetischen, bildlichen Ausdruck sinnliche Qualität nachgewiesen werden. Dazu muss sie sprachlich von der unsinnlichen prosaischen Form unterschieden werden. – Man kann es für unbefriedigend oder aber für eine Stärke des Hegelschen Ansatzes halten, hierzu keine Definition anzubieten.

In der Ästhetikvorlesung von 1823 sagt Hegel, es könne „keine einfache Bestimmung gegeben werden [...], denn die Poesie ist in sich concret und kann vielerlei Seiten festhalten" (Ho, 492; vgl. VÄ 3, 237). Auf die nähere Bedeutung des Ausdrucks „konkret" kommt es hier an. Hegel betont, die prosaische Redeweise sei eine Weise des Verstandes, weil sie sich abstrakt ausdrücke. Demgegenüber spreche die Poesie konkret, indem sie bildliche Vorstellungen versprachliche. Beispielsweise handele es sich bei der Zeitangabe „morgens" um eine typische prosaische Äußerung – diese Angabe kann aber auch bildlich, extensiv und konkret ausgedrückt werden, etwa durch „Als nun die dämmernde Eos mit Rosenfingern emporstieg" (VÄ 3, 277; vgl. Ho, 489). In der Sache ist mit beiden Äußerungen dasselbe aufgerufen, doch nur im zweiten Fall verbindet sich mit ihr ein anschauliches Bild. Auch Begriffe wie „Sieg", „Freude, Vergnügen" sind ganz anschauungslose Abstraktionen, konkret werden sie durch die Verknüpfung mit einem Bild.

Hegel sagt daher, das Wesentliche des poetischen Ausdrucks liege „in der Art und Weise der *Vorstellung*" (VÄ 3, 275; vgl. Ho, 489; Hm, 126). Ist sie abstrakt-begrifflich, handelt es sich um Prosa, ist sie konkret-bildlich, handelt es sich um Poesie. Wie Poesie zu erzeugen sei, lasse sich nicht weiter definieren. Hegel wehrt sich gegen Versuche, eine technische Definition im Sinne eines Kriterienkatalogs zu geben. Bemerkenswert ist somit, dass Hegel die Frage nach Poesie und Prosa nicht an die gebundene bzw. ungebundene Rede knüpft; es sei vielmehr die Art und Weise, wie ein „Inhalt innerlich [...] für das Vorstellen selber" (VÄ 3, 276; vgl. Ho, 488) gebildet sein muss. Dem Bedürfnis der sachbezogenen Informationsübermittlung kann die poetische Rede nicht dienlich sein. Dem abstrakt denkenden Menschen bedeutet Poesie daher nichts; oder wie Hegel bemerkt, „die poetische Vorstellung kann als ein Umweg und nutzloser Überfluß angesehen werden" (VÄ 3, 278; vgl. Ho, 489).

Um den Poesiebegriff näher auszuführen, greift Hegel auf den Totalitätsbegriff zurück, wie er ihn in den Abschnitten über das Natur- und Kunstschöne entwickelt hatte. Als eine in sich bewegte individuelle Einheit von Teilen ist der Naturorganismus schön. An diesem Konzept kann auch das Kunstwerk teilhaben, wenn es gewisse Kriterien erfüllt. Hegel meint, selbst das nicht mehr sinnliche poetische Werk könne sich diesem Schönheitsbegriff zumindest annähern, wenn es als „organische Totalität" gebildet werde, was bedeutet, dass es 1) einen „bestimmte[n] Zweck" für sich habe, auf den „sich dann alles übrige beziehen" solle, 2) dieser Zweck ein individueller Zweck sei, d. h. ein Zweck, „welche[r] dem Geist, dem Gemüt, dem Wollen bestimmter *Individuen*" angehört, 3) die einzelnen Teile der Dichtung, „um in eine organische Einheit treten zu können, als für sich selber ausgebildet erscheinen müssen" (VÄ 3, 248 ff.; vgl. Ho, 487 f.), d. h. als Teile eines Organischen. Diese Bestimmungen sind in zweierlei Hinsicht zu erörtern.

Erstens setzt Hegel damit das poetische Werk von prosaischer Geschichtsschreibung, etwa eines Herodot, und von prosaischer Rhetorik ab. Was den Unterschied zu historischen Werken betrifft, so dient Hegel die zweite Bestimmung zur Abgrenzung: Zwar habe Geschichtsschreibung ebenso den „bunten Inhalt der Begebnisse und Charaktere in die Vorstellung aufzunehmen", jedoch werden die Ereignisse von ihr als äußerliche geschildert und gehen „nicht aus dem Willen des Individuums hervor" (vgl. VÄ 3, 257; Ho, 487).

Dies ist sogleich einsichtig: Geschichtsschreibung liefert einen konsistenten Zusammenhang historischer Entwicklungen, z. B. die Nacherzählung des Peloponnesischen Krieges. Dieser Geschichte ist aber kein Protagonist einbeschrieben, der Zusammenhang stiften und die Ereignisfolge vorantreiben würde. In der Geschichtsschreibung geht das Moment des Individuums im Ozean der Politik unter, ihre Darstellungen bewegen sich auf der übergeordneten Ebene der staatlichen und zwischenstaatlichen Aktionen. In der Poesie hingegen entdeckt Hegel eine andere Perspektive. In ihr kommt die menschliche Individualität zu ihrem Recht und ist dabei handlungsleitend. Auch muss sich die Dichtung nicht dem Faktischen beugen; sie kann sich, wie Aristoteles im neunten Kapitel der *Poetik* anführt, der wahrscheinlichen Fiktion bedienen (vgl. Aristoteles, 1451a, 36–38).

Mit den drei Bestimmungen der „organischen Totalität" grenzt Hegel die Poesie zugleich gegen die prosaische Rhetorik ab, insbesondere mit der dritten Bestimmung: Im poetischen Werk seien die Teile Teile des Organischen, und damit „organische Einheit", doch jedes dieser Teile sei zugleich frei „für sich ausgebildet" und erscheine, als sei es „für sich der Zweck" (Ho, 488). Zur Poesie rechnet Hegel somit sprachliche Äußerungen, deren Zusammenhang sich nicht auf einen außerhalb des Kunstwerks liegenden Zweck bezieht.

Damit unterstreicht Hegel für die Dichtung, was bereits Kant in seiner *Kritik der Urteilskraft* zur entscheidenden Eigenschaft des Schönen insgesamt erhoben hatte: Schönheit werde erfahrbar, wenn der Gegenstand sich als Zweck an sich selbst zeige, d.h. wenn der Grund der Schönheit kein außerhalb seiner unmittelbaren Wahrnehmung liegender Anreiz sei (vgl. Kant 1908, 203ff.). Hegel überträgt diese Eigenschaft auf das freie poetische Kunstwerk, denn dieses sei, im Unterschied zur politischen Rede oder zum Argument in einer Debatte, frei im Sinne des reinen Selbstzwecks der Beschäftigung des menschlichen Geistes mit sich, einer Narration, die dem Geist seine wesentlichen Inhalte zur Vorstellung bringe.

So sehr die einzelnen Elemente durch die Einheit der Narration zusammenhängen – das macht Hegel besonders 1823 klar –, so sehr müssen sie als Teile für sich „absichtslos erscheinen" (Ho, 488). Auch das juristische Plädoyer oder die Senatsrede besitzen diesen Zusammenhang, doch ihre nach den Regeln der Rhetorik ausgearbeiteten Teile können nicht für sich stehen, sondern gehorchen dem äußeren Zweck des Anlasses. Demgegenüber gehen in der Poesie die Teile „aus freiem Gemüth hervor" und erzeugen aus dieser Quelle einen „unendliche[n] Organismus: gehaltreich und [...] einheitsvoll" (Ho, 488; VÄ 3, 270).

Trotz dieser plausiblen Abgrenzung des poetischen Kunstwerks von anderen sprachlichen Werken bleibt aber weiterhin verschwommen, wie die Rede vom Sprachkunstwerk als „Ganzes aus Teilen" verstanden werden soll.

Zweitens ist hierzu der Abschnitt im ersten Hauptteil über „das Dasein des Ideals oder die Wirklichkeit des Kunstschönen" heranzuziehen, in dem Hegel im Anschluss an die Erarbeitung des Begriffs des Kunstschönen für alle Künste bestimmt, in welcher Weise sich der Begriff Dasein verschafft, d.h. in welchen Gestaltungen er sich im Endlichen verwirklicht (vgl. VÄ 1, 202ff.; Ho, 288f.). Im ersten Hauptteil kann Hegel solche Gestaltungen noch nicht in ihrer Vielfalt besprechen, daher skizziert er allgemeine Strukturen des Kunstwerks, die sich auf alle Künste übertragen lassen. Im Zentrum steht der Handlungsbegriff, der als ästhetische Grundkategorie konstitutiv für das Kunstschöne ist. Zudem demonstrieren sich an ihm die Unterschiede der Künste (vgl. Wiehl 2005, 98ff.).

Abgekürzt zeigt Hegel, vor allem 1823, dass 1) das Geistige sich in der Kunst als „Individualität" konkretisiert; ganz gleich, ob sie Gott, Mensch, Tier oder Sache ist, ihr innerstes Wesen ist „Handlung" in der äußerlichen Welt, sie „muß sich bewegen muß handeln" (Ho, 290). 2) Dieses Handeln aber „setzt eine Umgebung voraus", die dem Subjekt „der Boden" ist, als „das Objective"; Hegel nennt dies „Zustand", denn die Welt ist nicht einfach, sondern ist in einem bestimmten Zustand, etwa in dem „eines Staates überhaupt" (Ho, 290). 3) Auch der Wille des Individuums, der sich im Handeln realisiert, befindet sich in einem bestimmten Zustand. Zwischen diesen Zuständen herrscht entweder ein Verhältnis der Unterordnung, Anerkennung oder Behauptung; „einerseits ist die Ordnung vorhanden, anderseits das subject, [...] die Gesetze als das Seine anerkennend, oder als Knecht, weil sie geltend und mächtig sind" (Ho, 290 f.). So entsteht gegebenenfalls eine Kollision, die zur Dynamik der Handlung wird und von Hegel „Situation" genannt wird. 4) Diese Handlung vollzieht sich schließlich im Modus der „Reaktion", sowohl des Willens gegen seine Welt als auch umgekehrt.

Angesichts dieser Bestimmungen des „Daseins des Ideals" fragt sich aber, ob sie tatsächlich auf alle Künste zutreffen. Die Handlung mit allen Facetten, die Hegel an ihr unterscheidet, kann allein die Dichtung darstellen, annäherungsweise die Malerei, aber eben nicht die Architektur oder Skulptur, die Handlungsmomente lediglich andeuten können, etwa eine Statue, in deren dynamischem Ausdruck zur Bewegung angesetzt wird. So wird deutlich, dass Hegel die Poesie zum Vollbegriff des verwirklichten Ideals macht, dem sich die anderen Künste annähern, ohne ihn zu erreichen; dennoch sind dies die Momente, nach denen sich in allen Künsten die Totalität der künstlerischen Gestalt bestimmt: Sie alle haben als Mitte eine Individualität, die einem Handlungszweck folgt, der sich in einer ihr äußerlichen Welt realisieren muss und zugleich von dieser Welt im Handeln abhängig ist.

So klärt sich an diesem Punkt, was die Ausgangsfrage des Exkurses war, nämlich Hegels Rede vom poetischen Kunstwerk als einem „Ganzen von Teilen": Alle Elemente der Narration werden zusammengehalten von der Individualität des handelnden Subjekts. Der Handlungszweck des Helden stülpt aber nicht einfach additiv eine Ganzheit über verstreute Elemente der Narration, sondern im Verbund entsteht eine integrative Ganzheit, die sich qualitativ auf alle Teile erstreckt. Die Teile zeigen keinen partikulären Charakter mehr, sie haben sich selbst und untereinander zur organischen Ganzheit durchdrungen, als nicht aufzuspaltende Totalität. Unter diesem Gesichtspunkt Hegels Vorlesungen von vorne nach hinten zu lesen, macht einsichtig, was Hegel im Kapitel über die Dichtung mit der „poetischen Totalität" zum Ausdruck bringen möchte; sie von hinten nach vorne zu lesen, zeigt, dass Hegel sich für den Vollbegriff des „Daseins des Ideals" als Ganzheit an der Poesie orientiert und alle übrigen Künste als Schwundstufen auf diese bezieht.

Neben diesen im eigentlichen Sinne philosophischen Fragen des Kunstwerks setzt sich Hegel zudem mit stilistischen Kriterien der Poesie auseinander, in erster Linie mit Versmaß und Reim, der sogenannten „Versifikation". Sie wird hier in der Einleitung der Poesielehre und nicht im Unterabschnitt zur Lyrik thematisiert, weil die Dichtung klassischerweise in Verssprache verfasst wurde, auch Epen und Dramen (vgl. im Folgenden Storz 1970).

Wichtig zu behandeln erscheint Hegel die Versifikation, weil die Gebundenheit der dichterischen Sprache („oratio ligata") auch die Funktion habe, den künstlich-künstlerischen, nicht-alltäglichen Charakter der Poesie zu markieren (vgl. VÄ 3, 289; Hm, 127). Zugleich befriedigt die Versifikation Hegel zufolge das künstlerische Bedürfnis, die sinnliche Seite der Dichtung nicht der Zufälligkeit zu überantworten, d. h. die natürliche Sprache nicht ungestaltet zu lassen, sondern vollständig durchzubilden. Alles soll vom Geist geformt seien, nur in dieser gestalterischen Radikalität kann sich der Anspruch des geistigen Menschen befriedigen, sich in einem selbstgeschaffenen Werk als vernünftiges Wesen zu vergegenwärtigen.

Hegel stellt zwar fest, die Versifikation könne als „Fessel der Phantasie" erscheinen, „durch welche es dem Dichter nicht mehr möglich wird, seine Vorstellungen ganz so mitzuteilen, wie sie ihm innerlich vorschweben" (VÄ 3, 290; vgl. Ho, 490), doch dies sei eine kurzsichtige Betrachtung. Vielmehr sei sie ein selbstreflexives Gestaltungsprinzip, das die Dichter dazu bringe, sich stets zu befragen, ob der Ausdruck abgerundet sei; sie zwinge „herumzusuchen", „den Ausdruck der Vorstellungen herüber- und hinüberzuwenden", „um und um zu kehren" (Ho, 490; VÄ 3, 291), bis der ideale Ausdruck gefunden sei. – Hegel bedient sich hier eines Wortspiels: „Vers" stammt von Lateinisch „versus", was die Substantivierung von „vertere" in der Bedeutung von „umwenden", „umkehren" ist, weil am Versende stets gewendet und zum Anfang einer neuen Zeile umgekehrt wird. Wie das Dichten in Versen ein unaufhörliches Umkehren ist, müssen dies die Dichter mit ihren Versen tun, um sprachliche Veräußerung und Vorstellung einander adäquat zu machen.

Mit den einführenden Partien wird klar, dass Hegel die Poesie nicht formal zu bestimmen sucht; er dringt tiefer, indem er sie nach der Seite ihres allgemeinen Inhalts befragt. Doch sie nur anhand dieses tieferen Inhalts zu bestimmen, wäre ebenfalls eine einseitige Betrachtung; beide Aspekte verhalten sich reziprok. Daher verfährt Hegel streng danach, die Dialektik von Form und Inhalt des poetischen Kunstwerks herauszuarbeiten, wenn er im nächsten Schritt die Poesie in ihre drei Hauptformen unterscheidet, zu denen er 1823 verdichtet und zunächst vorbegrifflich festhält: „In der epischen entwickelt sich eine objective Welt des Geists in der Vorstellung. die Lyrik behandelt die subjectivität als solche, das Drammatische die Handlung des subjects." (Ho, 493; vgl. VÄ 3, 321 ff.)

11.3 Antike Epik

Die Lehre vom Epos in Hegels Berliner Kunstphilosophie hat eine lange Vorgeschichte. Bereits in den Jugendschriften sind Bemerkungen zu Homer zu finden. In der *Phänomenologie des Geistes* werden sie zu einer eigenen kategorialen Stufe des Religionskapitels systematisiert, das als Ganzes betrachtet nichts weniger ist, als die Geschichte des Geistes, der sich als Geist in seiner Geschichte weiß (vgl. GW 9, 363 ff.). In dieser Geschichte und für dieses Wissen spielt das Epos eine wichtige Rolle (vgl. im Folgenden Hebing 2015, 77 ff.).

In den Vorlesungen heißt es, das Epos zeige „das Ganze einer Welt, in der eine individuelle Handlung geschieht" (VÄ 3, 373; vgl. Ho, 495). Damit wird das Epos nach zwei Seiten abgesetzt. Einerseits bildet die epische Dichtung das Ganze der Welt ab, was ebenso für die auf Allgemeinheit und Einheit zielende Geschichtsschreibung gilt. Wird aber berücksichtigt, dass das Epos einen Weltzustand widerspiegelt, in dem eine individuelle Handlung geschieht, scheint sogleich die entscheidende Differenz auf. Inhalt der epischen Handlung sei der „zur Individualität belebte Zweck" und nicht „das Vaterland oder die Geschichte eines Staats" (VÄ 3, 354 f.; vgl. Ho, 495).

Andererseits muss Hegel das Epos vom Drama absetzen, das eine ebensolche individuelle Handlung zur Vorstellung bringt. Insbesondere im Kolleg von 1823 wird dieser Unterschied explizit: Indem das Epos das Ganze einer Welt abbildet, beschränkt es sich nicht wie das Drama auf „die That als solche, [die] durch den Character des Menschen, durch den Willen gesetzt" ist, sondern es hat eine umfassendere, allgemeinere „Handlung, ein Geschehn in seiner ganzen Entwicklung und Breite" (Ho, 495; vgl. VÄ 3, 363). Auf diese Weise stellt das Epos eine wahre Symbiose von Held und Welt her; beides greift unlösbar ineinander, indem „die menschliche Tat sich nun auch wirklich ebensosehr durch die Verwicklung der Umstände bedingt und zuwege gebracht erweisen muß" (VÄ 3, 363; vgl. Ho, 495).

Die Umstände im Drama sind dagegen dem Willen des Helden unterworfen; sie erhalten „nur Geltung durch das, was Gemüt und Wille aus ihnen macht, und die Art und Weise, in welcher der Charakter gegen sie reagiert" (VÄ 3, 363; vgl. Ho, 495). Aus dieser Konfrontation geht hervor, das Drama als Aussprache einer in sich vertieften Subjektivität zu verstehen, deren Handeln von Reflexion begleitet wird, als wissender und im Wissen wollender Wille; im Epos aber ist Platz für die rohe „Naturseite" des Menschen, so dass sich Inhalte wie „Tapferkeit" (VÄ 3, 350; vgl. Ho, 495) einmischen, ohne intellektuelle Überformung. Im Drama setzt die Individualität ihren Willen und Charakter als Handlung durch, das ist der eigentliche Inhalt; im Epos aber sind es die weltlichen Umstände und Verhältnisse als äußerer Zustand, die sich gegenüber dem Handelnden ebenso behaupten.

Es ist leicht zu sehen, welche Einzelwerke hier begriffsbildend sind. Vor allem Homers *Ilias* ist Hegel das Epos par excellence. Eine Reihe von Szenen und Handlungselementen flechtet Hegel an mehreren Stellen ein, etwa über Hektor und Andromache oder Achilles. Wird dieser Bezugspunkt in die Deutung einbezogen, erscheint Hegels Rede von der epischen Ganzheit einer Welt sogleich konturierter: Die *Ilias* berichtet nicht bloß von Taten des Agamemnon oder

Odysseus, sondern ist eine Schilderung des Trojanischen Kriegs bzw. der olympischen Götterwelt und integriert eine Vielzahl zuvor mündlich überlieferter Mythen und Erzählungen. Daher sagt Hegel, der Stoff des antiken Epos, der sogenannten „Epopöen", sei „der allgemeine Zustand eines besonderen Volks", der durchzogen sei vom „Konflikt des *Kriegszustandes* als die dem Epos gemäßeste Situation" (VÄ 3, 348 f.; vgl. Ho, 496). Der Konflikt gibt Anlass zur Handlung resp. dem Epos Geschlossenheit: Anfang, Mitte und Ende. Vor dem Hintergrund der Abgrenzung von Epos und Drama erscheint es plausibel, dass die Kollisionen sich episch als „Kriege *fremder* Nationen" darstellen, wohingegen es im Drama individuelle Fehden sind, der „Kampf eines Bruders gegen den anderen" (VÄ 3, 351; vgl. Ho, 497).

Neben der *Ilias* erwähnt Hegel den spanischen *Cid*, der nicht mehr in der klassischen, sondern romantischen Kunstform anzusiedeln ist (vgl. VÄ 3, 352; Ho, 498). Zwischen diesen beiden Epen bestehen große Unterschiede. Hegel macht vor allem eine Hauptdifferenz aus, die weder in der sprachlichen Einkleidung noch den Hauptfiguren noch der Handlung für sich liegt. Im Wesentlichen handelt es sich dabei um die Verschiedenheit des Weltzustandes, in dem diese Handlung spielt. Weil das Epos die Gattung ist, in welcher dieses Moment am deutlichsten zutage tritt, lässt sich an der *Ilias* und am *Cid* der Unterschied von klassischem und romantischem Epos demonstrieren: Die eigentlich charakteristische Zeit für epische Handlungen sei die „heroische" Zeit, ein Weltzustand, wo sich bereits „Verhältnisse des sittlichen Lebens" im Politischen und Religiösen, Ansätze einer kultivierten Ordnung, etabliert haben; doch die Verhältnisse seien noch nicht rechtlich fest geworden, haben keinen „zu organisierter Verfassung herausgebildeten Staatszustand mit ausgearbeiteten Gesetzen" angenommen (VÄ 3, 340 f.; vgl. Ho, 498).

1828/29 führt Hegel an, der heroische Weltzustand sei eine Zeit, „wo Staat, Pflicht Recht, dem Wollen noch angehören" (Hm, 131). Diese Voraussetzung betont er nachdrücklich, weil es für die dem Epos wesentliche Symbiose von Weltzustand und individueller Handlung darauf ankommt, dass das Individuum sich gegen die Verhältnisse, in denen es wirkt, behaupten kann. Das Wollen des Individuums muss sich für den öffentlichen Handlungsradius seiner Tat zum Stifter von Recht und Sitte machen, so dass von seiner Subjektivität die Politik abhängt. Dies bezieht sich nicht allein auf einen Einzelnen, sondern auf sämtliche Akteure: In der *Ilias* „ist Agamemnon wohl der König der Könige, die übrigen Fürsten stehen unter seinem Zepter, aber seine Oberherrschaft wird nicht zu dem trockenen Zusammenhange des Befehls und Gehorsams", denn „frei haben sie sich um ihn her gesammelt" (VÄ 3, 342; vgl. Ho, 498); kein Gesetz zwingt sie.

Die Welt, die im Epos als Ganzheit dargestellt wird, ist also vorrangig eine gesetzlose, in der keine ordnende Sitte zur Gewohnheit geworden ist. Da Hegel streng dialektisch den epischen Kontext in reziproker Abhängigkeit der verschiedenen Sphären skizziert, kann für ihn in einer offenen, nicht zu Strukturen der Gewohnheit erstarrten Welt auch kein Individuum wohnen, dessen Handeln eine Aneinanderreihung sich wiederholender Taten aus Gewohnheit ist. Aus diesem Grunde sei Homer so detailverliebt in der Schilderung des Alltäglichen, das für seine Zeit längst zu Nebensächlichkeiten geworden und aus der Dichtung ausgeschlossen worden sei (vgl. VÄ 3, 344; Ho, 499).

Das Epos sei daher ein „Gedicht" über die Gründungsgeschichte des Gemeinwesens, d. h. über eine Menschengruppe, die „aus der Dumpfheit erwacht" und sich zunächst eine lose „Sitte" erwirkt, die erst später „bürgerliches und moralisches Gesetz" (VÄ 3, 332; vgl. Ho, 499) werde. Es zeigt eine Gemeinschaft, die beginnt, sich eine politische Ordnung zu verschaffen und sich ihre Freiheit durch Gesetze zu verwirklichen, ohne diesen Zustand erreicht zu haben. Das Epos ist somit ein Kunstwerk über den beginnenden Prozess der Versittlichung, aber noch nicht über für sich freie Menschen.

Wegen dieses Charakters erblickt Hegel im indischen und arabischen Kulturkreis einen deutlichen Hang zur Ependichtung. Mit den außereuropäischen Epen setzt er sich vor allem 1826 ausführlich auseinander. Die indischen Gedichte „legen uns die Weltanschauung der Inder in der ganzen Pracht und Herrlichkeit" (VÄ 3, 396 f.; vgl. Ho, 501) dar. Hegel hat hier das *Ramayana* und das *Mahabharata* im Blick.

Das „Nibelungenlied" als das deutsche Epos zu verstehen, wie einige nationalistisch gesinnte Zeitgenossen Hegels, lehnt er 1828/29 entschieden ab. Es sei „von uns ganz abgeschnitten", kein „Volksgedicht", mehr „dramatisch" (Hm, 133; vgl. VÄ 3, 347). Ein deutsches Epos gebe es nicht.

11.4 Das moderne Epos: Der Roman

Dass es einen echt epischen Inhalt der Dichtung gibt, liefert Hegel das Argument, warum das Epos im engeren Sinne auf die griechische Antike und den asiatischen Raum beschränkt bleibt. Das Zeitalter der romantischen Kunstform eignet sich nicht, als Epos besungen zu werden. Es gibt zwar weiterhin solche Epen, doch für Hegel ist diese Form nicht mehr zeitgemäß. Es entstehen adäquatere Ausdrucksmöglichkeiten.

Mit diesen Gedanken greift Hegel erkennbar die Position Friedrich Schlegels auf, der in seinen Abhandlungen *Ueber das Studium der griechischen Poesie* und *Brief über den Roman* bereits darauf hingewiesen hatte, dass die alten Formen einer modernen Literatur nicht mehr zum Vorbild dienen können, sondern diese eine eigene Form finden müsse (vgl. Jung 1997, 106 f.). Im Unterschied zu Schlegel macht Hegel jedoch die Entstehung der epischen Formen vom Entwicklungsstand des politischen, sozialen und religiösen Kontextes abhängig. Hegel fasst den Unterschied geschichtsphilosophisch und deutet das Aufkommen dichterischer Formen als Widerspiegelung umfassender geistiger Entwicklungen (vgl. Lukács 1969; Hebing 2009, 49 ff.; Hebing 2008, 37 ff.). Gegenüber der Welt, wie das Epos sie abbildet, haben sich im romantischen Zeitalter Sitte und Recht zu einem System staatlicher Organe als dem Individuum Äußerliches verfestigt. Heroisches, sittlichkeitsstiftendes Handeln ist unmöglich geworden; sein Anteil am sittlichen Ganzen verschleiert sich dem Individuum. Subjekt und Welt lösen sich voneinander, das Subjekt hat sich den äußerlichen Strukturen von Ordnung und Gewohnheit zu subordinieren.

Für Epen, die nach diesen erheblichen Verschiebungen geschrieben werden, entsteht hieraus ein ebenso erhebliches Problem: Hegel meint, ihr politischer, sozialer, religiöser Weltzustand sei selber nicht mehr episch verfasst, er gebe keinen Stoff mehr her zur echten epischen Handlung. Soll am Epos festgehalten werden, muss ein Stoff aus einer Zeit gewählt werden, die den epischen Charakter noch besaß. Der Inhalt muss historisiert werden. Hegel entdeckt aber auch darin keine Lösung, sondern bloß eine Umgehung des Problems, das sogleich wiederkehrt. Er meint, das Epos „ist an seine Zeit gebunden" (Ho, 500), d. h. es sei immer Ausdruck der Gegenwart, in welcher es geschrieben wurde, und daher selbst in historistischer Gewandung niemals außerhalb seines Weltzustandes.

Hegel nennt Klopstocks *Messias* als Beispiel, der zwar die Geschichte Christi zum Gegenstand habe, sich dazu aber der „Begriffe der Wolffischen Metaphysik" (VÄ 3, 370; vgl. Ho, 500) bediene. Des Weiteren erwähnt Hegel die *Luise* von Johann Heinrich Voss und Goethes *Hermann und Dorothea* (vgl. VÄ 3, 414 f.; Ho, 501).

Das Epos kann den modernen Weltzustand nicht mehr angemessen verdichten; „die moderne Zeit kann kein [Epos] haben" (Ho, 500). In *Hermann und Dorothea* hat Goethe den Zustand als Handlungshintergrund, „das Landstädchen" und seine „politischen Verhältnisse" (VÄ 3, 414; vgl. Ho, 501), ausblenden müssen, weil ein Zusammenhang mit der Privathandlung unzureichend hätte hergestellt werden können. Es müssen neue Formen entwickelt werden, die mit dem Epos brechen.

Mit dem Prosaischwerden der Lebensverhältnisse ist auch die Dichtung aufgefordert, zur Prosa überzugehen. Hier begegnet wieder Hegels Gedanke einer Identität von stilistischer Form und sittlichem Inhalt. Eine bis heute enorm einflussstarke Form, die sich in der epischen Tradition allmählich behaupten konnte, ist der moderne Roman (vgl. VÄ 3, 392 f.; Hm, 133). Mit seiner formalen Offenheit hat er sich über die engen und obsoleten Bedingungen des Epos hinweggesetzt. Doch Hegel behandelt diese moderne epische Form nicht im Poesiekapitel seiner Vorlesungen. Elaboriertere Ausführungen finden sich im Teil über die romantische Kunstform, und zwar im dritten Unterabschnitt zum „Formalismus der Subjektivität". Hier werden die Unterscheidungsbestimmungen zwischen antikem und modernem, poetischem und prosaischem Weltzustand vorweggenommen.

Der Boden des Romans ist nicht mehr die „Zufälligkeit des äußerlichen Daseins", diese „hat sich verwandelt in eine feste, sichere Ordnung der bürgerlichen Gesellschaft und des Staats" (VÄ 2, 219; vgl. Ho, 429), die keinen Helden braucht. Dennoch regt sich das individuelle Bedürfnis nach heroischer Willkür, und es erhält auch seinen Ort. Allerdings sind die Selbstverwirklichungs- und Gestaltungsmöglichkeiten auf den Privatbereich von Liebe, Familie und Eigeninteresse arg begrenzt. Da Rückzug und Unterordnung dem Individuum in der Moderne eine Menge abverlangen, besteht ein Konfliktpotential, für das sich der Roman im Besonderen interessiert, denn er ist die Form, die den Konflikt von Ich und Welt, modernem kastriertem Heros und übermächtiger Sittlichkeit bewusstwerden lässt: „das Individuum als freies subject sich in der objectiven Welt wissend tritt etwa auf im Contrast seines Einbildens und seiner Plane, die es sich auf sich oder seine Thätigkeit in der Welt macht" (Ho, 430).

Im Kolleg 1823 nennt Hegel zwei Möglichkeiten, wie der Roman einen solchen Konflikt löst: Auf komische Weise wie etwa in Cervantes' *Don Quixote* oder auf versöhnende Weise wie im Bildungsroman.

Zur ersten Option: Das Welt- und Selbstverständnis des Helden Don Quixote entstammt einer anderen Zeit als die Welt, die ihn umgibt; er entnimmt seine Ideale dem epischen Weltzustand, indem er meint, heroisch-selbständig, gebunden an keine äußerliche Notwendigkeit von Recht und Gesetz, allein auf die tugendhafte Stimme seines Herzens hören zu dürfen und sich auf jede „Abenteuerlichkeit" (VÄ 2, 217; vgl. Ho, 429) einzulassen. Doch „diese ganze Abenteuerei" erweise sich „als eine sich in sich selbst auflösende und dadurch komische Welt der Ereignisse und Schicksale" (VÄ 2, 216 f.; vgl. Ho, 429). Cervantes' Roman zieht seine Komik aus dem Kontrast zwischen dieser individuellen Haltung und einem Weltzustand, der einen Helden nicht nur schon lange nicht mehr braucht, sondern keinen Platz mehr für ihn hat. Don Quixote prallt regelmäßig an der harten Schale dieser Welt ab und wirkt in seinem heroischen Festhalten an der individuellen Tugend lächerlich. „In seinem *Don Quijote* ist es eine edle Natur, bei der das Rittertum zur Verrücktheit wird", und dies gebe „den komischen Widerspruch" (VÄ 2, 217 f.; vgl. Ho, 429).

Zur zweiten Option: Im bürgerlichen Bildungsroman hingegen wird der Konflikt nicht komisch, sondern versöhnend gelöst, durch einen Bildungsprozess, der selbstverständlich nicht die Seite der Objektivität betrifft, denn die sittlichen Verhältnisse dulden es nicht, von einem Individuum umgestürzt zu werden. Bildung betrifft das handelnde Subjekt, sie ist geprägt durch Handlung und Reflexion (vgl. Voßkamp 2014, 168 ff.). Sie vollzieht sich zwischen der heroischen Selbstüberschätzung eines Protagonisten und einem Zustand am Ende des Romans, in dem sich dieser dem Recht, Staat und Sittlichen untergeordnet hat und zum rechtschaffenen Bürger geworden ist.

Weil zwischen beiden Polen eine größtmögliche Differenz besteht, der Bildungsroman die Geschichte eines Menschen erzählt, der vom einen ins andere Extrem getrieben wird, äußert sich Hegel 1823 verhalten spöttisch: „das Individuum zieht ritterlich aus, und will das Gute für die Welt vollbringen, sein Ideal der Liebe befriedigen. Es geräth in Kampf mit der festen Wirklichkeit und das Ende kann nur diß sein, daß das Individuum die Welt nicht anders macht, sondern [...] sich seine Hörner abläuft und sich in das Objective ergiebt. das Ende wird sein, daß es in die Verkettung der Welt eintritt, sich eine Familie, einen Standpunkt erwirbt, eine Frau, die aber, so hoch idealisirt sie war, eine Frau ist nicht besser, als die meisten andern." (Ho, 430; vgl. VÄ 2, 219 f.) Weil der Roman im Unterschied zum Epos und dessen großer Aufgabe eine vergleichbare Bindung nicht besitzt, sondern in der Wahl des Stoffes unbestimmt bleibt, ist er radikal offen: „Aller prosaische Stoff fällt herein, die gemeine zufällige Objectivität und subjectivität, die sich in ihrer Zufäligkeit darstellen will." (Ho, 430; vgl. VÄ 2, 222)

Mit diesem Umstand ruft Hegel den Humor als dichterisches Gestaltungsprinzip auf, das sich vor allem in Romanform mitteilt. Hegel hat hier neben Swift die Romane Jean Pauls im Blick. An seinen Werken verdeutlicht Hegel eine Tendenz, die er scharfsinnig erkannt hat und die sich über Hegels Gegenwart hinaus weiter verschärft: Im humoristischen Roman „ist es die Person des Künstlers, die sich selbst ihren partikulären wie ihren tieferen Seiten nach produziert"; es geht eben nicht darum, „einen Inhalt seiner wesentlichen Natur gemäß sich objektiv entfalten und ausgestalten zu lassen" (VÄ 2, 229; vgl. Ho, 436).

Vergleicht man diese Äußerungen mit der Bestimmung des Epos, tritt eine weitere Differenz zutage: Das Epos wird zwar durch einen Sänger mitgeteilt, doch ist er kein Roman-Ich, das sich wie bei Jean Paul in den Mittelpunkt drängt, im Gegenteil muss er „zurücktreten und [...] verschwinden"; stattdessen ist es „die Sache der ganzen Nation" (VÄ 3, 336; vgl. Ho, 501), die sich darstellt. Hegel berichtet von der Debatte um die Identität Homers, ob es ihn gegeben habe und ob er eine oder mehrere Personen war: Ohne eine Antwort zu geben, meint er, sollte es ihn nicht gegeben haben, wäre dies „das höchste Lob" (VÄ 3, 338; vgl. Ho, 501), denn je weiter die Subjektivität im Epos hinter der Darstellung allgemeiner Vollzüge zurücktrete, desto deutlicher zeige sich, dass durch ihn als Medium die Gemeinschaft selber dichtet. Der Roman könnte auch in diesem Punkt nicht unterschiedlicher sein: Die „Haupttätigkeit" des Künstlers besteht darin, „alles, was sich objektiv machen und eine feste Gestalt der Wirklichkeit gewinnen will [...], durch die Macht subjektiver Einfälle [...] in sich zerfallen zu lassen" (VÄ 2, 229; vgl. Ho, 436).

In der Konsequenz führt die Abkehr von der Darstellung äußerlicher Ereignisse dazu, dass die Geschichte des Romans an Bedeutung und Interesse verliert. An ihre Stelle tritt dichterische Selbsterzeugung. Dem Dichter ist die Demonstration seines Humors Hauptsache (vgl. VÄ 2, 230; Ho, 436). Interessanterweise wendet sich der Roman in dieser seiner Tendenz vom epischen Prinzip ab und gleicht sich dem Lyrischen an. Das Gestaltungsprinzip ist die prosaische Epik; weil die poetische Totalität aber aufgegeben ist, nähert sich die inhaltliche Verfasstheit der lyrischen Subjektivität.

11.5 Die Lyrik, eine vernachlässigte Gattung

Verglichen mit dem Teil über die Epik wirkt Hegels Beschäftigung mit der lyrischen Gattung wie eine knappe Einlassung, die der Vollständigkeit halber Erwähnung findet, deren Gegenstand aber keiner gleichwertigen Behandlung bedarf. Quantitativ macht dieser Abschnitt im Kolleg 1823 etwa ein Fünfzehntel der jeweiligen Teile über Epik bzw. Dramatik aus. 1826 und 1828/29 ist er umfänglicher. Dass Hegel die Lyrik für weniger wichtig nimmt, demonstriert auch die Entwicklungsgeschichte seiner Ästhetik. Bis zu den Berliner Vorlesungen hatte Hegel dem Thema keine Aufmerksamkeit geschenkt. Selbst in der *Phänomenologie des Geistes*, in die ein großes Kapitel zur „Kunstreligion" eingelassen ist, fehlt die Lyrik vollständig; die Poesie entwickelt Hegel hier als Explikation der dialektischen Figur Epos–Tragödie–Komödie.

Der Grund liegt auf der Hand und führt in das Zentrum der Bestimmung des Lyrischen: Hegel ist an der Kunst als einer Selbstbewusstseinsleistung des Geistes interessiert, solange es sich um das Selbstbewusstsein substantieller Objektivationen im Kontext politischer, sozialer und religiöser Prozesse handelt. Die Lyrik dagegen hat für Hegel kein Interesse an einem solchen Anspruch: „Der *Inhalt* des lyrischen Kunstwerks kann nicht die Entwicklung einer objektiven Handlung in ihrem zu einem Weltreichtum sich ausbreitenden Zusammenhange sein, sondern das einzelne Subjekt" (VÄ 3, 419; vgl. Ho, 502). Im Unterschied zum epischen oder dramatischen Kunstwerk geht es in der Lyrik nicht um existentielle und für die Geschichte des Geistes wesentliche Inhalte der sich auf ihren geistigen Begriff bringenden Menschheit – in ihr geht es vielmehr um ein erregtes Gemüt, das aus unstillbarem Bedürfnis, sich auszusprechen, Gefühle in schöne Worte fasse.

Der Abschnitt über die Lyrik muss knapp ausfallen, weil Hegel wenig allgemeine Bestimmungen anführen kann. Wegen des Prinzips der „Besonderung, Partikularität und Einzelheit" kann „der Inhalt von der höchsten Mannigfaltigkeit sein"; das lyrische Ich kann sich entscheiden, „das Höchste" oder „Tiefste" auszusprechen (VÄ 3, 419), der Impuls für ein Gedicht kann „ein Wunsch" oder „subjectiver Einfall" (Ho, 502) sein. Angesichts dieser Verschiedenartigkeit des Anlasses, Zwecks und Inhalts sieht sich Hegel außer Stande, den Gegenstand philosophisch zu fassen. Die Alternative wäre ein Sicheinlassen auf die mannigfaltigsten Werke der Gattung, doch in Hegels Augen kann so etwas nicht Sinn und Zweck der Philosophie der Kunst sein. Im Rahmen einer Philosophie des absoluten Geistes hat Kunst nach ihrer Rolle für die Selbstbewusstwerdung des Menschen in seiner Geschichte befragt zu werden, und zu diesem Projekt hat Lyrik laut Hegel wenig beigetragen.

Diese Auffassung korrigiert Hegel offenbar nach 1823. Er führt eine Reihe von Beispielen und sogar ganze Traditionen an, in denen sich substantiellere Stoffe aussprechen: Zwar sei selbst bei Pindar ein „Gegenstand [...] ganz ausgelassen", es sei „das Leben [...] sein poetischer Stoff", dennoch begegne hier ein „gewichtige[r] Inhalt" (Hm, 133 f.). Auch in „Servischen Lieder[n]", womit Hegel die serbische Volksliedtradition anspricht, sei eine subjektive „reaction" auf die politische „Freiheit" erkennbar; allerdings betont Hegel 1828/29, dass die politischen Gehalte auch im „Servischen" subjektive, mitunter höchst emotionale Reflexe eines Privatmenschen seien, „diese Reaktion ist nur ein persönliches nicht allgemeines Nationales Gefühl der Servier" (Hm, 134).

Horaz ist für Hegel ein Dichter, der vor allem sich darstellt, Klopstocks Lyrik keineswegs „von Tiefe der Gedanken" (VÄ 3, 440, 454; vgl. Hm, 135); selbst Goethe und Schiller zeigen ihre wahre Stärke nicht in der Lyrik.

Eine große Ausnahme ist für Hegel die persische Dichtung, vor allem Hafis und Rumi. Mit ihr beschäftigt er sich 1828/29 ausführlich und hebt ihre Bedeutung anerkennend von anderen ab: „Das Subjekt spricht sich aus, aber es geht aus sich hinaus, in das Wesen, in den Jubel über das Große und Tiefe." (Hm, 134; vgl. VÄ 3, 462) Hegel schätzt die ganzheitliche, sowohl sinnenfrohe als auch geistige Weltzuwendung, den glücklichen Lebensgenuss in der Gemeinschaft und zugleich den Bezug zum Absoluten als geistigen Zugang zur Ganzheit des Seins.

Indem Goethe im Spätwerk *West-östlicher Divan* diese Tradition aufgreift und vom Standpunkt seines Dichtens aneignet, gewinnt er Hegels gesteigerte Aufmerksamkeit. Durch den Rückbezug Goethes auf die persische Dichtung erhält seine Lyrik in Hegels Augen einen tiefgründigen Gehalt: Wie Dieter Henrich meint, sei Hegel von Goethes Alterswerk wegen dessen gelungener Vitalisierung poetischer Ausdrucksweise in einer prosaisch gewordenen Moderne fasziniert (vgl. Henrich 2003, 88 ff.).

11.6 Das Drama als Vollendung

Im Abschnitt über das Drama zeigt sich Hegels Bezug auf Aristoteles' *Poetik* am deutlichsten. Doch auch andere Positionen arbeitet er auf: Lessings *Hamburgische Dramaturgie*, Goethes und Schillers Abhandlung *Ueber epische und dramatische Dichtung* sowie Goethes *Nachlese zu Aristoteles' Poetik*.

Hegel macht einleitend deutlich, dass der Mangel der Lyrik im Drama aufgehoben werde. In gewisser Weise wiederholt er hier den Übergang von Musik zu Poesie auf einer höheren, reicher bestimmten Ebene: Als Übergang von einer inhaltsleeren Gestalt der mit sich selbst beschäftigten Subjektivität zu einer mit Stoff angereicherten, mit der Objektivität vermittelten Subjektivität. Das Drama zeigt eine Synthesis, indem es „die Objektivität des Epos mit dem subjektiven Prinzip der Lyrik in sich vereinigt, indem sie eine in sich abgeschlossene Handlung als wirkliche, ebensosehr aus dem Inneren des sich durchführenden Charakters entspringende [...] Handlung" (VÄ 3, 474; vgl. Ho, 493) darstellt. Der Aspekt erlaubt es, das Drama nicht nur an die Spitze des Poesiekapitels, sondern als Kulminationspunkt ans Ende der Vorlesungen überhaupt zu stellen. Das Drama ist das Telos, auf das sämtliche Bestimmungen ausgerichtet sind. Es kann „als die höchste Stufe der Poesie und der Kunst überhaupt angesehen werden" (VÄ 3, 474; vgl. Ho, 502).

Hergestellt wird die Vermittlung von Epik und Lyrik durch das Prinzip des Handelns, und zwar nicht bloß verstanden als Prozess des Bühnengeschehens, auch „der Gegenstand des drama ist die Handlung" (Ho, 502). Die Handlung ist somit Form und Inhalt zugleich, im Modus des Handelns reflektiert das Drama, was Handeln ist. Näher bezogen auf die vorangegangenen Formen, die nur Momente des Dramas und daher nicht vollkommen waren, bedeutet dies, es ist eine gegenständliche Welt, in der ein Subjekt handelt, und zwar indem dieses Subjekt einen Prozess hervorbringt und erst durch diesen Prozess überhaupt sich selbst (vgl. VÄ 3, 474; Ho, 494, 502). Damit wird deutlich, worauf Hegel abzielt – das Drama ist nicht ein Epos, in dem ein lyrisches Subjekt handelt, es besitzt eine gänzlich neue Qualität. Das dramatische Subjekt ist nicht bloß „Stimmung" und Gefühl, sondern auch Wille, und damit „sich selbst wesentlich bestimmend, sich einen Zweck setzend und diesen realisirend" (Ho, 502, vgl. VÄ 3, 477 f.). Das dramatische Subjekt handelt aber andererseits nicht bloß wie das epische, sondern reflektiert dieses Handeln, dem lyrischen darin nahestehend.

Vor dem Hintergrund der dramatischen Dialektik des Handelns wird sichtbar, wie Hegel die Reflexionsleistung des Subjekts im Handlungsvollzug mit der Sprache in Verbindung bringt: Im „Drama muß die subjective Seite objectivität erhalten, das Sprechen selbst muß dargestellt werden" (Ho, 494). Das lyrische

Aussprechen der Innerlichkeit muss nochmals aus sich herausgehen und zum Sprechen in der sinnlichen Welt werden. Dieses dargestellte Sprechen ist das Sprechen der auf der Bühne des Theaters handelnden Figur. Die Dialektik der Handlung wird selber nochmal überstiegen und in den Zusammenhang einer komplexen Dialektik von Handlung und Sprache gestellt. Der Ausdruck der Dialektik ist das Bühnengeschehen, das Hegel 1828/29 mit Reflexionen zur Gebärde adressiert: „Im Drama sprechen sich Personen, die auftreten, durch ihre Geberden aus, so daß ein Äußerliches noch zur 3ten Weise zukommt." (Hm, 129)

Hegels Dramentheorie hat eine unübersehbare rechtsphilosophische Dimension (vgl. Menke 1996; Menke 2000, 16 ff.; Drüe u. a. 2000, 344 ff.). Unter diesem Aspekt wird klar, warum das Lyrische hinsichtlich der politischen und geschichtsphilosophischen Bedeutung der Kunst hinter das Drama zurückfällt. In rechtsphilosophischer Perspektive erhält der Übergang von der Lyrik zum Drama eine Analogie zum Übergang von der Moralität zur Sittlichkeit im Kontext von Hegels Philosophie des objektiven Geistes. Es ist ebenfalls ein Übergehen des vereinzelten „Subject[s]" mit der „Reflexion des Willens in sich" (GW 14,1, 99) „zur vorhandenen Welt" als dem konkreten Reich der Freiheit, „das in dem Selbstbewußtseyn sein Wissen, Wollen, und durch dessen Handeln seine Wirklichkeit" (GW 14,1, 137) hat. – Analog sagt Hegel in seinen Ästhetikvorlesungen, „die Handlung ist das ausgeführte Wollen, das zugleich ein *gewußtes* ist" (VÄ 3, 478; vgl. Ho, 502). Ersichtlich ist dies eine Wiederholung der Bestimmung aus der Rechtsphilosophie. Der Unterschied der dramatischen Handlung von der epischen liegt aber nicht allein in der subjektiven Reflexion dieser Handlung, sondern zudem darin, dass die dramatische Handlung „ein äusserliches Thun" ist, das der epischen „Rede" nicht angehört und dieser „hinzugefügt werden" (Ho, 502 f.) muss.

Weiter oben, im Zusammenhang mit dem Übergehen der Poesie in den geistigen Selbstbewusstwerdungsmodus der Vorstellung, wurde erläutert, dass Hegel den Vollbegriff des Schönen auf die klassische Skulptur festlegt, als die anschauliche Identität von Gedanke und Sinnlichkeit. Auf dieses Konzept des sinnlichen Scheinens bezieht er auch und insbesondere die Poesie, die ihr Wesen eben in der verinnerlichten Vorstellung hat. In diesem Kontext muss es verstanden werden, dass Hegel 1823 ausführt, „das Epos bei den Alten ward von Rapsoden gesprochen", es wurde „recitirt", d. h. „die Existenz dieser Rede ist ein äußerliches Vortragen" (Ho, 493). Das gleiche gilt für die Lyrik; „der Sänger trägt das lyrische vor, die Existenz ist musikalisch" (Ho, 494), denn das Gedicht hat wesentlich und ursprünglich den Zweck, wie das Epos vorgetragen oder gesungen zu werden. Dabei sei daran erinnert, dass Hegel über die Musik gesagt hat, „das freieste und seinem Klang nach vollständigste Instrument" sei „die menschliche Stimme" (VÄ 3, 175; vgl. Ho, 483).

Auch in der Einleitung in seine Dramentheorie kommt Hegel wieder auf die sinnliche Oralität der Poesie zu sprechen, und er weiß dieses Attribut in seinem mündlichen Vortrag sehr anschaulich um das der Materialität der Poesie zu bereichern: Gegenüber dem Epos „bewegt sich das Handeln [im Drama] zur äußeren Realität heraus und erfordert den ganzen Menschen in seinem auch leiblichen Dasein, Tun, Benehmen" (VÄ 3, 504; vgl. Ho, 503). Auch auf die anderen Künste kommt er wieder zu sprechen, diesmal nicht im Modus der Abgrenzung, sondern der Integration: Die Schauspielenden werden zu „Skulpturbilder[n]", die „beseelt" sind, die „Szene umher ist teils, wie der Tempel, eine architektonische Umgebung" (VÄ 3, 505; vgl. Ho, 503; Hm, 136).

So begreift Hegel das Drama als eine Art Gesamtkunstwerk, in welchem sämtliche Elemente anderer Künste, und daher sämtliches Ausdruckspotential, zusammenfließen. Der gestaltete Bühnenraum greift auf die architektonische, aber auch malerische Formensprache zurück, die Schauspieler in ihren Masken und Kostümen setzen die starre Skulptur in Bewegung, ihre Rede ist mit Worten erfüllte Musik, in bestimmten Theatertraditionen gesellen sich „Tanz" und „Pantomime" hinzu; es befinde sich die Kunst im Drama der Alten und in der modernen Oper in ihrer „Totalität" (Hm, 136; vgl. VÄ 3, 517 f.).

Die eigentliche Qualität des Dramas sei aber laut Kolleg 1828/29, dass hier „das Material [...] der Mensch" (Hm, 129; vgl. VÄ 3, 506) sei. Auch aus diesem Grund beschreibt Hegel es als ästhetische Vollkommenheit. Dies zieht seine eindeutige Positionierung in der zeitgenössischen Frage nach Lese- oder Aufführungsdrama nach sich: „das Aufführen des Dramas ist also ein Wesentliches, und das Lesen genügt keineswegs." (Hm, 137; vgl. VÄ 3, 509) Mehr als diese zum einheitlichen Ausdruck integrierte und zur konkreten, sinnlichen Aufführung gebrachte innerliche Vorstellung kann Kunst nicht leisten.

Um diese selbstreflektierte Handlung aber weiter bestimmen zu können, greift Hegel auf seine Ausführungen in der Einleitung der Poesielehre zur „poetischen Totalität" zurück, die in diesem Punkt die Dramentheorie antizipieren. Den Vollbegriff einer durch komplexen Handlungsvollzug gestifteten Totalität des poetischen Kunstwerks als Ganzheit von Teilen löst allein das Drama ein. Zur näheren Ausführung dieser Grundlagen beruft sich Hegel auf „die alten Regeln", womit erneut Aristoteles' *Poetik* gemeint ist, und zwar konkret auf die drei Einheiten des Dramas, „der Handlung, der Zeit und des Orts" (Ho, 503; vgl. VÄ 3, 482). Strenggenommen geht die dritte Einheit nicht auf Aristoteles zurück; sie wird erst im 17. Jahrhundert von den Dichtern Scaliger bzw. Corneille aus den von Aristoteles explizit genannten Einheiten der Handlung und der Zeit abgeleitet. Hegel schließt sich einer Auffassung an, die sich seit der Renaissance eingebürgert hat.

Durchaus im Geiste Aristoteles' gibt Hegel für die Einheiten einerseits einen praktischen, in der menschlichen Wahrnehmung zu findenden Grund an: „das

Drama [wird] nicht nur wie das Epos für die innere Vorstellung, sondern für das unmittelbare Anschauen gedichtet", „bei realer Anschauung aber muß der Einbildungskraft nicht zu vieles zugemutet werden" (VÄ 3, 483 f.; vgl. Ho, 503). Hierzu gehören etwa große Zeitsprünge, eine Handlung über mehrere Jahre, die an mehreren Orten spielt, zwischen denen ständig gewechselt wird, oder gar eine Gleichzeitigkeit von Handlungsfolgen an verschiedenen Orten. Kunst, die ihr Wesen in konzentrierter Anschauung von selbstreflektierten Handlungsvollzügen findet, überfordert in Hegels Augen, wenn die abverlangte Konzentration in eine komplexe raum-zeitliche, sprunghafte Szenerie zerlegt wird. Andererseits – und das bezieht sich vor allem auf die zentrale Einheit der Handlung – hat das Einhalten der Einheiten einen inhaltlichen Grund: Nur so kann die poetische Totalität des Stücks gewahrt werden, die in der Durchführung eines individuellen Zwecks Geschlossenheit und Zusammenhang der Teile sowie Abgrenzung gegen andere Formen sprachlicher Mitteilung erreiche.

Hegel räumt ein, die Geschlossenheit könne an irgendeiner ihrer Seiten geöffnet werden; im Ende eines Stücks könne „wieder die Möglichkeit neuer Interessen und Konflikte gegeben sein" (VÄ 3, 486; vgl. Ho, 503); daraus entstehen Trilogien, wie die Thebanische des Sophokles, bestehend aus *Antigone*, *König Ödipus* und *Ödipus auf Kolonos*. Obwohl sie untereinander verbunden sind, wird in jedem Stück ein anderer Zweck mit anderen Interessen, Kollisionen und Lösungen verfolgt.

Wie Hegel bemerkt, beginnen sich die Einheiten jedoch im modernen Drama aufzulösen, etwa bei Shakespeare (vgl. VÄ 3, 484; Ho, 503). Dies verdeutlicht die von Hegel identifizierte Tendenz der romantischen Kunstform, die antike Totalität zugunsten prosaischer Offenheit aufzugeben. Hegel fasst somit Grundsätze der modernen Dramentheorie zusammen (vgl. Klotz 1999, 25 ff.).

Nicht nur seine Dichtungslehre, sondern seine kunstphilosophischen Vorlesungen insgesamt schließt Hegel damit ab, die poetische Totalität des Dramas als höchste Stufe der Kunst auszudifferenzieren, und zwar sowohl nach allgemeinen Momenten als auch einzelnen Formen. Das geschlossene Drama sei immer eine einheitliche „Handlung", sie habe „*einen* Zweck" sowie „Charaktere", die ihn vollführen; handlungsbestimmend seien aber noch nicht diese Individualitäten für sich, sondern die „*Kollision*" (VÄ 3, 488; vgl. Ho, 504). Erst durch solche Voraussetzungen setzt sich die Handlung in Gang; für deren Durchführung hat sich im antiken Theater ein ideales Schema herausgebildet: „so exponirt der erste Act die situation und wie die eine Seite [der Kollision] sie aufnimmt", im „2ten Act spricht die andere Parthei ihr Recht aus", im dritten und vierten „verwickeln" sich die Parteien, „der 5te ist die Auflösung überhaupt" (Ho, 504; vgl. VÄ 3, 489 f.).

Wie sich dieses blutleere Gerippe zur poetischen Handlung gestaltet, entwickelt Hegel im Anschluss an eine grundsätzliche Unterscheidung: Die individuellzweckgerichtete Handlung mit dieser Aktstruktur vollziehe sich als Tragödie oder Komödie, d. h. entweder „zerstören die Individuen sich [in der Tragödie] durch die Einseitigkeit ihres gediegenen Wollens und Charakters" oder „in der *Komödie* umgekehrt [behält] die *Subjektivität* [...] in ihrer unendlichen Sicherheit die Oberhand", so dass „in der Tragödie das ewig Substantielle in versöhnender Weise siegend hervorgeht" und „in der Komödie [...] uns in dem Gelächter der alles durch sich und in sich auflösenden Individuen der Sieg ihrer dennoch sicher in sich dastehenden Subjektivität zur Anschauung" (VÄ 3, 527; vgl. Ho, 504) kommt.

11.7 Trauernde Maske: Die Tragödie

Die Anfänge von Hegels Dramentheorie reichen weit zurück. Sicher ist, dass er Überlegungen zu Tragödie und Komödie spätestens in der frühen Jenaer Zeit ausgearbeitet hat. Der 1802 erschienene Aufsatz *Ueber die wissenschaftlichen Behandlungsarten des Naturrechts* belegt, dass die Dichtungslehre immer in einen rechtsphilosophischen bzw. politisch-philosophischen Rahmen eingespannt ist (vgl. im Folgenden Hebing 2015, 57 ff.). In der epischen wie dramatischen Gattung, in Hegels früher Philosophie wie in seinem späten Berliner System ist Bezugspunkt der Bestimmungen dabei die antike Dichtung.

Ziel des *Naturrechtsaufsatzes* ist es, der neuzeitlich-naturrechtlichen Tradition mit ihrem allzu isoliert-vereinzelt bestimmten Subjektbegriff ein substantielles Sittlichkeitsmodell unter Rückgriff auf Platon und Aristoteles entgegenzusetzen, worin das abstrakte Subjekt seine Wahrheit in der Einheit des Gemeinwesens findet. Um den antiken Weltzustand philosophisch zu bestimmen, greift Hegel als eigenwillige Entscheidung auf die dramatischen Formen aus und markiert das Wesen des griechischen Weltzustands in der Wendung „Tragödie im sittlichen" (GW 4, 458). Die Dramengattungen liefern Hegel nicht bloß ein anschauliches Bild für diese Ordnung, sondern sind ihre künstlerische Selbstreflexion, im Sinne des späteren Begriffs von Kunst als absolutem Geist: Die Tragödie sei die „Aufführung", die „das Absolute ewig mit sich spielt", und zwar so, „daß es sich ewig in die Objectivität gebiert, in dieser seiner Gestalt hiemit sich dem Leiden und dem Tode übergibt, und sich aus seiner Asche in die Herrlichkeit erhebt" (GW 4, 458 f.). Die absolute Sittlichkeit erscheint als tragischer Prozess, in dem der Held die Selbstnegation des Göttlichen und eine endliche Verkörperung des Absoluten ist, aus der Menschwerdung aber als zweite Negation ins Göttliche zurückkehrt, indem er seine Individualität negiert.

Die Tragödie wird zur Veranschaulichung der harmonisch geordneten Polis. Wie Franz Rosenzweig bemerkt, zeige die Tragödie „das Verhältnis des Staats zur

[...] Freiheit und Selbständigkeit der Untertanen" (Rosenzweig 1920, 171). Weil diese Welt eine geschlossene ist, d. h. die Polis kein modernes Subjekt mit Privatrechten kennt, führt die Tragödie auf, wie der Held sich im Tod für die Erhaltung der staatlichen Allgemeinheit opfert und absolute Sittlichkeit restituiert. Die Rückkehr des Absoluten und ins Absolute markiert die Höherordnung der Macht, die sich selbstverständlich über das vereinzelte Subjekt stellt, das im Untergang tragisch ist.

Auch in der *Phänomenologie des Geistes* spielt die Tragödie eine nicht unerhebliche Rolle im Religionskapitel. Wie im *Naturrechtsaufsatz* begreift Hegel das Tragische als Kollision zweier Mächte, nun aber nicht mehr als Kampf des Göttlichen mit sich, sondern als Kampf zweier gleichberechtigter sittlicher Mächte: Der Held wird aufgewertet zur gottgleichen Macht, die gegen das Absolute handelt. Wie in den Ästhetikvorlesungen grenzt Hegel die Tragödie vom Epos ab: Indem der epische Sänger zum tragischen Helden wird, wird aus dem äußerlich vortragenden Subjekt der Handlungsmittelpunkt des Kunstwerks; sogleich werden aus den Taten einer Gemeinschaft Handlungen eines Individuums (vgl. im Folgenden Hebing 2015, 86 ff.). Dieses Handeln ist selbstbewusstes Handeln, weil es das Vermögen demonstriert, das Recht des Handelns zu „*wissen* und zu *sagen* [zu] wissen*" (GW 9, 392). Obwohl es selbstbewusst ist, ist es noch nicht wirklich selbständig; es bleibt abhängig von göttlichen Mächten, mit denen es in Kollision gerät.

Unter Bezug auf die *Antigone* exemplifiziert Hegel, wie eine solche Kollision gedeutet werden kann, d.h. wie Antigones Recht der Familie und Solidarität des Blutes notwendig in einen Konflikt mit dem Recht des Staates geraten muss, das durch König Kreon verkörpert wird. Beides sind wesentliche, gleichberechtigte Rechte, die nicht nur individuelle Handlungsprinzipien sind, sondern im Götterhimmel vorgezeichnete Rechte absoluter Mächte, von denen sich bloß eines durchsetzen kann, so dass eine Lösung unmöglich erscheint. Weil die Protagonisten mit dieser Macht verbunden sind und nur irdisch ausführen, was göttlich vorgezeichnet ist, verstricken sie sich bis zur Ausweglosigkeit.

Die Tragödientheorie der kunstphilosophischen Vorlesungen kann vor diesem Hintergrund besser verstanden werden: Auch hier sind „Individuen [...] die Verwirklichung einer sittlichen Macht", etwa „Kreon und Antigone" (Ho, 504; vgl. VÄ 3, 522, 544), durch welche die Mächte in Kollision miteinander geraten (vgl. Düsing 2005, 149 ff.). Es sind „beide Seiten berechtigt"; kein „böser Wille, kein blosses Unglück bringt die Collision hervor, sondern sittliche Berechtigung von beiden Seiten", der „Gegensatz des Staates" und der „Familie" (Ho, 505; vgl. VÄ 3, 523, 544).

Hegel verweist darauf, dass eine ähnliche Kollision auch das Verhältnis von Orest zu seiner Mutter Klytämnestra sowie dieser zu ihrem Gatten Agamemnon betreffe. In all diesen Fällen könne nicht von „*Schuld* oder *Unschuld*" gesprochen werden, sondern alle handeln aus ihrem „Pathos" (VÄ 3, 545f.; vgl. Ho, 506), der Verpflichtung gegenüber einer sittlichen Macht. Für ein solches Dramenmodell – das mehr ist als eine bloße Gattung, vielmehr verbirgt sich ein ganzes Weltverständnis dahinter – findet Hegel anerkennende Worte: „Das eben ist die Stärke der großen Charaktere, daß sie nicht wählen, sondern durch und durch von Hause aus das *sind*, was sie wollen und vollbringen." (VÄ 3, 546; vgl. Ho, 506) Weil das Individuum mit seiner Tat aber die Sittlichkeit verletzt, darf sie nicht Resultat bleiben; die „*Einseitigkeit*" muss „abgestreift" (VÄ 3, 547; vgl. Ho, 507) werden, und der einzige Weg zu diesem Ziel ist, wie bereits im *Naturrechtsaufsatz* gezeigt, der Untergang des Individuums als einseitige sittliche Macht.

In seinen Vorlesungen argumentiert Hegel, dass es in der Tragödie nicht darum gehe, wie etwa in der „Antigone, dem vollendetsten Kunstwerk", das Individuum einfach dem Staat unterzuordnen, indem es stirbt, sondern die Kollision insgesamt aufzuheben, d. h. dass etwa auch „Kreon [...] selbst verletzt" werde: „Sein Sohn Hämon, der Verlobte Antigones stirbt mit ihr", mit „der Verletzung also verletzt der König sich selbst" (Ho, 507; vgl. VÄ 3, 549f.). Erst mit dieser absoluten Aufhebung des Konflikts kann die Ordnung wiederhergestellt werden. Der Ausgang des Stücks muss das „Aufheben der Gegensätze als *Gegensätze*" sein, die „Versöhnung der Mächte des Handelns", ihre „ungestörte innere Harmonie" (VÄ 3, 547; vgl. Ho, 507) muss zurückkehrend zur Anschauung kommen. Die antike Tragödie hat daher einzig das Ziel, durch Handlung eine konkrete Vorstellung von Versöhnung zu veranschaulichen, nicht durch Vorführen von Leiden Furcht und Mitleid zu erwecken, wie Lessing lehrt, aber auch nicht wie bei Aristoteles eine Katharsis (vgl. Jaeschke 2003, 445).

Hierin sieht Hegel den Unterschied zur modernen Tragödie, die keine Tragödie mehr ist, sondern von Hegel neutral „Drama" genannt wird. An die Stelle des notwendigen Ausgangs durch Tod des Helden tritt im Drama ein zufälliger Verlauf: Auch hier gibt es „berechtigte Intressen", „die Collision", doch das Individuum ist nicht fest an seinen „Zweck" oder gar an Mächte gebunden, es kann seinen „Zweck aufgeben, wohl dabei leiden, aber doch dabei bestehn bleiben" (Ho, 508). Daher kann das Ende des Stücks glücklich oder unglücklich ausgehen, keine Notwendigkeit determiniert es.

Beispiele hierfür sind Hegel Shakespeares Dramen, der *Hamlet* oder *Romeo und Julia*, aber auch Koetzebues Stücke. Weil diese modernen Stücke nicht mehr die große Tat von substantieller Tragweite zum Inhalt haben, die eine tragische Versöhnung fordern würde, kann die Verzeihung oder der Trost am Ende stehen. Wegen dieser fehlenden Notwendigkeit, sagt Hegel, stehe das moderne Drama in „der Mitte nun zwischen der Tragödie und Komödie" (VÄ 3, 531; vgl. Ho, 508): es kann glücklich und unglücklich enden. Diese Einschätzung schließt aber Hegels

Anerkennung der modernen Tragödie nicht aus: 1828/29 sagt er, etwa Schillers *Jungfrau von Orléans* oder *Wallenstein* seien „große Stük[e]", sie gefallen „jedem Publikum, weil hier die Lebendigkeit herrscht" (Hm, 137). Eine Fülle weiterer Beispiele führt er an: Shakespeares *Othello*, *Macbeth* und *König Lear*, Schillers *Räuber*, Goethes *Egmont*, *Götz von Berlichingen* und *Iphigenie* etc.

Der antike Ausgang durch versöhnenden Untergang des Helden wird letztlich nicht durch das Handeln der Protagonisten herbeigeführt, weil sie in ihrer einseitigen Verkörperung des Sittlichen zu solch einer absoluten Tat nicht in der Lage sind, sondern letztgültig restituieren kann sich allein die absolute Macht selbst. In den kunstphilosophischen Vorlesungen deutet Hegel zwar an, „die ewige Gerechtigkeit übt sich am Individuum und dem Zwek aus" (Ho, 504; vgl. VÄ 3, 547 f.), doch ausführlich entwickelt er diesen wichtigen Gedanken nur in seiner *Phänomenologie des Geistes*. Hier macht Hegel deutlich, dass das Göttliche, das sich in die Kollision im Irdischen entzweit hat, aus dieser Entzweiung heraus nicht selbst in der Lage ist, Versöhnung herzustellen (vgl. Hebing 2015, 89 f.). Wahrhaft versöhnen kann nur ein Prinzip, das noch über den Göttern steht: das allgemeine, individualitätslose Schicksal, „die *reine Krafft des Negativen*", „die furchtbare unbekannte Nacht des *Schicksals*" (GW 9, 391, 363), das wie ein deus ex machina einschreitet und die widerstreitenden Individualitäten vertilgt. Das Schicksal ist blind und gnadenlos; in ihm als „ewige Gerechtigkeit" geht die Subjektivität der tragisch Handelnden unter.

11.8 Lachende Maske: Die Komödie

Unter der Voraussetzung der Tragödie versteht man schließlich Hegels Auseinandersetzung mit der Komödie, mit der sich die selbstbewusste Subjektivität als modernes Prinzip in der Dramengeschichte durchsetzt. Komödien kennen kein Schicksal. Alles, was sich ereignet, ist durch Handeln der selbstbewusst selbständigen Subjektivität entstanden und aufgelöst. Darum hat die Komödie „das zu ihrer Grundlage und ihrem Ausgangspunkte, womit die Tragödie schließen kann: das in sich absolut versöhnte, heitere Gemüt" (VÄ 3, 552; vgl. Ho, 509).

Bereits in der *Phänomenologie des Geistes* hatte Hegel die Komödie als einen Ausdruck des sicheren Selbstbewusstseins des Individuums gedeutet, das keinen tragischen Konflikt auszutragen hat (vgl. im Folgenden Hebing 2015, 91 ff., 202 f.). Die antike Komödie ist eine Revolution des Dramas und prägt den weiteren Verlauf seiner Geschichte. Sie beginnt mit dem Zustand, mit dem die Tragödie endete, weil an ihrem Ende der Konflikt aufgehoben ist. Die Komödie fordert dafür aber kein Opfer (vgl. GW 9, 397). Der Held kann sich lachend über die sittlichen Mächte erheben, weil er sie nicht ernstnehmen kann. Er entmachtet sie in seinem Lachen, aber nur, weil sie sich bereits selber entmachtet haben. Aus diesem Grunde steht die Komödie im Zeichen der Rettung des Individuums und der Emanzipation der modernen Subjektivität, die sich die Maxime ihres Handelns selber gibt und nicht auf überweltliche Mächte angewiesen ist.

Hegel schreibt in der *Phänomenologie*, das „Selbstbewußtseyn der Helden muß aus seiner Maske hervor treten, und sich darstellen" (GW 9, 397). Die Maske, hinter der sich die Subjektivität des tragischen Helden verbarg, wird lachend abgelegt. Er ist nicht mehr Akteur überindividueller Mächte, sondern ein Individuum, das sich hinter der Maske gefangen fühlt. Das Lachen erscheint als Ausdruck des Wohlseins über die Befreiung vom unwahren Ernst der Götterwelt, an der sowohl ihr Anthropomorphismus, menschlich, allzumenschlich, als auch die subjektivitätslose Vorstellung unfehlbaren Schicksals nicht mehr akzeptiert werden können.

In den Ästhetikvorlesungen verarbeitet Hegel diese Konzeption und schreibt analog, das Komische der Komödie sei die „absolute Freiheit des Geistes [...], in welche uns Aristophanes einführt"; Hegel meint, ohne den bedeutendsten Komödienschreiber „gelesen zu haben, läßt sich kaum wissen, wie dem Menschen sauwohl sein kann" (VÄ 3, 553; vgl. Ho, 510). Die antike Komödie in der Herausbildung durch Aristophanes zeugt vom Bewusstsein, sich nicht mehr für die sittliche Substantialität instrumentalisieren zu lassen, sondern eine menschliche Option zu wählen, den Konflikt zu lösen. Hier erscheint der Zweck als substantiell, ohne wahrhaft substantiell zu sein (vgl. VÄ 3, 552; Ho, 504). Auch in der Komödie geht es um das Göttliche und Sittliche, jedoch zeigen sie sich als Stoffe für die „Verspottung": die „griechischen Götter [...] in ihrer anthropomorphistischen Gestalt", Mängel der „Republick", „Thorheiten" des „athenische[n] Volk[s]" und „seiner Staatsmänner" (Ho, 510). An der falschen Substantialität gehen die komischen Helden nicht, wie in der Tragödie, zugrunde, sondern setzen sich selbstsicher darüber hinweg.

In diesem Punkt einer lachenden Subjektivität grenzt Hegel die antike von der modernen Komödie ab: „Man muß in dieser Rücksicht sehr wohl unterscheiden, ob die handelnden Personen für sich selbst komisch sind oder nur für die Zuschauer." (VÄ 3, 552; vgl. Ho, 509) Die Differenz ist eine epistemische: Im Unterschied zur antiken kann der Protagonist der modernen Komödie nicht über sich selber lachen, sondern ist dem Spott anderer ausgesetzt. Ohne Einsicht in die Lächerlichkeit seiner Handlungen und Handlungssphäre kann hier nicht von einem heiteren Selbstbewusstsein gesprochen werden.

Hegel setzt sich zur Untermauerung dieser Auffassung mit Molière auseinander. Dort erkennt er Individuen, die Zwecke verfolgen, doch das Ergebnis dabei ist, dass sie „von den Zuschauern [...] ausgelacht werden", während es ihnen selber „mit ihrem Zwecke bitterer Ernst ist" (VÄ 3, 569; vgl. Ho, 509). Solche nicht durchschauten Handlungen sind nicht wahrhaft komisch, denn sie lassen die an der antiken Komödie so beeindruckende Darstellung eines freien, heiteren Gemüts vermissen, das sich von den Fesseln tragischer Abhängigkeit gelöst hat. Auch wenn Hegel es nicht explizit sagt, mangelt der modernen Komödie das Moment selbsterzeugter Emanzipation von einer Übermacht.

Hegel sagt daher, der komische Held der antiken Komödie sei komisch, „wenn sich zeigt, es sei ihm in dem Ernste seines Zwecks und Willens selber nicht Ernst, so daß dieser Ernst immer für das Subjekt selbst seine eigene Zerstörung mit sich führt, weil es sich eben von Hause aus in kein höheres allgemeingültiges Interesse, das in eine wesentliche Entzweiung bringt, einlassen kann" (VÄ 3, 552f.; vgl. Ho, 510). Zugleich ist die Komödie aber in diesem ihrem Darstellungsprinzip kein Unterhaltungsstück, sondern wird dem künstlerischen Anspruch, wie Hegel ihn unterstreicht, d. h. umfassende Selbsterkenntnis des Geistes im Zusammenhang seiner objektiven Welt zu leisten, voll gerecht. In der Vorführung eines komischen Subjekts, das sich für höhere Mächte nicht mehr opfern muss, weil diese Mächte als mangelbehaftet und obsolet erscheinen, wird die Komödie zur Selbstbewusstwerdung von Krisenerscheinungen im Bereich des objektiven Geistes.

Die antike Komödie des Aristophanes hat für Hegel eine seismographische Qualität, indem sie politische Missstände und hinfällig gewordene religiöse Vorstellungen im ausgehenden Hellenismus entlarvt. „Aristophanes war ernst, heiter, patriotisch, und so stellte er die Torheit des Volks vor, auch der Götter" (Hm, 141; vgl. VÄ 3, 554). Zum Wohle des Gemeinwesens spricht er die Missstände offen aus. Weil die selbstsichere Subjektivität, die sich in der Komödie ausspricht, stark genug ist, eine sich auflösende Substantialität aushalten zu können, kann sie sich selber in ihrem Selbstbewusstsein lachend genießen. Dies kann dazu fortgehen, sich nichtige Zwecke zu wählen, weil sie sich bei diesem Handeln selber nicht mehr ernstnimmt. Mit der vorgeführten erstarkten Subjektivität steht die antike Komödie an der Schwelle zur neuen Zeit.

Hegel merkt die revolutionäre Dimension der Komödie nicht nur in der Geschichte der Kunst, sondern des Geistes überhaupt an: So heißt es in den Vorlesungen, die „Komödie ist die letzte Form der Kunst, die Auflösung der Kunst" (Hm, 141); „diß ist der letzte Punkt der Ausdehnung der Versöhnung, die die subjectivität sich erringt. Im comischen hat die Kunst ihr Ende. [...] In dieser subjectivität vernichtet sich die Objectivität und wird Wissen dieser Vernichtung in der Comedie." (Ho, 510f.)

Mit diesen Sätzen beendet Hegel seine *Vorlesungen über die Philosophie der Kunst*. Die Komödie ist das Ende der Kunst. Mit ihr sind die Grenzen, das Ausdruckspotential sowie die durch Kunst mögliche geistige Selbsterkenntnis vollkommen ausgereizt.

Literatur

Drüe, H. (Hg. et al.). 2000. *Hegels „Enzyklopädie der philosophischen Wissenschaften" (1830). Ein Kommentar zum Systemgrundriß*. Frankfurt a.M.
Düsing, K. 2005. „Griechische Tragödie und klassische Kunst in Hegels Ästhetik". In: *Die geschichtliche Bedeutung der Kunst und die Bestimmung der Künste*, hg. v. A. Gethmann-Siefert, L. de Vos u. B. Collenberg-Plotnikov, 145–158. München.
Hebing, N. 2008. „Die Historisierung der epischen Form – Zu einer philosophischen Gattungsgeschichte des Prosaischen bei Hegel und Lukács". In: *„Bei mir ist jede Sache Fortsetzung von etwas." Georg Lukács – Werk und Wirkung*, hg. v. C. J. Bauer (et al.), 35–52. Duisburg.
Hebing, N. 2009. *Unversöhnbarkeit. Hegels Ästhetik und Lukács' „Theorie des Romans"*. Duisburg.
Hebing, N. 2015. *Hegels Ästhetik des Komischen*. Hamburg.
Henrich, D. 2003. *Fixpunkte. Abhandlungen und Essays zur Theorie der Kunst*. Frankfurt a.M.
Jaeschke, W. 2003. *Hegel-Handbuch. Leben – Werk – Schule*. Stuttgart / Weimar.
Jaeschke, W. 2014. „Kunst und Religion als Gestalten des absoluten Geistes". In: *Vom Ende her gedacht. Hegels Ästhetik zwischen Religion und Kunst*, hg. v. T. Braune-Krickau, T. Erne u. K. Scholl, 16–25. Freiburg i.Br.
Jung, W. 1997. *Kleine Geschichte der Poetik*. Hamburg.
Kant, I. 1908. „Kritik der Urteilskraft". In: *Kants gesammelte Schriften*, hg. v. der königlich preußischen Akademie der Wissenschaften, Bd. 5. Berlin.
Klotz, V. 1999. *Geschlossene und offene Form im Drama*. 14. Auflage. München.
Lukács, G. 1969. „Hegels Ästhetik". In: Ders., *Probleme der Ästhetik* (= Werke 10), 107–146. Neuwied.
Menke, C. 1996. *Tragödie im Sittlichen. Gerechtigkeit und Freiheit nach Hegel*. Frankfurt a.M.
Menke, C. 2000. „Ethischer Konflikt und ästhetisches Spiel. Zum geschichtsphilosophischen Ort der Tragödie bei Hegel und Nietzsche". In: *Hegels Ästhetik. Die Kunst der Politik – die Politik der Kunst*, hg. v. A. Arndt, K. Bal u. H. Ottmann, 16–28. Berlin.
Rosenzweig, F. 1920. *Hegel und der Staat*. 2 Bde. München / Berlin.
Schelling, F. W. J. 1859. „Philosophie der Kunst". In: *Sämmtliche Werke*, hg. v. K. F. A. Schelling, Bd. V, 353–737. Stuttgart / Augsburg.
Storz, G. 1970. *Der Vers in der neueren deutschen Dichtung*. Stuttgart.
Szondi, P. 1974. „Hegels Lehre von der Dichtung". In: *Poetik und Geschichtsphilosophie I. Studienausgabe der Vorlesungen* Band 2, hg. v. S. Metz u. H.-H. Hildebrandt. Frankfurt a.M.
Voßkamp, W. 2014. „Hegels Interpretation des Romans zwischen Klassik und Romantik". In: *Gebrochene Schönheit. Hegels Ästhetik – Kontexte und Rezeptionen*, hg. v. A. Arndt, G. Kruck u. J. Zovko, 167–178. Berlin.
Wiehl, R. 2005. „Über den Handlungsbegriff als Kategorie der hegelschen Ästhetik". In: *Philosophische Ästhetik zwischen Immanuel Kant und Arthur C. Danto*, hg. v. H.-J. Gerigk, 88–123. Göttingen.

Auswahlbibliographie

A (Teil-)Ausgaben der Ästhetik

Baeumler, A. (Hg.). 1922. *Hegels Ästhetik.* München.
Bassenge, F. (Hg.). 1955. *Ästhetik.* Berlin.
Bubner, R. (Hg.). 1971. *G. W. F. Hegel: Vorlesungen über die Ästhetik* (2 Bde.). Stuttgart.
Gethmann-Siefert, A. (Hg.). 2003. *Vorlesungen über die Philosophie der Kunst.* Hamburg.
Gethmann-Siefert, A. u. Collenberg-Plotnikov, B. (Hg.). 2004. *Philosophie der Kunst oder Ästhetik. Nach Hegel. Im Sommer 1826. Mitschrift Friedrich Carl Hermann Victor von Kehler.* München.
Gethmann-Siefert, A., Kwon, J.-I. u. Berr, K. (Hg.). 2005. *Philosophie der Kunst. Vorlesung von 1826.* Frankfurt a.M.
Hebing, N. (Hg.). 2015. *Vorlesungen über die Philosophie der Kunst. Nachschriften zu den Kollegien der Jahre 1820/21 und 1823* (= Gesammelte Werke, Bd. 28,1). Hamburg.
Hotho, H. G. (Hg.). 1835/1842. *Vorlesungen über die Aesthetik* (= Werke. Vollständige Ausgabe durch einen Verein von Freunden des Verewigten, Bde. 10–12). Berlin.
Hotho, H. G. (Hg.). 1927/1928. *Vorlesungen über die Aesthetik* (= Jubiläumsausgabe, hg. v. H. Glockner, Bde. 12–14. Nachdruck der ersten Auflage). Stuttgart.
Hotho, H. G. (Hg.). 1970. *Vorlesungen über die Ästhetik* (= Werke in zwanzig Bänden, hg. v. E. Moldenhauer u. K. M. Michel, Bde. 13–15. Nachdruck der zweiten Auflage). Frankfurt a.M.
Jaeschke, W. (Hg.). 1995. *Blätter zur Ästhetik. Vorlesungsmanuskripte II* (= Gesammelte Werke, Bd. 18, 113–117). Hamburg.
Lasson, G. (Hg.). 1931. *Die Idee und das Ideal. Vorlesungen über die Ästhetik.* Leipzig.
Olivier, A. P. u. Gethmann-Siefert, A. (Hg.). 2017. *Vorlesungen zur Ästhetik. Vorlesungsmitschrift Adolf Heimann (1828/1829).* Paderborn.
Schneider, H. (Hg.). 1995. *Vorlesung über Ästhetik. Berlin 1820/21. Eine Nachschrift.* Frankfurt a.M.

B Allgemeine Literatur zu Hegels Ästhetik

Eine ausführliche internationale Bibliographie der Literatur von 1830–1967 findet sich in: Henckmann, W. 1969. „Bibliographie zur Ästhetik Hegels. Ein Versuch". *Hegel-Studien* 5: 379–427.

Ameriks, K. 2002. „Hegel's Aesthetics: New Perspectives on its Response to Kant and Romanticism". *Bulletin of the Hegel Society of Great Britain* 45/46: 72–92.
Andina, T. 2013. *The Philosophy of Art: The Question of Definition. From Hegel to Post-Dantian Theories.* London.
Angehrn, E. 1989. „Kunst und Schein. Ideengeschichtliche Überlegungen im Ausgang von Hegel". *Hegel Studien* 24: 125–157.
Antoni, C. 1960. „L'estetica di Hegel". *Giornale critico della filosofia italiana* 39: 1–22.

Arndt, A., Bal, K. u. Ottmann, H. (Hg.). 2000. Hegels Ästhetik: Die Kunst der Politik – Die Politik der Kunst. *Hegel-Jahrbuch* 2000.

Arndt, A. u. Zovko, J. (Hg.). 2010. *Staat und Kultur bei Hegel*. Berlin.

Arndt, A. u. Zovko, J. (Hg.). 2014. *Gebrochene Schönheit. Hegels Ästhetik – Kontexte und Rezeptionen*. Hegel-Jahrbuch Sonderband. Berlin.

Aschenberg, R. 1994. „On the Theoretical Form of Hegel's Aesthetics". In: *Hegel Reconsidered. Beyond Metaphysics and the Authoritarian State*, hg. v. H. T. Engelhard, Jr. u. T. Pinkard, 79–101. Dordrecht.

Assunto, R. 1965. „Le relazioni fra arte e filosofia nella ‚Philosophie der Kunst' di Schelling e nelle ‚Vorlesungen über die Ästhetik' di Hegel". *Hegel-Jahrbuch* 1965: 84–121.

Bassenge, F. 2011. „Hegels Ästhetik und das Allgemeinmenschliche". *Deutsche Zeitschrift für Philosophie* 59,5: 767–782.

Bates, J. 2010. *Hegel and Shakespeare on Moral Imagination*. Albany.

Bayerische Akademie der Schönen Künste (Hg.). 1985. *Ende der Kunst – Zukunft der Kunst*. München.

Behler, E. 1963. „Friedrich Schlegel und Hegel". *Hegel-Studien* 2: 203–250.

Benoît, T. 2002. „Logique de la forme dans l'esthétique de Hegel". *Revue internationale de philosophie* 221,3: 431–442.

Bergande, W. 2007. *Die Logik des Unbewussten in der Kunst: Subjekttheorie und Ästhetik nach Hegel und Lacan*. Wien.

Berr, K. 2009. *Hegels Bestimmung des Naturschönen. Zur Betrachtung schöner Natur und Landschaft*. Saarbrücken.

Bertram, G. 2013. „Arbeit am amphibischen Problem: Hegels Ästhetik und ihre jüngste Aktualisierung". *Allgemeine Zeitschrift für Philosophie* 38,2: 191–198.

Böhler, M. J. 1972. „Die Bedeutung Schillers für Hegels Ästhetik". *Publications of the Modern Language Association of America* 87: 182–191.

Bowie, A. 1990. *Aesthetics and Subjectivity from Kant to Nietzsche*. Manchester.

Bradl, B. 1998. *Die Rationalität des Schönen bei Kant und Hegel*. München.

Bras, G. 1989. *Hegel et l'art*. Paris.

Braune-Krickau, T., Erne, T. u. Scholl, K. (Hg.). 2014. *Vom Ende her gedacht. Hegels Ästhetik zwischen Religion und Kunst*. Freiburg i.Br. / München.

Bubner, R. 1990. „Gibt es ästhetische Erfahrung bei Hegel?". In: *Hegel und die „Kritik der Urteilskraft"*, hg. v. H. F. Fulda u. R.-P. Horstmann, 69–80. Stuttgart.

Bungay, S. 1984. *Beauty and Truth. A Study of Hegel's Aesthetics*. Oxford.

Cantillo, G. 1998. „Concetto dell'arte e suddivisione delle arti in Hegel". In: *Fede e Sapere. La genesi del pensiero del giovane Hegel*, hg. v. R. B. Oliva u. G. Cantillo, 159–183. Milano.

Carter, C. 1993. „A Re-examination of the ‚Death of Art' Interpretation of Hegel's Aesthetics". In: *Selected Essays on G. W. F. Hegel*, hg. v. L. Stepelevich, 11–27. Atlantic Highlands.

Charles, S. 1999. „Réconciliation et dépassement de l'art par la philosophie chez Hegel: une analyse critique". *Philosophiques* 25,1: 49–61.

Collenberg-Plotnikov, B. 2011. „The Aesthetics of the Hegelian School". In: *Politics, Religion and Art: Hegelian Debates*, hg. v. D. Moggach, 203–230. Evanston.

Collenberg-Plotnikov, B. u. Gethmann-Siefert, A. (Hg.). 2008. *Zwischen Philosophie und Kunstgeschichte. Beiträge zur Begründung der Kunstgeschichtsforschung bei Hegel und im Hegelianismus*. München.

Croce, B. 1934. „La fine dell'arte nel sistema hegeliano". *La Critica* 32: 425–434.

Cubo Ugarte, Ó. 2010. „Hegel: Anatomía y genealogía del arte". *Despalabro: Ensayos de humanidades* 4: 73–85.
Dahlhaus, C. 1981. „Hegels Satz vom Substanzverlust der Kunst". *Musik & Bildung* 13,3: 159–161.
Danto, A. 2004. „Hegel's End-of-Art Thesis". In: *A New History of German Literature*, hg. v. D. E. Wellbery u. J. Ryan, 535–540. Cambridge.
Dejardin, B. 2008. *L'art et la raison: Éthique et esthétique chez Hegel*. Paris.
Desmond, W. 1984/1985. „Art, Philosophy and the Concreteness in Hegel". *The Owl of Minerva* 16: 165–185.
Desmond, W. 1985. „Hermeneutics and Hegel's Aesthetics". *Irish Philosophical Journal* 2: 94–104.
Desmond, W. 1986. *Art and the Absolute. A Study of Hegel's Aesthetics*. New York.
De Vos, L. 2000/2001. „Die Ausarbeitung des Ideals. Zur Evolution des spekulativen Begriffs des Schönen". *Jahrbuch für Hegelforschung* 6/7: 253–276.
Domínguez Hernández, J. 2008. „Arte como formelle Bildung en el mundo moderno en la estética de Hegel". *Estudios de Filosofía* 37: 201–221.
Donougho, M. 1982a. „Art and Absolute Spirit, or, the anatomy of aesthetics". *Revue de l'Université d'Ottawa* 52: 483–495.
Donougho, M. 1982b. „Remarks on ‚Humanus heißt der Heilige…'". *Hegel-Studien* 17: 214–225.
Donougho, M. 1999. „Hegel's Art of Memory". In: *Endings. Questions of Memory in Hegel and Heidegger*, hg. v. R. Comay u. J. McCumber, 139–159. Evanston.
D'Oro, G. 1996. „Beauties of Nature and Beauties of Art: On Kant and Hegel's Aesthetics". *Bulletin of the Hegel Society of Great Britain* 33: 70–86.
Düsing, K. 1981a. „Ästhetischer Platonismus bei Hölderlin und Hegel". In: *Homburg v.d.H. in der deutschen Geistesgeschichte. Studien zum Freundeskreis um Hegel und Hölderlin*, hg. v. C. Jamme u. O. Pöggeler, 101–117. Stuttgart.
Düsing, K. 1981b. „Idealität und Geschichtlichkeit der Kunst in Hegels Ästhetik". *Zeitschrift für philosophische Forschung* 35,3/4: 319–340.
Düsing, K. 2012. *Aufhebung der Tradition im dialektischen Denken. Untersuchungen zu Hegels Logik, Ethik und Ästhetik*. München.
Eldridge, R. 2006. „Hegel, Schiller and Hölderlin on Art and Life". *Internationales Jahrbuch des Deutschen Idealismus. Ästhetik und Philosophie der Kunst* 4: 152–178.
Etter, B. 2006. *Between Transcendence and Historicism. The Ethical Nature of the Arts in Hegelian Aesthetics*. Albany.
Euler, W. 2006. „Die Idee des Schönen. Hegels Kritik an Kants Theorie des ästhetischen Urteils". *Internationales Jahrbuch des Deutschen Idealismus. Ästhetik und Philosophie der Kunst* 4: 91–123.
Ewers, H.-H. 1978. *Die schöne Individualität. Zur Genesis des bürgerlichen Kunstideals*. Stuttgart.
Fabbri, V. u. Vieillard, J.-L. 1997. *L'esthétique de Hegel: journées d'études*. Paris.
Fowkes, W. 1978/1979. „Hegel and the End of Art: 150 Years after". *Clio* 8: 365–376.
Fowkes, W. 1981. *A Hegelian Account of Contemporary Art*. Ann Arbor.
Franke, U. 2007. „Nach Hegel. Zur Differenz von Ästhetik und Kunstwissenschaft(en)". *Zeitschrift für Ästhetik und allgemeine Kunstwissenschaft*. Sonderheft 8: 73–92.

Franke, U. u. Gethmann-Siefert, A. (Hg.). 2005. *Kulturpolitik und Kunstgeschichte. Perspektiven der Hegelschen Ästhetik.* Hamburg.
Freier, H. 1975. *Die Rückkehr der Götter. Eine Untersuchung zur systematischen Rolle der Kunst in der Philosophie Kants, Schellings und Hegels.* Frankfurt a.M.
Gabás Pallás, R. 1994. „Lo sensible en el arte". In: *Subjetividad y Pensamiento. Cuestiones en torno a Hegel*, hg. v. M. del Carmen Paredes Martín, 118–139. Salamanca.
Gaiger, J. 2000. „Art as Made and Sensuous: Hegel, Danto and the ‚End of Art'". *Bulletin of the Hegel Society of Great Britain* 41/42: 104–119.
Gambazzi, P. 2002. „La fin de l'art et l'apparaître sensible de l'œuvre". *Revue Internationale de Philosophie* 221,3: 389–409.
Gethmann-Siefert, A. 1984. *Die Funktion der Kunst in der Geschichte. Untersuchungen zu Hegels Ästhetik* (= Hegel-Studien Beiheft 25). Bonn.
Gethmann-Siefert, A. 1984b. „Hegels These vom Ende der Kunst und der ‚Klassizismus' in der Ästhetik". *Hegel-Studien* 19: 205–258.
Gethmann-Siefert, A. 1991. „Ästhetik oder Philosophie der Kunst. Die Nachschriften und Zeugnisse zu Hegels Berliner Vorlesungen". *Hegel-Studien* 26: 92–109.
Gethmann-Siefert, A. 1993. „Hegel über Kunst und Alltäglichkeit. Zur Rehabilitierung der schönen Kunst und des ästhetischen Genusses". *Hegel-Studien* 28: 215–268.
Gethmann-Siefert, A. 2002. „Hegels Ästhetik. Die Transformation der Berliner Vorlesungen zum System". *Zeitschrift für philosophische Forschung* 56,2: 274–292.
Gethmann-Siefert, A. 2003. „Einleitung. Hegels ‚Ästhetik oder Philosophie der Kunst'". In: G. W. F. Hegel: *Vorlesungen über die Philosophie der Kunst*, hg. v. A. Gethmann-Siefert, XV-XLVI. Hamburg.
Gethmann-Siefert, A. 2005. *Einführung in Hegels Ästhetik.* München.
Gethmann-Siefert, A. u. Pöggeler, O. (Hg.). 1983. *Kunsterfahrung und Kulturpolitik im Berlin Hegels* (= Hegel-Studien Beiheft 22). Bonn.
Gethmann-Siefert, A. u. Pöggeler, O. (Hg.). 1986. *Welt und Wirkung von Hegels Ästhetik.* Bonn.
Gethmann-Siefert, A. u. Weisser-Lohmann, E. (Hg.). 1992. *Phänomen versus System. Zum Verhältnis von philosophischer Systematik und Kunsturteil in Hegels Berliner Vorlesungen über Ästhetik* (= Hegel-Studien Beiheft 34). Bonn.
Gethmann-Siefert, A., de Vos, L. u. Collenberg-Plotnikov, B. (Hg.). 2005. *Die geschichtliche Bedeutung der Kunst und die Bestimmung der Künste.* München.
Gethmann-Siefert, A. (et al.) (Hg.). 2013. *Hegels Ästhetik als Theorie der Moderne.* Berlin.
Geulen, E. 2002. *Das Ende der Kunst. Lesarten eines Gerüchts nach Hegel.* Frankfurt a.M.
Giosi, M. 2012. „L'estetica di Hegel e la Bildung. Annotazioni". *Studi sulla Formazione* 15,1: 163–172.
Giovannageli, D. 1981. „Hegel et l'origine de l'œuvre d'art". *Revue Philosophique de Louvain* 79: 513–531.
Glockner, H. 1965. „Die Aesthetik in Hegels System". In: Ders., *Beiträge zum Verständnis und zur Kritik Hegels sowie zur Umgestaltung seiner Geisteswelt*, 425–442. Bonn.
Gombrich, E. 1977. „Hegel und die Kunstgeschichte". *Neue Rundschau* 88: 202–219.
Gray, R. T. (et al.) (Hg.). 2011. *Inventions of the Imagination. Romanticism and Beyond.* Seattle.
Großmann, A. 1996. *Spur zum Heiligen: Kunst und Geschichte im Widerstreit zwischen Hegel und Heidegger* (= Hegel-Studien Beiheft 36). Bonn.
Grubich, J. 1913. *Die Stellung der Ästhetik im Hegelschen System und ihr Verhältnis zur Religionsphilosophie.* Hohensalza.

Gutiérrez, E. 1997. „Arte, lenguaje y metafísica en las estéticas de Hegel y Adorno". *Diálogos. Revista del Departamento de Filosofía* 32,70: 199–207.
Guyer, P. 1990. „Hegel on Kant's Aesthetics: Necessity and Contingency in Beauty and Art". In: *Hegel und die „Kritik der Urteilskraft"*, hg.v. H. F. Fulda u. R.-P. Horstmann, 81–99. Stuttgart.
Haas, B. 2003. *Die freie Kunst: Beiträge zu Hegels Wissenschaft der Logik, der Kunst und des Religiösen*. Berlin.
Hamacher, W. 1998. „(The End of Art with the Mask)". In: *Hegel after Derrida*, hg.v. S. Barnett, 105–130. London.
Harries, K. 1974. „Hegel on the Future of Art". *The Review of Metaphysics* 27: 677–696.
Harries, K. 1999. „The Epochal Threshold and the Classical Ideal: Hölderlin contra Hegel". In: *The Emergence of German Idealism*, hg.v. M. Baur u. D. Dahlstrom, 147–175. Washington D.C.
Harris, E. 1998. „Some Difficulties with Hegel's Aesthetics". *Idealistic Studies* 28,3: 137–145.
Hast, K. 1991. *Hegels ästhetische Reflexion des freien Subjekts. Der Satz vom Ende der Kunst im Lichte eines vernachlässigten Aspekts*. Frankfurt a.M.
Hebing, N. 2014. „Kunst und Ökonomie bei Hegel. Politisch-ästhetische Herausforderungen der bürgerlichen Gesellschaft". *Zeitschrift für Ästhetik und Allgemeine Kunstwissenschaft* 59,2: 203–223.
Hebing, N. 2015. „Hegels Ästhetik historisch-kritisch. Eine neue Quelle eröffnet neue Perspektiven". *Hegel-Studien* 49: 123–155.
Helferich, C. 1976. *Kunst und Subjektivität in Hegels Ästhetik*. Kronberg.
Henckmann, W. 1973. „Was besagt die These von der Aktualität der Ästhetik Hegels?". In: *Hegel-Bilanz*, hg.v. R. Heede u. J. Ritter, 101–145. Frankfurt a.M.
Hendrix, J. S. 2005. *Aesthetics and the Philosophy of Spirit. From Plotinus to Schelling and Hegel*. New York.
Henrich, D. 1964. „Kunst und Natur in der idealistischen Ästhetik". In: *Nachahmung und Illusion* (= Poetik und Hermeneutik 1), hg.v. H.-R. Jauß, 128–134. München.
Henrich, D. 1966. „Kunst und Kunstphilosophie der Gegenwart (Überlegungen mit Rücksicht auf Hegel)". In: *Immanente Ästhetik – Ästhetische Reflexion* (= Poetik und Hermeneutik 2), hg.v. W. Iser, 11–32. München.
Henrich, D. 1974. „Zur Aktualität von Hegels Ästhetik. Überlegungen am Schluss des Kolloquiums über Hegels Kunstphilosophie". In: *Stuttgarter Hegel-Tage 1970*, hg.v. H.-G. Gadamer, 295–301. Bonn.
Henrich, D. 2003. „Zerfall und Zukunft. Hegels Theoreme über das Ende der Kunst". In: Ders., *Fixpunkte. Abhandlungen und Essays zur Theorie der Kunst*, 65–125. Frankfurt a.M.
Hilmer, B. 1997. *Scheinen des Begriffs. Hegels Logik der Kunst*. Hamburg.
Hilmer, B. 1998. „Being Hegelian after Danto". *History and Theory* 37,4: 71–86.
Hindrichs, G. 2009. „Hegels genealogische Reflexion der Kunst". In: *Gestalten des Bewußtseins. Genealogisches Denken im Kontext Hegels* (= Hegel-Studien Beiheft 52), hg.v. V. Gerhardt, W. Jaeschke u. B. Sandkaulen, 50–77. Hamburg.
Hofstadter, A. 1974. „An artistic Knowledge. A Study in Hegel's Philosophy of Art". In: *Beyond Epistemology. New Studies in the Philosophy of Hegel*, hg.v. F. G. Weiss, 58–97. Den Haag.
D'Hondt, J. 1964. „Problemes de la religion esthétique". *Hegel-Jahrbuch* 1964: 34–48.

Horowitz, G. 2006. „The Residue of History. Dark Play in Schiller and Hegel". *Internationales Jahrbuch des Deutschen Idealismus. Ästhetik und Philosophie der Kunst* 4: 179–198.
Hotho, H. G. 1835. *Vorstudien für Leben und Kunst.* Stuttgart / Tübingen.
Houlgate, S. 1997. „Hegel and the ‚End' of Art". *The Owl of Minerva* 29,1: 1–21.
Ianelli, F. 2007. *Das Siegel der Moderne. Hegels Bestimmung des Hässlichen in den Vorlesungen zur Ästhetik und die Rezeption bei den Hegelianern.* München.
Ianelli, F. (Hg.). 2013. *Arte, religione e politica in Hegel.* Pisa.
Ianelli, F. (Hg.). 2014. *Vita dell'arte: risonanze dell'estetica di Hegel.* Macerata.
Jaeschke, W. 1982. „Kunst und Religion". In: *Die Flucht in den Begriff. Materialien zu Hegels Religionsphilosophie*, hg. v. F. W. Graf u. F. Wagner, 163–195. Stuttgart.
Jähnig, D. 1989. „Der Zusammenhang zwischen dem Ende der Kunst und dem Beginn der Kunstwissenschaft bei Hegel". *Zeitschrift für Ästhetik und allgemeine Kunstwissenschaft* 34: 82–89.
James, D. 2009. *Art, Myth and Society in Hegel's Aesthetics.* London.
Kain, P. 1982. *Schiller, Hegel, and Marx: State, Society, and the Aesthetic Ideal of Ancient Greece.* Kingston.
Kaminsky, J. 1962. *Hegel on Art. An Interpretation of Hegel's Aesthetics.* Albany.
Kimmerle, H. 1985. „Schein im Vor-Schein der Kunst. Grenzüberschreitungen zur Identität und zur Nicht-Identität". *Tijdschrift voor Filosofie* 47,3: 473–492.
Kuhn, H. 1974. „Die Gegenwärtigkeit der Kunst nach Hegels Vorlesungen über Ästhetik". In: *Stuttgarter Hegel-Tage 1970*, hg. v. H.-G. Gadamer, 251–270. Bonn.
Kwon, D.-J. 2004. *Das Ende der Kunst. Analyse und Kritik der Voraussetzungen von Hegels These.* Würzburg.
Lampert, J. 2001. „Why is there no Category of the City in Hegel's Aesthetics?". *British Journal of Aesthetics* 41: 312–324.
Lenain, T. 2002. „Hegel: l'incarnation sensible de l'idée". In: *Esthétique et philosophie de l'art: Repères historiques et thématiques*, hg. v. T. Lenain u. D. Lories, 117–126. Louvain-la-Neuve.
Lukács, G. 1969. „Hegels Ästhetik". In: Ders., *Probleme der Ästhetik*, hg. v. F. Benseler, 107–146. Berlin.
Maker, W. (Hg.). 2000. *Hegel and Aesthetics.* Albany.
McCumber, J. 1999. „Schiller, Hegel, and the Aesthetics of German Idealism". In: *The Emergence of German Idealism*, hg. v. M. Baur u. D. Dahlstrom, 133–146. Washington D.C.
Menke, C. 1996. *Tragödie im Sittlichen. Gerechtigkeit und Freiheit nach Hegel.* Frankfurt a.M.
Metscher, T. 2013. *Ästhetik, Kunst und Kulturprozess: Theoretische Studien.* Berlin.
Millàn, E. 2010. „Searching for Modern Culture's Beautiful Harmony: Schlegel and Hegel on Irony". *Bulletin of the Hegel Society of Great Britain* 62: 61–82.
Moran, M. 1981. „On the Continuing Significance of Hegel's Aesthetics". *British Journal of Aesthetics* 21: 214–239.
Morawski, S. 1964. „Hegels Ästhetik und das ‚Ende der Kunstperiode'". *Hegel-Jahrbuch* 1964: 60–71.
Muller, P. 1999. „Hegel ou la Réalité de l'art contre le ‚Jugement esthétique'". *Revue Internationale de Philosophie* 210,4: 485–504.
Negri, A. 1969. „Estetica e Dialettica in Hegel". *Logos* 1: 510–559.

Nuzzo, A. 2006. „Hegel's ‚Aesthetics' as Theory of Absolute Spirit". *Internationales Jahrbuch des Deutschen Idealismus. Ästhetik und Philosophie der Kunst* 4: 291–310.
Oelmüller, W. 1979. „Hegel. Der Satz vom Ende der Kunst". In: Ders., *Die unbefriedigte Aufklärung. Beiträge zu einer Theorie der Moderne von Lessing, Kant und Hegel*, 240–264. Frankfurt a.M.
Oetjen, M. 2003. *Das Ende der Kunst bei Hegel*. Norderstedt.
Olivier, A. P. 2008. *Hegel, la genèse de l'esthétique*. Rennes.
Olivier, A. P. 2012. „L'esthétique comme système de la philosophie". *Revue Philosophique de Louvain* 110,1: 1–21.
Olivier, A. P. u. Weisser-Lohmann, E. (Hg.). 2013. *Kunst – Religion – Politik*. München.
Over, S. 2010. *Begriff und Struktur der Kunst in Hegels Ästhetik*. Berlin.
Pagani, D. 2010. *Féminité et communauté chez Hegel: le rapport de l'esthétique au politique dans le système*. Paris.
Patocka, J. 1964. „Zur Entwicklung der ästhetischen Auffassung Hegels". *Hegel-Jahrbuch* 1964: 49–59.
Peres, C. 1983. *Die Struktur der Kunst in Hegels Ästhetik*. Bonn.
Peters, J. 2009. „Beauty, Aesthetic Experience and Immanent Critique". *Bulletin of the Hegel Society of Great Britain* 59/60: 67–81.
Peters, J. 2015. *Hegel on Beauty*. New York.
Pillow, K. 2000. *Sublime Understanding: Aesthetic Reflection in Kant and Hegel*. Cambridge.
Pinkard, T. 2010. „How to Move from Romanticism to Post-Romanticism: Schelling, Hegel, and Heine". *European Romantic Review* 21,3: 391–407.
Pippin, R. 2002. „What Was Abstract Art? (From the Point of View of Hegel)". *Critical Inquiry* 29,1: 1–24.
Pippin, R. 2009. „Ästhetik ohne Ästhetik". *WestEnd: neue Zeitschrift für Sozialforschung* 6,1: 34–57.
Plumpe, G. 1993. *Ästhetische Kommunikation der Moderne I: Von Kant bis Hegel*. Opladen.
Pocai, R. 2014. *Philosophie, Kunst und Moderne: Überlegungen mit Hegel und Adorno*. Berlin.
Pöggeler, O. 1956. *Hegels Kritik der Romantik*. Bonn.
Pöggeler, O. 1980. „Die Entstehung von Hegels Ästhetik in Jena". In: *Hegel in Jena. Die Entwicklung des Systems und die Zusammenarbeit mit Schelling. Hegel-Tage Zwettl 1977* (= Hegel-Studien Beiheft 20), hg. v. D. Henrich u. K. Düsing, 249–270. Bonn.
Pöggeler, O. 1984. *Die Frage nach der Kunst. Von Hegel zu Heidegger*. Freiburg i.Br.
Pöggeler, O. (Hg.). 1981. *Hegel in Berlin. Preußische Kulturpolitik und idealistische Ästhetik. Zum 150. Todestag des Philosophen*. Berlin.
Ramirez Luque, I. 1988. *Arte y belleza en la estetica de Hegel*. Sevilla.
Raters, M.-L. 2005. *Kunst, Wahrheit und Gefühl: Schelling, Hegel und die Ästhetik des angelsächsischen Idealismus*. Freiburg i.Br.
Roche, M.W. 2005. „Hegels Relevanz für die gegenwärtige Ästhetik". In: *Das Geistige und das Sinnliche in der Kunst. Ästhetische Reflexion in der Perspektive des Deutschen Idealismus*, hg. v. D. Wandschneider, 67–81. Würzburg.
Ross, N. 2009. „‚Nothing human is foreign to me': On the role of difference in Hegel's Aesthetics". *Philosophy Today* 53,4: 337–347.
Rüsen, J. 1976. „Hegels geschichtsphilosophische Analyse zur Selbsttranszendierung des Ästhetischen in der modernen Welt". In: Ders., *Ästhetik und Geschichte*,

Geschichtstheoretische Untersuchungen zum Begründungszusammenhang von Kunst, Gesellschaft und Wissenschaft, 30–62. Stuttgart.

Rush, F. 2010. „Hegel, Humour, and the Ends of Art". *Bulletin of the Hegel Society of Great Britain* 62: 1–22.

Rutter, B. 2010. *Hegel on the Modern Arts*. Cambridge.

Schmitz, K. I. u. Steinkraus, W. I. (Hg.). 1978. *Art and Logic in Hegel's Philosophy*. New Jersey / Sussex.

Schneider, H. 1984. „Neue Quellen zu Hegels Ästhetik". *Hegel-Studien* 19: 9–44.

Schneider, H. 1991. „Eine Nachschrift der Vorlesung Hegels über Ästhetik im Wintersemester 1820/21". *Hegel-Studien* 26: 89–91.

Siani, A. 2010. *Il destino della modernità. Arte e politica in Hegel*. Pisa.

Siani, A. 2013. „Kant, Schiller, Hegel e la parabola dell'estetica". In: *Schiller lettore di Kant*, hg. v. A. Siani u. G. Tomasi, 147–166. Pisa.

Simmen, J. 1980. *Kunstideal oder Augenschein. Ein Versuch zu Hegels Ästhetik*. Berlin.

Snyder, S. D. 2006. „The End of Art: Hegel's Appropriation of Aristotle's Nous". *Modern Schoolman* 83,4: 301–316.

Speight, A. 2008. „Hegel and Aesthetics: The Practice and ‚Pastness' of Art". In: *The Cambridge Companion to Hegel and Nineteenth-Century Philosophy*, hg. v. F. C. Beiser, 378–393. Cambridge.

Speight, A. 2013. „Artisans, Artists and Hegel's History of Art". *Bulletin of the Hegel Society of Great Britain* 68: 203–222.

Steinfeld, T. 1987. „Grabreden und keine Leiche: Über das Interesse der Sekundärliteratur am sogenannten ‚Satz vom Ende der Kunst' in Hegels Vorlesungen über die Ästhetik". *German Studies Review* 10,2: 299–319.

Sziborsky, L. 1983. „Hegel über die Objektivität des Kunstwerks. Ein eigenhändiges Blatt zur Ästhetik. Mitgeteilt und erörtert von Lucia Sziborsky". *Hegel-Studien* 18: 23–64.

Taft, R. 1987. „Art and Philosophy in the Early Development of Hegel's System". *The Owl of Minerva* 18,2: 145–162.

Taminiaux, J. 1958. „La pensée esthétique du jeune Hegel". *Revue Philosophique de Louvain* 56: 222–250.

Taminiaux, J. 1982. „Entre l'attitude esthétique et la mort de l'art". In: Ders., *Recoupements*, 150–174. Brüssel.

Teyssèdre, B. 1958. *L'esthétique de Hegel*. Paris.

Timmermans, B. R. u. Zaccaria, P. 1997. *Hegel. Esthétique*. Paris.

Vercellone, F. 2012. „L'arte dopo la sua fine. Note sulla morte dell'arte oggi". In: *Ontologia dell'immagine*, hg. v. G. Cantillo (et al.), 111–125. Rom.

Vieira da Silva Filho, A. 2014. „Hegel e o jovem Lukács: Da consonância estética à dissonância política". *Kriterion: Revista de Filosofia* 55,129: 9–22.

Vieweg, K., Ianelli, F. u. Vercellone, F. (Hg.). 2015. *Das Ende der Kunst als Anfang freier Kunst*. Paderborn.

Wandschneider, D. (Hg.). 2005. *Das Geistige und das Sinnliche in der Kunst. Ästhetische Reflexion in der Perspektive des Deutschen Idealismus*. Würzburg.

Well, K. 1986. *Die „schöne Seele" und ihre „sittliche Wirklichkeit": Überlegungen zum Verhältnis von Kunst und Staat bei Hegel*. Frankfurt a.M.

Wicks, R. 1993. „Hegel's Aesthetics: An Overview". In: *The Cambridge Companion to Hegel*, hg. v. F. C. Beiser, 348–377. Cambridge.

Wicks, R. 1994. *Hegel's Theory of Aesthetic Judgment.* New York.
Wiehl, R. 1971. „Über den Handlungsbegriff als Kategorie in Hegels Ästhetik". *Hegel-Studien* 6: 135–170.
Winfield, R. D. 1994. „The Individuality of Art and the Collapse of Metaphysical Aesthetics". *American Philosophical Quarterly* 31,1: 39–51.
Wyss, B. 1999. *Hegel's Art History and the Critique of Modernity.* Cambridge.
Ziemer, E. 1993. *Heinrich Gustav Hotho (1802–1873). Ein Berliner Kunsthistoriker, Kunstkritiker und Philosoph.* Berlin.
Zovko, J. 2007. „Hegels Kritik der Schlegelschen Ironie". *Hegel-Jahrbuch* 2007: 148–154.

C Literatur zu den Kunstformen

Amoroso, L. 2014. „Hegel, Schiller e gli dèi della Grecia". In: Ders., *Schiller e la parabola dell'estetica*, 85–98. Pisa.
Baur, M. 1997. „Winckelmann and Hegel on the Imitation of the Greeks". In: *Hegel and the Tradition: Essays in Honour of H. S. Harris*, hg. v. M. Baur u. J. Russon, 93–110. Toronto.
Bellini, M. 2013. *L'enigma dei geroglifici e l'estetica. Da Orapollo a Bacone, da Vico a Hegel.* Milano.
Bertinetto, A. 2006. „Negative Darstellung. Das Erhabene bei Kant und Hegel". *Internationales Jahrbuch des Deutschen Idealismus. Ästhetik und Philosophie der Kunst* 4: 124–151.
Chiereghin, F. 2006. „La funzione dell'inconscio ne ‚lo spirito vero' della ‚fenomenologia dello spirito' e le dinamiche dell'inconscio nel ‚simbolismo inconscio' delle ‚lezioni sull'estetica' di Hegel". *Verifiche* 35,3/4: 133–197.
Decaroli, S. 2006. „The Greek Profile: Hegel's Aesthetics and the Implications of a Pseudo-Science". *Philosophical Forum. A Quarterly* 37,2: 113–151.
De Man, P. 1982. „Sign and Symbol in Hegel's ‚Aesthetics'". *Critical Inquiry* 8,4: 761–775.
Desmond, W. 2011. „Hegel, Homer, Heroism". *Yearbook of the Irish Philosophical Society: Voices of Irish Philosophy* 2011: 1–16.
Duque, F. 1999. „Die Rolle der Vernunft in der symbolischen Kunstform bei Hegel". *Hegel-Studien* 34: 99–114.
Gjesdal, K. 2007. „Ibsen and Hegel on Egypt and the Beginning of Great Art". *Bulletin of the Hegel Society of Great Britain* 55/56: 67–86.
Heimsoeth, H. 1967. „Zum Begriff des ‚Romantischen' in Hegels Ästhetik". *Studia Estetyczne* 4: 87–98.
Heller, E. 1964. „Die Reise der Kunst ins Innere. Eine Prognose Hegels und ihre Erfüllung. Erster Teil." *Merkur. Deutsche Zeitschrift für europäisches Denken* 200: 939–955.
Hernández Sánchez, D. 1997. „La Ambegüidad del Símbolo. Sobre la Forma de Arte Simbólica en la Estética de Hegel". *Daimon* 14: 59–68.
Hofstadter, A. 1974. „Die Kunst: Tod und Verklärung. Überlegungen zu Hegels Lehre von der Romantik". In: *Stuttgarter Hegel-Tage 1970*, hg. v. H.-G. Gadamer, 271–285. Bonn.
Kwon, J.-I. 2001. *Hegels Bestimmung der Kunst. Zur Bedeutung der „symbolischen Kunstform" in Hegels Ästhetik.* München.
Luque Moya, G. 2010. „El albor del tiempo: el arte simbólico en el pensamiento hegeliano". *Yo y Tiempo* 15,2: 335–344.

Magnus, K. D. 2001. *Hegel and the Symbolic Mediation of Spirit*. Albany.
Moukanos, D. 1986. „Symbolic and Classical art according to Hegel". *Diotima* 14: 154–163.
Over, S. 2005. „Die Abwertung des sinnlich Erscheinenden in Hegels Begriff der romantischen Kunstform". In: *Das Geistige und das Sinnliche in der Kunst. Ästhetische Reflexion in der Perspektive des Deutschen Idealismus*, hg. v. D. Wandschneider, 57–66. Würzburg.
Pöggeler, O. 1956. *Hegels Kritik der Romantik*. Bonn.
Reid, J. 2014. *The anti-romantic: Hegel against ironic Romanticism*. London.
Stemmrich-Köhler, B. 1992. *Zur Funktion der orientalischen Poesie bei Goethe, Herder, Hegel. Exotische Klassik und ästhetische Systematik in den „Noten und Abhandlungen zu besserem Verständnis des West-östlichen Divans" Goethes, in Frühschriften Herders und in Hegels Vorlesungen zur Ästhetik*. Frankfurt a.M.
Vercellone, F. 1982. „Oriente e ornamento nell'estetica di Hegel". *Rivista di Estetica* 22,12: 83–90.
Vieweg, K. 2005. „Humor als ‚ver-sinnlichte' Skepsis – Hegel und Jean Paul". In: *Das Geistige und das Sinnliche in der Kunst. Ästhetische Reflexion in der Perspektive des Deutschen Idealismus*, hg. v. D. Wandschneider, 113–121. Würzburg.
Wagner, F. D. 1988. „Das bürgerliche Kunstideal. Hegels Konstruktion der Antike und Kritik der Moderne". *Zeitschrift für deutsche Philologie* 107: 101–116.
Winfield, R. D. 1995. „Hegel on Classical Art". *Clio* 24: 147–167.
Winfield, R. D. 1995b. „Hegel, Romanticism, and Modernity". *The Owl of Minerva* 27,1: 3–18.
Zahn, M. 1982. „Zeichen, Idee und Erscheinung. Symbolkonzepte in der Philosophie des Deutschen Idealismus". In: *Beiträge zu Symbol, Symbolbegriff und Symbolforschung*, hg. v. M. Lurker, 217–228. Baden-Baden.

D Literatur zu den einzelnen Künsten

Aranzueque, G. 2011. „Historia y catástrofe: Tragedia y reconciliación en Schiller y Hegel". *Pensamiento: Revista de Investigación e Información Filosofíca* 67,251: 5–31.
Barford, P. 1953. „Hegel and Beethoven". *Musica* 7: 437–440.
Belli, A. L. 1998/99. „Hegel und Rossini. Das Singen, das man in der Seele empfindet". *Jahrbuch für Hegelforschung* 4/5: 231–261.
Brelet, G. 1965. „Hegel et la musique moderne". *Hegel-Jahrbuch* 1965: 10–26.
Cantillo, C. 1987. „La musica nell'estetica hegeliana". *Atti dell'Academia di Scienze Morali e Politiche* 98: 105–137.
Ceppa, L. 1984. „L'immagine romantica della Madonna nella ‚Estetica' di Hegel". *Studia patavina. Rivista di scienze religiose* 31,1: 159–167.
Cha, J.-W. 2007. „Ton versus Dichtung: Two Aesthetic Theories of the Symphonic Poem and Their Sources". *Journal of Musicological Research* 26,4: 377–403.
Dahlhaus, C. 1983. „Hegel und die Musik seiner Zeit". In: *Kunsterfahrung und Kulturpolitik im Berlin Hegels* (= Hegel-Studien Beiheft 22), hg. v. A. Gethmann-Siefert u. O. Pöggeler, 333–350. Bonn.
De Boer, K. 2000. „How Not to Turn a Blind Eye to the Tragic: Some Remarks on Hegel's Interpretation of Tragedy". *Hegel-Jahrbuch* 2000: 157–161.

Deiters, F.-J. 2013. „Effacement vs. exposure of the poetic act: philosophy and literature as producers of ‚history' (Hegel vs. Goethe)". In: *Goethe's ghosts: reading and the persistence of literature*, hg. v. S. Richter u. R. Block, 239–261. New York.

Deligiorgi, K. 2007. „Modernity with pictures: Hegel and Géricault". *Modernism/Modernity* 14,4: 607–623.

Desmond, W. 1999. „Gothic Hegel". *The Owl of Minerva* 30,2: 237–252.

Düsing, K. 1988. „Die Theorie der Tragödie bei Hölderlin und Hegel". In: *Jenseits des Idealismus. Hölderlins letzte Homburger Jahre (1804–1806)*, hg. v. C. Jamme u. O. Pöggeler, 55–82. Bonn.

Eller, B. 1994/1995. „The Sound of the Ideal: Hegel's Aesthetic of Music". *The Owl of Minerva* 26,1: 47–58.

Espiña, Y. 1997. „Kunst als Grenze: Die Musik bei Hegel". *Jahrbuch für Hegelforschung* 3: 103–133.

Etter, B. 1999. „Beauty, Ornament, and Style: The Problem of Classical Architecture in Hegel's Aesthetics". *The Owl of Minerva* 30,2: 211–235.

Franke, U. 2007. „Darstellung Gottes und der biblischen Bilderwelt. Schelling und Hegel über christliche Malerei". In: *Handbuch der Bildtheologie in vier Bänden*, Bd. 1, hg. v. R. Hoeps (et al.), 300–314. Paderborn.

Gaiger, J. 2006. „Catching up with History: Hegel and Abstract Painting". In: *Hegel: New Directions*, hg. v. K. Deligiorgi, 159–176. Chesham.

Geisenhanslüke, A. 2012. *Nach der Tragödie. Lyrik und Moderne bei Hegel und Hölderlin*. München.

Gethmann-Siefert, A. 1980. „Die systematische Ästhetik und das Problem der Geschichtlichkeit der Kunst: Überlegungen anhand der Bestimmung der Malerei in Hegels Ästhetik und in der Theorie der abstrakten Malerei". *Zeitschrift für katholische Theologie* 102,2: 156–183.

Grathoff, D. 1994. „Hegel und Kleist". In: *Die „Jahrbücher für wissenschaftliche Kritik": Hegels Berliner Gegenakademie*, hg. v. C. Jamme, 435–445. Stuttgart-Bad Cannstatt.

Hebing, N. 2015. *Hegels Ästhetik des Komischen* (= Hegel-Studien Beiheft 63). Hamburg.

Hebing, N. 2016. „Die Außenwelt der Innenwelt. Hegel über Architektur". *Verifiche* 45,1/2: 105–149.

Hilmer, B. 2011. „Angeschautes Werden und Magie des Scheinens. Zu Hegels Grammatik der Malerei". In: *Bild und Zeit*, hg. v. T. Kisser, 273–284. München.

Hofmann, G. 1996. „Charakterbrüche. Hegel und Hamlet". *Prima Philosophia* 9,3: 297–305.

Hotho, H. G. 1842. *Geschichte der deutschen und niederländischen Malerei. Eine öffentliche Vorlesung*. Berlin.

Houlgate, S. (Hg.). 2007. *Hegel and the Arts*. Evanston.

James, D. 2010. „Art and Ethical Life: The Social and Historical Background to Hegel's Reflections on Ancient and Modern Literature in the ‚Mit'- and ‚Nachschriften' of his Lectures on Aesthetics". *Bulletin of the Hegel Society of Great Britain*. Special Issue on Hegel and Literature 62: 83–100.

James, D. 2011. „Civil Society and Literature: Hegel and Lukács on the Possibility of a Modern Epic". *European Legacy* 16,2: 205–221.

Johnson, J. 1991. „Music in Hegel's Aesthetics: A Re-evaluation". *British Journal of Aesthetics* 31: 152–162.

Kraft, S. 2010. „Hegel, das Unterhaltungslustspiel und das Ende der Kunst. Zur Rezension von Ernst Raupachs Lustspiel ‚Die Bekehrten' und zur Stellung der modernen Komödie in Hegels Ästhetik". *Hegel-Studien* 45: 81–102.
Kulenkampff, J. 1987. „Musik bei Kant und Hegel". *Hegel-Studien* 22: 143–163.
Lauener, H. 1962. *Die Sprache in der Philosophie Hegels mit besonderer Berücksichtigung der Ästhetik*. Bern.
Luckner, A. 2000. „Zeit, Begriff und Rhythmus: Hegel, Heidegger und die elementarische Macht der Musik". In: *Musik in der Zeit. Zeit in der Musik*, hg. v. R. Klein (et al.), 108–138. Weilerswist.
Morresi, R. 2005. „Retorica in Hegel e retorica di Hegel". *Rhetorica. A Journal of the History of Rhetoric* XXIII,4: 347–362.
Noleto, L. 2014. „A imagem da interioridade – considerações sobre a pintura a partir de Hegel". *Pólemos* 3,5: 26–33.
Nowak, A. 1971. *Hegels Musikästhetik*. Regensburg.
Olivier, A. P. 2003. *Hegel et la Musique. De l'expérience esthétique à la spéculation philosophique*. Paris.
Papi, F. 2000. *Filosofia e architettura. Kant, Hegel, Valéry, Heidegger, Derrida*. Como / Pavia.
Pippin, R. 2012. *Kunst als Philosophie. Hegel und die moderne Bildkunst* (= Frankfurter Adorno Vorlesung 2011). Berlin.
Pippin, R. 2014. *After the Beautiful. Hegel and the Philosophy of Pictorial Modernism*. Chicago / London.
Pöggeler, O. 1996. „Hegels Ästhetik und die Konzeption der Berliner Gemäldegalerie". *Hegel-Studien* 31: 9–26.
Rinaldi, G. 2002/03. „Musik und Philosophie im Ausgang von Hegel". *Jahrbuch für Hegelforschung* 8/9: 109–117.
Roche, M. W. 1998. *Tragedy and Comedy. A Systematic Study and a Critique of Hegel*. Albany.
Rollmann, V.-J. 2005. *Das Kunstschöne in Hegels Ästhetik am Beispiel der Musik*. Marburg.
Scheidegger, M. 2015. *Der Theaterbegriff in Hegels Ästhetik. Auf dem Weg zu einer systematischen Studie*. Berlin.
Scheier, C.-A. 2005. „Der Begriff der Farbe und die Farbe des Begriffs in Hegels Ästhetik". In: *Das Geistige und das Sinnliche in der Kunst. Ästhetische Reflexion in der Perspektive des Deutschen Idealismus*, hg. v. D. Wandschneider, 95–112. Würzburg.
Scholz, L. 2010. „Freiheit, Gleichheit, Sinnlichkeit – Jacques Rancière, Hegel und die holländische Malerei". *Zeitschrift für Ästhetik und allgemeine Kunstwissenschaft* 55,2: 187–200.
Schüttauf, K. 1984. *Die Kunst und die bildenden Künste. Eine Auseinandersetzung mit Hegels Ästhetik*. Bonn.
Schulte, M. 1992. *Die „Tragödie im Sittlichen". Zur Dramentheorie Hegels*. München.
Serravezza, A. 2000. „La ‚musica autonoma' nell'estetica di Hegel". *Musica e storia* 8,2: 325–350.
Simon, R. 2013. *Die Idee der Prosa. Zur Ästhetikgeschichte von Baumgarten bis Hegel mit einem Schwerpunkt bei Jean Paul*. München.
Speight, A. 2001. *Hegel, Literature and the Problem of Agency*. Cambridge.
Szondi, P. 1974. „Hegels Lehre von der Dichtung". In: *Poetik und Geschichtsphilosophie I*, hg. v. S. Metz u. H.-H. Hildebrandt. Frankfurt a.M.
Thibodeau, M. 2013. *Hegel and Greek Tragedy*. Lanham.

Werle, M. A. 2001. „A relação entre a estética de Hegel e a poesia de Goethe". *Discurso* 32: 161–192.
Westphal, K. 1997. „Hegel, Formalism, and Robert Turner's Ceramic Art". *Jahrbuch für Hegelforschung* 3: 259–283.
Winfield, R. D. 1996. *Stylistics. Rethinking the Artforms after Hegel*. Albany.
Winfield, R. D. 2002. „The Classical Nude and the Limits of Sculpture". *Revue Internationale de Philosophie* 221,3: 443–460.

Personenregister

Adorno, T.W. 49, 69
Aesop 74, 93
Aischylos 219
Alexander der Große 155
Amenhotep III. 156
Ariost 143 f.
Aristophanes 122, 253 f.
Aristoteles 10, 41, 78, 233, 245, 247, 249, 251

Bach, J.S. 217, 220, 223
Bakhtin, M.M. 93
Baeumler, A. 6
Baggesen, J.I. 126
Batteux, C. 10
Baumeister, T. 170, 175 f.
Baumgarten, A.G. 3, 8, 15
Bayertz, K. 56
Beethoven, L.v. 224
Berr, K. 39
Bertram, G.W. 39
Bockholdt, R. 103
Böttiger, C.A. 180 f.
Brecht, B. 55
Brentano, C. 125
Bungay, S. 39

Camper, P. 183
Cavell, S. 56
Cervantes, M.d. 125, 143 f., 241
Chardin, J.S. 185, 190
Christus 112, 121, 133, 135, 173, 176 f., 179, 197–199, 218, 240
Collenberg-Plotnikov, B. 19, 169
Corneille, P. 247
Correggio, A.d. 196
Crelinger, A. 142
Creuzer, F. 73, 75, 78, 80
Cuvier, G. 170

Dahlhaus, C. 224
Dante Alighieri 127
David, J.-L. 190

de Man, P. 73
Desmond, W. 165
Diderot, D. 190
Dieckmann, L. 75
Don Carlos 55
Donougho, M. 73
Drüe, H. 246
Durante, F. 219, 223
Düsing, K. 250

Echtermeyer, E.T. 126
Eckermann, J.P. 126
Egmont 252
El Cid 139, 238
Epikur 95
Etter, B. 159, 166

Feuerbach, L. 132
Fichte, J.G. 17
Fried, M. 185 f., 202

Gadamer, H.-G. 39, 61
Gall, F.J. 183
Géricault, T. 204
Gethmann-Siefert, A. 11, 38 f., 223–225
Gluck, C.W. 219 f., 223, 225
Goethe, J.W. 10, 55 f., 59, 65, 88, 93–95, 103, 126, 139, 143 f., 149, 190, 240, 244 f., 252
Goodman, N. 173
Gormley, A. 166
Götz von Berlichingen 55, 252
Greuze, J.-B. 190
Gros, A.-J. 190
Gumbrecht, H.U. 102, 104

Habermas, J. 104
Hadid, Z. 167
Hafis 95, 244
Händel, G.F. 219
Haydn, F.J. 219, 223
Hazlitt, W. 185
Hebing, N. 165, 227, 237, 240, 249 f., 252

Heine, H. 126
Henrich, D. 31, 61, 244
Herder, J.G. 103, 139, 180 f.
Herodot 84, 94–96, 131, 155, 157 f., 172, 233
Hesiod 131, 172
Heyne, C.G. 78
Hilmer, B. 9, 32, 38 f., 172 f., 185 f.
Hindrichs, G. 9, 23, 32
Hippel, T.G. 146
Hirt, A. 10, 156
Hodgson, P.C. 87 f.
Hoffmann, E.T.A. 56, 218, 224
Hoffmeister, J. 75, 163, 180
Hölderlin, F. 15, 75, 103
Home, H. 10
Homer 59, 65, 94, 114, 131, 172, 236 f., 239, 242
Hopkins, O. 166
Horaz 10, 244
Hotho, H.G. 1 f., 4, 12, 14, 16, 18, 23, 38 f., 46, 84, 86, 88, 123 f., 133–135, 141, 144 f., 148 f., 169, 224–226
Houlgate, S. 61, 79, 151 f., 156, 171, 192
Humboldt, W.v. 103 f.

Jacobi, F.H. 28
Jaeschke, W. 5, 87 f., 125, 227, 251
Jamme, C. 75
Jauß, H.R. 103 f.
Johanna von Orléans 252
Johannes (Ev.) 131
Jung, W. 239

Kant, I. 6, 15–17, 35, 49, 69, 88, 90, 97, 170, 193 f., 212, 234
Khurana, T. 40, 51
Kleist, H.v. 56, 139, 142
Klopstock, F.G. 149, 240, 244
Klotz, V. 248
Kolb, D. 160, 164 f., 167
Kotzebue, A.v. 142, 251
Kromayr, C. 123
Kulenkampff, J. 209, 222

Legros, R. 34
Lessing, G.E. 103, 127, 185, 245, 251

Longin (Pseudo-) 10
Lotti, A. 219, 223
Lukács, G. 25, 227, 240
Lukrez 95

Madonna 146, 193, 199, 204
Manet, E. 186, 205
Maria 105, 112, 131, 173, 176, 198
Maria Magdalena 196 f.
Marmontel, J.-F. 219
Melamed, Y.Y. 28
Menke, C. 40, 246
Metastasio, P. 219
Meyer, J.H. 10
Miller, M. 163
Molière 253
Moritz, K.P. 103
Mozart, W.A. 214, 219, 223, 225
Murillo, B.E. 51
Myron 172

Niebuhr, C. 157
Novalis (Hardenberg, F.v.) 125
Nowak, A. 215, 222

Oates, J. 155
Olivier, A.P. 224 f.
Ovid 109, 181

Paganini, N. 221
Palestrina, G.P.d. 218 f., 223
Paul, J. 56, 69, 146, 242
Pavel, T. 102
Pergolesi, G.B. 219, 223
Perikles 13, 171
Perrault, C. 103
Petrarca, F. 149
Phidias 178
Pindar 244
Pinkard, T. 40 f., 56, 61, 69
Pippin, R.B. 56, 61, 186, 189, 191, 194, 201, 205
Platon 10 f., 34, 121, 249
Pöggeler, O. 75
Polyklet 172
Poussin, N. 190

Raffael 51, 146, 193, 197
Ramler, K.W. 10
Ranchio, F. 41, 51
Raoul-Rochette, D. 176
Rauch, C.D. 88
Rodgers, N. 162
Rosenzweig, F. 249f.
Rossini, G.A. 223, 225
Rousseau, J.-J. 210, 216
Rückert, F. 149
Ruge, A. 126
Rumi 149, 244
Rutter, B. 39, 61

Sandkaulen, B. 1, 17
Scaliger, J.C. 247
Schadow, J.G. 184
Schelling, F.W.J. 15, 17, 49, 73, 78, 94, 103, 113, 127, 170, 228
Schiller, F. 17, 34, 56, 88, 94f., 103f., 106, 132, 143, 170, 219, 244f., 252
Schinkel, K.F. 165
Schlegel, A.W. 103f., 181
Schlegel, F. 15, 17, 69, 73, 75f., 78, 80, 103f., 125–127, 139f., 143, 239
Seeberg, U. 99, 104
Seel, M. 37, 48f., 56
Shakespeare, W. 59f., 125, 139, 142f., 248, 251f.
Siegele, U. 210
Siep, L. 217
Sokrates 121, 130

Sophokles 58, 219, 248
Spawforth, T. 159f., 162
Speight, A. 73f., 84, 96
Spinoza, B.d. 27f., 31, 170
Sterne, L. 69, 146
Storz, G. 235
Strabon 157
Sullivan, L.H. 160, 167
Swift, J. 242
Szondi, P. 73, 227, 229

Tieck, C.F. 184
Tieck, L. 125, 143
Tomlinson, R.A. 162

Vitruv 160, 162
Voss, J.H. 240
Voßkamp, W. 103, 242

Wackenroder, W.H. 215
Wallenstein, A.W.E.v. 55, 143, 252
Wiehl, R. 234
Wilkinson, R.H. 156f., 161
Winckelmann, J.J. 34, 53, 102f., 172, 177f., 180, 185
Winfield, R.D. 154, 160f.
Wolff, C. 15, 240
Wölfflin, H. 166
Wollheim, R. 189
Wyss, B. 162

Zoroaster 80–82

Hinweise zu den Autoren

Bernadette Collenberg-Plotnikov, apl. Professorin für Philosophische Ästhetik, Kunsttheorie und Kunstgeschichte an der FernUniversität Hagen, wissenschaftliche Mitarbeiterin am Forschungszentrum für Klassische Deutsche Philosophie / Hegel-Archiv. *Veröffentlichungen* u. a.: Klassizismus und Karikatur. Eine Konstellation der Kunst am Beginn der Moderne (1998). Herausgeberin: G.W.F. Hegel: Philosophie der Kunst oder Ästhetik. Nach Hegel. Im Sommer 1826 (Mitschrift Hermann von Kehler) (zus. mit A. Gethmann-Siefert, 2004), H.G. Hotho: Vorlesungen über Ästhetik oder Philosophie des Schönen und der Kunst. Berlin 1833 (2004), Musealisierung und Reflexion. Gedächtnis – Erinnerung – Geschichte (2011). Zahlreiche Beiträge zur Ästhetik Hegels und des Hegelianismus.

Niklas Hebing, Dr. phil., Wissenschaftlicher Mitarbeiter im Hegel-Archiv der Ruhr-Universität Bochum, seit 11/2016 Fachreferent für Philosophie bei der Deutschen Forschungsgemeinschaft (DFG). *Veröffentlichungen* u. a.: Unversöhnbarkeit. Hegels Ästhetik und Lukács' „Theorie des Romans" (2009), Hegels Ästhetik des Komischen (2015). Herausgeber: G.W.F. Hegel: Gesammelte Werke, Bde. 24,2 (zus. mit W. Bonsiepen), 24,3 und 28,1. Zahlreiche Aufsätze zu Fragen der Ästhetik, Philosophie der Kunst, Literaturtheorie und politischen Philosophie sowie deren Schnittmengen.

Gunnar Hindrichs, Professor für Philosophie an der Universität Basel. *Veröffentlichungen* u. a.: Das Absolute und das Subjekt (2008), Die Autonomie des Klangs (2014), Philosophie der Revolution (2017). Mitherausgeber: Stuttgarter Hegelkongresse 2005 und 2011 (2007 bzw. 2013). Aufsätze zu Spinoza und zur Klassischen Deutschen Philosophie.

Stephen Houlgate, Professor für Philosophie an der Universität Warwick. *Veröffentlichungen* u. a.: Hegel, Nietzsche and the Criticism of Metaphysics (1986), An Introduction to Hegel. Freedom, Truth and History, 2nd ed. (2005), Hegel, Danto and the „End of Art" (2013). Herausgeber: Hegel and the Arts (2007). Mitherausgeber: A Companion to Hegel (2011). Verschiedene Aufsätze zu Hegels Rechtsphilosophie, Ästhetik und Philosophie der Religion.

Walter Jaeschke, Professor em. für Philosophie an der Ruhr-Universität Bochum. *Veröffentlichungen* u. a.: Die Vernunft in der Religion. Studien zur Grundlegung der Religionsphilosophie (1986), Hegel-Handbuch. Leben – Werk – Schule (2003, ³2016), Die Klassische Deutsche Philosophie nach Kant. Systeme der reinen Vernunft und ihre Kritik 1785–1845 (zus. mit A. Arndt, 2012). Herausgeber der Gesammelten Werke Hegels sowie der Werke Friedrich Heinrich Jacobis und (zus. mit Birgit Sandkaulen) des Briefwechsels Jacobis.

Robert Pippin, Professor für Philosophie an der Universität Chicago. *Veröffentlichungen* u. a.: Hegel's Idealism. The Satisfactions of Self-Consciousness (1989), Idealism as Modernism. Hegelian Variations (1997), Die Verwirklichung der Freiheit. Der Idealismus als Diskurs der Moderne (2005), Hegel on Self-Consciousness. Desire and Death in the Phenomenology of Spirit (2011), After the Beautiful. Hegel and the Philosophy of Pictorial Modernism (2014), Interanimations. Receiving Modern German Philosophy (2015), The Philosophical Hitchcock. „Vertigo" and the Anxieties of Unknowingness (2017).

Birgit Sandkaulen, Professorin für Philosophie an der Ruhr-Universität Bochum. *Veröffentlichungen* u. a.: Ausgang vom Unbedingten. Über den Anfang in der Philosophie Schellings (1990), Grund und Ursache. Die Vernunftkritik Jacobis (2000). Mitherausgeberin: Friedrich Heinrich Jacobi. Ein Wendepunkt der geistigen Bildung der Zeit (2004), Gestalten des Bewußtseins. Genealogisches Denken im Kontext Hegels (2009), Hegel-Studien (2013 ff.). Zahlreiche Aufsätze zur Klassischen Deutschen Philosophie.

Ulrich Seeberg, Dr. phil., HU Berlin. *Veröffentlichungen* u. a.: Ursprung, Umfang und Grenzen der Erkenntnis. Eine Untersuchung zu Kants transzendentaler Deduktion der Kategorien (2006). Zahlreiche Aufsätze zur Klassischen Deutschen Philosophie und zur Ästhetik der Moderne.

Martin Seel, Professor für Philosophie an der Johann Wolfgang Goethe-Universität Frankfurt/M. *Veröffentlichungen* u. a.: Eine Ästhetik der Natur (1991), Versuch über die Form des Glücks (1995), Ästhetik des Erscheinens (2000), Sich bestimmen lassen. Studien zur theoretischen und praktischen Philosophie (2002), Theorien (2009), Die Künste des Kinos (2013), Aktive Passivität. Über den Spielraum des Denkens, Handelns und anderer Künste (2014), Nichtrechthabenwollen. Gedankenspiele (2018).

Allen Speight, Associate Professor and Chair, Department of Philosophy, Boston University. *Veröffentlichungen* u. a.: Hegel, Literature and the Problem of Agency (2001), The Philosophy of Hegel (2008). Herausgeber: Hegel's Heidelberg Writings (zus. mit Brady Bowman, 2009), Philosophy, Narrative and Life (2015), Goethe's Wilhelm Meister and Philosophy (zus. mit Sarah Eldridge, 2019). Zahlreiche Aufsätze zu Hegels Philosophie und zur Ästhetik des deutschen Idealismus und der deutschen Romantik.

Jürgen Stolzenberg, Professor em. für Geschichte der Philosophie an der Martin-Luther-Universität Halle-Wittenberg. *Veröffentlichungen* u. a.: Fichtes Begriff der intellektuellen Anschauung (1986), Ursprung und System (1995), „Seine Ichheit auch in der Musik heraustreiben" (2011). Mitherausgeber: Internationales Jahrbuch des Deutschen Idealismus (2003 ff.), Kant-Lexikon (2015). Zahlreiche Aufsätze zu Kant und zur Klassischen Deutschen Philosophie, zum Neukantianismus und zur Musikphilosophie.

www.ingramcontent.com/pod-product-compliance
Lightning Source LLC
Chambersburg PA
CBHW071814230426
43670CB00013B/2454